Interkulturelle Momente in Biografien –
Spurensuche im Kontext des Deutsch-Französischen Jugendwerks

OFAJ
DFJW

Dialoge – Dialogues

Schriftenreihe des Deutsch-Französischen Jugendwerks
Collection de l'Office franco-allemand pour la Jeunesse

Band 2

*Die Zukunft soll man nicht
voraussehen wollen,
sondern möglich machen.*

*Pour ce qui est de l'avenir,
il ne s'agit pas de le prévoir,
mais de le rendre possible.*

Antoine de Saint-Exupéry

Die Reihe „Dialoge – Dialogues" im Waxmann Verlag ist eine vom Deutsch-Französischen Jugendwerk (DFJW) initiierte Publikationsreihe, mit der die Ergebnisse angewandter Forschung und Evaluierung im Rahmen deutsch-französischer Projekte einem breiteren Publikum zugänglich gemacht werden sollen.

Das DFJW, im Jahr 1963 gegründete internationale Organisation mit Standorten in Paris und Berlin, fördert seit Jahrzehnten den transnationalen und interdisziplinären deutsch-französischen Wissenschaftsdialog. In der vorliegenden Reihe, die vom Forschungsbereich des DFJW betreut wird, werden Theorie, Methode und Praxis vor dem Hintergrund unterschiedlicher nationaler und kultureller Erwartungshorizonte gewinnbringend miteinander verknüpft.

Neben der quantitativen und qualitativen Evaluierung von Austauschprojekten sollen zusätzlich Einblicke in die Welt des interkulturellen Lernens und der Begegnungspädagogik vermittelt werden.

Birte Egloff,
Barbara Friebertshäuser,
Gabriele Weigand
(Hrsg.)

Interkulturelle Momente in Biografien – Spurensuche im Kontext des Deutsch-Französischen Jugendwerks

Waxmann 2013
Münster / New York / München / Berlin

Bibliografische Informationen der Deutschen Nationalbibliothek
Die Deutsche Nationalbibliothek verzeichnet diese Publikation in
der Deutschen Nationalbibliografie; detaillierte bibliografische
Daten sind im Internet über http://dnb.d-nb.de abrufbar.

Dialoge – Dialogues Band 2

ISBN 978-3-8309-2845-4
ISSN 2192-9416

© Waxmann Verlag GmbH, 2013
Postfach 8603, 48046 Münster
Waxmann Publishing Co.
P.O. Box 1318, New York, NY 10028, USA

www.waxmann.com
order@waxmann.com

Motto auf S. 2: Antoine de Saint-Exupéry. Die Stadt in der Wüste, S. 228.
© 1959 und 2009 Karl Rauch Verlag, Düsseldorf
Umschlaggestaltung: Anne Breitenbach, Tübingen
Satz: Stoddart Satz- und Layoutservice, Münster
Druck: Hubert & Co., Göttingen

Gedruckt auf alterungsbeständigem Papier,
säurefrei gemäß ISO 9706

Printed in Germany
Alle Rechte vorbehalten. Nachdruck, auch auszugsweise, verboten.
Kein Teil dieses Werkes darf ohne schriftliche Genehmigung des
Verlages in irgendeiner Form reproduziert oder unter Verwendung
elektronischer Systeme verarbeitet, vervielfältigt oder verbreitet werden.

Inhalt

Einleitung

Interkulturelle Momente in Biografien
Einleitendes zur Spurensuche im Kontext des
Deutsch-Französischen Jugendwerks 9
*Birte Egloff, Barbara Friebertshäuser, Remi Hess, Augustin Mutuale,
Gérald Schlemminger und Gabriele Weigand*

**Teil I
Theoretische und methodische Grundlagen**

Die Theorie der Momente und die (Re-)Konstruktion
des interkulturellen Moments 31
Gabriele Weigand, Remi Hess und Marco Dobel

Unser Verständnis des Lebensberichts.
Eine historisch-philosophische Anthropologie der Person 49
Augustin Mutuale

Kulturstandards oder kollektive Zugehörigkeit?
Eine kritische Betrachtung theoretischer Kulturkonzepte 63
Simone Schmitt

Der aktuelle Stand der interkulturellen Biografieforschung in
Frankreich und Deutschland
Überblick und Perspektiven 81
Anna Royon-Weigelt

Interkulturelle Spurensuche – methodische Wege zur
Analyse deutsch-französischer Biografien 95
Elina Stock, Birte Egloff und Barbara Friebertshäuser

**Teil II
Empirische Fallstudien**

„Frankreich im Blut und Deutschland im Herz"
Spuren des Internationalen in Biografien von Teamerinnen 121
Katrin Brunner

Sprachliche Aspekte in deutsch-französischen Biografien 132
Gérald Schlemminger und Rachel Holbach

Liebe und Hass in deutsch-französischen Begegnungen
Emotionale Momente in transnationalen Kontexten und Biografien 159
Barbara Friebertshäuser und Gabriele Weigand

Alltagstheorien über den Umgang mit Pluralität in
deutsch-französischen Biografien 186
Rachel Holbach und Bianca Burk

Patchwork statt Kulturalisierung
(Berufs-)Biografische Reflexionen zum Umgang mit Heterogenität
in der Internationalen Jugendarbeit 199
Elina Stock

Das interkulturelle Moment in der Biografie des
Pädagogen Günter Schmid 221
Valentin Schaepelynck

Von den Gründervätern zu den Kindern des DFJW
Deutsch-französische Begegnungen und ihre Wirkung
auf den Verlauf von Biografien am Beispiel von vier Lebensgeschichten 237
Raphaela Starringer

Teil III
Reflexionen

Resonanzen, Assonanzen, Konsonanzen
Reflektiertes Involviert-Sein als Analyseinstrument 255
Anna Royon-Weigelt

Grundlagen einer qualitativen Ausbildung für biografische Interviews 270
Augustin Mutuale und Birte Egloff

„So, jetzt will ich meinen Hass begraben!"
Entwicklung einer Arbeit im Tandem – Erfahrungen aus der Feldforschung 298
Odile Hess und Martin Herzhoff

Gibt es ein Leben ohne Erzählung?
Von menschlicher Erfahrung und ihrer Gestaltwerdung in Erzählungen 312
Christine Delory-Momberger

Autorinnen und Autoren 325

Einleitung

Interkulturelle Momente in Biografien
Einleitendes zur Spurensuche im Kontext des Deutsch-Französischen Jugendwerks

Birte Egloff, Barbara Friebertshäuser, Remi Hess, Augustin Mutuale, Gérald Schlemminger und Gabriele Weigand

Juli 2010 in *Dormans*, einem hübschen Städtchen in der Champagne. Gemeinsam besichtigen wir das über dem Ort thronende *Mémorial des batailles de la Marne*, ein gewaltiges Mahnmal, das in seinen Ausmaßen und seiner Wucht in einem merkwürdigen Missverhältnis zur Größe des beschaulichen Ortes steht – so jedenfalls der erste Eindruck.

Wir – das ist eine Gruppe deutscher und französischer Forscherinnen und Forscher aus verschiedenen sozial- und geisteswissenschaftlichen Disziplinen, die sich mit „Spuren des Interkulturellen in Biografien" befasst und hierzu Interviews mit Personen im deutsch-französischen Kontext durchführt. Die Forschungsgruppe hat sich etwa zwei Jahre zuvor bei einem ersten Treffen in Paris konstituiert und arbeitet seitdem regelmäßig miteinander, vor allem bei den zwei bis drei Treffen, die pro Jahr abwechselnd in Deutschland und Frankreich stattfinden.

Der Besuch des zwischen 1921 und 1931 erbauten *Mémorials* bildet einen starken Kontrastpunkt während unseres Arbeitstreffens, das wir im Sommer 2010 im *Château de Dormans*, unterhalb des *Mémorial* gelegen, abhalten. Denn mit einem Mal werden wir unmittelbar konfrontiert mit der seit Jahrhunderten belasteten deutsch-französischen Geschichte. Unmissverständlich, überdeutlich und beinahe überdimensional gerät uns in den Blick, dass Deutsche und Franzosen nicht immer gut miteinander auskamen, miteinander redeten, arbeiteten, feierten und lachten – so wie wir es in unseren Begegnungen selbstverständlich tun. Gerade mal knapp 90 Jahre zuvor, im September 1914 und im Juli/August 1918 tobten an dieser Stelle und in der ganzen Gegend die beiden blutigen und verlustreichen Marne-Schlachten, in der sich Deutsche auf der einen Seite und Franzosen, Briten, Italiener, Amerikaner auf der anderen Seite feindlich und unversöhnlich gegenüber standen und die im Verlauf des Ersten Weltkriegs entscheidende Wendepunkte markierten (zu Deutschland und Frankreich im Ersten Weltkrieg vgl. ausführlich Becker & Krumeich, 2010). Das *Mémorial*, das religiöse wie militärische Architektur-Elemente in sich vereint, beeindruckt uns auch im Innern: Unzählige, in die Steine eingravierte Namen gefallener Soldaten – nicht selten aus ein und derselben Familie; ein Ossarium, in dem Überreste von über 1300 Soldaten *aller* beteiligten Nationen bestattet sind; ein Turm, auf dem man die herrliche Landschaft der Champagne, die grün leuchtende Marne und die ehemaligen Schlachtfelder weit überblickt. Das *Mémorial* erinnert vornehmlich an diese beiden brutalen Ereignisse des Ersten Weltkriegs und es mahnt zugleich menschenverachtende Konflikte in aller Welt an. Es lädt nicht nur zum Gedenken an schlimme Zeiten, sondern auch zu Versöhnung und Toleranz ein und ist damit auch ein Monument für den Frieden.

Denkmäler, Monumente und Ehrenmäler – das wird uns in diesem Moment ebenso klar – bilden *eine* Möglichkeit, diese Botschaft weiter zu tragen. Direkte Begegnungen zwischen Menschen unterschiedlicher Herkunft, die miteinander ins Gespräch kommen, sich gegenseitig zuhören, sich näher kennen lernen und verstehen, stellen eine weitere und mit Blick auf das gegenwärtige und künftige Zusammenleben vielleicht ungleich wichtigere dar. An einer solchen Begegnung sind wir als Gruppe maßgeblich beteiligt. Denn wir forschen und arbeiten alle auf Einladung und Unterstützung des Deutsch-Französische Jugendwerks (DFJW), das als Bildungsorganisation einen bedeutenden Beitrag zu dieser Form des Erinnerns und der Aussöhnung liefert, indem es interkulturelle Begegnungen vielfältigster Art initiiert, organisiert und finanziert.

Welche Auswirkungen aber haben diese Programme? Inwiefern prägen sie diejenigen, die daran teilnehmen, in welchem Ausmaß beeinflussen sie Biografien und tragen damit tagtäglich zu einer Kultur der Aussöhnung bei? Mit diesen Fragen beschäftigen wir uns seit 2008 in unserem deutsch-französischen Forschungsprojekt „Interkulturelle Momente in der Biografie und der Kontext des DFJW", dessen Erkenntnisse und Ergebnisse wir nun im vorliegenden Band präsentieren. Er bildet den zweiten Band der Reihe „Dialoge – Dialogues", die das Deutsch-Französische Jugendwerk 2011 mit dem Band „Europäische Bürgerschaft in Bewegung" (vgl. Delory-Momberger, Gebauer, Krüger-Potratz, Montandon & Wulf, 2011) eröffnet hat.

Das Deutsch-Französische Jugendwerk und die Forschungsgruppe „Interkulturelle Momente in Biografien"

Das DFJW gehört zu den führenden internationalen Organisationen im Bereich des Jugendaustauschs. Seit seiner Gründung im Jahre 1963 durch den französischen Präsidenten Charles de Gaulle und den deutschen Bundeskanzler Konrad Adenauer fördert es jährlich etwa 9000 bi- und trinationale Austausch- und Begegnungsprogramme. Damit ermöglichte es bisher fast acht Millionen Jugendlichen, interkulturelle Erfahrungen im eigenen und fremden Land zu sammeln.

Das Ziel der Begegnungen besteht darin, Mitglieder unterschiedlicher Kulturen zusammenzuführen und ihnen ein Zusammenleben auf Zeit zu ermöglichen. Die Begegnungen finden in verschiedenen Bereichen und Kontexten statt: So gibt es Austauschbegegnungen im Rahmen von allgemein bildenden und beruflichen Schulen, Universitäten und Hochschulen, im Rahmen der außerschulischen Jugendarbeit, im Bereich der Lehrlingsausbildung, auf der Ebene von berufsständischen Organisationen, Gewerkschaften und Unternehmen, zwischen Sportverbänden,

Kultureinrichtungen, Vereinen und Verbänden der Jugendarbeit sowie Begegnungen im Bereich der Gemeinde- und Städtepartnerschaften.[1]

Um über Zahlenstatistiken hinaus einen vertieften und auch lebendigen Einblick in die interkulturellen Begegnungen, ihre Anlässe, Motive und nicht zuletzt die Folgen für individuelle Lebensverläufe zu erhalten, um interkulturelle Bildungsprozesse und -verläufe über die gesamte Lebensspanne verfolgen und analysieren zu können, um Auswirkungen des deutsch-französischen Sprach- und Kulturaustausches zu erfassen, hat sich unsere Forschungsgruppe konstituiert. Sie besteht aus Hochschullehrer/inne/n, mehrheitlich aus Erziehungswissenschaftler/inne/n der Goethe-Universität Frankfurt, der Pädagogischen Hochschule Karlsruhe und der Universität Paris 8 sowie Studierenden und Doktorand/inn/en dieser wie anderer Hochschulen. Grundlage unserer Arbeit und zugleich Mittelpunkt des Projekts sind biografisch-narrative Interviews (*entretiens*) sowie Lebensgeschichten (*histoires de vie*) von Personen, die an Programmen des DFJW teilgenommen oder daran mitgewirkt haben sowie von Personen aus dem weiteren deutsch-französischen Kontext. Unter den von uns befragten Personen befindet sich u.a. Konrad Adenauer, der Enkel des deutschen Kanzlers. Auch eine Europaabgeordnete sowie Angela Spizig, Bürgermeisterin von Köln, und André Toulouse, Bürgermeister von Roissy, gaben uns Interviews und unterstützten unser Projekt. Alfred Grosser und Stéphane Hessel haben uns bereitwillig ihre Geschichte erzählt, ebenso wie viele „anonyme" deutsche und französische Interviewpartner/innen (*narrateurs*). Bei ihnen allen bedanken wir uns herzlich.

Forschungskontext und Zielsetzung des Projekts

Theoretische Arbeiten räumen internationalen Jugend- und Schüleraustauschbegegnungen einen hohen Wert für interkulturelles Lernen und den Aufbau interkultureller Handlungskompetenz ein (vgl. z.B. Brougère et al., 2006). Weitgehend einig ist man sich, dass sie „die Bewältigung später eintretender Anforderungen in kulturellen Überschneidungssituationen, den Umgang mit Akkulturationsbelastungen, interkulturelles Lernen und die Entwicklung kuluradäquaten Verhaltens" (Thomas, 2006, S. 13; vgl. auch Thimmel, 2009) erleichtern. Empirische Studien liegen vor zu unterschiedlichen Formaten von internationalen Schüleraustauschprogrammen (vgl. Bayerischer Jugendring, 2004; Gisevius, 2005; Thomas, 2007; Bachner & Zeutschel, 2009; Thomas & Perl, 2010) und zu internationalen Jugendbegegnungen in der Migrationsgesellschaft (vgl. Thimmel, Chehata & Riß, 2011; Hörl, 2012).

Über die *biografischen* Wirkungen der deutsch-französischen Austausch- und Begegnungsprogramme gibt es bislang jedoch keine systematischen empirischen Untersuchungen. Diese Forschungslücke bildete den Ausgangspunkt unseres

---

[1] Ausführliche Informationen zur Geschichte und Gegenwart des Deutsch-Französischen Jugendwerks, inklusive aussagekräftiger Zahlen, finden sich auf der Homepage unter www.dfjw.org.

Projts, in dem wir einen Blick hinter die Zahlen werfen.[2] Welche kurz-, aber auch langfristigen Spuren hinterlassen interkulturelle Momente bei den Beteiligten in ihrem Leben und welchen Beitrag leisten sie zu deren interkultureller Bildung sowie – darüber vermittelt – in deren gesellschaftlichem Umfeld? Die Ziele des Forschungsprojekts beziehen sich auf Fragen, wie sich interkulturelle Begegnungen auf die Lebensgeschichten von Teilnehmenden auswirken, welche prägenden Faktoren bereits in der Familientradition oder in sonstigen historischen Kontexten liegen, wie sie Entscheidungsprozesse und Bildungsgänge in individuellen Bildungsbiografien beeinflussen, welche Auswirkungen sie auf Einstellungen und Haltungen der untersuchten Personen, auf deren Umgebung und die nachfolgende Generation haben. Dadurch geraten auch über das eigene Leben hinausgehende interkulturelle Erfahrungen in den Blick, etwa die Lebensgeschichten von Menschen der Eltern- oder Großelterngeneration, bei denen die Erinnerung an unmittelbare Kriegs- und Nachkriegserfahrungen und deren biografische Wirkungen nach wie vor lebendig ist. Damit ist unser Untersuchungsrahmen recht weit gefasst.

Im Unterschied zu Untersuchungen auf der Makroebene der großen Politik und der Mesoebene der Institutionen und Organisationen nimmt das Forschungsprojekt die *Mikroebene* des Individuums in den Blick und geht der Frage nach, wie sich Beziehungen und Begegnungen auf das Zusammenleben im Privaten und im Lokalen auswirken und wie sie die Gesellschaften ‚im Kleinen' prägen. Wir gehen aber davon aus, dass diese individuellen Begegnungen und kollektiven Erfahrungen nicht nur den einzelnen und sein Umfeld zu verändern vermögen, sondern auch für Institutionen und Organisationen bedeutsam sind und sich letztlich auf die große Politik auswirken. Die Idee eines geeinten Europa lässt sich nicht nur in den Köpfen herstellen, sondern die Herzen gilt es dafür zu gewinnen, dann folgen den Worten die Taten.

Die *Theorie der Momente* als Analyserahmen

Nun kann nicht die gesamte Biografie eines Menschen Gegenstand der Forschung sein, vielmehr betrachtet die erzählende Person ihr Leben unter bestimmten Perspektiven, wählt einzelne Aspekte aus und erzählt diese dementsprechend. Stellt sie ihre Erzählung unter den Gesichtspunkt der Freundschaft oder der Liebe, so wird vermutlich eine völlig andere Erzählung entstehen, als wenn es sich um den Aspekt des Lernens, der Arbeit oder der Gesundheit handelt. In unserem Forschungsprojekt untersuchen wir die Erzählungen auf ihre *interkulturellen Momente* hin. Dabei greifen wir auf eine Denkfigur des französischen Philosophen und Soziologen Henri Lefebvre (1901–1991) zurück, die so genannte *Theorie der Momente*. Denn der Begriff des Moments bedeutet weit mehr als die Wahrnehmung eines Augenblicks

---

2 Erste Ergebnisse und Erkenntnisse wurden in der Zeitschrift Synergies (2010) mit dem Schwerpunktthema „Récits de vie: au-delà des frontières" veröffentlicht.

oder eine Blickrichtung, er ist gewissermaßen in der Lage, einem Leben Form zu geben. Dabei fällt im Deutschen eine sprachliche Unterscheidung ins Gewicht, insofern Moment als *der* und *das* Moment gefasst werden kann: *der* Moment ist ein kurzer Zeitraum, ein Augenblick; *das* Moment bezeichnet den ausschlaggebenden Gesichtspunkt einer Sache. Im Französischen umfasst *le moment* beides. Ein Moment – im Sinne Lefebvres – trennt das eine nicht vom anderen, weder sprachlich noch inhaltlich. Levebvre hat das Konzept zuerst in seiner Schrift *La Somme et le Reste* als eine Theorie angekündigt, die er schon lange entwerfen wollte, und nähert sich ihr in anderen Werken weiter an, ohne sie jedoch definitiv zu fassen. Er weiß, welche Funktion die Theorie der Momente haben soll und er kann auch Momente benennen, so zum Beispiel das Moment der Liebe, des Spiels und das der Kunst (vgl. Lefebvre, 2009, S. 227). Einem systematischen Zugriff entzieht sich die Theorie der Momente aber. Selbst in Lefebvres Schrift *Critique de la vie quotidienne II* handelt es sich mehr um Assoziationen als um eine tatsächliche Theorie.

Als einer seiner Schüler hat Remi Hess Lefebvres Theorie der Momente aufgegriffen und insbesondere durch sein Buch *Praxis des Tagebuchs* (Hess, 2009a) in einen bildungstheoretischen und erziehungspraktischen Rahmen gestellt. So hat er Tagebücher zu bestimmten Momenten seines eigenen Lebens verfasst, das Moment der pädagogischen Arbeit, des Schreibens, des Reisens, des Tango usw. Momente sind darin nicht nur flüchtige Bojen, die hier und da auf dem Ozean des Alltags schwimmen, sondern strukturierende Elemente des Bewusstseins, der Wahrnehmung, der Realität und der Zeit. Sie dienen somit als Elemente der Konstruktion der Person (vgl. Hess, 2009b; Weigand, 2004). Darüber hinaus wirbt Remi Hess für die Praxis des Tagebuch-Schreibens als Form der Selbstvergewisserung sowie als Weg zur Erkenntnis.

Unsere Forschungsgruppe hat sich im Verlauf des Projekts immer wieder eingehend mit der Theorie der Momente auseinandergesetzt und den Begriff des Moments schließlich als fruchtbar und tragfähig sowohl für die Perspektive der Narration seitens der Erzählenden als auch für die Sicht der Forschung in Bezug auf die Analyse und Interpretation der Interviews befunden. Dabei gehen wir davon aus, dass es spezifische Momente im Leben eines jeden Menschen gibt, die sich auf die jeweilige Biografie strukturierend auswirken. Daher haben wir für das vorliegende Buch den Titel *Interkulturelle Momente in Biografien* gewählt und eine Reihe von Beiträgen zur Theorie der Momente beziehungsweise zu *interkulturellen Momenten* verfasst.

Entwicklung der Projektperspektive und methodisches Vorgehen

Wie sind wir nun in unserem Projekt methodisch vorgegangen? Ausgehend von der Annahme, dass interkulturelles Erleben und Erfahren an vielen Stellen einer Biografie angesiedelt sein können (etwa beim Großvater, der am Ersten Weltkrieg teilnahm) und auch über das eigene Leben hinausgehende interkulturelle Erfahrungen in Familien Einfluss auf die jeweiligen Biografien nehmen können, haben wir die Interviews und Lebensgeschichten nicht auf das „Interkulturelle" und/oder „Sprachliche" fokussiert, sondern eher breite Erzählanlässe gewählt. Mit Hilfe der biografischen Methode wurden exemplarisch[3] ausgewählte Personen unterschiedlichen Alters aus verschiedenen gesellschaftlichen, privaten und beruflichen Bereichen in Deutschland, Frankreich und anderen beteiligten Ländern zu einer Erzählung eingeladen mit dem Ziel, den interkulturellen Momenten und ihren kurz- und langfristigen Wirkungen in den Biografien nachzuspüren. Der Zugang zu potentiellen Interviewpartner/inne/n, der üblicherweise in qualitativen Forschungsprojekten einen eigenen und in der Regel aufwendigen Schritt darstellt (vgl. Flick, 2009, S. 142ff.), konnte uns in diesem Fall dadurch erleichtert werden, dass das DFJW uns eine Liste mit Personen zur Verfügung stellte, die an interkulturellen Begegnungen teilgenommen hatten oder der Organisation auf andere Weise verbunden sind oder waren. Zudem konnten wir auch eigene Kontakte nutzen, um Personen zu ihren deutsch-französischen Erfahrungen zu befragen. Insbesondere die älteren unter ihnen haben durch das Erzählen ihrer eigenen Geschichte Zeugnis davon abgelegt, wie ihre Generation zu dem Prozess der Annäherung, Versöhnung und Zusammenarbeit zwischen den beiden Ländern Deutschland und Frankreich beigetragen hat. Jüngere Personen haben ihren Zugang zur Geschichte anhand ihrer biografischen Erfahrungen und Familiengeschichten schildern können. Geschichte lässt sich auf diese Weise als ein gelebtes Kontinuum, als erlebte interkulturelle Begegnung, als gemeinsame Erfahrung des Deutsch-Französischen und damit als Teil eines größeren Ganzen, eines größeren Moments der Völkerverständigung thematisieren und begreifen.

Die Auswahl der Interviewpartner/innen orientierte sich also nicht alleine an der Teilnahme an Programmen des DFJW, sondern allgemein an deutsch-französischen oder anderen interkulturellen Begegnungen. Im Sinne einer maximalen Kontrastierung[4] wurden daher Personen interviewt, die sich durch Alter, Geschlecht, Nationalität, Bezug zum DFJW oder zu anderen interkulturellen/internationalen

---

3 Qualitative Forschung erhebt – anders als quantitative Forschung – keinen Anspruch auf Repräsentativität. Vielmehr geht es darum, das zu untersuchende Feld in möglichst vielen Merkmalsausprägungen zu erfassen. „Bei der Auswahl der untersuchten Subjekte ist deren Relevanz für das Thema statt Repräsentativität leitend. Es geht nicht um die Reduktion von Komplexität durch Zerlegung in Variablen, sondern um die Verdichtung von Komplexität durch Einbeziehung von Kontext" (Flick, 2009, S. 124).

4 Die dahinter stehende Idee ist, dass damit das Feld möglichst breit und variantenreich aufgespannt werden kann. Folgende Frage ist dabei leitend: „Wie kann sichergestellt werden, dass für die Untersuchungsfragestellung relevante Fälle in die Studie einbezogen werden?" (Kelle & Kluge, 1999, S. 39).

Begegnungen und Programmen voneinander unterscheiden. Unsere Auswahlstrategie der Interviewpartner/innen lässt sich prinzipiell als eine „Vorab-Festlegung" charakterisieren (vgl. ebd., S. 155f.), – eine forschungspraktisch eher unkomplizierte und pragmatische Vorgehensweise, da damit recht schnell eine relativ große Anzahl an Daten erhoben werden kann. Vorab-Festlegung bedeutet, dass wir uns bei der Auswahl unserer Interviewpartner/innen zunächst an offensichtlichen Kriterien wie Alter, Geschlecht oder Nationalität orientiert haben, ohne zu wissen, ob diese tatsächlich auch relevante Analysekriterien für die Interviews sind oder ob hier nicht andere Aspekte entscheidender sind.[5]

Seit Beginn des Projektes im Jahr 2008 wurden bis Dezember 2012 insgesamt 54 Interviews durchgeführt, von denen bislang 48 in transkribierter Form vorliegen.[6] Das Alter der Befragten reicht von 20 bis 96 Jahren, mehrheitlich wurden Frauen (36 Interviews gegenüber 18 Interviews mit Männern) befragt. 29 Personen besitzen die deutsche Staatsangehörigkeit gegenüber 9 Personen mit französischer und 4 mit deutsch-französischer Nationalität.[7] Die Palette beruflicher Tätigkeiten reicht von Studierenden über Lehrer/innen, Dolmetscher/innen und Forscher/innen bis hin zu Diplomat/inn/en, Politiker/inne/n und Rentner/inne/n. Insgesamt fällt auf, dass es sich überwiegend um Akademiker/innen handelt (mindestens 33 Interviews).[8] Hier werden nun die Grenzen der Vorab-Festlegung erkennbar: Wir hatten zwar Geschlecht, Nationalität und Alter im Blick, nicht jedoch den Bildungsstand oder den sozialen Status. Ob dies zugleich bedeutet, dass die Angebote und Begegnungsprogramme des DFJW häufiger von bestimmten sozialen Milieus genutzt werden, von anderen hingegen weniger oder gar nicht – eine Vermutung, die zumindest nahe liegt, schaut man sich den Zusammenhang von Milieu und Weiterbildungsverhalten generell an (vgl. z.B. die Feststellung der Autoren des Adult Education Survey (AES) „Die Beteiligung an Weiterbildung ist stark vom jeweiligen Bildungshintergrund der Person beeinflusst" (Bilger & von Rosenbladt, 2011, S. 29) oder auch die Studien von Barz & Tippelt (2004) im Rahmen der Milieuforschung) –, kann damit keineswegs ausreichend beantwortet werden. Denn *ausdrücklich* richten sich die Aktivitäten des DFJW an *alle* Bildungsmilieus – und diese werden ja auch genutzt (vgl. hierzu Franczak & Friebertshäuser, 2010). Dennoch denken wir, dass sich hinter dieser Thematik ein weiteres, interessantes Forschungsfeld verbirgt.

Schauen wir uns die Beziehung an, in der die von uns interviewten Personen zum DFJW stehen, so ergibt sich folgendes Bild: Überwiegend sind Teilnehmer/innen (24) und Gruppenleiter/innen (23) in unser Blickfeld geraten. Daneben haben

---

5 Auf alternative Samplingstrategien bei der Datenerhebung wollen wir hier aus Platzgründen nicht weiter eingehen (vgl. hierzu Flick, 2009, S. 154ff.). Bei der Auswertung von Daten kamen auch andere Auswahlstrategien zum Zuge (z.B. Theoretical Sampling), die in den jeweiligen Artikeln beschrieben sind.
6 An dieser Stelle sei Rachel Holbach gedankt, die die Datenbank (von ihr als „Herzstück des Projekts" bezeichnet) gepflegt und die folgende Übersicht erstellt hat. Bei der Darstellung beziehen wir uns auf den von ihr verfassten kurzen Text *Vom Interview zum Portrait* (vgl. Holbach, 2012).
7 Bei 12 Interviews fehlt die entsprechende Information.
8 Bei den übrigen Interviewten fehlen entsprechende Hinweise.

wir noch Teilnehmer/innen an den so genannten „experimentellen Seminaren",[9] Praktikant/inne/en, Ausbilder/innen, Dolmetscher/innen, Forscher/innen, in der Organisation des DFJW Tätige sowie „Gründerväter" befragt, also jene Personen, die sich schon sehr früh um die deutsch-französische Verständigung bemüht haben, vielfach involviert waren und insofern als Wegbereiter des DJFW gelten können. Interessant ist, dass einige Erzähler/innen eine regelrechte „Karriere" beim DFJW durchlaufen haben. Sie erlebten die Programme des DFJW, an denen sie als Teilnehmer/innen mit dabei waren, als eine solche Bereicherung, dass sie entweder eine Ausbildung als Gruppenleiter/in absolviert haben, um selbst deutsch-französische Austauschprogramme zu begleiten, oder sich andere Wege erschlossen haben, um beim DFJW tätig zu werden (so z.B. als Dolmetscher/in oder innerhalb der Organisation). Darüber hinaus ist zu beobachten, dass deutsch-französische Begegnungen, die häufig bereits im Kinder- und Jugendalter stattgefunden haben, eine Art „Initialzündung" für andere interkulturelle und internationale Begegnungen darstellten, die sich dann wie ein „roter Faden" durch die Biografie ziehen (vgl. hierzu auch Egloff, 2012).

Wie sind wir mit den Interviews weiter verfahren? Um der Forschungsgruppe die Arbeit mit ihnen zu erleichtern, wurden zunächst *Interview-Portraits* erstellt, in denen Informationen zu den interviewten Personen sowie die in jedem Interview angesprochenen Themen aufgelistet, aber auch Besonderheiten des Interviews oder der Interviewsituation festgehalten wurden. Auf diese Weise konnten sich die beteiligten Forscher/innen einen ersten Überblick verschaffen und je nach Fragestellung und Interesse geeignete Interviews aus dem Datenpool auswählen. Die Portraits wurden mit Hilfe der Methode der qualitativen Inhaltsanalyse (vgl. Mayring, 2010) sowie dem Programm MaxQDA (vgl. Kuckartz, 2009) erstellt, die beide gleichermaßen geeignet sind, größere Datenmengen zusammenzufassen und für weitere Analysen aufzubereiten (vgl. hierzu auch die Beiträge von Stock, Egloff & Friebertshäuser, Schlemminger & Holbach sowie Holbach & Burk in diesem Band).

Die Durchführung der Interviews war so angelegt, dass sich etwa ein zeitlicher Umfang von zwei bis vier Stunden pro Interview ergab. Im Projekt werden sie als *kurze Interviews* (*entretiens courts*) bezeichnet. Daneben wurden längere biografische Interviews geführt, darunter auch mit Personen aus dem allgemeinen deutsch-französischen Kontext. Diese Interviews zu den *histoires de vie* dauerten mitunter bis zu zehn Stunden (über mehrere Tage verteilt) und wurden als *lange Interviews* (*entretiens longs*) bezeichnet (vgl. z.B. Schmid, 2011; Wulf & Weigand, 2011; Toulouse, 2010).

Unser ursprünglicher Plan, bei der Interviewerhebung stärker auf eine „deutsch-französische Mischung" zu setzen und z.B. französische Interviewer/innen deutsche Teilnehmende interviewen zu lassen und umgekehrt oder gemeinsam Interviews

---

9   Die so genannten experimentellen Seminare waren eine besondere Form offener Programme, die das DFJW zwischen 1984 und 1990 u.a. im *Château de Ligoure* im Südwesten Frankreichs (Limousin) durchführte und die überwiegend von den Teilnehmer/inne/n selbst gestaltet wurden. Am Ende der Einleitung gehen wir auf diese besonderen Programme noch einmal gesondert ein.

in deutsch-französischer Besetzung zu führen, konnte leider nur bedingt realisiert werden. Vor allem organisatorische Gründe (komplizierte Terminabsprachen, teilweise lange Anfahrten, sprachliche Hürden, die Kosten usw.) standen diesem Vorhaben im Weg. Dennoch sind vielfältige fruchtbare Zusammenarbeiten, sowohl auf der Ebene der Interviewerhebung, stärker aber noch bei der Auswertung von Daten bzw. dem gemeinsamen Verfassen von Artikeln entstanden (vgl. z.B. Mutuale & Aichele, 2008; Starringer & Mutuale, 2011; Herzhoff & Hess sowie Mutuale & Egloff in diesem Band).

Der ebenfalls ursprünglich gefasste Plan, Gruppeninterviews (*entretiens en groupe*), die beispielsweise mit jenen Kindern und Eltern geführt werden sollten, die an den experimentellen Begegnungsprogrammen in *Ligoure* teilgenommen haben – d.h. also 20 bis 25 Jahre nach den interkulturellen Begegnungen –, mussten aus Gründen mangelnder Kapazitäten ebenso auf ein künftiges Projekt verschoben werden wie die Erhebung von Biografien über mehrere Generationen (Großeltern – Sohn oder Tochter – Enkel oder Enkelin).

Insgesamt erscheint uns die biografische Methode (narrative Interviews; Lebensgeschichten) als ein geeignetes Mittel, das Interkulturelle als anthropologisch-historisch-gesellschaftliches, als soziales und biografisches Phänomen zu verstehen und zu erforschen. Zu unserem Projekt, das als Lehrforschungsprojekt angelegt war, gehören neben erfahrenen Forschenden zugleich junge Wissenschaftlerinnen und Wissenschaftler sowie Studierende und Interessierte aus beiden Ländern. Auf diese Weise wurden auch in unserer Projektgruppe unterschiedliche Generationen in die Forschungs- und Evaluierungsarbeit im DFJW einbezogen, und es entstanden neben diesem Buch Artikel für eigene Qualifizierungs- und Forschungsarbeiten. Aufgrund unterschiedlicher Auffassungen von Forschung und der Umsetzung von qualitativen Forschungsmethoden, die sich nicht alleine durch die unterschiedlichen Nationalitäten, sondern auch durch andere Differenzlinien innerhalb der Forschungsgruppe erklären lassen, sind wir nach intensiven Diskussionen zu dem Ergebnis gekommen, zwar eine gemeinsame Projektperspektive zu verfolgen – die Frage nach den interkulturellen Spuren in der Biografie –, aber durchaus auch unterschiedliche methodisch-methodologische Wege zu gehen und verschiedene Zugänge zu verfolgen. Insofern ist das Interkulturelle auch in dieser Hinsicht im vorliegenden Buch zu finden.

Das Forschungsprojekt als gelebte interkulturelle Begegnung – einige Dynamiken

Als Besonderheit aller Forschungsprojekte im DFJW und damit auch unseres Projekts lässt sich der Umstand anführen, dass diese selbst immer interkulturelle Begegnungen darstellen und damit gleichzeitig das gelebt wird, was auch untersucht wird (vgl. hierzu Egloff, 2011, S. 130ff.). Denn die gemeinsame Arbeit bietet vielfältige Anlässe für biografieorientiertes Reflektieren und Lernen, folglich lassen sich während unserer Treffen ebenso bedeutsame Momente – individuelle wie kollektive – rekonstruieren.

Ermöglicht wird dies durch die vom DFJW bereit gestellten Rahmenbedingungen. So finden mehrmals im Jahr – abwechselnd in Deutschland und Frankreich – gemeinsame Treffen von jeweils knapp einer Woche statt, nicht selten an besonderen Orten, wie etwa dem bereits erwähnten *Château de Ligoure*. Es handelt sich hierbei um ein Schloss im Limousin, das im 19. Jahrhundert von dem französischen Soziologen Fréderic Le Play (vgl. Hess, Weigand, Herzhoff & Rabineau, 2012) erbaut wurde und derzeit von einem gemeinnützigen Verein verwaltet wird. Es liegt inmitten einer mehrere Quadratkilometer umfassenden Wald- und Wiesenlandschaft und verfügt über etwa vierzig Zimmer, ideal für selbstorganisierte interkulturelle Begegnungen.[10] Die Teilnehmer/innen können sich entfalten und ihre individuellen Vielseitigkeiten und Besonderheiten zum Ausdruck bringen: ihre Beziehung zu Raum und Zeit, zu Sprache und Körper, zu Essen und Kultur, zu Freizeit und Arbeit. Der Reichtum der Verschiedenheit wird zum Gegenstand der interkulturellen Forschung.

In diesem Zusammenhang wird deutlich, dass auch dem Moment des Reisens eine besondere Bedeutung zugemessen wird, denn um die anderen zu treffen und miteinander zu arbeiten muss man seinen eigenen Alltag und seine Routinen verlassen. Die Treffen ermöglichen ein intensives und konzentriertes miteinander Forschen und Arbeiten jenseits beruflicher und privater Verpflichtungen – und genau hiervon müssen sie im Grunde „abgespart" werden. Die Begegnungen der Forschungsgruppe finden damit meist in einem zeitlich-räumlichen Rahmen statt, der weitgehend frei ist von unmittelbarem Effizienzdenken und direkter Ergebnis- und Zielorientierung wie sie in der akademischen Forschungswelt heute vielfach vorherrschen. Unkonventionelle Denkweisen sind ebenso möglich wie die Auseinandersetzung mit Verstehen und Nicht-Verstehen, die Thematisierung von Implizitem oder von Konflikten, Fragen der sprachlichen Verständigung, eigene deutsch-französische oder internationale biografische Erfahrungen. Das abwechselnde Reden auf Deutsch und auf Französisch, die wechselnden Dominanzen der Sprache, die unterschiedlichen Kenntnisstände der jeweils anderen Sprache – all das scheint konstitutiv für das interkulturelle Verstehen zu sein. Im Grunde erleben wir, was für jede Art der Kommunikation gilt: Man geht von einem anfänglichen Nicht-Verstehen aus und versucht, sich in den anderen hineinzuversetzen, sich auszutauschen, sich anzunähern, mit dem Ziel zu verstehen. Durch das Zusammensein und die Kommunikation steigen die gegenseitige Aufmerksamkeit und Wahrnehmung, die Sensibilität füreinander. Wir dürfen nachfragen („Was meinst du?"), um besser zu verstehen. Interessant ist, dass dieses Nachfragen im interkulturellen Kontext erlaubt, im akademischen Kontext aber im Grunde nicht üblich, sogar fast schon tabuisiert ist.

---

10 Eine unserer Interviewpartnerinnen, Irène, schwärmt: „Le lieu … le lieu … c'était magique. Le fait de faire la cuisine ensemble, l'organisation … Et puis, c'était la structuration des journées qui étaient passionnantes, parce qu'on avait des activités."

Die Beteiligten an unserer Forschungsgruppe sind somit in wesentlich stärkerem Umfang als sonst üblich als Person mit eigener deutsch-französischer Geschichte und Biografie im Projekt präsent (vgl. hierzu auch Egloff & Stock, 2010). Unsere Begegnungen sind wie ein Brennglas: sie stehen exemplarisch für andere Kommunikationssituationen, in denen Unterschiede zwischen Menschen sichtbar werden und Beteiligte sich um gegenseitiges Verstehen bemühen. So stellen unsere Treffen Orte der interkulturellen Sensibilität und Sensibilisierung dar, die exemplarisch für andere Begegnungen stehen können. Jedes Mitglied hat Ideen, die es in die Gruppe einbringt und die damit auch zu deren Identitätsbildung beitragen. Aber es geht auch immer darum, die Differenzen oder das, was man nicht versteht, auszuhalten. Selbst wenn nur einer der Beteiligten nicht beide Sprachen beherrscht, ist „Über-Setzen" – verstanden nicht nur als Vermittlung von Wörtern, sondern als Übertragen von Begriffs- und Bedeutungshorizonten – notwendig und führt zu einer Verlangsamung der Dynamik, die aber auch eine Bereicherung und Vertiefung bewirken kann (vgl. Ladmiral & Lipianski, 2000).

Diese längerfristige Kommunikation in einer Gruppe von Wissenschaftler/inne/n aus unterschiedlichen Disziplinen und verschiedenen nationalen Kontexten ermöglicht neuartige und ungewöhnliche Herangehensweisen an aktuelle Fragen und Probleme. Die anwesenden Forscher/innen sind weniger als Expert/inn/en ihrer Disziplin, sondern als kritische Denker/innen und „kritische Freund/inn/e/n" dabei, die aus ihrer Perspektive das Forschungsthema gemeinsam angehen. Es sind diese Freiräume, die offenbar die Freude an der gemeinsamen intellektuellen Arbeit und der Begegnung fördern und mehr produzieren als trockene Forschungsergebnisse.

Zum Aufbau des Buches

Die Präsentation unserer gemeinsamen Forschungsarbeit erfolgt in drei Teilen.

Im *ersten Teil* („Theoretische und methodische Grundlagen") möchten wir die Leser/innen mit den theoretischen Überlegungen und methodischen Verfahren vertraut machen, auf die sich die Forschungsgruppe geeinigt hat.

Gabriele Weigand, *Remi Hess* und *Marco Dobel* beschäftigen sich mit der Theorie der Momente. Welche Strukturmerkmale charakterisieren Momente und wie grenzen sie sich z.B. von Situationen oder Augenblicken ab? Wie können Momente im Leben eines Menschen ganz konkret aussehen? Und inwiefern kann man im Zusammenhang mit unserer Forschungsfrage von *interkulturellen Momenten* sprechen bzw. wie kann die Theorie der Momente für unser Forschungsprojekt und unsere Fragestellung fruchtbar gemacht werden? Ihre Ausführungen versuchen nicht nur, diese Fragen zu beantworten, sondern geben auch das Ergebnis unserer intensiven, auf jedem unserer Forschungstreffen neu auflebenden Diskussionen und das Ringen um Verständnis und Durchdringung der Theorie der Momente innerhalb der Forschungsgruppe wieder.

Unter dem Titel „*Unser Verständnis des Lebensberichts*" knüpft *Augustin Mutuale* an diese Darstellung an, indem er anhand von Beispielen vertieft, wie Momente entstehen, wie sie aussehen und was sie ausmacht, bevor er dann beschreibt, welchen Einfluss diese Herangehensweise konkret auf die Durchführung der Interviews hatte. Beide Texte gehen also ausführlich den theoretischen Grundlagen und philosophischen Hintergründen unserer Forschungsfrage nach.

Neben der Theorie der Momente spielen in unserm Projekt noch andere theoretische Zugänge eine wichtige Rolle. So erschien es uns z.B. notwendig, den Kulturbegriff zu explizieren, den wir unserer Arbeit und den Analysen zugrunde legen wollten. Immer wieder diskutierten wir auch diesen Punkt auf unseren Treffen. *Simone Schmitt* hat für das vorliegende Buch die Diskussion gebündelt und stellt mit einem essentialistischen und einem prozessorientierten Kulturkonzept zwei Verständnisse und Zugänge zu Kultur einander gegenüber. Nach einer ausführlichen Würdigung beider Begriffe erläutert sie, warum unser Projekt einem prozessorientierten Begriff von Kultur folgt.

Um unsere Untersuchung in einen größeren Forschungszusammenhang zu stellen, rekapituliert *Anna Royon-Weigelt* den Stand der Biografieforschung in Deutschland und Frankreich. Welche Konzepte und Begriffe lassen sich jeweils identifizieren und womöglich voneinander unterscheiden? In welcher Relation steht die Biografieforschung zur interkulturellen Forschung und welche Bedeutung haben in dem Zusammenhang gemeinsame Sprachräume?

Einen methodisch-methodologischen Blick auf das Projekt werfen *Elina Stock, Birte Egloff und Barbara Friebertshäuser*, indem sie die verschiedenen methodischen Zugänge erörtern, die in den Arbeiten zum Einsatz gekommen sind. Sie beanspruchen dabei nicht, diesen Aspekt gemeinsamer Forschung vollständig erfasst oder gar bis ins Detail durchdrungen zu haben. Vielmehr ist ihnen vor dem Hintergrund der Ausführungen von Pierre Bourdieu zur Reflexivität und zur Position im wissenschaftlichen Feld ihr eigener Standpunkt (auch in seiner Eingeschränktheit) sehr bewusst. Der Text bietet einen Überblick über verschiedene Wege, biografisch zu forschen. Zugleich macht er deutlich, dass neben nationalen Unterschieden (in Deutschland oder Frankreich sozialisierte Forscherinnen und Forscher) das Projekt auch bezogen auf andere Aspekte als heterogen zu betrachten ist.

Im *zweiten Teil* des Buches („Empirische Fallstudien") steht vor allem unser Datenmaterial im Fokus. Anhand verschiedener Fragestellungen gehen die Autorinnen und Autoren interkulturellen Spuren in den Interviews nach.

Katrin Brunner stellt zwei Frauen ins Zentrum, eine Deutsche und eine Französin, die beide dem jeweils anderen Land einen bedeutenden Platz innerhalb ihres Lebens einräumen. Die Autorin beschreibt, wie es dazu gekommen ist und worin genau diese Bedeutung besteht. Ihre These, dass internationale Erfahrungen biografische Wendepunkte auslösen und Anknüpfungspunkt für weitere interkulturelle Begegnungen sein können, kann sie anhand ihres empirischen Materials anschaulich belegen.

Auf sprachliche Spurensuche begeben sich *Gérald Schlemminger* und *Rachel Holbach*. Sie analysieren das interkulturelle Moment anhand der in den Interviews verwendeten Sprache. Dabei wird deutlich, dass Sprache für das Verständnis des anderen Menschen und Landes grundsätzlich eine wichtige Rolle spielt. So ist es nicht gleichgültig, welche Sprache die Interviewten für ihre Erzählung wählen, insbesondere bei Menschen, die beide Sprachen gleichermaßen sprechen und *was* in der jeweiligen Sprache erzählt wird. So wechseln einige zwischen den Sprachen oder erzählen Kindheitserlebnisse und Emotionales in ihrer Muttersprache und Berufliches in der erlernten Sprache.

Inwiefern interkulturelle Momente mit anderen Momenten verwoben sein können, zeigen *Barbara Friebertshäuser* und *Gabriele Weigand*, indem sie sich der *Liebe* als einem zentralen Moment im Leben von Menschen widmen. Das Thema Liebe ist nach einer ersten Sichtung unserer Interviews als ein zentrales und häufig vorkommendes in den Blick geraten, sei es die Liebe zum jeweils anderen Land oder die Liebe zu einem Menschen. Die beiden Autorinnen gehen diesem Phänomen aus einer interdisziplinären Perspektive nach, die sie mit aussagekräftigen Passagen aus einigen Interviews anreichern und geben damit interessante Einblicke in ein geradezu existentielles Moment.

Über welche Alltagstheorien verfügen Menschen, die interkulturelle Erfahrungen machen? Welche Vorstellung von Kultur, vom „Anderen" liegt ihren Erlebnissen zugrunde? Inwiefern handelt es sich um fest gefügte Muster oder wo sind Veränderungen aufgrund von Erfahrungen erkennbar? Diesen Fragen gehen *Rachel Holbach* und *Bianca Burk* nach, indem sie subjektive Einstellungen und Sichtweisen unserer Interviewpartner/innen rekonstruieren. Die Ergebnisse erlauben Einblicke in „Wirkungen" von Begegnungen und bieten Anhaltspunkte für deren (pädagogische) Begleitung.

Mit der Frage, welche (berufs-)biografischen Konzepte bei Teamer/inne/n in der Internationalen Jugendarbeit hinsichtlich des Umgangs mit Heterogenität existieren, beschäftigt sich *Elina Stock*. Mit Blick auf „diversitätsbewusste" Ansätze in der Jugendarbeit macht sie deutlich, dass es aus einer professionszentrierten Sicht wichtig ist, über nationalkulturelle Unterschiede hinaus auch über andere Differenzlinien, die in Begegnungen wirksam werden, nachzudenken und sie in das pädagogische Handeln mit einfließen zu lassen.

Valentin Schaepelynck analysiert in seinem Beitrag die Lebensgeschichte des österreichischen Pädagogen und Schulleiters *Günter Schmid*. Im Anschluss an die Überlegungen von Édouard Glissant und Gilles Deleuze zum *Rhizom* vermag er zu zeigen, wie dieser Bildungsweg allmählich und in Rhizomen entsteht, wie er sich aus heterogenen Kontexten heraus aufbaut. Von besonderem Interesse ist auch, inwiefern sich das interkulturelle Moment – in dem Fall vor allem der Dialog mit pädagogischen Expert/inn/en aus Frankreich und Deutschland – in Günter Schmids Bildungsprozess auf dessen pädagogisches Denken und Handeln auswirkt.

Den Mitgliedern der „Gründergeneration" der deutsch-französischen Verständigung, die als Pioniere viele Hürden und Ressentiments zu überwinden hatten, stellt

Raphaela Starringer in ihrem Artikel die „Enkelgeneration" gegenüber, für die interkultureller Austausch, insbesondere zwischen Frankreich und Deutschland, zur Selbstverständlichkeit geworden ist. Mit *Stéphane Hessel* und *Alfred Grosser* ist es der Autorin, gemeinsam mit Augustin Mutuale, gelungen, zwei prominente und ausgewiesene Experten der deutsch-französischen Beziehungen für unser Projekt zu interviewen und deren Lebensgeschichten mit derer zweier jungen Frauen, die dem DFJW auf vielfältige und unterschiedliche Weise verbunden sind, zu kontrastieren. Dem Leser und der Leserin eröffnen sich hierbei interessante Einblicke in Biografien vor sehr unterschiedlichen historischen wie sozialen Hintergründen.

Im *dritten Teil* unseres Buches („Reflexionen") greifen wir schließlich in einem reflexiven Zugang auf das zurück, was als „heimlicher Lehrplan" sowohl innerhalb der Forschungsgruppe als auch während der Interaktion zwischen Interviewer/inne/n und Interviewten wirksam geworden ist. Diesen offen zu legen, interpretieren wir als eine geradezu unabdingbare Voraussetzung zum Verständnis unserer Arbeit und unserer Vorgehensweise.

So setzt sich *Anna Royon-Weigelt* mit dem eigenen Involviert-Sein bei der Datenerhebung auseinander, etwa wenn sie Personen interviewt, die einen ähnlichen Erfahrungshintergrund wie sie selbst aufweisen. Welche impliziten Annahmen schwingen mit, welche Resonanzen werden dabei erzeugt und was bedeutet dies für die Durchführung und Interpretation von Interviews? Inwiefern ist es die Pflicht des Interpreten, dies sichtbar und sich damit auch selbst zum Gegenstand der Analyse zu machen?

Mit der Interviewsituation als Interaktion befassen sich auch *Augustin Mutuale* und *Birte Egloff*. In ihren Ausführungen wird deutlich, dass das Interview insbesondere für den/die Interviewte/n an sich einen Wert besitzt, indem das Reden über das eigene Leben ein persönlichkeitsbildendes Moment darstellt und zu Selbsterkenntnissen führt, die einem vorher verschlossen waren. Das narrative Interview kann damit ein Moment der Bildung sein. Anhand von Interviewausschnitten zeigen die Beiden, wie es im Laufe eines biografischen Interviews unter Umständen gelingen kann, dass die Interviewpartner/innen durch das Erzählen nach und nach zu einer Innensicht der Dinge gelangen.

Wie ein deutsch-französisches Interviewergespann zusammen gearbeitet hat und welche (Bildungs-)Prozesse dies sowohl bei ihm selbst als auch bei den Befragten in Gang gesetzt hat, macht der Beitrag von *Odile Hess* und *Martin Herzhoff* anschaulich. Ihre Erfahrungen, die sie im Laufe mehrerer, gemeinsam geführter Interviews sammeln konnten und die sie in ihren persönlichen Forschungstagebüchern festgehalten haben, zeigen Chancen und Hindernisse einer solchen Vorgehensweise.

Unser Buch schließt mit einem Beitrag von *Christine Delory-Momberger*, die – jenseits unseres Datenmaterials – noch einmal eine stärker anthropologisch-philosophische Perspektive auf unseren Projektkontext einnimmt. Gibt es ein Leben ohne Erzählung? Unter dieser sehr grundsätzlichen Frage erörtert sie den Zusammenhang von Leben und Erzählung. Folgt man ihrem weiten räumlich-zeitlich und sozialen Verständnis, so ist die Erzählung konstitutiv für den Einzelnen. Menschliches Leben entsteht gewissermaßen erst durch die Erzählung.

Insgesamt lässt sich unser Buch durchaus als bunt und vielfältig charakterisieren, was es dem Leser und der Leserin erlaubt, ganz nach Interesse an jeder Stelle des Buches in die Lektüre einzutreten. Denn trotz der gemeinsamen Klammer, der Suche nach interkulturellen Spuren und der Frage, wie „wirksam" und „nachhaltig" interkulturelle Begegnungen in Biografien sind, wurde diese Frage auf sehr verschiedene Weise beantwortet, und es sind individuelle, durchweg interessante und sehr lesbare Artikel entstanden, von denen wir hoffen, dass sie zu Diskussionen einladen.

Was noch zu tun wäre …

Einiges an interkulturellen Spuren konnten wir finden; gleichwohl bleibt vieles weiter im Verborgenen. Einige Fragen und Themen – darauf haben wir bereits hingewiesen – sind offen geblieben und bedürfen weitergehender Forschung und gemeinsamer Analysen. Am Ende der Einleitung möchten wir auf einige dieser offenen Punkte hinweisen.

- Nur ein Bruchteil der Interviews aus unserem Datenpool ist in das vorliegende Buch eingegangen bzw. konnte überhaupt im Rahmen des Projektes bislang analysiert werden. Da wir als Lehrforschungsprojekt konzipiert waren, sind zwar im Laufe der Zeit auch zahlreiche Seminar- und Examensarbeiten sowie Dissertationen entstanden oder im Entstehen begriffen (eine Liste dieser Arbeiten findet sich am Ende des Buches), dennoch liegt noch viel Potential in den vorhandenen Interviews. Und so hoffen wir, auch weiterhin bei Studierenden und Forschenden Interesse an der Analyse dieses interessanten Materials wecken oder auch selbst an Fragen der interkulturellen Spuren weiter arbeiten zu können.
- Eine spezifische Form von Austauschbegegnungen haben wir in unserem Buch ausgespart, da die Erhebung und Analyse dieser Programme aus den vorhandenen und weiter zu führenden Interviews eine eigene Publikation ergeben würde. Wir wollen sie an dieser Stelle aber dennoch kurz darstellen, um auf deren Bedeutsamkeit für interkulturelles Lernen und interkulturelle Bildungsverläufe hinzuweisen. Es handelt sich um die bereits mehrfach erwähnten experimentellen Programme, die in den 1980er und 1990er Jahren im Rahmen des DFJW durchgeführt wurden. Einige unserer Interviewpartner/innen berichten gerade von diesen Begegnungen noch heute mit Begeisterung und davon, dass sie sich nachhaltig davon geprägt fühlen. So erklärt beispielsweise Irène in ihrem Interview im Rückblick auf ihre Teilnahme an diesem experimentellen Programm in Ligoure: „Ah, oui, c'est clair que ce soit les expériences OFAJ et toutes ces expériences m'ont marquée profondément". Bei den experimentellen Programmen handelte es sich um offen ausgeschriebene Begegnungsveranstaltungen, an denen Jugendliche und Erwachsene ohne spezifische Voraussetzungen teilnahmen, in

die sie aber die Vielfalt ihrer Interessen, Vorstellungen und Zugehörigkeiten einbringen konnten. Im Unterschied zu den häufig stärker vorstrukturierten Begegnungen etwa von Schulklassen arbeiteten hier die einzelnen Teilnehmer/innen an der Planung der Begegnung aktiv mit. Sie setzten das Gruppenleben durch die Art und Weise ihres persönlichen Engagements erst in Gang. Verschiedene Teilnehmer/innen entdeckten beispielsweise, dass sie ähnliche Kompetenzen oder dieselben Interessen haben, beispielsweise für Musik, für das Schreiben, für eine Sportart oder für das Tanzen. Daraus entstanden verschiedene Ateliers. Die einen organisierten ein Atelier Orchester, die anderen ein Schreibatelier, wieder andere eine Tennisgruppe oder ein Atelier Tanzen. Diese unterschiedlichen Aktivitäten waren also nicht bereits am Beginn der Begegnung vorgegeben, sondern sie entwickelten sich erst aus dem gemeinsamen und gegenseitigen Erkunden innerhalb der Gruppe durch die Teilnehmer/innen selbst. Indem die Ateliers für alle offen waren, konnten die Teilnehmer/innen an möglichst vielen Aktivitäten gemeinsam partizipieren. Das führte zu vielfältigen Möglichkeiten des Austausches, zu kreativen Konstellationen, zu interessanten Diskussionen, aber auch zu Abgrenzungstendenzen, Machtproblemen und Konflikten. Gerade deshalb bieten solche Begegnungen die Gelegenheit, die interkulturelle Dimension besonders deutlich zu machen. Unser Interviewpartner Luc resümiert dazu: „Ce que j'ai remarqué, c'est que, si on intègre dès le départ des activités de découvertes, de déblocage, des activités d'ouverture vers l'autre, et si on arrive également … faire qu'il faut se mettre en question soi-même, je crois qu' une fois que cette conscience là est construite on a beaucoup moins de problème dans l'échange." Und Irène äußert sich mit Blick auf ihre Erfahrungen in dem experimentellen Programm von Ligoure: „Et je crois que les expériences de Ligoure, c'était pour tous, structurant, c'est en nous, dans notre identité, on a vécu des expériences tellement fortes que ça nous structure aujourd'hui, on a grandi." Die Zitate verweisen auf die starke Wirkung, die insbesondere die experimentellen Seminare auf Teilnehmende und ihre Biografien zu haben scheinen. Sie bilden damit eine Quelle wichtiger Erkenntnisse, die unbedingt weiter verfolgt werden sollte. Wie Bildungs- oder Veränderungsprozesse im Kontext von Seminarprogrammen angestoßen werden (können), ist eine Frage, die sich empirisch bisher kaum fassen lässt.
- Der Umstand, dass bestimmte Gruppen oder Milieus nicht in unserem Sample vertreten sind, verweist darauf, dass es weiterer Interviews bedarf, um das Untersuchungsfeld in allen seinen Merkmalsausprägungen aufzuspannen und eine theoretische Sättigung[11] zu erreichen. Interviews mit Jugendlichen mit besonderem Förderbedarf oder mit Auszubildenden aus landwirtschaftlichen Schulen und anderen Bereichen, aber auch mit Jugendlichen mit Migrationshintergrund versprechen weitere interessante Einblicke in die Frage nach den Wirkungen interkultureller Begegnungen, die teilweise bereits in anderen Forschungsprogrammen untersucht wurden (vgl. etwa Giust-Desprairies & Müller, 1997; Colin & Müller,

---

11 Eine „theoretische Sättigung" ist erreicht, wenn neu hinzukommende Fälle keine neuen Erkenntnisse mehr bringen (vgl. Flick, 2009, S. 161f.).

1998; Brougère, Colin, Merkens, Kaufmann, Nicklas, Perrefort & Saupe, 2006), die aber unter biografischen Aspekten stets interessant bleiben.
- Die ursprüngliche Idee, stärker mit deutsch-französischen Teams zu arbeiten und in binationaler Besetzung Interviews zu führen sowie zu analysieren, ist nach wie vor reizvoll und würde die Perspektive auf unsere Forschungsfrage noch einmal erweitern. Gleiches gilt im Übrigen für „Mehr-Generationen-Interviews", mit denen wir zumindest begonnen haben und die nun vervollständigt werden müssen.
- Die an anderer Stelle begonnene Selbstbeobachtung und Reflexion des Forschungsprojektes (vgl. Egloff & Stock, 2010) und die Analyse des Umstands der wechselseitigen Übersetzung mit den damit verbundenen Herausforderungen verdienen ebenfalls einer weiteren Bearbeitung.

... und was bleibt?

Knapp fünf Jahre gemeinsames Forschen gehen mit der hier vorliegenden Veröffentlichung zu Ende. Diese fünf Jahre, in der wir uns als Personen von Treffen zu Treffen besser kennen gelernt und uns als Gruppe geformt haben, hinterlassen bei allen Beteiligten wertvolle und unvergessene interkulturelle Momente, aber auch andere Spuren und wir sind froh, ein paar davon mit unseren Leserinnen und Lesern teilen zu können.

An dieser Stellen möchten wir dem Deutsch-Französischen Jugendwerk für die Ermöglichung dieses Forschungsprojektes und den damit verbundenen Erfahrungen danken, insbesondere *Elisabeth Berger* von der Abteilung Interkulturelle Aus- und Fortbildung sowie *Anya Reichmann* aus dem Bereich Forschung und Evaluierung, die unsere Arbeit interessiert begleitet und uns immer und in jeglicher Hinsicht unterstützt haben. Wir danken auch *Ursula Stummeyer* und *Guilhem Zumbaum-Tomasi*, die uns zu Beginn des Projekts bzw. eine Wegstrecke lang begleitet haben.

Unser Projekt, da sind wir sicher, hat damit einen kleinen Teil zur Aussöhnung zwischen Deutschen und Franzosen beigetragen – ganz so, wie uns das *Mémorial* in Dormans anmahnt.

Das Buch versteht sich auch als ein Beitrag zum 50-jährigen Jubiläum des Deutsch-Französischen Jugendwerks, das in diesem Jahr eindrucksvoll und in allerlei Varianten gefeiert wird.

Ausdrücklich bedanken möchten wir uns:
- bei den Autorinnen und Autoren der einzelnen Beiträge; außerdem bei allen im Laufe der Jahre beteiligten Personen, die mit ihrem Engagement und ihrer Kreativität zur Bereicherung der Forschungsgruppe beigetragen haben;
- bei unseren beiden Übersetzerinnen *Katja Roloff*, die die französischen Texte ins Deutsche und *Anna Royon-Weigelt*, die die deutschen Texte ins Französische übersetzt hat. Ohne diese umfangreiche, anstrengende und teilweise knifflige

Übersetzungsarbeit hätte das Buch in dieser Form nicht erscheinen können. Wir freuen uns, dass die Beiden ihre Erfahrungen dazu in einem eigenen Artikel reflektieren, der auf der Homepage des DFJW veröffentlicht werden wird. Wir freuen uns außerdem, dass das Buch parallel und weitgehend identisch auf Französisch beim Verlag *Téraèdre* in Paris erscheinen wird;
- bei *Julia Fuchs* vom Waxmann Verlag, die uns mit Rat und Tat zur Seite gestanden hat und bei der Erstellung des Buches begleitet hat;
- und natürlich und vor allem bei unseren Interviewpartnerinnen und -partnern, die es uns durch ihre Erzählungen erst ermöglicht haben, dem Interkulturellen auf die Spur zu kommen.

Zum Abschluss der interkulturellen Spurensuche in diesem Projekt sind wir zuversichtlich, dass die Begegnungen zwischen Menschen aus Deutschland und Frankreich und auch aus anderen Ländern nachhaltig zur Absicherung und Vertiefung eines friedlichen Zusammenlebens in Europa beitragen und über diese Erfahrungen hinaus beispielgebend sein können für den Weg, den es zur Stiftung von Frieden in der Welt bedarf: der tiefen menschlichen Begegnung.

Literatur

Bayerischer Jugendring (2004). *Change your mind. Langzeiteffekte im internationalen Schüleraustausch*. München: Bayerischer Jugendring.
Bachner, D. J. & Zeutschel, U. (2009). *Students of Four Decades. Participants' reflections on the meaning and impact of an international homestay experience*. Münster: Waxmann.
Barz, H. & Tippelt, R. (Hrsg.) (2004). *Weiterbildung und soziale Milieus in Deutschland. Band 1 und 2*. Bielefeld: wbv.
Becker, J.-J. & Krumeich, G. (2010). *Der Große Krieg. Deutschland und Frankreich im Ersten Weltkrie 1914–1918*. Essen: Klartext-Verlag.
Bilger, F. & v. Rosenbladt, B. (2011). *Weiterbildungsverhalten in Deutschland. AES 2010. Trendbericht*. Berlin & Bonn: Bundesministerium für Bildung und Forschung (BMBF).
Brougère, G., Colin, L., Merkens, H., Kaufmann, K., Nicklas, H., Perrefort, M. & Saupe, V. (2006). *Das Eintauchen in die Kultur und Sprache des Anderen. Eine evaluierende Forschung zum Voltaire-Programm*. Berlin: DFJW Arbeitstexte Nr. 23.
Colin, L. & Müller, B. (Hrsg.) (1998). *Europäische Nachbarn. Vertraut und fremd. Pädagogik interkultureller Begegnungen*. Frankfurt/M.: Campus.
Delory-Momberger, C., Gebauer, G., Krüger-Potratz, M., Montandon, C. & Wulf, C. (2011). *Europäische Bürgerschaft in Bewegung*. Münster: Waxmann.
Egloff, B. (2011). Biographieforschung und biographieorientiertes Lernen im Studium. Einblicke in ein deutsch-französisches Lehrforschungsprojekt. *Hessische Blätter für Volksbildung, 61*, 126–134.
Egloff, B. (2012). Biographische Prozesse in deutsch-französischen Begegnungen. In C. Schelle, O. Hollstein & N. Meister (Hrsg.), *Schule und Unterricht in Frankreich. Ein Beitrag zur Empirie, Theorie und Praxis* (S. 113–129). Münster: Waxmann.
Egloff, B. & Stock, E. (2010). Von (un)sichtbaren Spuren und Standorten. Methodologische Reflexionen über ein deutsch-französisches Forschungsprojekt. [Récits de vie: au-delà des frontières]. *Synergies. Pays germanophones 3*, 27–49.
Flick, U. (2009). *Qualitative Sozialforschung. Eine Einführung*. Reinbek bei Hamburg: rororo.

Franczak, M. & Friebertshäuser, B. (2010). Verschüttete interkulturelle Momente bei jugendlichen Teilnehmenden ausgraben – eine kritische Reflexion von Wirkungen. [Récits de vie: au-delà des frontières]. *Synergies. Pays germanophones, 3*, 67–85.

Gisevius, A. (2005). *Die Educational Results Study – Interkulturelle Sensibiltät auf dem Prüfstand.* Forum Jugendarbeit International, 2004/2005, 221–235.

Giust-Desprairies, F. & Müller, B. (1997). *Im Spiegel der Anderen.* Opladen: Leske+Budrich.

Hess, R. (2009a). *Die Praxis des Tagebuchs. Beobachtung – Dokumentation – Reflexion.* Münster: Waxmann.

Hess, R. (2009b). *Henri Lefebvre et la pensée du possible. Théorie des moments et construction de la personne.* Paris: Economica Anthropos.

Hess, R., Weigand, G., Herzhoff, M. & Rabineau, C. (2012). *Fréderic le Play. Le militant des la réforme sociale.* Sainte-Gemme: Presses Universitaires.

Hörl, A.-K. (2012). Interkulturelles Lernen von Schülern: Einfluss internationaler Schüler- und Jugendaustauschprogramme auf die persönliche Entwicklung und die Herausbildung interkultureller Komeptenz. Stuttgart: ibidem-Verlag.

Holbach, R. (2012). *Vom Interview zum Portrait.* Unveröffentliches Manuskript.

Kelle, U. & Kluge, S. (1999). *Vom Einzelfall zum Typus. Fallvergleich und Fallkontrastierung in der qualitativen Sozialforschung.* Opladen: Leske + Budrich.

Kuckartz, U. (2009). *Einführung in die computergestützte Analyse qualitativer Daten.* Wiesbaden: VS Verlag für Sozialwissenschaften.

Ladmiral, J.-R. & Lipiansky, E. M. (2000). *Interkulturelle Kommunikation. Zur Dynamik mehrsprachiger Gruppen.* Frankfurt/M.: Campus.

Lefebvre, H. (2009). *La somme et le reste.* Paris: Economica-Anthropos.

Mutuale, A. & Aichele, C. (2008). *Interview mit Pierre.* Unveröffentlichtes Transkript.

Mayring, P. (2010). *Qualitative Inhaltsanalyse: Grundlagen und Techniken.* Weinheim: Beltz.

Schmid, G. (2011). *Pédagogie de l'enfant doué. Une histoire de vie pédagogique, recueillie et commentée par Remi Hess. Présentation de Gabriele Weigand.* Sainte Gemme: Presses Universitaires de Sainte Gemme.

Starringer, R. & Mutuale, A. (2011). *Interviews mit Stéphane Hessel und Alfred Grosser.* Unveröffentlichte Transkripte.

Synergies – Pays germanophones (2010). *Récits de vie: au-delà des frontières, 3.*

Thimmel, A. (2009). Internationale Schülerbegegnungs- und Austauschprojekte und interkulturelles Lernen. In R. Leiprecht & A. Kerber (Hrsg.), *Schule in der Einwanderungsgesellschaft. Ein Handbuch* (S. 346–362). Schwalbach/Ts.: Wochenschau.

Thimmel, A., Chehata, Y. & Katrin, R. (2011). Vielfalt on tour – Internationale Jugendbegegnungen in der Migrationsgesellschaft. Bericht der wissenschaftlichen Begleitung des Modellprojekts „InterKulturell on Tour". In Dies., *Interkulturelle Öffnung der Internationalen Jugendarbeit. Gesamtbericht der wissenschaftlichen Begleitung zum Modellprojekt JiVE „Jugendarbeit international – Vielfalt erleben"* (S. 60–164). Verfügbar unter: http://www.jive-international.de/assets/ijab-fachaustausch/dateibox/1317054141_Gesamtbericht_JiVe_Chehata_Riss_Thimmel.pdf [11.11.2012].

Thomas, A. (2006). Einleitung. In A. Thomas, H. Abt & C. Chang (Hrsg.), *Internationale Jugendbegegnungen als Lern- und Entwicklungschance. Erkenntnisse und Empfehlungen aus der Studie „Langzeitwirkungen der Teilnahme an internationalen Jugendaustauschprogrammen auf die Persönlichkeitsentwicklung". Studien zum Forscher-Praktiker-Dialog zur internationalen Jugendbegegnung* (S. 11–14). Bergisch-Gladbach: Thomas Morus-Akademie Bensberg.

Thomas, A. (2007). Jugendaustausch. In J. Straub, D. Weidemann & A. Weidemann (Hrsg.), *Handbuch interkulturelle Kommunikation und Kompetenz. Grundbegriffe – Theorien – Anwendungsfelder* (S. 657–667). Stuttgart: Metzler.

Thomas, A. & Perl, D. (2010). *Chancen, Grenzen und Konsequenzen interkulturellen Lernens im internationalen Schüleraustausch.* Bonn: Fachstelle für Internationale Jugendarbeit der Bundesrepublik Deutschland e.V. Forum Jugendarbeit International.

Toulouse, A. (2010). *Du Puymaurin à Roissy-en-France. Enfin ensemble.* Louveciennes: Kaïros.

Weigand, G. (2004). *Schule der Person. Zur anthropologischen Grundlegung einer Theorie der Schule.* Würzburg: Ergon.

Wulf, C. & Weigand, G. (2011). *Der Mensch in der globalisierten Welt. Anthropologische Reflexionen zum Verständnis unserer Zeit. Christoph Wulf im Gespräch mit Gabriele Weigand.* Münster: Waxmann.

Teil I
Theoretische und methodische Grundlagen

Die Theorie der Momente und die (Re-)Konstruktion des interkulturellen Moments

Gabriele Weigand, Remi Hess und Marco Dobel

„Wir fassen das ‚Moment' als Ausdruck [...] der Geschichte des Individuums. Wir meinen, dass diese Geschichte bis zu einem gewissen Punkt das Werk des Individuums ist, in dem es sich [...] selbst erkennt" (1975 Bd. III, S. 180). Dieses Zitat stammt aus *Die Kritik des Alltagslebens* des französischen Philosophen und Soziologen Henri Lefebvre (1901–1991), der sich dem Begriff des Moments an unterschiedlichen Stellen seines Werkes genähert und ihn als eine Denkfigur geschaffen hat, als eine Art Metapher, die es inhaltlich noch zu füllen gilt. Ausgehend davon hat Remi Hess in der Auseinandersetzung mit dem Denken seines Lehrers Lefebvre daraus eine Theorie der Momente entwickelt, wobei auch bei ihm der Begriff Theorie mehr im Sinne einer Annäherung zu verstehen ist, denn als wissenschaftlich abgesicherte Theorie. Im Laufe unseres Projekts ist uns die Theorie der Momente zunehmend zu einer wichtigen Kategorie für den Umgang mit den Interviews und deren Deutung geworden. Weshalb? Die folgenden Ausführungen erläutern den Begriff und die Theorie der Momente aus unterschiedlichen Perspektiven und setzen diese in Beziehung zum biografischen Erzählen.

Die Bedeutung des Moments für biografisches Erzählen

Gegenstand unseres Projekts sind Lebenserzählungen oder ausgewählte Erzählausschnitte von Menschen zu ihren Erfahrungen, Erlebnissen, Gedanken, Reflexionen, die sie in Austausch- und Begegnungsprogrammen im Rahmen des Deutsch-Französischen Jugendwerkes (DFJW) oder in sonstigen deutsch-französischen Kontexten gemacht haben. Dabei ist nicht die gesamte Biografie der Erzählenden der Gegenstand der Forschung, vielmehr reflektieren die Personen ihr Leben unter bestimmten Aspekten, betonen einzelne Episoden mehr als andere, klammern gewisse Bereiche aus. Da sie die Erzählung unter den Fokus des Interkulturellen stellen, entstehen andere Erzählungen, als wenn sie über die Schule, die Arbeit, Freizeit oder Gesundheit sprechen, auch wenn es immer wieder zu mehr oder weniger starken Überschneidungen kommt. Grundsätzlich ist es unmöglich, das Leben in seiner Gesamtheit zu erzählen, denn dieses ist weitaus komplexer und vielschichtiger als es in Erzählungen auch nur annähernd abgebildet werden kann. Es kann sich immer nur um Ausschnitte von Erlebtem und Erfahrenem handeln, die in der Erinnerung zu Geschichten und Interpretationen werden. Auch ist die Vorstellung, wonach ein Leben nach bestimmten, aufeinander folgenden Phasen abläuft und demzufolge chronologisch erzählt werden könnte, fragwürdig geworden. Nicht nur verschwinden die klaren Grenzen zwischen den einzelnen Lebensphasen, sie enthalten auch Brüche, Überformungen und Übergänge, womit der *Eintritt in das Leben* (*L' entrée dans la vie*; Lapassade, 1997) immer wieder neu erfolgt.

Das Moment ist etwas, das es ermöglicht, die Diskontinuitäten in der Komplexität eines Lebens zu erkennen. Im Unterschied zu *der* Moment, welcher nur zeitlich dimensioniert ist, meint *das* Moment eine spezifisch verdichtete Erfahrung der (interviewten) Person in Raum und Zeit. Das Französische macht hier keinen Unterschied und spricht in beiden Bedeutungen von *le moment*. Momente sind nicht nur Bojen, die hier und da auf dem Ozean des Alltags schwimmen, sondern strukturierende Elemente des Bewusstseins, der Wahrnehmung, der Realität und der Zeit. Sie beziehen sich auf das Denken, Fühlen und Erleben, auf Erfahrungen oder Ereignisse, die das Leben eines Menschen durchziehen und eine besondere Bedeutung für den Einzelnen besitzen. Sie helfen, dem Strudel des Alltags zu entkommen und sich eine Form zu geben, sich zu bilden (frz. *former*). Indem der Mensch seine Momente konstruiert, schafft er sich als Person (vgl. Hess, 2009; Weigand, 2004; Mutuale & Weigand, 2011).

Eine besondere Herausforderung besteht darin, jene Momente im Leben eines Menschen herauszuarbeiten, die zum einen das Spezifische des Moments gegenüber einzelnen, aufeinander folgenden und variierenden Situationen herausstellen und die sich zum anderen auf die interkulturelle Dimension beziehen. Sowohl beim Erleben als auch beim Herausarbeiten eines Moments handelt es sich nicht um die (Re-)Konstruktion einer chronologischen Abfolge von Ereignissen, sondern um eine regressiv-progressive Arbeit. Die Konstruktion des Moments ist zwar konstitutiv in der Gegenwart, bezieht sich aber auf Vergangenheit und Zukunft. Sie kann zu verschiedenen Zeitpunkten des Lebens einsetzen, abbrechen und wieder ansetzen, wobei das Ausmaß an persönlicher Involviertheit in ein Moment und dessen erlebter Intensität durchaus wechseln kann. Ein Beispiel sind Freundschaften, in welchen sich die Befreundeten selten sehen, sobald sie sich aber treffen, erleben sie eine intensive Begegnung. Ein Moment kann sich wiederum mit mehreren Momenten kreuzen oder verbinden, so etwa das Moment der Freundschaft mit dem des Essens oder des Tanzes. Zugrunde liegt die Annahme, dass eine Person sich aus verschiedenen Momenten konstituiert. Jeder Mensch lebt und integriert eine Vielfalt an Dimensionen: Frau, Mutter, Französin, berufstätig usf. Ob diese Dimensionen zu Momenten werden, hängt von der Bewusstwerdung und Bedeutungszuschreibung des Einzelnen ab. Generell ist es möglich zu leben, ohne ein Bewusstsein von Momenten zu haben.

Das Kontinuum der Theorie der Momente

Die Theorie der Momente von Henri Lefebvre steht in einer Reihe von Denktraditionen und ist von zahlreichen Autoren beeinflusst. Während es in diesem Text (wie überwiegend im vorliegenden Buch) um Momente auf der individuellen Ebene und spezifisch um das interkulturelle Moment im Leben einzelner Personen geht, ist das Moment auch als historisches und soziales Moment beschreibbar. Dabei wird gleichzeitig deutlich, dass sich der Mensch seine Momente im Rahmen eines weiten Horizonts an sozialen Traditionen und Vorstellungen (re-)konstruiert, die ihm übermittelt werden und die bereits vor seiner Geburt vorhanden sind. Letztlich ist die Theorie der Momente ein Projekt der gesamten Menschheit. In der Antike hat man mit dem *Guten*, *Wahren* und *Schönen* drei Wertekriterien unterschieden. Immanuel Kant hat sich mit seinen drei Kritiken der *reinen* und der *praktischen* Vernunft sowie der *Kritik der Urteilskraft* in diese Tradition eingeschrieben. Jedem dieser Momente entspricht eine eigene Logik. Lefebvre stellt nicht die Frage nach der Logik der Momente, er spricht von der Form. Aber auch für ihn gilt das Moment als eine Möglichkeit der Strukturierung des Prozesses der Menschwerdung, sowohl des einzelnen Menschen als auch der Menschheit als ganzer.

Das historische Moment

Karl Marx nimmt in seiner Theorie des ‚totalen Menschen' die soziale Entwicklung wahr als eine, die dem Menschen mehr Selbstverwirklichung ermöglicht, die ihm erlaubt, sich aus den unterschiedlichen Zuständen der Entfremdung (Sklavenherrschaft, Feudalismus, Lohnherrschaft) zu befreien. Der Kommunismus, wie er ihn als ideale Gesellschaftsform konzipiert hat, führt zur Unterwerfung der Produktion unter die Verwirklichung des Menschen als Person, als Künstler, Intellektueller, Handwerker. Marx hat in dieser Perspektive (der Überwindung des Kapitalismus) die Möglichkeit für den Menschen gesehen, sich in all seinen Dimensionen zu verwirklichen. Lefebvre liest das Programm von Marx in diesem Sinn als „revolutionären Romantismus" (vgl. Lefebvre, 1971). Im Unterschied zur mehr rückwärtsgewandten deutschen Romantik ist dieser Romantismus jedoch dem *Möglichen* zugewandt. Es handelt sich darum, Unmögliches in Mögliches zu verwandeln, mit all seinen sozialen Möglichkeiten, einschließlich der Gestaltung von Produktionsformen, von Alltag, Städten und Künsten.

Man begegnet hier dem *Prinzip Hoffnung* im Anschluss an Ernst Bloch (1985). Lefebvre ist – wie Karl Marx – von einem prophetischen Denken geprägt. Indem man auf die Vergangenheit blickt, lassen sich die anstehenden Aufgaben erfassen, lassen sich die aktuellen Widersprüche erkennen und gegebenenfalls überwinden. Demnach besteht eine Verbindung zwischen der Theorie der Momente und einem regressiv-progressiven Denken, das Lefebvre bei Marx zu finden meint.

Dieses Denken, wonach die Menschheit voranschreitet, indem sie sich neue Momente kreiert, indem sie von den durch das vorhergehende Moment nicht verarbeiteten Beständen ausgeht, findet man schon bei Georg Friedrich Wilhelm Hegel. In seinem Werk spielt der Begriff des Moments eine ganz besondere Rolle. Er taucht etwa fünfhundertmal in der *Phänomenologie des Geistes* und sechshundertfünfzigmal in der *Wissenschaft der Logik* auf, wobei Hegel ihn jedoch nicht explizit theoretisch fasst. Noch weiter zurückliegend lässt er sich bei Joachim von Fiore (um 1130–1202) finden, dessen Denken von den drei Zeitaltern Lefebvre sehr beeinflusst hat. Joachim von Fiore unterscheidet die *Zeit des Vaters (Altes Testament)* und *des Sohnes (Neues Testament)* und schließlich die *Zeit des Geistes*, auf die es Lefebvre besonders ankommt. Befreit von der Heiligen Schrift (dem Gesetz) und der christlichen Lehre (dem Glauben) und zur evangelischen Armut hingewandt, leben die Menschen nach dem Geist. Dabei handelt es sich um das Moment, in dem man in einer Art Gemeinschaft der Menschen das schaffen kann, was als *autogestion*, also Selbstbestimmung oder Selbstverwaltung bezeichnet werden kann.

Wie bereits mit der Methode des regressiv-progressiven Denkens angedeutet, ist die Theorie der Momente von einer Theorie der Stadien abzugrenzen. Zwar gibt es die Vorstellung, wonach die theologischen oder ökonomischen Zeitalter chronologisch aufeinander folgen, sich logisch aneinander anschließen, etwa analog zu der Annahme, dass die Jugend der Kindheit oder das Erwachsenensein der Jugend folgt. Allerdings steht die Theorie der Momente nicht in der Tradition einer hypothetisch-deduktiven Wissenschaft, sondern folgt einem assoziativen Denken, einem Denken, das Analogien, Assoziationen, Bilder zulässt. In diesem Sinn hat etwa Georges Lapassade (1997) in *L'entrée dans la vie, essai sur l'inachèvement de l'homme* (dt: *Der Eintritt ins Leben. Versuch über die Unvollendetheit des Menschen*) ausgeführt, dass man sich das Erwachsenenalter nicht als Abschluss eines langen Prozesses vorstellen darf. Vielmehr zeigen sich Elemente von Kindheit und Jugend im Erwachsenen, der seinerseits nie wirklich zur vollen Reife gelangt, sondern vielmehr immer wieder neu in sein Leben eintritt. Die Kindheit bleibt im Erwachsenenalter bestehen, wie der Vater in der Zeit des Geistes oder wie die Sklavenherrschaft in der Lohnarbeit. Es gibt kein reines Moment, das einer bestimmten Stufe im Leben eines Menschen oder der sozialen Entwicklung einer Gesellschaft entspricht. Momente werden über die Zeit hinweg bewahrt, ganz im Sinne der Hegelschen *Aufhebung*.

Auch ein bedeutender Schüler Lefebvres, René Lourau, hat die Stadientheorie abgelehnt. In seinem unveröffentlichten Werk *Le rêveur* (dt. *Der Träumer*) hat sich Lourau mit den Überlegungen des Experimentalpsychologen Daniel Stern auseinandergesetzt. Dieser hat starke Zweifel an Jean Piagets Stadientheorie der Intelligenzentwicklung von Kindern geäußert und gezeigt, dass die aufeinander folgenden Phasen kumulieren und sich nicht gegenseitig ausschließen (vgl. Stern, 1985). Eine solche Perspektive führt zu revolutionären anthropologischen Schlussfolgerungen, die mit denen von Lucien Lévy-Bruhl[1] vergleichbar sind. Dieser hatte am Ende seines Lebens Begriffe wie *vor-logisch* (frz. *pré-logique*) oder *minderwertig* (frz. *inférieur*), wie sie teilweise auf primitive Völker angewandt werden, entschieden zurückgewiesen (vgl. Lourau, 1988; Lévy-Buhl, 1922) und betont: Keine der Veränderungen, die wir in den ersten Jahren unseres Lebens durchmachen, erscheint als vorläufig oder gar ‚minderwertig'. Die Individuation ist eher kumulativ als selektiv, selbst wenn manche Erziehungsvorstellungen oder eine Ideologie des Erwachsenenseins unterstellen, dass wir uns von unserer affektiven und kognitiven Entwicklung eine evolutionäre, wachstumsorientierte und nicht eine regressiv-progressive Vorstellung machen.

Das anthropologische Moment

Wie lässt sich das Moment als *Form* verstehen, und zwar nicht bloß als historische Form, sondern als anthropologische Form, nicht nur der einzelnen Person, sondern einer Gesellschaft oder gar der Menschheit?

Das Moment des Essens, der Liebe, des Spiels, des Tanzes und andere mehr existieren in vielen Gesellschaften, aber sie realisieren sich hier und dort auf unterschiedliche Weise. Der Tanz kann eher soziale Formen annehmen oder szenischer, ritueller, liturgischer oder kriegerischer Tanz sein. Die einzelnen Gesellschaften sind gekennzeichnet durch Momente, deren spezifischer Charakter anthropologisch durch die Artikulierung dieses Moments in Bezug auf die Reproduktion der Momente, auf die Transversalität der Momente beschrieben werden kann. Der Paartanz existiert in katholischen und protestantischen Ländern, weniger in moslemisch geprägten Gesellschaften, wo er kaum Platz im Aufbau sozialer Beziehungen findet.

Jedes Land hat sein eigenes Schulsystem geschaffen. Die (schulische) Aufteilung der Welt in einzelne Disziplinen ist in gewisser Weise von einem Land zum anderen vergleichbar, teilweise aber auch nicht. So unterrichtet man zwar fast überall Geschichte, aber der italienische Geschichtsunterricht hat im Unterschied zum deutschen oder französischen Geschichtsunterricht andere Schwerpunkte. Hinter diesen Aufteilungen stecken unterschiedliche disziplinäre Auffassungen, gesellschaftliche Prioritätensetzungen, verschiedene kulturelle Universen, die allesamt die Entstehung und Entwicklung von Momenten in einer bestimmten gesellschaftlichen Epoche, in einem bestimmten geografischen und politischen Kontext beeinflussen.

Die Aufteilung der Schulfächer, die Pausen und Stundenverteilungen, die schulische Organisation und die Lehrerbildung, die soziale Position der Lehrkräfte spiegeln die institutionellen Strukturen eines Schulsystems wider. So hängt das Moment der Schulerfahrungen eines Kindes von äußeren und inneren Bedingungen ab. Es ist ein Unterschied, ob ein Kind mehr nach der traditionellen Wissensvermittlung beschult oder in einer Schule sozialisiert wird, die nach reformpädagogischen

---

[1] Lucien Lévy-Bruhl (1857–1939) war ein französischer Philosoph und zu Beginn des 20. Jahrhunderts ein Protagonist der Ethnologie in Frankreich.

Prinzipien verfährt. Jedes System erzeugt, wie am Beispiel der Schule deutlich wird, soziale Formen, die die Art und Weise möglicher Momente aufgrund ihres spezifischen Kontextes prägen.

Gesellschaften erlauben bestimmte Momente. Heutige westliche Gesellschaften ermöglichen eine andere Wahl an Momenten als die der Antike oder des Mittelalters. Ein Bauer im Mittelalter hatte zwei zentrale Momente: das der Arbeit und das des Festes. Nach und nach sind weitere Momente, die zunächst nur privilegierten Gruppen vorbehalten waren, einer größeren Anzahl von Menschen zugänglich geworden. So sind heute etwa die Mobilität und das Reisen, vor einem Jahrhundert in manchen Milieus noch unvorstellbar, für einen Großteil der Menschen selbstverständlich geworden. Möglicherweise sind dabei aber auch Momente verloren gegangen, wie etwa das soziale Miteinander in der Familie oder der Gruppe. Mit der Entwicklung des Buchdrucks wurden Lesen und Schreiben für immer mehr Menschen zu möglichen Momenten. So hat auch die Erfindung des Taschenbuchs dazu geführt, dass mehr Menschen Zugang zu Büchern bekamen, der zuvor nur einer kleinen intellektuellen Schicht vorbehalten war. Die Konstruktion derartiger Momente geht einher mit der Einführung der Demokratie und der Entwicklung der industriellen Produktion. Im Medien- und Technologiezeitalter kommen neue Momente hinzu, die Anzahl möglicher Momente steigt für immer mehr Menschen. Vermutlich ist es gar so, dass Menschen den Bereich des bloßen Überlebens, der primären Bedürfnisbefriedigung, erst überwinden müssen, um sich die Bildung der eigenen Person als persönliches Projekt zu setzen und damit die eigenen Momente zu schaffen.

Das dialektische Moment

In den vorhergehenden Abschnitten ist das Moment als *momentum* gefasst. Aber das Moment besteht auch als *movimentum*. Das Moment ist eine permanente Bewegung zwischen dem Allgemeinen (Universellen), dem Besonderen (Partikularen) und dem Einzelnen (Singularen). Die Situationisten (vgl. Debord, 1996) interessiert die Singularität einer Situation: die Liebe zu einem bestimmten Menschen, zu einem bestimmten Land, beispielsweise die Begegnung von Ting Ting Yang, einer 28-jährigen Chinesin aus Shanghai, mit Pierre, einem 40-jährigen Franzosen aus Paris. Die Theorie der Momente stellt dieses singuläre Abenteuer in einen weiteren, besonderen Kontext. Das Einzelne ist demnach nur in einer hermeneutischen Perspektive der Kontextualisierung zu begreifen: Dabei geht es um die französisch-chinesischen Beziehungen, die wiederum in einen historisch-gesellschaftlichen Horizont eingebunden sind. Und im Weiteren lässt sich diese einzelne Situation als Teil eines interkulturellen Moments, als Moment einer interkulturellen Begegnung fassen.

Im movimentum gibt es Raum für Energie, Dynamik, das Gestalten von Institutionen, für die Freiheit des Einzelnen, sich für das Eine eher zu entscheiden als für das Andere. Warum habe ich mein institutionelles Moment eher mit China aufgebaut als mit Deutschland? Weshalb nicht mit Schweden oder den USA? Hier kommt die biografische Forschung ins Spiel. Jede Person hat ganz spezifische Energien. Die Biografie eines Menschen ist sehr reichhaltig, die einer ganzen Familie noch weit mehr. So könnte man sich auch die biografische Untersuchung einer Familie über mehrere Generationen hinweg vorstellen. Ein konkretes Beispiel einer Familie aus dem Elsass vermag dies zu verdeutlichen.

Das interkulturelle Moment einer Familie

Der Vater ist 1808 geboren. Er hat acht Kinder. Sie wohnen in Türkheim oder Sainte-Croix en Plaine. Schauen wir nach Türkheim. Von den acht Kindern strebt ein Sohn, Barthélémy, 1839 geboren, eine Militärkarriere an. Er nimmt am Mexiko-Feldzug teil. 1870 ist er von Versailles betroffen. Im Krieg von 1870/71, in dem Türkheim von den Deutschen besetzt wurde, werden seine Geschwister Deutsche. Als Angehöriger des französischen Militärs bleibt er französisch. Er hat sich in der Champage niedergelassen, sich dort verheiratet und eine Familie gegründet. Er bekommt zwei Kinder (Paul, 1871 geboren, und Marie, 1875 geboren). Die beiden lernen ihre Onkel und Tanten erst nach dem 1. Weltkrieg im Jahre 1922 kennen. Alle waren im Krieg, aber auf verschiedenen Seiten. Kinder dieser dritten Generation werden geboren. Sie, nun schon in der vierten Generation, werden 1899 (Jean), 1900 (Lucien), 1902 (Madeleine), 1909 (André) und 1915 (Antoinette) geboren. Am 19. September 1914 brennt ihr Haus nieder. Sie verlieren alles. Sie machen sich auf den Weg, kommen bei ihren Cousins unter. Das läuft nicht immer gut. Es gibt Krisen. Man wechselt die Wohnung fünf Mal in acht Jahren. Der Vater ist während der Bombardierungen in Reims geblieben. Er wechselt 22mal seine Bleibe, wobei es ihm gelingt, die Zerstörung aller Häuser zu überleben, in denen er sich jeweils aufhielt. Er schreibt dabei Tagebuch. Die Personen hinterlassen alle ihre Spuren, da sie alle Tagebuch schreiben oder Briefe austauschen, egal ob mit 85 oder mit 6 Jahren.

1939: André ist Soldat. Er wird in Deutschland gefangen genommen. Er lernt fünf Jahre lang Deutsch im Gymnasium, aber in Mosburg weigert er sich, deutsch zu sprechen. Lucien wird nach Dachau deportiert, weil er jüdische Kinder und einige Résistance-Kämpfer in seiner Schule versteckt hat. Er kommt 1945 zurück und wird Priester. Er ist später als Diakon an einer Messe in der Kathedrale von Reims beteiligt, an der Charles de Gaulle und Konrad Adenauer zugegen sind, um die Versöhnung ihrer beiden Länder feierlich zu begehen. Auf dem offiziellen Foto (1962) steht er neben den beiden Staatschefs und François Marty, dem Erzbischof von Reims.

André bekommt vier Kinder. Der Älteste wird 1947 geboren. Sein Vater bezieht ihn in die Bemühungen um die „Aussöhnung mit Deutschland jenseits der Gräber" ein (frz. *„la réconciliation au dessus des tombes, avec l'Allemagne"*; aus dem Tagebuch von André). Er wird sich im DFJW engagieren. Das zweite Kind, Anna, verliebt sich in einen Deutschen, eine Jugendliebe. Die dritte lebt seit Jahrzehnten mit einem Österreicher zusammen. Sie lässt sich in Wien nieder, der jüngste lernt Deutsch im Collège. Er hält Beziehungen mit seinen Cousins im Elsass aufrecht, die zwischenzeitlich aufgrund der politischen Wechsel der Grenzen Franzosen geworden sind.

In der folgenden Generation studiert Irène, 1971 geboren, vier Semester Jura in Deutschland; Sophie, eine weitere Enkelin von André, wird 1979 geboren, sie schreibt ihre Masterarbeit über die deutsche Romantik. Die Familie von Irène verbringt mit ihren Kindern, die 2000 und 2002 geboren werden, ihre Ferien in Berlin. Dadurch, dass alle Mitglieder der Familie über die Jahrzehnte hinweg geschrieben haben, haben sich ihre Spuren über sieben Generationen hinweg erhalten. Tagebücher, Briefe, Monographien, Lebensgeschichten. Wie bringt man in diese vielfältigen Lebensgeschichten Ordnung und Struktur?

Es geht hier nicht darum, in die Einzelheiten einer Familiengeschichte einzutreten, sondern darauf hinzuweisen, dass sich biografische Forschungen nicht nur auf individuelle Erzählungen, sondern auch auf mehrere Generationen einer Familie beziehen können. Das Allgemeine (Universelle): die Zugehörigkeit zu einer Familie; die Besonderheiten (Partikularitäten): einige sind Franzosen, während andere Deutsche sind; das Singuläre: die einzelne Biografie. Gemeinsam ist ihnen, dass sie den Krieg erlebt haben, unglücklicherweise die einen gegen die anderen, obwohl sie gleichzeitig auf eine starke familiäre Zugehörigkeit Wert legen. Das Nationale führt dazu, dass das Moment der Familie auseinanderbricht. Welche Hierarchie besteht bei den Zugehörigkeiten zu einem bestimmten Moment? In Kriegszeiten muss man zeigen, dass man keine Zweifel hat, wem man dient.

Es gibt jene, die mit fünf Jahren gesehen haben, wie ihr Haus niederbrannte, die sechs Jahre lang ins Exil gegangen sind, dann sieben Jahre Dienst in der Armee abgeleistet haben, davon fünf Jahre in Kriegsgefangenschaft. In der Nachkriegsgeneration herrscht teilweise Überdruss in Bezug auf den Diskurs der Gaullisten, der Résistance. Die Involviertheit in den Mai 68, unser Krieg von 1914. Unverständnis der Generationen. Aber während der gesamten Zeit setzt sich das deutsch-französische Moment in anderen Formen fort. Die Lebenserzählung des interkulturellen Moments wird zu einer immensen Saga.

So lässt sich also sehen, wie sich die Theorie der Momente ausfalten kann in einer dialektischen Artikulation von Allgemeinem, Besonderem und Singulärem sowie im Laufe einer Zeitlichkeit und in der Geschichtlichkeit. Das interkulturelle Moment in der biografischen Erzählung einer individuellen Person erhält vor diesem – vielfach impliziten, unausgesprochenen – Hintergrund tiefere Dimensionen und weitere Perspektiven.

Zur Theorie der Momente bei Henri Lefebvre

Lefebvre nähert sich der Theorie der Momente über die Jahre hinweg eher intuitiv. Zum ersten Mal kündigt er sie explizit in *La Somme et le Reste* als eine Theorie an, die er schon lange entwerfen wollte (Lefebvre, 2009, S. 225ff.). Den genauen Zeitpunkt kann er nicht mehr bestimmen, aber er legt sie in eine Zeit, bevor er die marxistische Theorie für sich entdeckte (vgl. ebd., S. 209). Er weiß, welche Funktion die Theorie der Momente haben soll, und er kann auch Momente benennen, so zum Beispiel das Moment der Liebe, des Spiels und der Kunst (vgl. ebd., S. 227). „Ihre Aufzählung ist niemals erschöpfend, denn nichts steht der Erfindung neuer Momente im Wege" (Lefebvre, 1975, Bd. III, S. 180; vgl. Lefebvre, 2009, S. 635ff.). Weitere Momente sind denkbar, so etwa das Moment des Essens, des Weins, des Gartens, des Reisens, der Institutionen, des Tanzens, des Studiums, der Arbeit und – für uns zentral: das interkulturelle Moment. Einem systematischen Zugriff entzieht sich dieser erste Entwurf der Theorie der Momente aber.

Die Zeit

Eine zentrale Bedeutung misst Lefebvre von Beginn an der Dimension der Zeit zu, speziell dem Gedanken, dass die Zeit nicht linear zu fassen sei: „Die Vorstellung der Nicht-Linearität der Zeit ist mir immer bedeutsam erschienen" (Lefebvre, 2009, S. 228).[2] Für ihn ist die Zeit „wie eine Schnecken- oder Spirallinie, wie ein Strudel oder ein Wirbelwind (Metaphern, die nur annähernd einer Wirklichkeit entsprechen)" (ebd., S. 226).[3] Trotz aller Veränderung bleibt etwas gleich und trotz aller Wiederholung gibt es Variationen. Eine spezifische Situation ist unwiederholbar, im Gegensatz zum Moment. Sie ist einzigartig und an das Konkrete gebunden, aber dennoch nicht nur ein flüchtiger Augenblick. Lefebvre unterscheidet die lineare von der zyklischen Zeit. Die lineare Zeit hat einen Anfangspunkt und bewegt sich von diesem Punkt aus immer vorwärts. Allerdings ist sie auch fragmentiert, das Leben zerfällt in einzelne Zeitabschnitte, wie etwa Arbeit und Freizeit. Diese wiederholen sich zwar ebenfalls, unterliegen aber nicht dem natürlichen Rhythmus der zirkulären Zeit, deren Rhythmen zusammenhängen. So geht der Tag-Nacht-Rhythmus in den der Wochen und Jahreszeiten über. In der Moderne sieht Lefebvre vor allem die lineare Zeit am Werk.

> „Heutzutage ist der Alltag kennzeichnet durch die Aufspaltung des ‚realen' Lebens in mehrere Bereiche, die funktionell und organisiert (als solche strukturiert) sind: die Arbeit (im Unternehmen oder im Büro) – das

---

2 Dieses und die folgenden Zitate aus dem Französischen sind von Gabriele Weigand übersetzt. „L'idée de la non-linéarité du temps n'a pourtant jamais cessé de me paraître importante."
3 „Comme une ligne en volutes ou spirales, comme un courant en tourbillons et remous (métaphores n'ayant qu'une vérité approximative)."

Privatleben (in der Familie, im Wohnort) – die Freizeit" (Lefebvre, 2000, S. 111).[4]

War die Arbeit des Bauern früher noch von den Jahreszeiten und den Zyklen von Aussaat, Ernte und Winter bestimmt, ist das Leben in der modernen Gesellschaft immer stärker unabhängig von diesen Zyklen. Es entwickelt sich zu einem sich ewig verändernden Fluss der Zeit, einem *„flux héraclitéen"* (Lefebvre, 2009, S. 227). An dieser Stelle tritt die Bedeutung der Wiederholung in den Vordergrund. In ihr trifft die lineare Zeit auf die zyklische Zeit. Hier ist keine Identität gefordert, vielmehr kann es, wie in der Musik, zu Variationen über ein Thema kommen und so aus der Wiederholung etwas Neues entstehen.[5] Lineares und Zyklisches gehen ineinander über, überlagern sich.

Die Situation

Durch die Gegenüberstellung zur Konzeption der Situationisten[6] und deren bis heute einflussreichstem Vertreter Guy Debord (vgl. Hess, 1988, S. 211ff.) lässt sich die Theorie der Momente quasi ex negativo weiter einkreisen. Mit den Situationisten teilt Lefebvre nämlich den Begriff der Situation, die er dem Moment gegenüberstellt. Eine Situation bezeichnet ein punktuelles zeitliches Ereignis, während das Moment sowohl durch zeitliche Kontinuitäten als auch durch räumliche Dichte gekennzeichnet ist.

Lefebvre greift das Beispiel der *Liebe* bei den Situationisten auf, um seinen Begriff des Moments näher zu bestimmen. Er fragt, ob das Wort Liebe eher eine übergeordnete Kategorie bezeichnet, der sich eine Reihe von emotionalen und affektiven Situationen unterordnen lässt, oder ob es sich um eine Bezeichnung für ganz unterschiedliche Zustände und Situationen ohne konkreten Bezug zueinander handelt.[7] Die erste Position verurteilt Lefebvre als platonisch und rationalistisch, die zweite als empiristisch und skeptizistisch. Beide sind in seinen Augen gleichermaßen verkürzt. Während die erste nur eine Form bietet, die vom Inhalt abstrahiert, bietet die

---

4 „Aujourd'hui, la quotidienneté comporte la scission de la vie ‚réelle' en secteurs séparés, fonctionnels, organisés (structurés comme tels): le travail (dans l'entreprise ou le bureau) – la vie privée (dans la famille, dans le lieu d'habitation) – les loisirs."
5 „[…L]es répétitions des sons et des rythmes donnent un mouvement perpétuel et perpétuellement inventé" (Lefebvre, 1961, S. 340).
6 Der *Theorie der Momente* widmet die von 1958 bis 1969 erscheinende Zeitschrift der Situationisten einen eigenen Artikel, in dem die Autoren sich um eine Differenzierung bemühen. Der vollständige Text der 12. Ausgaben der „Revue Situationniste" kann unter http://i-situationniste.blogspot.com/ abgerufen werden. Vgl. auch den Beitrag „Théorie des moments et construction des situations" (ohne Autor) in der *Revue Situationniste* Nr. 4 von 1960.
7 Im Folgenden die beiden Deutungen im Originalzitat. Die eine Deutung: „Est-ce une entité supérieure qu'indique le mot et qui lui confère un sens général parce qu'elle se subordonne un ensemble de situations et d'états émotionnels ou affectifs?" (Lefebvre, 1961, S. 341). Die andere Deutung: „Serait-il seulement la connotation abstraite d'une diversité d'états et de situations sans rapports concrets les uns avec les autres?" (ebd.).

zweite zwar einen Inhalt, der aber völlig formlos zu sein scheint: „Ein Moment definiert eine Form und wird durch eine Form definiert" (Lefebvre, 2009, S. 640).[8] *Le moment* bezeichnet etwas, das sich im Verlauf der Zeit in Variationen wiederholt. Damit wird es zu einem strukturierenden Element des Denkens und Lebens. Im Deutschen haben wir die Möglichkeit der sprachlichen Unterscheidung zwischen *der* und *das* Moment. Im ersten Fall wird das einzelne Geschehen, die eine Situation, der Augenblick betont, im zweiten Fall kommt dessen Bedeutsamkeit und die – variierende – Wiederholung im Laufe der Zeit hinzu. Der Moment lässt sich aufgrund seiner besonderen inhaltlichen Bedeutung als *das* Moment identifizieren. Somit haben wir in der Wiederholung eines Moments also die Konstanz einer Form, die bei aller Variation und Veränderung einzelner Momente etwas durchtragend Gleiches beinhaltet. Das Moment ist damit geeignet, die gelebte Wirklichkeit, den Lauf eines Lebens zu strukturieren.

Spricht man in diesem Sinn von Liebe, so lässt sich sogar – etwa in Rückbezug auf Hegels dreischrittige Dialektik – noch ein weiteres Element hinzudenken. Liebe bezeichnet demnach zum einen das abstrakte Ideal, das verbindend Gemeinsame als auch zum zweiten das Partikulare, die Besonderheit der Liebe sowie drittens das Singulare, das Einzigartige der konkreten Liebe. „Durch alle Veränderungen hindurch bleibt ‚ein gewisses Etwas'. Wir bezeichnen es als Moment" (Lefebvre, 1961, S. 342).[9]

Elemente eines Moments

Die Theorie der Momente nimmt bewusst die Dreiperspektivität auf: „Der/Das Moment ist eine höhere Form der Wiederholung, der Wiederaufnahme und des Wiederauftauchens, die Wiedererkennung sowie bestimmte Beziehungen zum anderen und zu sich selbst beinhaltet" (ebd., S. 344).[10]

Zum einen begegnet uns *le moment* als konkreter Moment, der räumlich und zeitlich begrenzt ist. Hier nähert er sich deutlich der Situation an und kann entweder als partikulares Phänomen, um im Bereich der Liebe zu bleiben, unter anderen Emotionen oder auch als singuläres Phänomen der Liebe eines Einzelnen erfahren werden. Und zum dritten bleibt le moment als etwas die Momente Übergreifendes erhalten. Die Momente der Liebe sind nicht identisch mit dem einen Moment der Liebe; ohne den einen Moment der Liebe wären aber die Momente der Liebe aus der verschwommenen Vielfalt der Emotionen und den alltäglichen Situationen der Liebe nicht herauszulösen.

---

8   „Un moment, d'abord, définit une forme et se définit par une forme."
9   „A travers les changements, un ‚quelque chose' reste. Nous dirons que c'est le moment."
10 „Le moment, c'est une forme supérieur de la répétition, de la reprise et de la réapparition, de la reconnaissance portant sur certains rapports déterminables avec l'autre (ou l'autrui) et avec soi."

Lefebvre nennt sieben strukturierende Elemente des Moments:[11]

a) Das Moment unterscheidet sich oder löst sich aus einer Diffusität beziehungsweise Konfusion, d.h. aus einer anfänglichen Mehrdeutigkeit, aufgrund einer Wahl, die es als solches konstituiert.

Lefebvre beschreibt das Natürliche als mehrdeutig, das Alltägliche als banal und unförmig (vgl. Lefebvre, 1961, S. 344). Aus dieser Masse sticht das Moment heraus. Momente sind eindeutig. Sie weisen einen Anfang in Zeit und Raum auf, sie unterscheiden sich von der Umwelt.[12] Insofern kann man von einer Geschlossenheit der Momente sprechen: Sie sind eindeutig und daher klar von dem, was ein Nicht-Moment ist, zu unterscheiden. Es handelt sich beim Moment der Liebe eben nicht um ein flüchtiges Liebesspiel oder einen vorübergehenden Flirt, sondern um eine bedeutsame Erfahrung im Laufe des Lebens. Die Liebe ist nicht (nur) situativ zu sehen und auch gegen alle Mischformen abzugrenzen. Diese Abgrenzung ist ein Akt der Entscheidung und erweist sich im Vollzug.

b) Das Moment hat eine gewisse und auch eine eigene Dauer.

Das Moment erhält einen zeitlichen Anfang und hat auch eine Dauer. Die Zeit der Momente ist als nichtlineare, zyklische Zeit zu verstehen. So gibt es nicht ein einziges Moment der Liebe, sondern das wiederkehrende Moment der Liebe. Sei es beim einzelnen Menschen: die Liebe zur Familie, verschiedene Liebschaften, die Wiederkehr einer alten Liebe; oder in der Gesellschaft, in der das Moment der Liebe beispielsweise innerhalb von Gruppen oder gegenüber dem Staat existieren kann; oder in Bezug auf das Absolute, etwa in der Liebe zu Gott. Das Moment will im Sinne einer linearen Zeit andauern, ist aber begrenzt durch seine Eindeutigkeit, ganz im Sinne von Nietzsches Ausruf: „Alle Lust will Ewigkeit-, […] will tiefe, tiefe Ewigkeit!" (Nietzsche, 1992, S. 231).

c) Das Moment hat seine Erinnerung.

Daher ist auch die Erinnerung an das Moment ein Eintritt in das Eindeutige. Mit dem Moment der Liebe sind ganz konkrete und bestimmte Erinnerungen verbunden, die sich nicht mit den Erinnerungen an das Moment des Spiels oder der Poesie decken. Diese anderen Erinnerungen bleiben zwar erhalten und können auch in den verschiedenen Momenten auftauchen, stehen aber neben der Erinnerung, die sich auf das jeweilige Moment bezieht. Damit unterscheidet sich das Moment der Liebe nicht nur vom vielschichtigen Alltag, sondern auch von anderen Momenten. Die Erinnerung ermöglicht es gleichzeitig, das Moment als solches

---

11 „a) Le moment se discerne ou se détache à partir d'un mélange ou d'une confusion, c'est-à-dire d'une ambiguïté initiale, par un choix qui le constitue.
  b) Le moment a une certaine durée et une durée propre.
  c) Le moment a sa mémoire.
  d) Le moment a son contenu.
  e) Le moment a également sa forme.
  f) Tout moment devient un absolu" (Lefebvre, 1961, S. 344ff.; vgl. Hess, 2009, S. 189ff.).
12 Lefebvre zieht den Vergleich zu den Leibnizschen Monaden (vgl. Lefebvre, 1961, S. 342).

wiederzuerkennen. „Jedes Moment hat dementsprechend die folgenden Kennzeichen: unterschiedlich, situativ und distanziert. Und dies sowohl im Hinblick auf ein anderes Moment als auch in Bezug auf den Alltag" (Lefebvre, 1961, S. 350).[13]

d) Das Moment hat seinen Inhalt.
Das Moment ist damit Teil des Alltagslebens und gleichzeitig aus ihm herausgelöst. Es kann seinen Inhalt nur aus dem Erleben schöpfen. Allerdings ist es nicht mit dem Alltäglichen identisch. Durch seine Besonderheit und variierende Wiederholung übersteigt es alltägliche Situationen und bekommt seinen eigenen Inhalt.

e) Das Moment hat auch eine Form.
Bei alledem ist das Moment auch durch seine Form bestimmt. Das Moment des Spiels ist beispielsweise durch die Form bestimmter Spielregeln gekennzeichnet. „Diese Form durchdringt Zeit und Raum" (Lefebvre, 1961, S. 346).[14] Spielregeln schaffen als Form des Spiels einen Ort und einen Zeitraum des Spiels. Die Form bekommt sowohl eine objektive (als soziales Regelwerk) als auch eine subjektive Realität. Lefebvre geht so weit zu sagen: „In diesem Sinn ist das Moment nicht nur eine Form, es ‚ist' diese Form und diese Ordnung, die den Inhalt prägen" (ebd.).[15]

f) Das Moment tendiert zum Absoluten.
Diesen Sachverhalt, den Lefebvre als ein fundamentales Kriterium bezeichnet, erläutert er wiederum am Beispiel der Liebe (vgl. Hess, 1988, S. 19ff.). So schreibt er in seinem Buch *La somme et le reste* (2009, S. 335), das die Geschichte der Philosophie thematisiert:

> „Ich würde einfach sagen: Die Liebe ist ein Moment. Ich verstehe unter diesen Worten zunächst die permanente Bewegung hin zum Absoluten. Die Liebe tendiert zum Absoluten; wenn nicht, existiert sie nicht. Und dennoch ist das Absolute unmöglich, unlebbar, unhaltbar, absurd. […] Dieses Moment tritt nicht durch ein Wunder in unser Leben ein. Es kündigt sich an, es reift, mit oder ohne unser Zutun. Es formt sich, indem es konkrete Formen annimmt: im Vergnügen oder im Leiden, in der Freundschaft oder der Einsamkeit, im Leben der Familie oder im Leben außerhalb einer Gruppe. […] Es oszilliert zwischen dem unmöglichen Absoluten und der Eingliederung in den Alltag, der es ebenfalls unmöglich macht. Es ist ein ‚Moment', nicht frei von Widersprüchen – weder mit sich noch mit dem Rest".[16]

---

13 „Chaque moment a donc les caractères suivants: discerné, situé, distancié. Et cela tant par rapport à un autre moment que par rapport à la quotidienneté."
14 „Cette forme s'impose au temps et à l'espace."
15 „En ce sens, le moment n'a pas seulement une forme; il ‚est' cette forme et cet ordre imposés au ‚contenu'."
16 Im Original heißt es: „Je dirai simplement: l'amour est un moment. J'entends par ces mots d'abord la tentation permanente de l'absolu. L'amour tend vers l'absolu; sinon il n'existe pas. Et pourtant l'absolu est impossible, invivable, intenable, absurd […]".

Das Moment ist zwar kaum in seiner Gänze zu erreichen, birgt aber die Möglichkeit und auch die Gefahr des Absoluten. Diese Spannung kann Teil eines jeden Moments sein, indem das Vollkommene, das Totale angestrebt wird. Das Moment ist hier der „Versuch, eine Möglichkeit total zu verwirklichen" (Lefebvre, 1961, S. 348).[17] „So beginnt die dialektische Bewegung: ‚unmöglich – möglich' mit ihren Folgen" (ebd., S. 347).[18] Die Gefahr besteht darin, dass ein Moment, das zum Absoluten wird, sich selbst zerstört. Das ist etwa dann der Fall, wenn die Liebe zur Besessenheit, das Spiel zur Sucht wird. In dieser Perspektive des Absoluten kann das Moment selbst sogar eine Ursache für Entfremdung sein.

g) Die Frage der Entfremdung. Sie wird von Lefebvre nicht ausdrücklich ausgeführt, inhaltlich thematisiert er sie jedoch im Zusammenhang mit den Erfahrungen des Menschen in seinem Alltag (vgl. ebd., S. 347f.).

Für unseren Zusammenhang ist dies insofern relevant, als damit die Bedeutung der Konstruktion der Momente in der Biografie betont wird. Die Konstruktion von Momenten kann nämlich dazu beitragen, die Entfremdung des Menschen von der Welt zu überwinden und einen Prozess der Aufhebung der Entfremdung, der Befreiung einzuleiten, indem sie ihn durch Reflexion und Selbstvergewisserung aus dem Alltag, aus seiner Gleichförmigkeit, aber auch aus den Gefahren der Absolutheit befreit.

Die (Re-)Konstruktion des interkulturellen Moments in Biografien im deutsch-französischen Kontext

Im vorliegenden Projektzusammenhang konzentrieren wir uns auf das Moment des Interkulturellen in Biografien im deutsch-französischen Kontext (vgl. Köhnen & Weigand, 2010). Der Begriff des Interkulturellen wird zunächst konkret mit einem (zeitweiligen) Leben im anderen Land, mit Begegnungen und Austauschprozessen verknüpft, die vielfach (zumindest auf der Vorderbühne) auf das Ziel gerichtet sind, das Andere, das Fremde kennen zu lernen und besser zu verstehen. Das Konzept des Interkulturellen, wie wir es hier verwenden, beinhaltet jedoch nicht nur eine Begegnung in dem Sinne, dass jemand in eine andere Kultur – quasi wie in einen monolithischen Block – eintritt. Es bedeutet also nicht nur ein Lernen ‚über etwas', oder ein Verstehen ‚von etwas anderem' oder ‚des Anderen'. Diese Auffassung steht häufig in schulischen Zusammenhängen im Vordergrund, wenn es bei Austauchbegegnungen von Klassen etwa darum geht, das andere Land mit seiner Kultur und seinen Menschen ‚näher kennen zu lernen'. Demgegenüber gehen wir vielmehr davon aus, dass in Begegnungen und Austauschprozessen erst dann von interkulturellem Lernen gesprochen werden kann, wenn diese auch Rückwirkungen auf die

---

17 „Tentative visant la réalisation totale d'une possibilité."
18 „Alors commence le mouvement dialectique: ‚impossible – possible' avec ses conséquences."

Beteiligten selbst haben und entsprechende Reflexionsprozesse und Veränderungen anstoßen. Indem Menschen neuen Herausforderungen ausgesetzt sind, Gewohntes in Frage stellen, vergleichen, relativieren, sich im Spiegel der Anderen reflektieren, werden herkömmliche Sicherheiten brüchig, vorhandene „Weltbilder und Selbstbilder" (Messerschmidt, 2009) in Zweifel gezogen, gewohnte Bahnen verlassen. Auch ist *Kultur* im Begriff des Inter*kultur*ellen nicht nur bezogen auf die nationale oder ethnische Dimension, sondern enthält „kollektive Zugehörigkeiten" (Nohl, 2006, S. 137ff.) des Menschen, wie etwa Alter, Geschlecht, sozioökonomischer Status und schließt auch Fragen von Macht- und Ungleichheitsverhältnissen ein, die vielfach mit sozioökonomischen Lebenslagen zusammenhängen.

Das Moment als Mittel der Strukturierung von biografischen Erzählungen und Biografien

Das Moment dient als Mittel der Strukturierung von Lebensläufen, die uns unter dem Aspekt der interkulturellen Erfahrungen interessieren. Dabei können mehrere Perspektiven unterschieden werden: Die Perspektive der/des Erzählenden, diejenige der/des Interviewenden oder diejenige der Leserin oder des Lesers einer biografischen Erzählung. Aus der Perspektive des Einzelnen kann die Herausarbeitung der Momente retrospektiv, prospektiv und gegenwartsbezogen erfolgen und strukturierend oder gar identitätsstiftend auf ein Leben wirken. Bildungstheoretisch und auf den Entwurf der eigenen Person bezogen (vgl. Weigand, 2004) kann angenommen werden, dass die interviewte Person durch das Erzählen zum Autor ihres Lebens bzw. von Teilen davon wird. „Sich bilden heißt in diesem Sinn, seinen Momenten Form und Bedeutung verleihen".[19] Aber auch der Interviewer/die Interviewerin vermag über den Dialog mit dem/der Interviewten in einen Lern- und Bildungsprozess einzutreten, indem das Erzählte ihm bzw. ihr Anlass gibt, über sich selbst und sein/ihr Leben zu reflektieren. Und schließlich eröffnet sich der Leserin und dem Leser der Interviews die Möglichkeit, an diesem Dialog teilzunehmen und ihn reflexiv auf sich zu wenden. Man könnte sich weitere Perspektiven vorstellen, etwa wenn eine Gruppe von Menschen über das gemeinsame Lesen eines Interviews in einen Dialog tritt und ihn zum Ausgangspunkt für weitere Reflexionen nimmt (vgl. dazu Stock, 1998). Schließlich gibt es, wie in unserem Fall, die Perspektive derjenigen, die die Interviews analysieren, auswerten und Momente (re-)konstruieren.

Die Erarbeitung der Momente hat gewissermaßen zwei Seiten: Während Momente auf der einen Seite von den Menschen selbst als solche konzeptioniert bzw. konstruiert werden in dem Sinne, dass die Erzählenden Erlebnisse und Erfahrungen zu einem für sie biografisch bedeutsamen Moment machen, erfolgt die (Re-)Konstruktion solcher Momente in der Analyse und Auswertung der Erzählungen durch die Forschenden. Dabei muss es sich nicht unbedingt um identische (Re-)

---

19 „Se former, c'est donner forme et signification à ses moments" (Hess & Weigand, 2006, S. XVIII).

Konstruktionen handeln. In jedem Fall gehen wir von der Annahme aus, dass sich in der Biografie eines jeden Menschen neben anderen Momenten ein interkulturelles Moment herausarbeiten lässt, das im Laufe des Lebens in variierenden Situationen implizit mitschwingt oder sich auch explizit zeigen kann, das in jedem Fall nicht statisch, sondern selbst in Bewegung ist.

Das interkulturelle Moment in den narrativen Interviews

In diesem Projekt konzentrieren wir uns bei der Analyse und Interpretation des biografischen Materials darauf, die Suchbewegung nach dem interkulturellen Moment im Leben der ausgewählten Personen herauszuarbeiten. Dabei geht es uns um Gefühle, Erfahrungen, Erlebnisse und Episoden, die sich in Begegnungen und Situationen zeigen und vollziehen, auch um jene, die Brüche, Dissoziationen, Grenzgänge, Konflikte und Widersprüche im interkulturellen Erleben ausdrücken. Das führt uns zu der Frage, welche Wirkungen sie auf den Einzelnen und dessen Leben haben oder wie der Einzelne aktiv mit seinen interkulturellen Erfahrungen umgeht und wie sie bildungswirksam werden.

Wie in der Einleitung ausgeführt, stützen wir uns methodisch auf narrative Interviews mit Menschen unterschiedlichen Alters und Geschlechts aus dem deutsch-französischen Kontext, mit Teilnehmer/inne/n und Teamer/inne/n von Begegnungen sowie Ausbildenden im Rahmen des Deutsch-Französischen Jugendwerks, aber auch Menschen, die sich anderswo im deutsch-französischen oder frankophonen Feld verorten. Dabei werden die interviewten Personen in einer Erzählaufforderung gebeten, von ihren Erfahrungen im deutsch-französischen Kontext zu erzählen. Bei diesem Vorgehen herrscht die induktive Herangehensweise vor, und es wird davon ausgegangen, dass sich Wirklichkeit „erst in den Interpretationen der Akteure" (Marotzki, 2006, S. 112) herstellt. Somit wird angenommen, dass die interviewte Person durch die Art und Weise ihres Erzählens zumindest daran mitwirkt, das interkulturelle Moment zu formen und herauszubilden, selbst wenn sie sich dessen nicht bewusst ist. Die Aufgabe bei der Auswertung und Interpretation des Erzählten besteht darin, dieses – mehr oder weniger explizite – Moment aus dem vorliegenden Interviewmaterial sowie dem gesamten Kontext des Interviews und, soweit möglich, der darüber hinausgehenden Einbeziehung von sozialstrukturellen, institutionellen wie auch lebensgeschichtlichen Zusammenhängen herauszuarbeiten. Diese Aufgabe lässt sich unterschiedlich intensiv bewerkstelligen. Sie fällt uns leichter bei einer erfahrenen Teamerin oder einem betagten Menschen, dessen Hintergrund wir kennen, als bei einem jungen Teilnehmer mit wenigen interkulturellen Erfahrungen und möglicherweise geringerer biografischer Reflexion.

Die methodische Entscheidung, von einer thematisch fokussierten Erzählaufforderung auszugehen und sich auf ein Moment zu konzentrieren, heißt nicht, andere Momente auszuschließen. Vielmehr spielt die von Felix Guattari beschriebene

Transversalität,[20] die Vielfalt der Bezüge und Übergänge immer mit, das heißt, dass geäußerte Gedanken, Gefühle, Gespräche, Erlebnisse und Erfahrungen über das eigentliche Thema hinausgehen und in andere Lebensbereiche übergreifen. So zeigt sich immer wieder, dass sich das Interkulturelle nicht aus der Komplexität des gesamten Lebens isolieren lässt, wenngleich es darum geht, es unter den leitenden Fokus zu stellen.

Die biografischen Erzählungen zeigen einen Weg, sich des interkulturellen Moments bewusst zu werden, es zu erhellen, die lebensbiografische und strukturelle Dimension dieses spezifischen Moments an den Tag zu bringen – und zwar nicht nur für die Erzählenden selbst, sondern auch für die Fragenden und Zuhörenden und nicht zuletzt auch für die Lesenden. Alle drei treten über das Erzählen oder über den Text in einen Dialog mit dem Anderen ein, aber auch mit sich selbst und dem Anderen in sich selbst (vgl. Kristeva, 1988; Ricoeur, 1996) und geben Anlass, das je eigene interkulturelle Moment zu schaffen.

Das Moment des Interkulturellen in seinem Leben zu (re-)konstruieren heißt: ihm einen Platz zu geben, sich die Art und Weise zu verdeutlichen, in der sich die verschiedenen und manchmal widersprüchlichen Einflüsse artikulieren, die mich geprägt haben und die meine besondere Art in der Welt zu sein, von derjenigen meiner Mitmenschen und Nachbarn unterscheidet. Das Bewusstwerden des interkulturellen Moments gestaltet sich, wie der Eintritt ins Leben, als ein Prozess der Öffnung hin zum Anderen, der uns sowohl unsere Beziehungen gegenüber uns selbst, dem Anderen und der Gesellschaft als auch zugleich unsere eigene Unabgeschlossenheit bewusst macht. Momente zu erkennen bedeutet so etwas wie ein Sich-Finden, einer Entfremdung entgegenzuwirken.

In einer weiteren Perspektive geht es darum, aus verschiedenen Möglichkeiten zu wählen, Brüche zu thematisieren, Konflikte auszuhalten, Entscheidungen zu treffen, das eigene Leben zu entwerfen und buchstäblich zum Autor seiner Biografie zu werden.

Literatur

Bloch, E. (1985). *Das Prinzip Hoffnung* (Werkausgabe Band 5). Frankfurt/M.: Suhrkamp.
Debord, G. (1996). *Die Gesellschaft des Spektakels: Kommentare zur Gesellschaft des Spektakels*. Berlin: Ed. Tiamat.
Guattari, F. (1976). *Psychotherapie, Politik und die Aufgaben der institutionellen Analyse*. Frankfurt/M.: Suhrkamp.
Hess, R. (1988). *Henri Lefebvre et l'aventure du siècle*. Paris: Métailié.

---

20 Félix Guattari (1972, S. 1976) schlägt den Begriff der *Transversalität* als Ersatz für den ambivalenten Begriff der *institutionellen Übertragung* vor. Transversalität gibt es sowohl auf vertikaler (z. B. in einem hierarchischen System von Vorgesetzen, Stellvertretern, Untergebenen) als auch auf horizontaler Ebene. Darüber hinaus besteht Transversalität im Inneren eines Subjekts selbst, wenn man die Gesamtheit seiner Momente betrachtet, denen es angehört. Es ist das Mittel des Subjekts, sich auf unterschiedliche äußere Realitäten einzulassen.

Hess, R. (2009). *Henri Lefebvre et la pensée du possible. Théorie des moments et construction de la personne*. Paris: Economica Anthropos.
Hess, R. & Weigand, G. (2006). De la dissociation à l'autre logique. In P. Boumard, G. Lapassade & M. Lobrot, *Mythe de l'identité. Éloge de la dissociation* (S. V–XXXIII). Paris: Anthropos.
Köhnen, R. & Weigand, G. (2010). Interkulturelle Momente in deutsch-französischen Biographien [Récits de vie: au-delà des frontières]. *Synergies. Pays germanophones, 3,* 51–65.
Kristeva, J. (1988). *Étrangers à nous mêmes*. Paris: Folio essais.
Lapassade, G. (1997). *L'entrée dans la vie, essai sur l'inachèvement de l'homme*. Paris: Anthropos.
Lefebvre, H. (1961). *Critique de la vie quotidienne II. Fondements d'une sociologie de la quotidienneté*. Paris: Arche.
Lefebvre, H. (1971). *Le manifeste différentialiste*. Paris: Gallimard.
Lefebvre R. (1975). *Kritik des Alltagslebens* (3 Bände). Frankfurt/M.: Suhrkamp.
Lefebvre, H. (2000). *Métaphilosophie*. Paris: Éd. Syllepse.
Lefebvre, H. (2009). *La somme et le reste*. Paris: Economica-Anthropos.
Lévy-Buhl, L. (1922). *La mentalité primitive*. Paris: Félix Alcan.
Lourau, R. (1988). *Le journal de rechercher, matériaux pour une théorie de l'implication*. Unveröffentlichtes Manuskript.
Marotzki, W. (2006). Forschungsmethoden und -methodologie der Erziehungswissenschaftlichen Biographieforschung. In H.-H. Krüger & W. Marotzki (Hrsg.), *Handbuch erziehungswissenschaftliche Biographieforschung* (S. 11–35). Wiesbaden: VS Verlag für Sozialwissenschaften.
Messerschmidt, A. (2009). *Weltbilder und Selbstbilder. Bildungsprozesse im Umgang mit Globalisierung, Migration und Zeitgeschichte*. Frankfurt/M.: Brandes & Appel.
Mutuale, A. & Weigand, G. (2011). *Les grandes figures de la pédagogie*. Paris: Petra.
Nietzsche, F. (1992). *Also sprach Zarathustra. Ein Buch für Alle und Keinen* (1883–1885). Frankfurt/M.: Insel.
Nohl, A.-M. (2006). *Konzepte interkultureller Pädagogik. Eine Einführung*. Bad Heilbrunn: Klinkhardt.
Ricœur, P. (1996). *Das Selbst als ein Anderer*. München: Wilhelm Fink.
Stern, N. D. (1985). *Interpersonal World of the Infant. A View From Psychoanalysis And Developmental Psychology*. New York.
Stock, B. (1998). *Augustine the Reader. Meditation, Self-Knowledge, and the Ethics of Interpretation*. Cambridge/Mass., London/Engl.: Harvard Univ. Press.
Weigand, G. (2004). *Schule der Person. Zur anthropologischen Grundlegung einer Theorie der Schule*. Würzburg: Ergon.

Unser Verständnis des Lebensberichts
Eine historisch-philosophische Anthropologie der Person
Augustin Mutuale

In diesem Beitrag soll der Erarbeitungprozess biografischer Untersuchungen mit all seinen Besonderheiten auf erkenntnistheoretischer Ebene legitimiert und verortet werden.[1] Ziel ist eine Einordnung zwischen zwei extremen Positionen: Auf der einen Seite möchten wir uns von einem Diskurs abgrenzen, der den Lebensbericht in der Forschung disqualifiziert, auf der anderen Seite von einem verabsolutierenden Diskurs, dem gemäß es ohne Erzählung kein Leben gebe.

Unsere Vorgehensweise und ihre Besonderheiten

Im Zuge der Vorbereitungen für den Vortrag, der diesem Artikel zugrunde liegt, hatte ich Remi Hess von einem Nachwort berichtet, in dem Birte Egloff und ich auf die von vielen Soziolog/inn/en und Historiker/inne/n formulierte Kritik an der *biografischen Illusion* (Bourdieu, 1998) hinweisen (vgl. Mutuale & Egloff, 2010; auch Mutuale & Egloff in diesem Band). Wegen des relativ geringen Arbeitsaufwands sei die Arbeit mit Biografien reizvoll. Sie könne aber gefährlich werden – und zwar dann, wenn Wissenschaftler/innen eine Wahrheit des Gegenstands anhand einer Wahrheit des Selbst erschließen wollten. Ein solcher Ansatz könne nur allzu leicht in eine konzeptlose Subjektivität abdriften – ein „Ich", das sich mit einem „Du" begnügt und den konzeptuellen Rahmen eines „Er" entbehrt.

Mit diesem Ansatz, so die Kritik, behandelten Wissenschaftler/innen die Diskontinuität, das Unvorhersehbare und die Absurdität der Wirklichkeit nach einer Logik der rational nachvollziehbaren Relationen – also nach dem Modell der chronologischen, Einheit und Ganzheit anstrebenden Erzählung – und fielen auf diese Weise der Ideologie einer zwanghaften Sinn- und Bedeutungssuche anheim, würden zu Interpretationsexpert/inn/en, die eine Abfolge relevanter Zustände aus dem Erfahrungsspektrum eines Subjekts mit Nachvollziehbarkeit und Kohärenz versähen.

Remi Hess diagnostiziert derzeit eine neue biografische Illusion, die Tag für Tag größere Ausmaße annehme und zunehmend unter Wissenschaftler/inne/n verbreitet sei – die Illusion, jedes Leben müsse erzählt werden, um überhaupt zu existieren,

---

[1] Der Artikel basiert auf einem Vortrag von Remi Hess, den er am 29. September 2011 vor unserer Forschungsgruppe „Interkulturelle Momente in der Biografie und der Kontext des DFJW" in Karlsruhe gehalten hat. Ausgehend von den Ideen, die Remi Hess zu diesem Anlass formulierte, erörtert Augustin Mutuale im vorliegenden Beitrag die Grundlagen, auf denen ihr Verständnis von Biografieforschung – bzw. das der französischen Mitglieder der Forschungsgruppe insgesamt – beruht.

kein Leben ließe sich außerhalb des Erzählens denken. Hess erkennt die Relevanz von Christine Delory-Mombergers Beitrag in diesem Band für das Biografieprojekt des DFJW an, gibt jedoch zu bedenken, dass dieser einen alles auf Narration reduzierenden Diskurs befördern könnte. Hess hält einem solchen Diskurs entgegen, dass Narration schließlich nur ein Moment des Lebens darstelle. Die Erzählung sei ein Moment der Reflexion, in dem das eigene menschliche Abenteuer zu einer Geschichte – und mit der großen Historie – verwoben werde. Durch den Lebensbericht verleihen wir dem Konzept Biografie seine vertikale, in tiefere Schichten reichende Dimension.

Unser Biografieverständnis gründet auf der Theorie der Momente und verbindet diese mit weiteren Ansätzen, wie etwa mit der Hermeneutik (von Wilhelm Dilthey bis Paul Ricoeur), mit der regressiv-progressiven Methode und dem Zusammenhang von Erlebtem, Wahrgenommenem und Begriffenem (*vécu, perçu, conçu*) nach Henri Lefebvre, mit der Monografie nach Frédéric Le Play sowie mit der Erforschung von Familienpapieren nach Remi Hess. Wir erforschen aktuelle soziale Gegebenheiten und arbeiten *Figuren* heraus, erstellen ihre Biografien, um auf dieser Grundlage Konzepte zu entwickeln. Bevor wir versuchen, die Lebensgeschichte eines Menschen zusammenzutragen, analysieren wir zunächst, ob und inwiefern er oder sie für ihre Zeit repräsentativ ist und begründen unsere Auswahl. Damit berufen wir uns auf eine Forschungsrichtung, die sich seit dem 19. Jahrhundert damit beschäftigt, wie Menschen leben (vgl. z.B. Le Play, 1971). Es ist eine Kunst, mit den Mitteln der Geschichtsschreibung und des Lebensberichts eine Anthropologie bzw. eine Soziologie der Momente zu entwickeln (vgl. Weigand, 2007).

Die Theorie der Momente und der Lebensbericht

Die Theorie der Momente von Remi Hess ist ein gewinnbringender Ausgangspunkt für die Beschäftigung mit Biografien. Hess hat aufbauend auf Hegel und Lefebvre Aspekte herausgearbeitet, mit deren Hilfe wir unser biografisches Verfahren charakterisieren können. Der vorliegende Artikel knüpft somit auf praktischer Ebene an Gabriele Weigands, Remi Hess' und Marco Dobels Beitrag zur Theorie der Momente in diesem Band an.

Viele Menschen leben in Momenten, ohne sich diese bewusst zu machen – vor allem das *interkulturelle Moment* wird selten bewusst reflektiert. Die meisten verbringen ihr Leben im heraklitischen Fluss des Alltags – sie treiben in einem tosenden Wildbach, klammern sich an einen der Äste, die, von verschiedenstem Wuchs, auf dem Wasser tanzen, verlieren den einen, bekommen immer wieder einen anderen zu packen, sodass sie alle Hände voll damit zu tun haben, sich an der Oberfläche zu halten. Momente sind keine einfachen Alltagssituationen, sondern strukturgebende Bestandteile eines Menschenlebens. Ein Moment ist gleichsam ein roter Faden, der das Leben eines Menschen durchzieht und mit dessen Hilfe dieser sein Leben ausrichten, in eine bestimmte Richtung hin planen kann, und zwar in der

Gesellschaft anderer Menschen, die dieses Moment mit ihm erleben und für ihn eine Art Bezugsgemeinschaft bilden. Jeder Mensch konstruiert Momente in seinem Leben und ist fähig, sie als solche zu erkennen, wie zum Beispiel das Moment des Schreibens, des Lesens, der Arbeit, der Liebe, der Kunst. All diese Momente verweisen jeweils auf eine spezifische Bezugsgemeinschaft. Ein Mensch kann sich aber auch durch eine reflektierende Haltung entfalten – indem er versucht, seine verschiedenen Momente und deren gemeinsame Verbindungen und Konstellationen zu rekonstruieren. Hierbei ist er auf sich selbst zurückgeworfen. Damit es ihm gelingt, sich in seiner Totalität oder vielmehr auf seinem Weg zur Totalität zu begreifen und zu reflektieren, kann er sich von einer/einem Psychoanalytiker/in, Coach oder Sozioanalytiker/in begleiten lassen (vgl. Delory-Momberger & Hess, 2001). Wenn Wissenschaftler/innen eine Person bei ihrer Biografiearbeit unterstützen, werden sie manchmal implizit in den oben genannten Funktionen mitbeansprucht, obwohl sie eigentlich die Perspektive der Ethnografin/des Ethnografen gewählt haben.

Wie entstehen Momente?

Das Moment ist eine sich wiederholende Wirklichkeit. Ein Moment entspricht einer Form, von der ich weiß, dass sie schon lange Teil meines Lebens ist: Tagebuch schreiben, in meinem Atelier malen, als Dozent/in in einem Hörsaal unterrichten, lieben usw. Diese Momente sind in ihrer Dauer beschreibbar. Doch auch eine Situation, mit der wir zufällig konfrontiert sind, kann aufgrund ihrer Tiefe zu einem Moment werden: Ein prägendes Erlebnis kann die Ausrichtung unseres Lebens grundlegend verändern. Remi Hess erzählt in seinem Lebensbericht (vgl. ebd.), wie er Henri Lefebvre begegnet ist: Diese erste Begegnung ist zunächst als Situation, nicht als Moment, einzuordnen. Nachdem Remi Hess sich für ein Soziologiestudium eingeschrieben hatte, landete er zufällig in Henri Lefebvres Vorlesung, ohne den Meister, den man ihm zugewiesen hatte, überhaupt zu kennen. Remi war mit etwas völlig Unerwartetem konfrontiert. Dieser Dozent war so etwas wie eine „Begegnung der dritten Art" und dennoch wusste Remi Hess sofort, dass es sich hier um ein *Moment* handelte – dieser Dozent berührte etwas tief in seinem Innern, auf eine Art und Weise, die ihn in seinem Studium ganz besonders motivieren würde. Obwohl über 1500 Studierende mit ihm im Hörsaal saßen, war Remi Hess sich in diesem Augenblick sicher, dass Henri Lefebvre ihn irgendwann später wirklich kennen lernen würde. Sechs Jahre vergingen zwischen der ersten Begegnung im Hörsaal und der Verteidigung seiner von Lefebvre betreuten Dissertation, weitere drei, vier Jahre später widmete der Doktorvater ihm ein Buch. In einer Buchhandlung entdeckte Remi Hess auf der ersten Seite des neu erschienenen 4. Bands von *De l'État* (Lefebvre, 1978) die Zueignung „Für meinen Freund Remi".

Auf diese Weise hatte er innerhalb von neun Jahren eine Interität,[2] ein Zwischeneinander, gleichsam eine schöpferische Intimität mit Henri Lefebvre aufgebaut, eine Interität als ein von beiden anerkanntes Moment, das auch gesellschaftlich bekannt und anerkannt sein kann, Interität als eine Art Intimität, die von mehreren Personen gemeinsam geschaffen und geteilt wird. Entscheidend dabei ist das Vorhandensein einer Vision, die der Situation die Tiefe des Moments verleiht – wie etwa die Vision, die jemand hat, wenn er oder sie einer Frau oder einem Mann auf der Straße begegnet und auf den ersten Blick spürt: „Mit *diesem* Menschen werde ich mein Leben verbringen!"

Doch ein solches Moment bedarf einer gewissen Vorbereitung. Sympathie oder Liebe auf den ersten Blick sind kein Zufall. Hier treffen Transversalitäten aufeinander, hier begegnen sich Menschen, die beide spüren können: „Ja, genau! Genau auf diese Begegnung habe ich mich mein ganzes Leben lang vorbereitet". Hier gibt es einen Zusammenhang zwischen zwei Existenzen, einen Zusammenhang, der das Moment der Interität (Ko-Konstruktion und geistige Zusammenarbeit, Freundschaft, Liebe) auszeichnet. Die Zugehörigkeit zu einem Geschwisterkreis, zu einer Familie einerseits und die Zugehörigkeit zu einer Freundschaft andererseits unterscheiden sich dahingehend, dass die Familienbeziehung von außen an uns weitergegeben, vererbt wurde, während Liebe oder Freundschaft ein angeeignetes, ein gewolltes Moment sind.

Andere Momente können ebenfalls mit dem einen oder dem anderen Prozess verknüpft sein: zum Beispiel die Berufsfindung. Manche Menschen erben eine berufliche Stellung und treten dieses Erbe an. Andere bauen ihr ganz eigenes Moment auf. Manche von ihnen suchen jahrelang erfolglos nach einer geeigneten Tätigkeit. Doch eines Tages machen sie ein Praktikum, begegnen einem Ausbilder, einer Ausbilderin – und alles stimmt: sie wissen, dass sie endlich den richtigen Beruf gefunden haben.

Das Moment entsteht in der Regel durch die Wiederholung von Situationen. Jedoch können wir uns das Moment auch als eine Realität denken, die eine Essenz im philosophischen Sinne besitzt, eine Essenz, die bereits von der ersten Situation an vorhanden sein kann.

Ein Moment kann auch ein einmaliges, nicht wiederkehrendes Ereignis sein, das dennoch die Persönlichkeit eines Menschen oder die Menschheitsgeschichte entscheidend beeinflusst. In diesem Fall sprechen wir von einem historischen bzw. entscheidenden Moment oder – im Zusammenhang eines lebenslangen Bildungsprozesses – von einem Schlüsselmoment (frz. *moment privilégié*; Lesourd, 2004). Als Beispiel für das entscheidende Moment beschreibt Henri Lefebvre die Schlacht von Warschau (vgl. Hess, 2009, S. 57), in der Leo Trotzki die Entscheidung getroffen habe, Infanteristen statt Artillerie einzusetzen. Das sei ein Fehler gewesen. Die Truppen der Roten Armee wurden geschlagen. Er hätte anders entscheiden sollen. Er verlor die Schlacht von Warschau aufgrund eines taktischen Fehlers. Bei einem

---

2 Remi Hess übernimmt den Begriff der Interität (*intérité*) von Jacques Demorgon (vgl. Hess, 2006, S. 354; Demorgon & Kordes, 2006, S. 34; Anm. d. Ü.).

Sieg hätte sich der Kommunismus in der europäischen Welt durchgesetzt. Stattdessen schottete sich Europa gegen ihn ab. Durch einen strategischen Fehler habe sich die Welt verändert – so Lefebvres Interpretation dieses Moments.

Der Augenblick der Entscheidung ist nicht immer ein entscheidendes Moment. Wir können uns irren und eine Entscheidung bzw. ihr Versäumnis ein ganzes Leben lang bereuen. Das kann die Entscheidung für eine Ehe sein, für eine berufliche Laufbahn oder für einen Krieg. Das Moment schreibt sich dann als negativ ein: Wir haben das Moment verpasst. Aus einer Begegnung, die ein Moment hätte werden können, haben wir nichts gemacht, die Möglichkeit wurde im Keim erstickt.

Unter den Momenten, die dem Menschen widerfahren, gibt es auch traumatisierende Ereignisse. Eine Vergewaltigung zum Beispiel ist ein traumatisches Erlebnis, das ein Leben grundlegend verändert. Danach ist nichts mehr wie es war. Ist ein solches Ereignis als Moment zu bezeichnen oder müssen wir aufgrund seiner psychischen Folgen eher von einem Trauma sprechen, wie in der Psychoanalyse? Manche Traumata verändern tatsächlich den Verlauf eines Lebens. Dennoch sind sie keine Momente, auch wenn ihre Folgen im Laufe des Lebens immer wieder in Erscheinung treten. Wir müssen also das historische Moment und das Trauma voneinander abgrenzen. Insgesamt lassen sich die verschiedenen Momente unterteilen in das historische Moment, das anthropologische Moment – das heißt ein Moment, das einen Raum des „Selbst" ausfüllt – und das logische Moment.

Wenn wir Ereignisse betrachten, die einen Wandel unserer persönlichen Geschichte bewirken, dann müssen wir uns auch der Frage widmen, ob uns ein Moment von außen auferlegt werden kann, wie ein Habitus, der sich vom Vater auf den Sohn überträgt. Es war zuvor bereits von ererbten im Gegensatz zu angeeigneten Momenten die Rede. Nach unserem Verständnis zeichnen sich Momente jedoch dadurch aus, dass sie vom Menschen bewusst konstruiert werden – unabhängig davon, ob sie ererbt sind oder nicht. In diesem Sinne lassen sich drei Arten von Momenten unterscheiden:
- von unserem Umfeld bzw. unserer Familie ererbte Momente, die wir annehmen und problemlos wie einen Habitus reproduzieren;
- ererbte, aber abgelehnte Momente (wenn jemand zum Beispiel sagt: „Meine Familie war evangelisch, aber ich bin Atheist", so lehnt er letztlich das religiöse Moment seiner Familie ab);
- angeeignete Momente, d.h. Momente, die nicht von unserer sozialen Gruppe an uns weitergegeben wurden, sondern die wir selbst konstruiert haben. Hier können Traum, Schwärmerei oder auch die Identifikation mit einer Romanfigur – die uns jedoch durchaus auch im echten Leben begegnen kann – unsere Genealogie verändern. Als zum Beispiel Remi Hess zum ersten Mal Henri Lefebvre begegnete, konnte er sich sofort mit ihm identifizieren. Er spürte intuitiv, dass er sich im Lefebvre'schen Kontinuum einschreiben würde: „Das war wie eine Art Offenbarung, mit der mir sofort klar wurde, dass dieser Mensch mit seinem Körper, seiner Wesensart etwas auf den Punkt brachte – etwas, von dem ich dachte: das ist es, das muss ich auch machen."

Die Entscheidung für einen Beruf kann etwas von einer Vision an sich haben. Eine Vision, ein Traum, ein gewissermaßen verändertes Bewusstsein können das Tor zu einem Moment sein. Wir wollen unsere Auseinandersetzung mit den verschiedenen Momenten anhand einer genaueren Betrachtung des Konzepts des Moments fortsetzen.

An einem Moment können mehrere Personen beteiligt sein – zum Beispiel an einem interkulturellen Moment oder am Moment einer Forschungsgruppe. Allerdings kann es passieren, dass wir ein Moment anders erleben als die anderen Beteiligten. Wir können vollkommen unterschiedliche Erfahrungen machen. Der Sinn eines Moments ergibt sich erst im Kontext der Transversalität jedes Individuums.

So zum Beispiel der Moment einer Prüfung. Wenn ein Student oder eine Studentin in einer mündlichen Prüfung sitzt, dann denkt er oder sie in diesem Moment, dass die Prüfer/innen aufmerksam zuhören und jede Aussage auf die Goldwaage legen – das ist schließlich ihr Job. Doch ein/e Prüfer/in kann an etwas ganz anderes denken, zum Beispiel daran, dass er oder sie nach der Prüfung noch einkaufen gehen muss. Er oder sie hört nur mit halbem Ohr hin. Prüfer/in und Prüfling erleben scheinbar dieselbe Prüfungssituation, befinden sich aber absolut nicht im selben Moment.

Als Remi Hess zur Verteidigung seiner Dissertation kam, eröffnete Henri Lefebvre ihm beim Betreten des Prüfungsraumes: „Meine Tochter war heute Nacht krank, ich hatte keine Zeit, Ihre Arbeit zu lesen. Fassen Sie doch bitte die wichtigsten Punkte zusammen". Drei Wochen lang hatte der Doktorand sich auf die Verteidigung vorbereitet – und jetzt stellte er fest, dass es manchmal vorkommen kann, dass ein/e Professor/in nicht ganz bei der Sache ist.

Wir können eine Situation ganz unterschiedlich wahrnehmen. Es ist sehr wichtig, sich das bewusst zu machen – sonst kann es zu vielen Missverständnissen kommen. So leben Eltern und Kinder in vollkommen verschiedenen Welten, auch wenn sie zusammen unter einem Dach wohnen. Wir verstehen uns ständig falsch, weil wir glauben, gemeinsam ein/en Moment zu erleben, obwohl wir uns eigentlich in verschiedenen Momenten befinden. Daran kann unsere Kommunikation vollkommen scheitern.

Eine Liebeserklärung zum Beispiel ist deshalb so eine schwierige Angelegenheit, weil die Angst besteht, dass der oder die Andere sich nicht dieselbe Form von Beziehung wünscht. Das kann eine gewisse Situationskomik haben, wenn der oder die Andere genau dasselbe durchmacht und eigentlich nur auf ein Zeichen wartet – wie man selbst auch – und niemand wagt den ersten Schritt. Oft sehen wir in Filmen zwei Figuren, die bis über beide Ohren ineinander verliebt sind und uns gespannt darauf warten lassen, dass sie es sich endlich sagen. Alle wissen, dass ihre Herzen schon lange füreinander schlagen und trotzdem schleichen sie weiter „um den heißen Brei" oder entziehen sich der Situation. Es ist nicht einfach, sich zu zweit ein Moment des Verliebtseins zu vergegenwärtigen. Das Subjekt muss sich das Bewusstsein für ein Moment hart erarbeiten.

Das Moment der Narration – gedankliche Grundlagen

Das Moment der Narration ist von besonderer Bedeutung – denn es ist das Moment der Enthüllung, der Erkenntnis, das Moment der Kommunikation, in dem wir zur Sprache bringen, wie wir ein/en Moment, hier und jetzt, erleben.

Manchmal haben wir Angst, uns ein/en Moment zu vergegenwärtigen, fassen es/ihn ungern in Worte. Erzählen kann ein schmerzhafter Moment sein, eine Beichte, ein Bekenntnis.

Was sollen wir dem oder der Anderen gegenüber offen bekennen? Was ist geheim und soll es auch bleiben? Was davon lässt unsere Geschichte lückenhaft erscheinen? Wie sollen wir ein Ereignis, das aus dem Rahmen fällt, aus heutiger Sicht in Worte kleiden und diskret verpacken, was wir nicht in voller Blöße preisgeben wollen?

Die Narration ist auf den Anderen, die Andere, auf seine, ihre Urteilskraft angewiesen. Diese/r Andere kann ein anwesendes Gegenüber sein oder zum Beispiel auch die antizipierte Leserschaft.[3] Narration ist mehr als die reine Information, die wir transportieren. Mithilfe von Narration versuchen wir zu verstehen und verstanden zu werden. Narration ist also ein empathischer Prozess, in dem ich versuche, etwas in Begriffe zu fassen und bei dem ich zwangsläufig eine Beichte ablegen muss.

Viele Menschen – seien sie nun gewissenhafte Arbeiter/innen, Gewerkschaftsmitglieder, Quartiersmanager/innen oder auch Teamer/innen – trauen sich nicht, sie selbst zu sein und dies Anderen gegenüber im diskursiven Verfassen des Selbst zu vertreten, beispielsweise von sich zu sagen „Ich bin Soziologin/Soziologe", wenn sie zwar keinen einschlägigen Hochschulabschluss vorweisen können, diese Bezeichnung aber ihrer Tätigkeit voll und ganz entspricht. Die Narration ist der Moment des Fegefeuers zwischen dem Moment des Berufs und dem Moment des Geistes, des Bewusstseins. Manche Menschen werden noch ein bisschen menschlicher als andere, weil sie ein Bewusstsein für Momente entwickeln. Zur Zeitlichkeit des Bewusstseins gehört ein Moment der Narration. Narration ist ein wesentliches Moment bei der Vergegenwärtigung von Momenten.

Remi Hess führt hierzu Beispiele aus der Philosophie an. Bei Kant lassen sich vier Momente benennen: die reine Vernunft, die praktische Vernunft, das ästhetische Urteil und das Moment des Glaubens. Hegel betrachtet die Welt in drei Momenten: Familie, bürgerliche Gesellschaft und Staat. In diese Begriffe fassen die beiden Philosophen ihre Konstruktion der Welt.

Im Alltag wiederum könnte die eine oder der andere zum Beispiel feststellen: „Zum einen habe ich eine Familie, zum anderen meine Arbeit, außerdem ist da noch mein Sport." Manche entdecken ein Moment im Gespräch mit ihrem Biografen oder ihrer Biografin (vgl. Berger & Mutuale, 2012). Narrativität ist insofern

---

3 „Sobald ein Redakteur an einer Publikation zu schreiben beginnt, hat diese zukünftige Öffentlichkeit einen rückwirkenden Effekt, und zwar nicht nur aufgrund bestimmter Einschränkungen, sondern aufgrund einer Selbstzensur, die dadurch in Gang gesetzt wird, dass der Leser qua Antizipation in den Akt des Schreibens selbst eingreift" (Gusdorf, 1990, S. 376).

gewinnbringend, als sie zur Schaffung eines Dispositivs anregt und Menschen dahin führt, ihre Momente explizit herauszuarbeiten.

Es gibt ein Vorbewusstes des Moments. Es gibt sogar eine Praxis des Moments jenseits des Bewussten. Es gibt also sowohl das Vorbewusste als auch das Bewusste des Moments.

Wer ein Moment konstruiert, kann es weiterentwickeln. Remi Hess zum Beispiel hat 2004 die Ölmalerei für sich entdeckt. Sehr bald bemerkte er, dass die Bilder ja trocknen müssen und deshalb viel Platz benötigen. Also richtete er sich in seinem Landhaus in Sainte-Gemme ein Atelier ein. Er brauchte drei, vier Jahre, um das Atelier auszubauen. Dafür konnte er jetzt, als er wieder mit dem Malen anfing, wesentlich professioneller an die Sache herangehen. Mit dem notwendigen Platz und den notwendigen Utensilien konnte er richtig arbeiten. Doch wäre er nicht der Besitzer des Hauses, hätte er auch nicht die Wände abreißen können, um sich mehr Raum zu schaffen.

Mithilfe der Theorie der Momente können wir das Moment in die Wirklichkeit, die Wirklichkeit des urbanen Raums, der Gebäude einbinden. Ein Mensch, der sich seiner Momente bewusst ist, kann die Theorie der Momente dafür nutzen, sein Leben aktiv zu entwerfen und zu strukturieren. Hierfür kann er die aus der Theorie der Momente heraus entstehenden Dispositive wirksam einsetzen. Hingegen können viele Menschen, zum Beispiel viele Arbeiter/innen, ihr Leben nur in zwei oder drei Momenten gestalten: das Moment in der Fabrik, das Moment im Garten, das Moment in der Familie. Sie können nicht aktiv mit ihren Momenten arbeiten, weil sie nicht die Chance hatten, einen Biografen, eine Biografin zu treffen, der oder die sie bei einer expliziten Reflexion unterstützen könnte.

Ein/e Biograf/in ist jemand, der oder die möglichst viele Menschen dabei unterstützt, sich ihre Momente zu vergegenwärtigen und zu konstruieren. Doch vielleicht ist es auch möglich, das eigene Leben anders zu erzählen, zum Beispiel in Form eines Tagebuchs oder durch aktive Gestaltung.

So verändert zum Beispiel der Erwerb eines Eigenheims den Bezug zum Moment. Nur als Besitzer/in kann ich mein Haus „auf mich zuschneiden", das heißt, es meinen vergegenwärtigten Momenten entsprechend gestalten. Auch dies ist eine Art, von sich zu erzählen, sich erzählend zu entwerfen.[4]

Die Theorie der Momente ist selbstverständlich nicht die einzige Form, in der sich das eigene Leben erzählen lässt. Doch sie bietet ein Verfahren, mit dessen Hilfe sich Wiederholungen oder Variationen, die als Früchte des Zufalls, einer bewussten Entscheidung oder eines Erbes unser Leben prägen, effizient herausarbeiten lassen.

Wir haben bereits von entscheidenden Momenten einer Biografie gesprochen. Das kann der Tod eines/einer Angehörigen sein, der Studienbeginn, die Entscheidung für ein/e/n Ehepartner/in. Manche Angelegenheiten sind regelrechte Analysatoren für Momente, lassen die verborgenen Vorzeichen eines Moments mit einem

---

4 Das Französische bietet hierfür die Wendungen *se raconter* oder *se dire* (Wort für Wort übersetzt „sich sagen"), die das Erzählen und das Selbst als Gegenstand der Erzählung unmittelbar und reflexiv miteinander verbindet (Anm. d. Ü.).

Mal sichtbar werden. Sagen wir zum Beispiel, ich lebe in einem Einzelzimmer im Studentenwohnheim und lerne einen anderen Studenten kennen, der sich in der gleichen Situation befindet. Wir beschließen, eine Wohngemeinschaft zu gründen. Wie werden wir den Raum unter uns aufteilen? Werde ich einen eigenen Schreibtisch haben oder nicht? In einer Wohngemeinschaft richten wir unser Leben anders ein als allein in einer Einzimmerwohnung.

Das Verhältnis zu Geld scheint im Bezug auf Momente eine wichtige Rolle zu spielen. Entscheide ich mich zu sparen, wenn ich etwas Geld verdiene – oder entscheide ich mich alles auszugeben? Wenn ich alles ausgebe, leiste ich mir einen anderen Lebensstil, als wenn ich spare. Vor kurzem ist ein Buch über hochverschuldete Menschen erschienen (vgl. Lazzarato, 2011). Menschen, die bis an ihr Lebensende verschuldet sind, müssen ihre Momente anders organisieren als jemand, der ganz bewusst nicht über seine Verhältnisse lebt, auch wenn diese sehr bescheiden sein mögen. Wenn wir uns entscheiden, uns für einen Sportwagen in Schulden zu stürzen, begeben wir uns in die vollkommene Abhängigkeit von unserer Bank. Die Bank bestimmt dann all unsere Momente mit.

Das Verlassen des Elternhauses ist ein *entscheidender Moment* (Henri Lefebvre) bzw. ein *Schlüsselmoment*, der zur bewussten Reflexion solcher Momente führen kann. So stellt die zuvor schon erwähnte Berufswahl einen besonders wichtigen Schritt in einer Biografie dar, weil diese Entscheidung viele weitere Fragen in Hinblick auf die Anordnung unserer Momente aufwirft: Will ich eine Ausbildung machen oder einen Bachelor – oder noch einen Master und dann vielleicht danach promovieren? Jedes Kind stellt sich diese Fragen. Will ich lange studieren oder möglichst schnell ins Berufsleben? Die Entscheidungen, die hier getroffen werden, sind für eine Biografie von historischer Bedeutung.

Manche Lebensabschnitte bieten besonders günstige Umstände für die Vergegenwärtigung dieser Momente. Wie zum Beispiel können wir unser Moment der Familie, unser Moment der Liebe und unser Moment der Geistesarbeit, der Brotarbeit miteinander vereinbaren? Viele Studierende wissen nicht, wie sie das Moment der bezahlten Arbeit mit dem Moment des Studiums miteinander vereinbaren können. Sie haben eine Arbeit, die sie dann aber für ihr Studium aufgeben. Oder anders herum. Manchmal treffen sie damit die falsche Entscheidung. Denn ohne Geld können sie keine Bücher kaufen, was die Qualität des Studiums beeinträchtigt. Wir verlassen unser Elternhaus schließlich mit ganz unterschiedlichen Voraussetzungen. Manche werden von den Eltern unterstützt, andere nicht.

Gemäß Kant könnte theoretisch jede/r Akademiker/in werden. Wir haben heutzutage Zugang zu Kultur, Bildung usw. Das ist wahr – und auch wieder nicht wahr. Denn wir brauchen die Neigung, den Willen, uns um der Bildung willen zu bilden. Wenn wir nicht gerne lesen, sondern lieber im Garten arbeiten, entscheiden wir uns für eine andere Lebensweise. Wir gehen davon aus, dass wir seit Kant und der Aufklärung über die notwendigen Voraussetzungen verfügen, unsere Momente zu reflektieren und somit unser Leben bewusst zu gestalten. Die Gesellschaft, in der wir leben, bietet uns prinzipiell die Möglichkeit, durch Arbeit unser Überleben zu sichern, und so stellt sich als nächstes die Frage, wie wir unsere Momente strukturieren wollen.

Im alten Griechenland konnten Sklaven durchaus Gelehrte werden. Für einen Hirten hingegen, der den ganzen Tag mit den Tieren auf der Weide verbringen musste, waren zusätzliche Aktivitäten schlicht unmöglich. In der Feudalgesellschaft war es für einen Leibeigenen sehr schwer, sich intellektuell zu entwickeln, weil er nicht reisen durfte. Christine Delory-Momberger weist in ihrem Beitrag darauf hin, dass vor der Renaissance eine solche Konstruktion der Person nicht vorstellbar war. Sie legt dar, dass sich der Diskurs über die Person in der Zeit vor der Renaissance auf die Ebene des Sozialen beschränkte. Individuen konnten sich allein im Kontext von Gruppenzugehörigkeiten begreifen. Erst seit der Renaissance verfügen wir über die Voraussetzungen, uns Momente zu konstruieren. Wir können von uns erzählen und unsere Entscheidungen erklären. Jedoch sind nicht jedem die Bedingungen hierfür gegeben. In Äthiopien herrschen andere Voraussetzungen als in Paris. Doch wer motiviert ist, zu studieren, der kann sich in gewisser Weise die Bedingungen hierfür schaffen.

Wir können unsere Momente entweder bewusst konstruieren – oder Momente entdecken, die das Leben ganz einfach mit sich bringt. Darüber hinaus dürfen wir nicht außer Acht lassen, dass wir, die wir uns dem Thema aus der Perspektive des 21. Jahrhunderts widmen, nicht genau wissen können, ob es im Vergleich zu heute in bestimmten Epochen mehr oder weniger Möglichkeiten zur Konstruktion von Momenten gab. Die eingangs aufgestellte Behauptung, im Mittelalter habe es im Leben der Menschen praktisch nur zwei Momente gegeben (das Moment der Arbeit und das des Vergnügens, oder besser – der Feste) ist daher mit Vorsicht zu genießen: Bücher aus der Zeit zeigen, dass eine bestimmte gesellschaftliche Schicht auch andere Momente erlebte, wie etwa Momente der Kindererziehung. Jedoch ist gesichert, dass damals die Form und die Gestaltung von Momenten für die meisten Menschen wesentlichen Einschränkungen unterlagen (zum Leben im Mittelalter generell vgl. z.B. Fossier, 2007). Momente, die damals Luxus waren, konnten in der jüngsten Geschichte „demokratisiert" werden. Heute scheint sich dem Individuum eine wesentlich größere Auswahl an Möglichkeiten zu bieten. Dass so viele Menschen an Depressionen leiden, könnte auf ein Überangebot von Möglichkeiten zurückzuführen sein. Die Betroffenen wissen nicht, wie sie handeln, welchen Weg sie einschlagen sollen. Zu oft sind sie gefordert, für sich selbst Formen zu schaffen, ihre Momente selbst zu gestalten und zu groß ist das Angebot entsprechender Möglichkeiten.

Das Moment des Interkulturellen in Biografien

Die drei Instanzen des Moments – das anthropologische Moment, das historische Moment, das logische Moment – verleihen der Theorie der Momente eine hohe Wirkmächtigkeit, auch im Bezug auf interkulturelle Kontexte. Das Moment verfügt über eine zugleich historische, anthropologische und logische Textur. Das logische Moment besteht in der Dialektik des Allgemeinen, des Besonderen und des Einzelnen. Dieser Aspekt der Hegel'schen Logik – die beständige dialektische Bewegung zwischen dem Allgemeinen, dem Besonderen und dem Einzelnen (vgl. Hegel, 2006) – ist für unseren Ansatz von zentraler Bedeutung. Wir werden den Begriff des interkulturellen Moments im Singular des Allgemeinen – nicht im Plural der besonderen und einzelnen interkulturellen Momente – definieren.

Das interkulturelle Moment hat sich in unserer heutigen Gesellschaft herausgebildet. Im 19. Jahrhundert gab es zwar eine kosmopolitische Praxis, doch von einem interkulturellen Moment konnte noch nicht die Rede sein. Die Menschen, die damals auf Reisen waren, haben noch kein interkulturelles Moment in der Form konstruiert, in der wir heute damit arbeiten.

Vor 1968 existierte das Wort „interkulturell" nicht. Das Entstehen des Begriffs können wir auf etwa Anfang der 1970er Jahre datieren. Unserem Verständnis nach wird er ab dem Zeitpunkt zum Begriff, ab dem das Allgemeine in der Begegnung und Konfrontation verschiedener Kulturen und Gesellschaften wirklich wird. Dieses Allgemeine lässt sich anhand seiner Besonderheiten beschreiben. So bilden zum Beispiel die deutsch-französischen Beziehungen ein besonderes interkulturelles Moment. Sie stehen im Kontext einer ganz bestimmten Geschichte. Wenn ein Deutscher oder eine Deutsche einen Franzosen oder eine Französin trifft, haben sie eine gemeinsame, ihrer Geburt vorausgehende Geschichte. Es gibt also eine ganze Reihe besonderer interkultureller Momente (wie zum Beispiel das deutsch-türkische, das französisch-algerische oder das französisch-chinesische Moment). Darüber hinaus gibt es die *Einzelheit* des Begriffs, das heißt, unsere jeweiligen individuellen Begegnungen mit dem Interkulturellen, zum Beispiel im Rahmen der deutsch-französischen Beziehungen oder auch in der Interaktion zwischen Männern und Frauen. Der Bereich des Interkulturellen besteht nicht allein aus den Kulturen verschiedener Nationen. Die Ethnomethodologie zeigt, dass auch ein Beruf als eigene Kultur gesehen werden kann. Die Entdeckung der Interdisziplinarität kann somit auch als Interkulturalität betrachtet werden.

Und dann war eines Tages vom interkulturellen Moment die Rede – einem Begriff, der einer neuen Problematik unserer Gesellschaft entspricht. Wir alle verfügen über eigene, besondere Erfahrungen mit interkulturellen Kontexten. Es gibt keine zwei Personen, die in ein und demselben Bezug zum Konzept des interkulturellen Moments stehen – darin besteht die *Einzelheit* des interkulturellen Moments.

In der Biografie einer Einzelperson lässt sich beschreiben, wie wir dem/der Anderen begegnet sind. Der Dialog der Generationen und Ethnien entspricht unserem Zeitgeist. Das interkulturelle Moment tritt irgendwann im Laufe dieses Dialogs in Erscheinung – es lässt sich nicht losgelöst von anderen Momenten betrachten.

Über die Anthropologie der Person

In diesem Zusammenhang möchten wir unseren Umgang mit Lebensgeschichten wie folgt definieren: Die Begegnung mit dem/der Anderen vollzieht sich sowohl in der Körpersprache als auch beim Sprechen nicht allein in einem narrativen Moment. Ein Liebesspiel oder ein Gespräch über die Zukunft sind zum Beispiel nicht ausschließlich Narration. Das Leben ist mehr als Narration allein. Sprechen ist nicht allein Narrativität, sondern auch Begriff, Handeln, Projektion, Planung, wie zum Beispiel bei einem Gespräch mit meinem Neffen Loïc, der seit Kurzem ein Ausbildungszentrum für Nachwuchsfußballer besucht. Wir teilten zunächst ein/en Moment der Erzählung, in dem er von seinen neuen Erlebnissen berichtete. Dann sprachen wir darüber, wie er sich auf seiner Spielposition am besten weiterentwickeln könnte. Hier war unser Gespräch nicht mehr narrativ strukturiert, sondern schritt forschend, planend, träumend voran.

Wenn wir verschiedene Momente betrachten, fällt uns auf, dass Zeiten des puren Überlebenskampfes oder Kriegszeiten das Erzählen kaum zulassen. Muskeln und Psyche sind in solchen Zeiten voll und ganz aufs Überleben eingestellt. Bei einem Moment der Arbeit am Fließband sind es die repetitiven Abläufe, die die Struktur der Narration zerstören. Das reflektierende Denken legt sich nicht fest, sondern bleibt offen. Es gibt ein Moment der Beschreibung, ein Moment der Reflexion und schließlich ein Moment der Begriffsbildung. Narrativität ist ein Moment des Geistes, ein Moment der Reflexion. Ein literarisches Moment. Mit dem Lebensbericht beschreiben wir Erlebtes um des Begreifens willen. Während der Begegnung mit dem/der Interviewpartner/in arbeiten wir beständig auf das Ziel hin, vermittels des Lebensberichts eine Figur mit einem bestimmten Konzept, einer bestimmten Handlung darzustellen. Die individuelle Erfahrung soll mit Anderen geteilt werden können, soll für Andere nützlich sein. Das Anliegen der Philosoph/inn/en in unserer Forschungsgruppe besteht darin, die wesentlichen Aspekte unserer Zeit herauszuarbeiten.

Wir lassen uns davon überraschen, wie der/die Andere heute das eigene Selbst verfasst. Und doch haben wir bereits eine gewisse Ahnung, wonach wir suchen. Wir erforschen Lebensberichte, weil wir den/die Andere/n ergründen, ihn oder sie im Kontext einer Gruppe und der dazugehörigen Zusammenhänge verstehen möchten. Wir betrachten die Person nicht nur als Einzelne, sondern als Teil der Menschheitsgeschichte. Wir suchen jenen Teil des Anderen, den wir in uns tragen. Mit Hilfe des Anderen, durch den Anderen konstruieren wir unsere Identität und verfassen über die Welt, in der wir leben, eine verständliche Erzählung oder, anders gesagt, bringen sie in eine verständliche Gestalt.

Unsere Methode beruft sich auf die Theorie der Momente, die wir im Vorangehenden erörtert haben. Diese Theorie beruht nicht auf Chronologie, wie bei Gaston Pineau (vgl. z.B. Pineau & Le Grand, 2007), sondern eher auf einer kartografischen Struktur, selbst wenn wir bei jedem Moment jeweils auch die Zeitlichkeit berücksichtigen. So gibt es durchaus eine Chronologie des Moments. Im Vordergrund steht jedoch, dass wir anthropologische Momente betrachten.

Wir wählen im Vorhinein eine Person aus, die wir porträtieren, um eine Figur darzustellen. Wir sind figurative Maler/innen, nicht Fotograf/inn/en. Durch das Erzählen erkunden wir gemeinsam das Leben unserer Interviewpartner/innen, fragen nach, gehen zu bestimmten Punkten zurück, sprechen über die verschiedenen Momente ihres Lebens, bis die Erzählungen in Bezug auf die Art und Weise, wie sie ihr Leben gestalten, glaubwürdig erscheinen. Unser Ziel besteht darin, die Kohärenz ihrer Erfahrungen (logische Strukturen) zutage zu fördern – das heißt, wir glauben an ein Organisationsprinzip der Momente. Die Biografie ist eine Art Monografie, die mit ihren verschiedenen Schichten die Dynamik der Person in ihrer Vielfalt darzustellen vermag. Auf diese Weise formen wir „das menschliche Chaos" um zu einer die Zeit herausfordernden *Figur*. Wir haben das Anliegen, die Welt des/der Anderen zu ergründen. Seine/ihre Logik kann ebenso hypothetisch-deduktiv wie retrospektiv, transduktiv oder poetisch sein. Biografieforschung wird hier zu einer Untersuchung der Rationalität und Irrationalität des/der Anderen, seiner/ihrer Beziehung zu Alltag und Ereignis, Routine und Überraschung, der Ordnung des tagtäglichen Überlebens und Abenteuers. Konzeptlose Narration birgt die Gefahr, aus gesellschaftlichem Erfolg Normen zu bilden. Wir müssen stets auf die konkreten Entstehungsbedingungen eines Diskurses achten. Denn der Lebensbericht bewegt sich nicht im Bereich des Wahren, sondern des Glaubwürdigen. Es geht weniger darum, einen vermeintlichen Wesenskern aufzuspüren, zu dem die Person endlich gefunden haben sollte, sondern eher um die Dynamik ihrer Metamorphosen. Die heutigen Figuren sind werdende Formen – sie sind sich der Dynamik, von der sie getragen werden, ebenso bewusst wie der notwendigen Anerkennung ihres Unvollendet-Seins. Wir interessieren uns also weniger für eine aristotelische Analyse dessen, was der/die Andere sagt, weniger für eine fotografische Momentaufnahme. Vielmehr geht es uns darum, die Dynamik der Ideen darzustellen. Durch diese Form der Darstellung wird das biografische Verfahren zu einem Moment, das eine Figur im Lichte ihrer genealogischen Beziehung zu einem Konzept zeigt – welches wiederum einem über die Person hinausgehenden Kontinuum angehört. Im Kontext seiner Bezugsgemeinschaften wächst das Unvollendet-Sein eines Menschen über sich hinaus.

Aus dem Französischen von Katja Roloff

Literatur

Berger, G. & Mutuale, A. (2012). *Conversations sur l'éducation. S'autoriser à éduquer*. Paris: L'Harmattan.
Bourdieu, P. (1998). Die biographische Illusion. In Ders. (Hrsg.), *Praktische Vernunft. Zur Theorie des Handelns* (S. 75–82). Frankfurt/M.: Suhrkamp.

Delory-Momberger, C. & Hess, R. (2001). *Le sens de l'histoire. Moments d'une biographie.* Paris: Anthropos.

Demorgon, J. & Kordes, H. (2006). Multikultur, Transkultur, Leitkultur, Interkultur. In H. Nicklas, B. Müller & H. Kordes (Hrsg.), *Interkulturell denken und handeln. Theoretische Grundlagen und gesellschaftliche Praxis* (S. 27–36). Frankfurt/M./New York: Campus.

Fossier, R. (2007). *Ces gens du Moyen Âge.* Paris: Fayard.

Gusdorf, G. (1990). *Lignes de vie 1. Les écritures du moi.* Paris: Odile Jacob.

Hegel, G. W. F. (2006). Wissenschaft der Logik. Teil 2. Die subjektive Logik. In Ders., *Werke, Bd. 6.* Frankfurt/M.: Suhrkamp.

Hess, R. (2006). Die biographischen Formen des Schreibens. In H. Nicklas, B. Müller & H. Kordes (Hrsg.), *Interkulturell denken und handeln. Theoretische Grundlagen und gesellschaftliche Praxis* (S. 352–357). Frankfurt/M./New York: Campus.

Hess, R. (2009): *Henri Lefebvre et la pensée du possible, théorie des moments et construction de la personne.* Paris: Anthropos.

Lazzarato, M. (2011). *La fabrique de l'homme endetté, essai sur la condition néolibérale.* Paris: Ed. Amsterdam.

Lefebvre, H. (1978). *De l'État.* Paris: Union générale d'éditions.

Le Play, F. (1971). *Les ouvriers européens.* Tours: Mame.

Lesourd, F. (2004). *Les moments privilégiés en formation existentielle. Contribution multiréférentielle à la recherche sur les temporalités éducatives chez les adultes en transformation dans les situations liminares.* Unveröffentlichte Dissertation, Université Paris VIII.

Mutuale, A. & Egloff, B. (2010). Discours sur soi pour l'autre: le récit de vie comme démarche formative. In A. Toulouse, *Du Puymaurin à Roissy-en-France. Enfin ensemble* (S. I–XII). Louveciennes: Kaïros.

Pineau, G. & Le Grand, J.-L. (2007). *Les histoires de vie.* Paris: PUF.

Weigand, G. (2007). *La passion pédagogique, récit de vie recueilli et présenté par Remi Hess.* Paris: Anthropos.

Kulturstandards oder kollektive Zugehörigkeit?
Eine kritische Betrachtung theoretischer Kulturkonzepte
Simone Schmitt

Kultur – hören wir diesen Begriff, entstehen in uns unmittelbar zahlreiche Assoziationen. Wir denken womöglich an Kunst und Kultur, Musik, Theater, Zivilisation, Sprache, Völker, antike Hochkulturen, Kulturlandschaften, Kultur in Abgrenzung zur Natur und vieles mehr. Auf die mangelnde Eindeutigkeit des Kulturbegriffs hat bereits J. G. Herder aufmerksam gemacht: „Nichts ist unbestimmter als dieses Wort und nichts trüglicher als die Anwendung desselben auf ganze Völker und Zeiten" (Herder, 1967 zit. nach Fölbes, 2009, S. 505). Je nach dem wer, wann und in welchem Zusammenhang von Kultur spricht, versteht möglicherweise etwas anderes darunter. So wollen zwei US-amerikanische Anthropologen über hundert verschiedene Definitionen gefunden haben (vgl. Auernheimer, 2007, S. 73). Abgesehen von den zahlreichen Definitionsversuchen, erschweren die unterschiedlichen „Orientierungstendenzen", in die sich das Konstrukt Kultur einordnen lässt, eine eindeutige Erfassung. Fölbes (2009, S. 505) geht in diesem Zusammenhang von mindestens vier grundverschiedenen Richtungen aus:

> „(a) Kulturbegriff für die wissenschaftliche Begründung der sog. deutschen Kultur- und Sprachnation; (b) gesellschaftlicher Bewertungsparameter für sprachliche, literarische und sonstige Produkte; (c) Deutungsinstanz der Welt und Orientierungspunkt für das Handeln; (d) in modernen Naturwissenschaften wie Genetik: Umwelteinflüsse, im Gegensatz zu vererbten Verhaltenspositionen."

Aufgrund des Fehlens einer allgemeingültigen Definition und der Komplexität des Begriffes „[…] muß jeder, der von Kultur redet […] möglichst präzise festlegen, was darunter zu verstehen ist" (Maletzke, 1996, S. 15).

Dementsprechend kommt man insbesondere innerhalb wissenschaftlicher Auseinandersetzungen mit dem Thema *Interkulturalität* nicht umhin, sich über den zu Grunde liegenden Begriff der Kultur Gedanken zu machen. Das gilt auch für unser deutsch-französisches Forschungsprojekt.

Ziel dieses Beitrages ist es, Impulse zum Umgang mit dem Kulturbegriff innerhalb der Erforschung deutsch-französischer Begegnungen zu geben. Diesbezüglich geht es mir vor allem darum aufzuzeigen, welche Chancen und Risiken mit unterschiedlichen Auffassungen von Kultur einhergehen. Dazu werde ich zunächst den wissenschaftlichen Umgang mit dem Kulturbegriff betrachten, um daran die Problematik und Relevanz einer Begriffsbestimmung zu verdeutlichen. Hieran anschließend stelle ich die grundlegende Unterscheidungsmöglichkeit theoretischer

Kulturkonzepte in *essentialistische* und *prozessorientierte* Definitionen vor. Anhand zweier Beispiele werde ich die Inhalte und Ziele der unterschiedlichen Konzepte verdeutlichen und kritisch analysieren. Schließlich erörtere ich die Bedeutsamkeit eines prozessorientierten Kulturbegriffs für die Erforschung deutsch-französischer Begegnungen und formuliere diesbezüglich relevante Fragen.

Der Kulturbegriff in der Wissenschaft

Kultur ist ein sehr umstrittener und von Komplexität gekennzeichneter Begriff. In den Erziehungswissenschaften und der Soziologie findet teilweise eine vollständige Distanzierung davon statt. Es wird die Gefahr gesehen, dass gesellschaftliche Problemlagen kulturalisiert werden, indem etwa Benachteiligungen von Migrant/innen mit Kulturdifferenzen erklärt werden. Ebenso werden innerhalb der Ethnologie starre Kulturvorstellungen abgelehnt, um nicht zur Exotisierung und Ausgrenzung beizutragen (vgl. Auernheimer, 2007, S. 73). Die Psychologie geht hingegen mehrheitlich von einem traditionellen, statischen Begriff aus. Dieser betrachtet Kultur als eine prägende Variable, die den Menschen in seiner Wahrnehmung, seinem Denken, Handeln, Verhalten und seinen Emotionen beeinflusst.

Eine einheitliche, allgemein anerkannte Definition von Kultur gibt es weder in der Wissenschaft noch in der Praxis (vgl. Maletzke, 1996, S. 15). Auch Demorgon & Molz (2003, S. 43) gehen davon aus, dass es keine objektive Darstellung von Kultur geben kann, da ihre komplexe Realität nicht wissenschaftlich zu erfassen ist. Jede Forschungsrichtung, die sich mit Kultur und Interkulturalität befasst, geht somit von eigenen expliziten oder impliziten theoretischen Annahmen, über das, was mit Kultur gemeint ist, aus. Aufgrund der Vielschichtigkeit und Weite des Begriffes Kultur wird sogar in vielen Abhandlungen zum Thema Interkulturalität der Begriff erst gar nicht eingegrenzt oder bestimmt, weil er als zu problematisch oder unlösbar erscheint (vgl. Nieke, 2008, S. 38). Die theoretischen Grundannahmen über Kultur sind jedoch entscheidende Einflussfaktoren innerhalb des Forschungsprozesses: Sie haben Auswirkungen auf die Wahl der Methoden, die Definition von Forschungszielen und darauf, in welcher Weise die Ergebnisse angewendet werden. Umgekehrt beeinflussen die gewählten Methoden und die theoretische Ausrichtung den Kulturbegriff. Daraus folgern Demorgon & Molz (2003, S. 43), dass eine Wissenschaft, die sich mit Kultur befasst, einerseits Kultur reflektiert, andererseits aber auch selbst produziert. Mit dieser Wechselwirkung geht auch die Tatsache einher, dass die Forschenden selbst an eigene kulturelle Perspektiven gebunden sind. Daher fordern sie, dass die Vorannahmen über Kultur stets explizit gemacht werden.

Essentialistische vs. prozessorientierte Kulturdefinitionen

Eine grundsätzliche Möglichkeit, über die Fülle von Kulturdefinitionen einen Überblick zu erhalten, ist die Unterscheidung zwischen statisch *essentialistischen* Definitionen von Kultur und einem *prozessorientierten* Verständnis von Kultur.

Essentialistische Definitionen verstehen Kultur als erfassbare Konstante, welche den Individuen einer Gesellschaft gemeinsam und in sich homogen ist. Die Möglichkeit, dass sich kulturelle Orientierungssysteme verändern, wird kaum in Betracht gezogen. Darüber hinaus gehen diese Konzepte davon aus, dass der Mensch im Wesentlichen von seiner Kultur geprägt ist und diese von ihm nicht willentlich verändert werden kann (vgl. Schönhut, 2005, S. 14, 84, 112). Auch im Alltagsverständnis ist oftmals eben diese Auffassung verbreitet:

> „,Kulturen' werden dabei als eine Art von Großkollektiven betrachtet, deren Synonyme ,Länder', ,Gesellschaften', ,Staaten', ,Völker' oder ,Nationen' sind. Diese Großkollektive werden zudem als homogen und statisch vorgestellt; und es wird weiterhin davon ausgegangen, dass die einzelnen Menschen, die als Angehörige solcher Großkollektive eingeordnet werden, durch diese Zugehörigkeit bestimmte psycho-soziale Eigenschaften und Fähigkeiten aufweisen und in ihrem Denken, Fühlen und Handeln determiniert sind. Mit dem beschriebenen Alltagsverständnis werden die Anderen gleichsam als Marionetten, die an den Fäden ihrer Kultur hängen, wahrgenommen [...]" (Leiprecht, 2004, S. 12f.).

In vielen Handlungsfeldern werden Konflikte in Interaktionen zwischen Individuen allzu häufig vor dem Hintergrund eines solchen Alltagsverständnisses von Kultur reflektiert, in dem diese fast als eine urtümliche „Natur" der Menschen gedacht wird. „Kulturunterschiede" und „Kulturprobleme" dienen dabei nicht selten als schnelle Erklärung für problematische Situationen (vgl. Kalpaka, 2005, S. 388).

Prozessorientierte Konzepte hingegen begreifen „Kultur als soziales Konstrukt, also als in von Machtverhältnissen bestimmten menschlichen Aushandlungsprozessen hergestellt" (Schönhut, 2005, S. 14). Kultur wird hier als ein System aufgefasst, welches die Möglichkeit der Veränderung und der Bedeutungstransformation mit einschließt und dem Individuum eine aktiv handelnde Position zuspricht.

Im Folgenden werde ich die grundlegenden Annahmen essentialistischer Kulturkonzepte exemplarisch an der Kulturdefinition von Alexander Thomas verdeutlichen. Daran anschließend stelle ich Arnd-Michael Nohls Kulturbegriff als Beispiel für ein prozessorientiertes Kulturverständnis vor.

Das Kulturverständnis nach Alexander Thomas

Als ein bedeutender Vertreter eines essentialistischen Kulturverständnisses gilt der Psychologe Alexander Thomas. Sein Forschungsschwerpunkt ist die *Psychologie des interkulturellen Handelns*. Thomas hat wichtige Forschungsbeiträge auf dem Gebiet der interkulturellen Psychologie geleistet, und seine Konzepte finden weite Verbreitung als Basis interkultureller Trainings, vor allem im Bereich Management, aber auch in anderen Feldern.

Er geht von folgender Definition des Kulturbegriffs aus:

> „Kultur ist ein universelles Phänomen. Alle Menschen leben in einer spezifischen Kultur und entwickeln sie weiter. Kultur strukturiert ein für die Bevölkerung spezifisches Handlungsfeld, das von geschaffenen und genutzten Objekten bis hin zu Institutionen, Werten und Ideen reicht. Kultur manifestiert sich immer in einem für eine Nation, Gesellschaft, Organisation oder Gruppe typischen Orientierungssystem. Dieses Orientierungssystem wird aus spezifischen Symbolen (z.B. Sprache) gebildet und in der jeweiligen Gesellschaft, Gruppe usw. tradiert. Das Organisationssystem definiert für alle Mitglieder ihre Zugehörigkeit zur Gesellschaft bzw. Gruppe und ermöglicht ihnen ihre ganz eigene Umweltbewältigung. Es beeinflusst das Wahrnehmen, Denken, Werten und Handeln aller Mitglieder der jeweiligen Gesellschaft. Das kulturspezifische Orientierungssystem schafft einerseits Handlungsmöglichkeiten andererseits aber auch Handlungsbedingungen und setzt Handlungsgrenzen fest" (Thomas, 2005a, S. 22).

Thomas vertritt die Annahme, jeder Mensch sei in eine spezifische Kultur eingebunden. Diese Kultur umfasst die von Menschen hergestellten Objekte wie beispielsweise Werkzeuge, aber auch Werte, Weltbilder, Sprache und die Umgangsweise mit den entsprechenden Subjekten und Objekten. Auf dieser ganz elementaren Ebene orientiert er sich an der Aussage des amerikanischen Psychologen Harry Triandis: „By culture I mean the human made part of environment" (Triandis, 1989 zit. n. Thomas, 2005a, S. 21).

Ferner geht Thomas von unterschiedlichen Einheiten aus, die eine Kultur darstellen können. Er definiert National-, Unternehmens- bzw. Organisationskulturen sowie Gruppen als spezifische Kulturen genauer. Ihm zufolge sind Nationalkulturen von Menschen, die einer Nation per Geburt angehören, historisch entwickelt und für ihre Mitglieder verbindlich. In diesem Begriff setzt Thomas Kultur mit Nation gleich: Der Inhalt der Kultur, also Werte, Normen, Verhaltensregeln, Weltanschauungen und Menschenbilder, stellt das „kollektive Bewusstsein der Bevölkerung" dar, das in jeder Nation spezifisch ist. Nationalkulturen können sich ihm zufolge auch weiterentwickeln. Entwicklungen vollziehen sich allerdings nur im Laufe langfristiger Veränderungsprozesse, die auf dem Durchsetzungsvermögen der Mehrheit oder einer einflussreichen Minderheit beruhen (vgl. Thomas, 2005a, S. 33f.). Die Charakteristika der Unternehmenskultur sowie der Gruppe, die Thomas beschreibt, unterscheiden sich nicht vom Begriff der Nationalkultur. Die Begriffe Unternehmenskultur und Gruppenkultur zeigen lediglich auf, dass verschiedene Einheiten als kulturelle Einheiten definiert werden können. Thomas geht davon aus, dass sich die diversen kulturellen Einheiten wechselseitig beeinflussen. Es können zum Beispiel

Werte aus der Unternehmenskultur in die Gruppenkultur übernommen werden, letztendlich wird jedoch die Unternehmenskultur durch die Nationalkultur beeinflusst (vgl. ebd., S. 36ff.).

Sichtbar wird Kultur in den jeweiligen Orientierungssystemen, die für eine Nation, Gesellschaft, Organisation oder Gruppe gelten. Diese Systeme bestehen aus bedeutungshaltigen Zeichen, die für alle der entsprechenden Gesellschaft Angehörigen verbindlich sind und über Generationen weitergegeben werden. Das kann die Sprache sein, aber auch nichtsprachliche Symbole, wie Mimik, Gestik und gemeinsam geteiltes Hintergrundwissen über Werte, Normen, Einstellungen und Verhaltensweisen. Dieses gemeinsame Orientierungssystem schafft ein einheitliches und verbindendes Verständnis innerhalb einer bestimmten Gemeinschaft. Die Wahrnehmung und Interpretation von Welt und sich selbst, sowie das Denken, Werten und Handeln der Einzelnen geschieht in einer bestimmten Art und Weise, wie es die eigene soziale Gruppe akzeptiert und versteht. Der Kulturanthropologe Geert Hofstede spricht von einem „collective programming of mind" (Hofstede 1991, zit. n. Thomas, 2005b, S. 20).

Obwohl menschliche Individuen sich voneinander unterscheiden, gibt es laut Thomas (2005b, S. 22) ein „Repertoire an Gemeinsamkeiten", das es ihnen ermöglicht, sich mit anderen Menschen zu unterhalten, sie zu verstehen und sich in sie einzufühlen. Im Laufe der Sozialisation eignen sich Individuen dieses Hintergrundwissen an, das die kollektiven, sozial verbindlichen Werte, Normen und Regeln der spezifischen Gesellschaft umfasst, in die es hineingeboren wurde. Später werden diese Bedeutungs- und Sinnzuschreibungen einer Gemeinschaft automatisiert. Je besser ein Mensch das Zeichensystem seiner Gesellschaft beherrscht, das heißt je höher seine soziale Kompetenz ist, umso konfliktfreier kann er in ihr leben und umso produktiver kann er mit ihr umgehen (vgl. ebd., S. 23).

Trifft der Handelnde auf Personen, die über ein abweichendes Orientierungssystem bzw. Symbol- und Zeichensystem verfügen, kann es zu Problemen im Sinne von erwartungswidrigen Reaktionen oder Missverständnissen kommen. Treffen Menschen *fremder* sozialer Gemeinschaften, Nationen, Kulturen, Organisationen, Gruppen aufeinander, können besonders kritische Situationen entstehen. Das bekannte Orientierungssystem ist nicht mehr gegeben und somit wird dem Handelnden ein elementares Instrument zur Orientierung und Kontrolle entzogen. Wenn die vertrauten Symbole völlig anders bewertet oder gänzlich unbekannte Symbole verwendet werden, kommt es fast zwangsläufig zu Fehlwahrnehmungen, -interpretationen, Missverständnissen, Konflikten in der Kommunikation und Kooperation. Problematisch daran ist, dass die Handelnden sich ihres internalisierten Orientierungssystems in der Regel nicht (mehr) bewusst sind und somit davon ausgehen, dass sie das Richtige tun oder denken (vgl. ebd., S. 25).

Thomas räumt ein, dass auch *innerhalb* einer Kultur oder Kommunikationsgemeinschaft, die über eine gemeinsame Sprache und ein gemeinsames Deutungssystem verfügt, bestimmten Symbolen unterschiedliche Bedeutungen zugeschrieben werden und somit Unstimmigkeiten entstehen können. Schon aufgrund verschiedener biografischer Erfahrungen und individueller Entwicklungen ist auch zwischen Kommunikationspartnern innerhalb einer Kultur nie eine exakte Übereinstimmung der eingebrachten Zeichensysteme gegeben. In diesem Kontext können unerwartete Reaktionen und Missverständnisse „dann aber mit Hilfe metakommunikativer Akte relativ schnell bereinigt werden" (ebd., S. 24).

Kulturstandards

„Arten des Wahrnehmens, Denkens, Wertens und Handelns, die von einer Mehrzahl der Mitglieder einer bestimmten Kultur für sich und andere als normal, typisch, verbindlich angesehen werden" (Thomas, 2005b, S. 45), können als so genannte *Kulturstandards* bezeichnet werden. Sie fungieren als Bezugssystem, an dem eigenes und fremdes Verhalten bewertet und reguliert wird. Thomas unterscheidet zwischen zentralen und peripheren Kulturstandards. Zentrale Kulturstandards beziehen sich auf weite Bereiche des Denkens, Wertens und Handelns, demgegenüber wirken periphere Kulturstandards nur in gewissen Situationen bzw. Personengruppen. Inwieweit sich das Individuum oder die Gruppe in ihren Verhaltenweisen an den Standards orientiert, kann im Rahmen eines bestimmten Toleranzbereichs divergieren. Allerdings werden Verhaltensweisen, die außerhalb dieses Toleranzbereiches liegen, abgelehnt oder sanktioniert (vgl. ebd., S. 45).

Folgende zentrale Kulturstandards identifiziert Thomas aus den Ergebnissen seiner systematischen Vergleiche von Erlebnisschilderungen nichtdeutscher Partner/innen im Umgang mit Deutschen. Es handelt sich dabei vorwiegend um Fach- und Führungskräfte, Thomas geht jedoch davon aus, dass die Standards auch in alltäglichen Interaktionsprozessen wirksam sind und somit nicht nur eine bereichsspezifische Wirksamkeit haben (vgl. ebd. S. 46).

Chinesische Kulturstandards: Clan- und Cliquenbezug; Hierarchieorientierung; List und Taktik; soziale Harmonie; Etikette; Bürokratie.

Deutsche Kulturstandards: Sachorientierung; Regelorientierung; Zeitplanung; Trennung von Persönlichkeits- und Lebensbereichen; schwacher Kontext als Kommunikationsstil; Individualismus.

Wenn Personen aus unterschiedlichen Kulturen, die von diesen Kulturstandards geprägt sind, aufeinander treffen, sind sie in der Kommunikation und Kooperation gehäuft mit erwartungswidrigen Reaktionen konfrontiert, die sie nicht verstehen, ablehnen und dementsprechend reagieren (vgl. Thomas, 2005b, S. 47).

Fallstricke essentialistischer Kulturkonzepte –
kritische Würdigung des Kulturverständnisses nach Thomas

Betrachtet man Thomas' Kulturverständnis, fällt zunächst auf, dass er von Kultur als etwas Verbindendem ausgeht. Er spricht von Kultur als einem „universelle[n], für eine Gesellschaft, Organisation und Gruppe aber sehr typische[n] Orientierungssystem" (Thomas, 2003a, S. 138) und identifiziert dabei sogar bestimmte Standards,

„die von einer Mehrzahl der Mitglieder einer bestimmten Kultur für sich persönlich und andere als normal, selbstverständlich, typisch und verbindlich angesehen werden" (Thomas, 2005b, S. 45).

Diese Perspektive von Kultur scheint zunächst attraktiv, da so kulturelle Unterschiede zwischen Ländern beziehungsweise Nationen bestätigt werden können und somit die Komplexität von Kultur scheinbar erfasst werden kann. Neben den von Thomas entwickelten Kulturstandards ist eines der ausführlichsten Konzepte das des niederländischen Kulturwissenschaftlers Geert Hofstede,[1] der verschiedene Kulturdimensionen unterscheidet. Sein Kulturverständnis gilt in weiten Teilen der interkulturellen Forschung als maßgebend (vgl. Fölbes, 2009, S. 506). Darüber hinaus erfahren die Modelle vor allem aufgrund ihrer einfachen praktischen Anwendung weite Verbreitung in der internationalen Trainingsarbeit und sind Grundlage vieler Konzepte interkultureller Kompetenz (vgl. Mecheril, 2010, S. 85). Dementsprechend postuliert etwa Barmeyer (2007, S. 221): „Die griffigen Kulturdimensionen von Hall (1990), Hofstede (2001) und […] die Kulturstandards von Thomas (2003) führen […] zu Lern-Effekten, die in der Tat die interkulturelle Zusammenarbeit erleichtern können".

Bei genauer Betrachtung wird jedoch deutlich, dass solch ein Kulturverständnis unzureichend ist. Denn „die Vorstellung der kohärenten Einbindung des Individuums in eine Kultur im Zeitalter von Globalisierung und Ausdifferenzierung von Gesellschaften auch im Sinne einer zulässigen Vereinfachung [lässt sich] kaum aufrechterhalten" (Rathje, 2005, S. 10). Auch Allolio-Näcke, Kalscheuer & Shimanda (2003, S. 151) kritisieren Thomas' „monolithische [Kultur-]Vorstellung von etwas allgemein Verbindlichem". Aus diesem Kulturverständnis heraus werden Menschen anderer kultureller Herkunft als nicht zur Gesellschaft zugehörig gesehen, da sie „deren allgemeingültiges Orientierungssystem nicht oder nur teilweise teilen" (ebd.).

Darüber hinaus entsteht aus einer derartigen Sichtweise ein nicht aufrecht zu erhaltendes Bild einer fiktiven Monokulturalität von Gesellschaften, die sich strikt voneinander abgrenzen lassen. Nicht beachtet werden dabei die „Hybridität" und

---

1 Hofstede entwarf ein erstes ausführliches Konzept mit entsprechenden Ergebnissen. Mit Hilfe eines Fragebogens wurden insgesamt 116.000 Mitarbeiter des Computerkonzerns IBM zu kulturellen Unterschieden befragt. Aus den Antworten entwickelte er ein Modell, nach dem fünf grundlegende Kulturdimensionen weltweit unterschieden werden können: Auf der ersten Dimension „Machtdistanz" kann niedrige im Gegensatz zu hoher Machtdistanz unterschieden werden. Eine zweite Dimension beantwortet die Frage des Zugehörigkeitsgefühls einer Kultur: Hier steht Individualismus in einer Kultur Kollektivismus in einer anderen gegenüber. Die dritte Dimension unterscheidet feminine von maskulinen Kulturen. Unter „feminin" versteht Hofstede Gesellschaften, in denen Geschlechterrollen nicht durch bestimmte Charakteristika festgelegt sind. In „maskulinen" Kulturen gibt es nach Hofstede hingegen klar definierte Frauen- und Männerrollen, die jedoch universal dieselben sind. Als vierte Dimension nennt er Unsicherheitsvermeidung: Je nachdem, wie viel Unsicherheit eine Kultur ertragen kann, entwickeln die Mitglieder feste, verbindliche Regeln, die Ordnung schaffen. Hofstedes letzte Dimension ist die der Langzeitorientierung: Kulturen, die eine hohe Langzeitorientierung haben, geben alte Traditionen eher schwerlich auf. Kulturen, die kurzfristig orientiert sind, verändern sich sehr schnell, sind daher aber auch eher instabil (vgl. Hofstede, 2006, S. 51ff.).

„wechselseitige Beeinflussungen" von Kulturen, unter anderem ausgelöst durch globale Mobilität (vgl. ebd.).

Thomas' Annahme, dass jeder Mensch einer spezifischen Kultur angehört, legt die Interpretation nahe, dass er nicht unbedingt in mehrere Kollektive eingebunden sein kann. Obwohl Thomas verschiedene Einheiten von Kultur anspricht (Organisationskultur, Gruppenkultur, Nationalkultur etc.), bezieht er sich in seinen Ausführungen primär auf das von ihm als Nationalkultur bezeichnete und konnotiert somit seinen Kulturbegriff mit einer Betonung auf dem Nationalen. Bei der Erhebung seiner Kulturstandards weist er zwar daraufhin, dass die Proband/inn/en überwiegend Fach- und Führungskräfte sind, die Standards aber „auch im alltäglichen Interaktionsprozess wirksam sind und somit nicht nur eine bereichsspezifische Wirksamkeit haben" (Thomas, 2005b, S. 46).

Er blendet damit Differenzierungen innerhalb von Nationalkulturen, wie beispielsweise die Bildungszugehörigkeit, aus. Anhand der Tatsache, dass er lediglich auf der nationalkulturellen Ebene Standards identifiziert, muss davon ausgegangen werden, dass alle Einheiten einer Kultur wiederum von diesen Standards beeinflusst werden. Seinem Verständnis zufolge gibt es demnach keine Unterschiede zwischen einzelnen Gruppenkulturen oder Unternehmenskulturen, da sie alle mit der Nationalkultur identisch sind. Differenzen und Widersprüchlichkeiten innerhalb von Kulturen werden dabei von Thomas nicht ausreichend berücksichtigt und sogar negiert. Besonders in Bezug auf innergesellschaftliche kulturelle Heterogenität bestehen Verhältnisse zwischen Minderheiten und Mehrheiten, die in aller Regel durch Asymmetrien in Bezug auf gesellschaftliche Handlungsmöglichkeiten, politischen Einfluss und ökonomisch-soziale Lebensbedingungen bestimmt sind (vgl. Auernheimer, 2002, S. 24). Bleiben solche Asymmetrien unberücksichtigt, kommt es leicht zu kulturalisierenden und ethnisierenden Zuschreibungen, die vorhandene Ungleichheitsverhältnisse und Benachteiligungen mit der Zugehörigkeit zu einer bestimmten „kulturellen" Gruppe zu erklären und zu rechtfertigen suchen (vgl. ebd.). Eine solche Form der Reduktion verhindert nicht nur eine differenzierte Wahrnehmung der „konkreten Subjekte und ihrer Handlungsgründe" (Kalpaka, 2005, S. 396), sondern vernachlässigt vor allem auch soziale, politische und ökonomische Faktoren innerhalb bestehender Machtstrukturen.

Des Weiteren ist Thomas' Vorstellung eines „übersozialisierten" Individuums kritisch zu betrachten. Er spricht von einem „Orientierungssystem", das das „Wahrnehmen, Denken, Werten und Handeln *aller* Mitglieder beeinflusst" (Thomas, 2003b, S. 112; Hervorhebung durch die Verf.). Infolgedessen beeinflussen das Orientierungssystem bzw. die Kulturstandards alle Mitglieder in gleicher Weise, so dass sie „homogen" handeln, denken, wahrnehmen und beurteilen. Thomas nimmt an, dass das Individuum, zumindest zu großen Teilen, durch die Kulturstandards und deren handlungsregulierenden Funktionen bestimmt wird. Die kulturellen Muster werden derart verinnerlicht, dass sie nicht mehr bewusst sind. Menschen handeln also, ohne sich der Kulturstandards, die auf das Handeln einwirken, bewusst zu sein (vgl. Thomas, 2003b, S. 113).

Zwar räumt er den Handelnden einen Toleranzbereich für kulturell abweichendes Verhalten ein. Es wird demnach nicht jedes nicht angepasste Handeln umgehend sanktioniert. In welchem Rahmen die Übertretung von bestimmten kulturellen Normen gegenüber den Mitgliedern der Gruppe toleriert wird, ist jedoch auch kulturell bestimmt. Er führt hier nicht weiter aus, wie dieser je nach Kultur unterschiedliche Grad der Steuerung erklärbar ist (vgl. ebd., S. 112). Allolio-Näcke et al. (2003, S. 151) bemängeln an dieser abstrakten Kulturvorstellung Thomas' strikte Trennung von Kultur und Handlung und damit die Annahme, es erfolge lediglich eine eindimensionale Beeinflussung von Kultur auf das Individuum. Damit wird die Stabilität kulturspezifischer Orientierungssysteme sichergestellt.

Schließlich wird innerhalb Thomas' Perspektive die Verständigung zwischen Menschen aus unterschiedlichen Orientierungssystemen von vorneherein ausgeschlossen (vgl. ebd., S. 151). Verständigungsprobleme werden als fehlende interkulturelle Handlungskompetenz deklariert, „deren Ausbildung forciert und trainiert werden muss" (ebd.). Grundannahme dieser Fokussierung und Problematisierung kultureller Differenz ist, dass Situationen, in denen Menschen mit unterschiedlicher kultureller Herkunft aufeinander treffen, mit besonderen Schwierigkeiten verbunden sind. Barmeyer (2007, S. 221) argumentiert in diesem Zusammenhang: „Immer wiederkehrende Schwierigkeiten in internationalen Kooperationen, unabhängig von Region, Branche oder Status der Akteure, legen die Vermutung nahe, dass sehr wohl kulturtypische Verhaltensmuster und/oder ihre Fehlinterpretationen zu Problemen führen". Dementsprechend gibt es eine Vielzahl an Weiterbildungen, die für „kulturelle Unterschiede sensibilisieren" und „Kenntnisse über die Zielkultur vermitteln" sollen, um Missverständnisse und/oder Konflikte in interkulturellen Begegnungen zu vermeiden (vgl. ebd.). Diese Betonung und Herstellung von kulturellen Differenzen hat zur Folge, dass interkulturelle Situationen „exotisiert" und „skandalisiert" werden und der interkulturelle Trainingsmarkt an Attraktivität gewinnt (vgl. Mecheril, 2002, S. 20). In diesem Zusammenhang kritisiert auch der schwedische Ethnologe Tommy Dahlén stark die Tendenz zur plakativen Vereinfachung interkultureller Trainingsinhalte. Seine Erklärung setzt an der Marktsituation des Trainingsgewerbes an: Um den Markt davon zu überzeugen, dass es sich lohnt, in interkulturelle Lernprozesse zu investieren, muss zunächst ein Problembewusstsein für interkulturelle Überschneidungssituationen geschaffen werden. Zugleich braucht es Modelle, die relativ einfach und plausibel sind, um in absehbarer Zeit Lerneffekte versprechen zu können (vgl. Straub, 2007, S. 775). Ebenso entsteht durch die Betonung von Unterschieden die Gefahr einer „Binnenhomogenisierung", das heißt, es wird eine scheinbare Gleichartigkeit innerhalb bestimmter (kultureller) Gruppen konstruiert, in der sie sich von anderen Gruppen abheben (vgl. Mecheril, 2002, S. 20). Schließlich kann der Bezug auf Differenz eine Intensivierung des Schemas mit sich bringen, das zwischen Identität (innen) und Nicht-Identität (außen) unterscheidet. Denn durch das Herausstellen der Unterschiede wird „eine Wesenheit des Eigenen und eine Wesenheit des Nicht-Eigenen erfunden" (ebd.) und damit ein Ausgangspunkt für Vorurteile und Ausgrenzungen geschaffen. Mecheril plädiert deshalb dafür, dass kulturelle Gruppen nicht als kollektive Wesen, sondern vielmehr als Phänomene der Selbst- und Fremdkonstruktion betrachtet werden (ebd.).

Zusammenfassend bleibt festzuhalten, dass essentialistische Kulturkonzepte von der Vorstellung eines kulturgeleiteten Individuums innerhalb einer statischen, homogenen Kultur ausgehen. Zudem basieren sie auf der Annahme, das Aufeinandertreffen zweier Menschen aus unterschiedlichen Kulturen sei aufgrund der divergierenden Orientierungssysteme per se eine Konfliktquelle. Weiter lässt Thomas' Kulturverständnis die Annahme zu, dass die Zielsetzungen seiner Forschungen eher ökonomisch orientiert oder zumindest auf Produktivität und Effizienz hin ausgerichtet sind. Je besser ein Mensch das Orientierungssystem einer Gesellschaft kennt und beherrscht, so Thomas, je konfliktfreier kann er in ihr leben und je produktiver mit ihr umgehen (vgl. Thomas, 2005b, S. 23). Damit ist gemeint, dass er sich anderen Menschen verständlich machen und auf sie „überzeugend und zielorientiert einwirken kann" (ebd.). Es scheint so, als stände für Thomas vor allem das „Gelingen" einer produktiven und konfliktfreien interkulturellen Interaktion im Vordergrund. Der Aspekt der persönlichen Weiterentwicklung innerhalb interkultureller Interaktionen, zum Beispiel im Versuch des Verstehens des Anderen oder in der Reflexion des Eigenen, bleibt weitgehend unbedacht.

Das Kulturverständnis nach Nohl

Der Erziehungswissenschaftler Arndt-Michael Nohl konzeptualisiert sein Kulturverständnis auf dem Begriff der *kollektiven Zugehörigkeiten*. Nohl geht von einem Kulturbegriff aus, der sich nicht explizit auf Ethnie oder Nation bezieht. Vielmehr postuliert er, dass Menschen immer in mehrere so genannte Kollektive eingebunden sind, das können „generationelle, geschlechtsspezifische, regionale und andere kollektive Einbindungen" (Nohl, 2006, S. 137) sein. Kultur begreift er „erstens als Repräsentation, mit der man sich und anderen eine kollektive Zugehörigkeit zuschreibt und zweitens als kollektive Form praktischer Lebensführung." (ebd., S. 138).

Kultur als kulturelle Repräsentation und praktische Lebensführung

Kulturelle Repräsentationen dienen den Angehörigen eines Kollektivs zur Symbolisierung ihrer Zugehörigkeit. Wichtig dabei ist, dass die Repräsentation prägnant ist, da sie nur so ihre Wirkung erlangt. So kennzeichnet etwa ein Fischaufkleber auf dem Auto den Besitzer eindeutig als Christen. Kulturelle Repräsentationen sind allerdings nicht immer nur Selbstrepräsentationen, sondern können auch Fremdrepräsentationen sein. Kollektive Zugehörigkeiten werden somit nicht nur sich selbst zugeschrieben, sondern können auch von anderen zugeschrieben werden. Diese Selbst- und Fremdrepräsentation steht in Wechselwirkung zueinander, denn „nur was von anderen erkannt wird, kann der eigenen Selbstrepräsentation dienen" (ebd., S. 139). Es besteht jedoch die Gefahr, dass die Selbstrepräsentation von Außenstehenden nicht im eigenen Sinne interpretiert wird. Nohl verweist hier auf das Beispiel Kopftuch. Es kann für manche Frauen als Symbol für ihre Zugehörigkeit zum Islam dienen, allerdings kann gegebenenfalls *allen* kopftuchtragenden Frauen – auch jenen, die es zum Beispiel aufgrund ihrer bäuerlichen Herkunft tun – von außen eine Zugehörigkeit zum Islam zugeschrieben werden. In einem weiteren Schritt geht Nohl davon aus, dass durch eine prägnante Identifizierung des Anderen in der Öffentlichkeit, die eigene kollektive Zugehörigkeit durch Abgrenzung eindeutig repräsentiert werden kann. Bezüglich national oder ethnisch konzipierter Kultur wird dieses Phänomen besonders deutlich (vgl. ebd.).

Die Selbst- und Fremdrepräsentationen können zwar einen Bezug zu der praktischen Lebensführung der Individuen innerhalb eines Kollektivs haben, können aber die Komplexität der praktischen Lebensführung niemals vollständig wiedergeben.

Für Kultur als *praktische Lebensführung* innerhalb kollektiver Zugehörigkeiten gebraucht Nohl den Begriff *Milieu*. Milieus basieren zum einen auf Zuschreibungen, aber vor allem auf gelebten kollektiven Erfahrungen und Erlebnissen der Beteiligten. Diese „gelebten Gemeinsamkeiten der Erfahrung" (ebd., S. 140) müssen nicht zwangsläufig zusammen durchlaufen worden sein, sondern können einfach nur gleichartig sein. Nohl verdeutlicht das an dem Beispiel, dass viele Menschen Montage als unangenehme und Freitage als erlösende Tage wahrnehmen. Obwohl sie diese Gegebenheit nicht gemeinsam erleben, sondern jeder für sich, ist es eine kollektive Erfahrung, denn sie ist für alle Betroffenen gleichartig. In diesem Zusammenhang sieht Nohl das Milieu als den sozialen Ort, der die Menschen miteinander verbindet. Er spricht deshalb auch vom Ort der „Konjunktion" bzw. in Anlehnung an Mannheimer vom Milieu als „konjunktivem Erfahrungsraum" (ebd.), in dem innerhalb wie außerhalb des Milieus stattfindende Begebenheiten von den Milieu-Angehörigen ähnlich wahrgenommen werden. Das Individuum wird in das bereits bestehende Milieu hineinsozialisiert, allerdings ist dieses nicht statisch, sondern ein „sich stets verändernder Raum" (ebd. S. 141). Auf Grundlage der kollektiven Erfahrungen des Milieus kann der Einzelne dann seine eigene Individualität entfalten.

Milieus müssen von Realgruppen oder Gemeinschaften unterschieden werden. Denn die kollektiven Erlebnisse und Erfahrungen sind nicht unbedingt gemeinsam gemacht worden, aber gleichartig. So kennen beispielsweise alle Arbeitnehmer/innen die 39,5-Stundenwoche, auch wenn sie keine reale Gemeinschaft sind. „Kollektive Erlebnisschichtung entsteht nämlich nicht in den Realgruppen, sondern wird nur in ihnen artikuliert" (ebd., S. 141).

Konjunktives und kommunikatives Wissen

Innerhalb eines Milieus existiert ein so genanntes *konjunktives* Wissen auf Grundlage der beschriebenen gleichartigen, konjunktiven Erfahrungen; so wissen zum Beispiel alle Studierenden, was eine Hausarbeit ist. Alle Professor/inn/en wissen das auch, dennoch ist ihr Wissen jeweils milieuspezifisch, da sich die Milieus, wenn auch nur ein wenig, voneinander unterscheiden. Konkret bedeutet das, dass die

Studierenden erfahren haben, welche Herausforderungen das Schreiben einer Hausarbeit mit sich bringt, wohingegen das Wissen der Professor/inn/en auf anderen konjunktiven Erfahrungen basiert, zum Beispiel den Ärger über schlechte Gliederungen. Hier können leicht „kulturelle Missverständnisse entstehen, da mit ein und dem gleichen Begriff völlig unterschiedliches konjunktives Wissen verbunden wird" (ebd.).

Das milieuspezifische konjunktive Wissen ist eher latenter Art und kann nur mittels milieuübergreifendem kommunikativen Wissen für Außenstehende expliziert werden. Das heißt, die Individuen müssen das innerhalb ihres Milieus selbstverständlich erscheinende Wissen, von den eigenen Erfahrungen abstrahieren, um es über die Grenzen des Milieus hinweg kommunizieren zu können (vgl. ebd., S. 142). Folglich ist das konjunktive Wissen dem Milieu immanent, wohingegen das kommunikative Wissen „auf kulturelle Repräsentationen verweist" (ebd.). Menschen agieren innerhalb des eigenen Milieus und meistens auch über das eigene Milieu hinaus und somit „kommt es zu einer ‚Doppelheit der Verhaltensweisen'" (ebd.).

Vorgestellte Gemeinschaften

Auch wenn kulturelle Repräsentationen zwar von der Vielfalt milieuspezifischer Erfahrungen abstrahieren, so beziehen sie sich zumindest noch auf sie. Im Gegensatz dazu sind vorgestellte Gemeinschaften Konstruktionen, denen jeglicher Erfahrungsbezug fehlt. „Sie sind in diesem Sinne ideologisch." (ebd., S. 145). Nohl bezeichnet nicht nur dann Gemeinschaften als vorgestellt, wenn sich ihre Mitglieder untereinander nicht kennen und wenn sie über keine gemeinsam erlebte Geschichte verfügen, sondern bereits dann, wenn gleichartige Erfahrungen ausbleiben. Ob eine Gemeinschaft vorgestellt ist oder nicht, entscheidet sich somit anhand des übergreifenden konjunktiven Erfahrungsraumes, in dem die Mitglieder gleichartige Erfahrungen machen oder eben nicht. Beispielsweise stellt sich in Bezug auf Nationen die Frage, auf welchen vorgängigen kollektiven Erfahrungen sie basieren. Nationalstaatliche Strukturen von Gesellschaften können zwar als Folge vorgestellter Gemeinschaften gesehen werden, da dadurch praktische gemeinsame Erfahrungen, wie zum Beispiel die der deutschen Staatsbürgerschaft, erst möglich werden. Aber es bleibt zu fragen „[…] inwieweit solche Erfahrungen alltagsrelevant sind, d.h. inwieweit sie die kollektive Lebensführung von Menschen prägen mögen" (ebd., S. 147).

Tradierung und Neuentstehung von Milieus

Milieus werden durch Weitergabe des konjunktiven Wissens (z.B. Feste, Aktivitäten, Tratsch) von Generation zu Generation tradiert. Wenn milieuspezifisches Wissen nicht weitergegeben wird, kann das zu einer Individualisierung führen, oder es können neue Milieus entstehen. Das geschieht zum einen, wenn „zeitgeschichtliche Umstände habituelle Handlungsweisen des Milieus obsolet werden lassen" (ebd.,

S. 148). Ein Beispiel dafür ist die Wende 1989/1990. Zum anderen kann es aufgrund von biografischen Brüchen zur Neuentstehung oder Weiterentwicklung von Milieus kommen. Dies geschieht zum Beispiel, wenn Jugendliche mit Migrationshintergrund in Auseinandersetzung mit der Kultur ihrer Eltern und der gesellschaftlichen Kultur, in der sie leben, nach neuen Orientierungen suchen. Die neu entstandenen Milieus basieren dann meist auf den homologen Erfahrungen „der biographischen oder generationellen Diskontinuität" (ebd., S. 150).

Mehrdimensionalität von Milieus

Nohl weist besonders daraufhin, dass Milieus, auch wenn sie auf den ersten Blick einheitlich erscheinen, stets aus mehreren Dimensionen bestehen. Das können „adoleszenz-, geschlechts-, generations-, religiös-, migrations-, schicht- sowie bildungsspezifische Erfahrungsdimensionen" (ebd., S. 151) sein. Diese „Mehrdimensionalität von Milieus […] läuft in doppelter Hinsicht einer Homogenisierung von Milieus und einer Stilisierung ihrer wechselseitigen Fremdheit zuwider." (ebd., S. 159). Zum einen wird durch die unterschiedlichen Dimensionen deutlich, dass Milieus in sich heterogen sind. Zum anderen werden angesichts dieser Heterogenität neben den Unterschieden zwischen Milieus auch die Gemeinsamkeiten sichtbar (vgl. ebd. 159). Des Weiteren wird auch der Gedanke, dass Gesellschaften primär durch Migration pluralisiert werden, hinfällig „und die Gesellschaft wird als ein immer schon kulturell heterogenes, aus mehrdimensionalen Milieus bestehendes Gebilde betrachtet" (ebd. S. 152).

Chancen prozessorientierter Kulturkonzepte –
Kritische Würdigung des Kulturverständnisses nach Nohl

Nohls erweiterter Kulturbegriff grenzt sich von einem eindimensionalen Fokus auf das Ethnische oder Nationale innerhalb von Kulturen ab. Nohl geht davon aus, dass Kulturen bzw. Milieus nicht in sich homogen sind, sondern immer aus verschiedenen Dimensionen (z.B. Alter, Geschlecht, Religion, Schicht, Bildung) bestehen. Ihm zufolge sind Gesellschaften nicht erst aufgrund von unterschiedlichen Nationen vielfältig, sondern schon immer interkulturell gewesen.

Darüber hinaus sieht er das Individuum stets in mehreren Milieus eingebunden. Der Mensch ist somit nicht primär durch das „Deutsch-Sein" geprägt, sondern auch dadurch, dass sie oder er Frau oder Mann ist, Kind oder Erwachsene, Student/in oder Auszubildende/r. Mit dieser Differenzorientierung bezieht er auch Widersprüchlichkeiten und Unterschiede innerhalb von Kulturen in sein Begriffsverständnis mit ein. Damit wird er der Pluralität und den Ausdifferenzierungen von Gesellschaften gerecht und schafft eine Möglichkeit, die Heterogenität erfassbar zu machen.

Gleichzeitig bietet er mit der Annahme, dass jedes Milieu über ein so genanntes konjunktives, also verbindendes Wissen verfügt, eine Erklärung für den

Zusammenhalt von Kulturen trotz inhärenter Differenzen an. Stefanie Rathje (2005, S. 11) beispielsweise fordert in ihrem Aufsatz „Interkulturelle Kompetenz – Zustand und Zukunft eines umstrittenen Konzepts", dass „die Erklärung des offensichtlichen Zusammenhalts der durch Differenzen gekennzeichneten Kulturen nicht außer Acht [ge]lassen [werden] kann". Dass dieser Zusammenhalt nicht auf „der Beharrungskraft von Traditionen" oder der „widerständigen Kraft kollektiver [...] nationaler Mentalitäten" (Geiger, 2003, S. 173) basiert, macht Nohl an verschiedenen empirischen Beispielen deutlich (vgl. Nohl, 2006, S. 152ff.).

Betrachtet man – wie Nohl – Kultur als etwas in sich Heterogenes und von Differenz Geprägtes und folglich jeder Gesellschaft – unabhängig vom Ethnischen – schon immer Innewohnendes, stellt sich die Frage, „warum [...] dann überhaupt die Vorstellung einer Sondersituation der Interkulturalität [besteht], also einer Situation, in der die Individuen sich selbst sowie den Interaktionspartner der Einheit einer Kultur zurechnen?" (Rathje, 2005, S. 10f.). Indem Nohl Kultur nicht nur als praktische Lebensführung (Milieus), sondern auch als eigene und fremde Zuschreibungen (Repräsentationen) sieht, macht er deutlich, dass Menschen über ihre *tatsächliche* Einbindung in Kollektiven hinaus auch „*zugeschrieben* wird, sie seien kollektiv eingebunden" (Nohl, 2006, S. 137). Diese Repräsentationen können auch völlig unabhängig von kollektiver Zugehörigkeit wirken. Das heißt, so genannte *Sondersituationen der Interkulturalität* können auch lediglich zugeschrieben sein. Darüber hinaus findet ebenso in einer von Differenz geprägten Gesellschaft, Zuweisung zu kulturellen Einheiten, bzw. Kollektiven statt, jedoch eben nicht nur zu rein ethnisch konnotierten Kulturen.

Schließlich distanziert sich Nohl von der Annahme, dass Kulturen etwas ausschließlich historisch Entwickeltes sind und sich somit nur sehr langfristig verändern können. Vielmehr geht er davon aus, dass das konjunktive Wissen von Milieus zwar tradiert werden kann, gleichzeitig können aber auch neue Milieus entstehen, wenn beispielsweise aufgrund von generationellen Brüchen das milieuspezifische Wissen eben nicht weitergegeben wird. Kulturen sind somit keine statisch festen Gebilde, sondern flexibel und geprägt durch ständigen Wandel und wechselseitige Beeinflussung.

Kulturen in Nohls Sinne sind sehr komplexe Konstrukte, aber gerade dadurch entgeht er der Gefahr einer Vereinfachung im Sinne einer simplen Komplexitätsreduktion. Im Zentrum seines Konzeptes stehen kollektive Zugehörigkeiten, die in sich mehrdimensional und wandelbar sind. Ziel ist es, sich diesen Zugehörigkeiten und der Mehrdimensionalität bewusst zu werden und sie zu reflektieren. In seinem Konzept von Kultur scheint das *Verstehen* von interkulturellen Begegnungen, mehr als deren *Effizienz* oder die Handlungskompetenz im Umgang damit, im Vordergrund zu stehen. Insofern bietet Nohls Konzept eine gute Grundlage zur Erforschung des Interkulturellen in Begegnungen und Lebensgeschichten.

Zur Bedeutung eines prozessorientierten Kulturbegriffs für die Erforschung deutsch-französischer Begegnungen – Fazit und Ausblick

Mit Blick auf die dargestellten Kulturdefinitionen wird deutlich, dass in einer von Pluralität und Globalisierung geprägten Welt ein essentialistisches Verständnis von Kultur zu kurz greift. Interkulturelle Forschung muss somit, will sie der Komplexität moderner Gesellschaften gerecht werden, auf einem prozessorientierten Begriff von Kultur basieren. Ein traditionelles essentialistisches Verständnis von Kultur wird mittlerweile innerhalb vieler Wissenschaften kritisiert. Gerade in den Sozialwissenschaften besteht Einigkeit darüber, dass Kultur antiessentialistisch aufgefasst werden muss. Dennoch kommt beispielsweise innerhalb der interkulturellen Kompetenzforschung die Fokussierung auf nationale Unterschiede immer wieder zum Ausdruck (vgl. Otten, 2007, S. 61).

Betrachtet man Kultur aus einer prozessorientierten Perspektive, wird deutlich, dass Gesellschaften immer schon interkulturell, also per se von einer Vielfalt an Milieus geprägt sind. Bestimmte Differenzlinien, besonders ethnische Differenzen, werden jedoch immer wieder prononciert, während andere nicht beachtet werden (vgl. Nohl, 2006, S. 160).

Welche Bedeutungen zieht nun ein solches Begriffsverständnis von Kultur bezüglich der Erforschung interkultureller Begegnungen nach sich? Es wird offenbar, dass interkulturelle Begegnungen alltäglich und allgegenwärtig sind. Dementsprechend sieht auch Remi Hess das Interkulturelle ganz allgemein dort, wo Kulturen zusammen kommen, also überall. Ihm zufolge findet Interkulturalität etwa bereits in der Familie mit dem Aufeinandertreffen der Familienkultur des Vaters und der der Mutter statt. In der zwischenmenschlichen Begegnung werden stets Prozesse mobilisiert, die man als interkulturell bezeichnen kann (vgl. Hess, 2009).

Aus dieser Perspektive ergeben sich folgende Fragen und Anregungen für die Erforschung deutsch-französischer Begegnungen:

Welche Bedeutung kommt dem so betrachteten Interkulturellen in deutsch-französischen Begegnungen zu? Letztendlich kristallisiert sich heraus, dass das Interkulturelle oder Milieufremde in Begegnungen für jedes Individuum etwas anderes sein kann. Damit geht einher, dass in internationalen Begegnungen eben nicht „die [national-]kulturellen Unterschiede der Partner maßgeblich das Kommunikationsgeschehen [...] beeinflussen" (Thomas, 2005c, S. 101f.). Vielmehr müssen wir davon ausgehen, dass eine Vielzahl von Dimensionen für Kommunikation und Interaktion bedeutsam sind. So können beispielsweise neben nationalkulturellen Unterschieden durchaus milieuspezifische Gemeinsamkeiten bestehen, die Kommunikation und Interaktion beeinflussen. Will man der damit einhergehenden Komplexität deutsch-französischer Begegnungen gerecht werden, dürfen wir nicht die Einbindungen in nationale Milieus isoliert betrachten, sondern müssen die Akteure stets mit all ihren Milieuzugehörigkeiten sehen.

In diesem Zusammenhang bleibt weiter zu fragen, inwiefern die Handelnden tatsächlich in bestimmte Milieus eingebunden sind oder inwieweit es sich um Selbst- oder Fremdzuschreibungen handelt.

Welche milieuspezifischen konjunktiven Wissensbestände und Erfahrungen nehmen die Handelnden überhaupt als spezifisch national wahr? Ist es eine gemeinsame Geschichte, Sprache oder Währung? Hess sieht zum Beispiel das Verbindende im „Erleben von Spannungen und Widersprüchen, die von allen Mitgliedern einer nationalen Gemeinschaft zu einem bestimmten Zeitpunkt ihrer Geschichte erfahren werden und in die wir persönlich oder über frühere Generationen verflochten sind" (Hess, 2009).

Welche Auswirkungen haben demnach Begegnungen in Bezug auf die Wahrnehmung der eigenen und der anderen Kulturen? Stoßen die Begegnungen Reflexionsprozesse an, sich über eigene Zugehörigkeiten und die verschiedenen Dimensionen der deutschen und französischen Milieus Gedanken zu machen?

Da es sich hier um Fragen nach dem subjektiven Erleben handelt (vgl. hierzu auch Holbach & Burk in diesem Band) und damit auch individuelle Formen des Umgangs und der Verarbeitung einhergehen, erfordert diese Perspektive qualitative, also sinnverstehende Forschungszugänge. Forschungen zu interkulturellen Begegnungen basieren bisher allerdings überwiegend auf quantitativen Zugängen, zum Beispiel im Rahmen der Kulturstandardforschung. Um die Komplexität von Kultur und interkulturellen Begegnungen erfassen zu können und schlussendlich Erkenntnisse über den Umgang damit zu gewinnen, sehe ich es als zwingend erforderlich, zusätzlich zu quantitativ messenden auf qualitativ verstehende Forschungsansätze zurück zu greifen. Auch in der aktuellen interkulturellen Forschungsdiskussion wird der Kritik an der Einseitigkeit quantitativer Methoden immer mehr Aufmerksamkeit geschenkt und qualitative Perspektiven gewinnen zunehmend an Bedeutung. So machen Otten, Scheitza & Cnyrim (2007, S. 24f.) auf die überwiegend „positivistisch-psychometrische Herangehensweise" in der interkulturellen Kompetenzforschung aufmerksam und weisen daraufhin, dass auch „[…] interkulturell interessierte Biografieforschung Anregungen liefert, um das Entstehen und Wirken von Kompetenzen im interkulturellen Handeln zu erkunden […]".

Biografieforschung und ihre vielfältige Zusammensetzung bietet in diesem Zusammenhang weitereichende Möglichkeiten, die vielschichtigen Strukturen deutsch-französischer Begegnungen sichtbar zu machen. Mittels biografischer Erzählungen und der Rekonstruktion von Begegnungen können die subjektiven Prozesse in den oben aufgeführten Fragen erfassbar werden. Zum einen werden die Biografieträger/innen zur Reflexion ihrer eigenen diversen Zugehörigkeiten angeregt und möglicherweise zu weiteren Auseinandersetzungen inspiriert, wodurch ihr Handeln und ihre Wahrnehmung von Welt beeinflusst wird. Zum anderen nehmen auch die Forschenden an dem Reflexionsprozess teil und können so aufdecken, wodurch die Überlegungen der Befragten angestoßen wurden. Darüber hinaus werden in ihnen durch das Erzählte wiederum eigene Reflexionsprozesse bezüglich ihrer Zugehörigkeiten in Gang gesetzt.

Schließlich bedeutet das Verständnis des Begriffs der Interkulturalität in Orientierung an Nohl und Hess für die Forschenden auch, dass biografische Interviews in vielerlei Hinsicht auf Interkulturalität untersucht werden können. Nicht nur hinsichtlich der unterschiedlichen Nationalitäten, sondern eben auch in Bezug auf Geschlecht, Schicht, Bildung usw. Mit einer breiten Datenlage an unterschiedlichen biografischen Erzählungen können dann auch die verschiedenen Dimensionen einer Kultur/eines Milieus sichtbar werden. Für die Forschenden bieten dieses (Inter-)Kulturverständnis und eine biografietheoretische Perspektive die Möglichkeit, Begegnungen mehrdimensional zu untersuchen und die Biografisierung Einzelner detailliert zu beleuchten.

Literatur

Allolio-Näcke, L., Kalscheuer, B. & Shimanda, S. (2003). Ein Lehrstück klassischen Kulturvergleichs. *Erwägen, Wissen, Ethik, 14,* 150–153.

Auernheimer, G. (Hrsg.) (2002). *Interkulturelle Kompetenz und pädagogische Professionalität.* Opladen: Leske + Budrich.

Auernheimer, G. (2007). *Einführung in die interkulturelle Pädagogik.* Darmstadt: Wissenschaftliche Buchgesellschaft.

Barmeyer, C. (2007). Coaching von Führungskräften in interkulturellen Kontexten. In M. Otten (Hrsg.), *Interkulturelle Kompetenz im Wandel (2. Band)* (S. 217–235). Münster: LIT Verlag.

Demorgon, J. & Molz, M. (2003). Bedingungen und Auswirkungen der Analyse von Kultur(en) und interkulturellen Interaktionen. In A. Thomas (Hrsg.), *Psychologie des interkulturellen Handelns* (S. 43–86). Göttingen: Hogrefe.

Fölbes, C. (2009). Black Box ‚Interkulturalität'. Die unbekannte Bekannte (nicht nur) für Deutsch als Fremd-/Zweitsprache. Rückblick, Kontexte und Ausblick. *Wirkendes Wort, 59,* 503–525.

Geiger, K. (2003). Identitätshermeneutik – ein verläßlicher Ratgeber? *Erwägen, Wissen, Ethik, 14,* 172–174.

Herder, J. G. (1967). *Sämtliche Werke.* Hildesheim: Olms.

Hess, R. (2009). *Bi-, tri und multinationale Begegnungen – Gemeinsamkeiten und Unterschiede in interkulturellen Lernprozessen. Zur trinationalen Begegnung.* Verfügbar unter http://www.dfjw.org/paed/texte/bitrimulti/bitrimulti11.html [21.11.2011].

Hofstede, G. (2006). *Lokales Denken, globales Handeln. Interkulturelle Zusammenarbeit und globales Management.* München: dtv.

Kalpaka, A. (2005). Pädagogische Professionalität in der Kulturalisierungsfalle. Über den Umgang mit ‚Kultur' in Verhältnissen von Differenz und Dominanz. In R. Leiprecht & A. Kerber (Hrsg.), *Schule in der Einwanderungsgesellschaft. Ein Handbuch* (S. 387–405). Schwalbach/Ts.: Wochenschau-Verlag.

Leiprecht, R. (2004). *Kultur – Was ist das eigentlich? Arbeitspapiere Institut für Bildung und Kommunikation in Migrationsprozessen (Heft 7).* Oldenburg: Universität Oldenburg.

Maletzke, G. (1996). *Interkulturelle Kommunikation. Zur Interaktion zwischen Menschen verschiedener Kulturen.* Opladen: Westdeutscher Verlag.

Mecheril, P. (2002). „Kompetenzlosigkeitskompetenz". Pädagogisches Handeln unter Einwanderungsbedingungen. In G. Auernheimer (Hrsg.), *Interkulturelle Kompetenz und pädagogische Professionalität* (S. 15–35). Opladen: Leske + Budrich.

Mecheril, P. (Hrsg.) (2010). *Migrationspädagogik.* Weinheim: Beltz.

Nieke, W. (2008). *Interkulturelle Erziehung und Bildung. Wertorientierungen im Alltag. (Schule und Gesellschaft)*. Wiesbaden: GWV Fachverlage GmbH.
Nohl, A.-M. (2006). *Konzepte interkultureller Pädagogik. Eine systematische Einführung*. Bad Heilbrunn: Klinkhardt.
Otten, M. (2007). Profession und Kontext: Rahmenbedingungen der interkulturellen Kompetenzentwicklung. In M. Otten, M., A. Scheitza & A. Cnyrim (Hrsg.), *Interkulturelle Kompetenz im Wandel (2. Band)* (S. 57–91). Münster: LIT Verlag.
Otten, M., Scheitza, A. & Cnyrim, A. (Hrsg.) (2007). *Interkulturelle Kompetenz im Wandel (2. Band)*. Münster: LIT Verlag.
Rathje, S. (2005). *Interkulturelle Kompetenz – Zustand und Zukunft eines umstrittenen Konzepts*. Verfügbar unter: http://www.stefanie-rathje.com/fileadmin/Downloads/stefanie_rathje_interkulturelle_kompetenz.pdf [21.11.2011].
Schönhut, M. (2005). *Glossar Kultur und Entwicklung*. Verfügbar unter: http://www.goethe.de/ges/pro/ent/de-glossar-kultur-und-entwicklung.pdf [21.11.2011].
Straub, J. (2007). *Handbuch interkulturelle Kommunikation und Kompetenz. Grundbegriffe – Theorien – Anwendungsfelder*. Stuttgart: Metzler.
Thomas, A. (2003a). Interkulturelle Kompetenz. Grundlagen, Probleme und Konzepte. *Erwägen, Wissen, Ethik, 14*, 137–150.
Thomas, A. (2003b). Analyse der Handlungswirksamkeit von Kulturstandards. In Ders. (Hrsg.), *Psychologie des interkulturellen Handelns* (S. 107–136). Göttingen: Hogrefe.
Thomas, A. (2005a). National- und Organisationskulturen. In A. Thomas, E.-U. Kinast & S. Schroll-Machl (Hrsg.), *Handbuch interkulturelle Kommunikation und Kooperation. Grundlagen und Praxisfelder* (S. 32–43). Göttingen: Vandenhoeck & Ruprecht.
Thomas, A. (2005b). *Grundlagen der interkulturellen Psychologie*. Nordhausen: Bautz.
Thomas, A. (2005c). Interkulturelle Wahrnehmung, Kommunikation und Kooperation. In A. Thomas, E.-U. Kinast & S. Schroll-Machl (Hrsg.), *Handbuch interkulturelle Kommunikation und Kooperation. Grundlagen und Praxisfelder* (S. 94–117). Göttingen: Vandenhoeck & Ruprecht.

Der aktuelle Stand der interkulturellen Biografieforschung in Frankreich und Deutschland
Überblick und Perspektiven
Anna Royon-Weigelt

An der Schnittstelle zwischen Sozialwissenschaften und Literatur (vgl. Broqua & Marche, 2010) hat das Feld der Biografieforschung seit Anfang des 20. Jahrhunderts unterschiedlichste Wege beschritten. François Dosse (2010) weist darauf hin, dass das Genre der Biografie als ein Schreiben, das sich mit dem Leben auseinandersetzt, bis auf die Antike[1] zurückgeht, dagegen aber erst seit vergleichsweise kurzer Zeit in den Sozialwissenschaften eine Rolle spielt. „Biografieforschung bezeichnet einen komplexen, keineswegs einheitlichen oder eindeutigen Forschungsansatz, der auf eine lange Geschichte des wissenschaftlichen Interesses an ‚persönlichen Dokumenten' (Paul 1979) verweisen kann" (Dausien, 2010, S. 362). Seit den 1980er Jahren ist ein Wiederaufleben biografischer Verfahren (vgl. Dosse, 2010; Monteagudo, 2008) in verschiedenen Fachrichtungen und Ländern (vgl. Müller, 2009) festzustellen. Verortung und Rolle der Biografie in den Geisteswissenschaften werfen jedoch auf verschiedenen Ebenen Fragen auf (vgl. Dausien, 2010) und werden in Frankreich wie in Deutschland bis heute kontrovers diskutiert.

Biografie steht im Kontext biografischer Forschungsverfahren zugleich für ein theoretisches Konzept, einen Forschungsgegenstand und eine komplexe, qualitative Untersuchungsmethode, deren Ressourcen und Grenzen noch nicht vollständig erkundet wurden. Überdies hat die Biografieforschung in vielen unterschiedlichen Ländern jeweils eigene Entwicklungen durchlaufen und musste in diesen verschiedenen gesellschaftlichen, wissenschaftlichen und sprachlichen Kontexten erst ihren Platz finden und einfordern. In den jeweiligen Forschungslandschaften ist sie heute unterschiedlich stark vertreten. Biografieforschung ist inter- und transdisziplinär (vgl. ebd.) und hat in den verschiedenen Forschungsfeldern der Sozialwissenschaften auf unterschiedlichste Weise Eingang gefunden. Ausschlaggebend hierfür waren die zum Zeitpunkt ihrer Rezeption herrschenden institutionellen Dynamiken und theoretischen bzw. methodologischen Debatten.

Die vielen verschiedenen Schnittstellen und die Themenvielfalt der Biografieforschung lassen jedoch eine erschöpfende Behandlung im Rahmen dieses Beitrags

---

1 Der Historiker François Dosse unterscheidet drei historische Ansätze, nach deren jeweiliger Dominanz er die Geschichte der Biografie einteilt in das heroische Zeitalter, das modale Zeitalter und das hermeneutische Zeitalter. Diese drei Ansätze können jedoch auch innerhalb derselben Epoche nebeneinander bestehen und durchaus üblich sein: „Zwar lässt sich mit Gewissheit konstatieren, dass Selbstreflexion und Distanzierung in unserem heutigen Biografieverständnis einen größeren Stellenwert haben, doch gibt es nach wie vor auch heroisierende biografische Darstellungen" (Dosse, 2010, S. xii).

nicht zu. Daher beschränkt sich dieser Überblick darauf, die Anfänge der Biografieforschung in Frankreich und Deutschland sowie die Verbreitung biografischer Verfahren in den Sozialwissenschaften kursorisch darzustellen. Darauf folgt eine kurze Erörterung der geläufigsten Konzepte und Termini der Biografieforschung in Frankreich und Deutschland, um anschließend den aktuellen Forschungsstand speziell im Bereich der interkulturellen Biografieforschung zu klären. Stellenweise werden auch die frankophone Forschung (Schweiz, Belgien und Kanada) und die deutschsprachige Forschung in Österreich und der Schweiz mit einbezogen. Sie liegen insofern im Interessenbereich dieses Beitrags, als die jeweilige gemeinsame Sprache Landesgrenzen fruchtbar überwindet und die Herausbildung eines gemeinsamen – und dennoch interkulturellen – Forschungsraumes erleichtert. Die Bedeutung der gemeinsamen Sprache für die Entwicklung bestimmter Methoden oder Forschungsbereiche ist eine interessante Frage, die jedoch einer genaueren Analyse bedarf und daher zu einem anderen Anlass erörtert werden soll (zu Sprachbarrieren in der Biografieforschung vgl. auch Monteagudo (2008, S. 39)).

Die Anfänge der hermeneutischen Biografieforschung in Frankreich und Deutschland

Die qualitative Forschung in den Sozialwissenschaften kennt zahlreiche Methoden und Ansätze und greift auf sehr unterschiedliches Material zurück: Fallstudien, Lebensgeschichten (*histoires de vie*), Autobiografien, Tagebücher, Briefwechsel, offene oder strukturierte Interviews, Erfahrungen, Beobachtungen. Die Verwendung biografischer Quellen, „menschlicher Dokumente" (Bertaux, 2006) oder „persönlicher Dokumente" (Delory-Momberger, 2004) in den Sozialwissenschaften entwickelte sich unter dem Einfluss der US-amerikanischen empirischen Soziologie in den 1920er Jahren. Die Chicagoer Schule orientierte sich damals am ethnologischen Verfahren der Aufzeichnung von mündlichen und schriftlichen Berichten (vgl. Montgeagudo, 2008). Die erste, richtungsweisende Arbeit, die zumindest in der US-amerikanischen Soziologie schon in ihrem Erscheinungsjahr 1918 den Grundstein für die Biografieforschung legte, war die auf Biografien beruhende Studie *The Polish peasant in Europe and America: monograph of an immgrant group* des polnischen Soziologen Florian Znaniecki und seines amerikanischen Kollegen William I. Thomas (1918–20/1958) (vgl. Chapoulie, 2001).

In Deutschland dagegen wies der deutsche Soziologe Wilhelm Dilthey bereits im 19. Jahrhundert auf die Bedeutung der Autobiografie als Quelle in den Geisteswissenschaften und insbesondere in der Pädagogik hin (vgl. Hess & Weigand, 2007a; Müller, 2009). 1912 verwandte der deutsche Psychiater Hans W. Gruhle in seinen Studien über jugendliche Straftäter ebenfalls ein biografisches Analyseverfahren (vgl. Baur, 2003). In den 1920er Jahren trieb die tagebuchschreibende Psychologin Charlotte Bühler eine bedeutende Weiterentwicklung der biografischen Methode in der Psychologie und der Pädagogik voran (vgl. Müller, 2009). Diese ersten wissenschaftlichen Meilensteine verhalfen der Biografieforschung zu einem sichtbaren Platz in der Pädagogik und der Psychologie in Deutschland, wo sie – vielleicht dank ihrer erfolgreichen Anfänge in diesen Gebieten – auch heute stark vertreten ist.

In Frankreich beschränkte sich die Rezeption qualitativer Ansätze lange Zeit auf einen kleinen Kreis von Wissenschaftler/inne/n. Mehr als andernorts traf sie auf den Widerstand einer Tradition, die der quantitativen Forschung und einem deduktiven Ansatz den Vorzug gab. Zwar erwähnte der Ethnologe Marcel Mauss die „*méthode biographique*" bereits 1926 in seinem Ethnografie-Handbuch (vgl. Mauss, 1967), doch erst in den 1960er Jahren erlebten die französischen Geisteswissenschaften – insbesondere durch die von Henri Lefebvre eingeführte und von J.P. Sartre weiterentwickelte regressiv-progressive Methode (vgl. Sartre, 1988; Hess, 2001) – eine neuerliche Sensibilisierung für biografische Perspektiven. Seitdem sind parallel zueinander zahlreiche Forschungsarbeiten zu diversen Themen entstanden, ohne dass dabei die Herausbildung einer einheitlichen Forschungsströmung zu beobachten war.

Jean Peneff unterscheidet bei der Verwendung von Biografien in Frankreich zwei voneinander unabhängige Tendenzen: die biografische Methode (*méthode biographique*) und den biografischen Ansatz (*approche biographique*). Bei der biografischen Methode ist „der/die Befragte an einer Untersuchung über sich selbst beteiligt" (Peneff, 1994, S. 27). Jedoch widmet sich die Untersuchung nicht einer Person als Einzelnem, sondern stets einer Personengruppe. Auf diese Weise wird der Lebensbericht in einen gesellschaftlich-historischen Zusammenhang gestellt, wodurch „subjektivistische Tendenzen" vermieden werden sollen (ebd., S. 29). Der biografische Ansatz dagegen gründet auf dem ethnomethodologischen Verfahren nach Harold Garfinkel (1967). Seine Rezeption in den französischen Geisteswissenschaften begann 1976 mit Daniel Bertauxs Publikation zur Methodologie des biografischen Ansatzes in der Soziologie (vgl. Bertaux, 1976; 2006). Viele Wissenschaftler/innen, die ihre Arbeit in dieser Zeit begannen, wurden von Daniel Bertauxs Untersuchungen entscheidend beeinflusst. Ebenso haben die Werke des Philosophen Paul Ricœur (1990) die sozialwissenschaftliche Auseinandersetzung mit menschlicher Zeitlichkeit, Gedächtnis und narrativer Identität in Frankreich und andernorts stark beeinflusst.

Die wissenschaftliche Rezeption der Biografieforschung war allerdings ein Schauplatz heftiger Kontroversen (vgl. Angermüller, 2005). In seinem Aufsatz „Die biographische Illusion" (1998, S. 75) monierte der Soziologe Pierre Bourdieu, die Lebensgeschichte sei „ein *common sense*-Begriff, der in das wissenschaftliche Universum eingeschmuggelt wurde" und verstelle den Blick auf objektive Beziehungen und soziale Strukturen. Infolge dieser Kritik litt das biografische Interview insbesondere nach 1990 am „üblicherweise abflauenden Interesse, dem in der Regel jeder theoretische oder methodologische Hype in der Soziologie zum Opfer fällt" (Peneff, 1994, S. 26).

Die narrative Wende in den 1980er Jahren und die Verbreitung biografischer Ansätze in den Sozialwissenschaften

Die von Pierre Boudieu formulierte Kritik am biografischen Ansatz war ein wichtiges Moment bei der sich vertiefenden Beschäftigung mit der Frage, wie mit Lebensberichten in der qualitativen Sozialforschung umzugehen sei. Zugleich vollzogen verschiedene Formen der Biografiearbeit in vielen Bereichen – so zum Beispiel der therapeutischen Behandlung, der Pädagogik, der Berufsorientierung, der Erwachsenenbildung, dem Coaching und der internationalen Jugendarbeit – auf französischer wie auf deutscher Seite eine bemerkenswerte Entwicklung. Aus dieser Praxis heraus entstand eine rege konzeptuelle und theoretische Auseinandersetzung in Form von Supervision, Aktionsforschung und teilnehmender Beobachtung (vgl. Hess & Weigand, 2007b), die neben zahlreichen Publikationen zu biografischen Themen von der Dynamik dieses Gebiets zeugt.

Im Bereich der universitären Forschung zeichnete sich seit den 1980er Jahren die Tendenz ab, quantitative und qualitative Verfahren nicht mehr als einander ausschließende Möglichkeiten zu betrachten. Stattdessen nutzte die Forschung zunehmend beide Ansätze in Ergänzung zueinander (vgl. Paquay, Crahay & De Ketele, 2006). In einem Resümee über die Verwendung von Lebensgeschichten als Forschungsgrundlage im Europa außerhalb des französischen Sprachraums zeigt José Gonzalez Monteagudo (2008, S. 20) eine „narrative Wende" auf. Seiner Analyse zufolge haben diverse Veranstaltungen (Vorträge, Studiengänge und Kolloquien) seit den 1980er Jahren dazu beigetragen, dass der biografische Ansatz in vielen europäischen Ländern wieder vermehrt zum Einsatz kam. Auch François Dosse (2005) stellt fest, dass die Biografieforschung in den Geschichtswissenschaften „vom Bann gelöst" wurde.

In Frankreich hat sich insbesondere die Biografieforschung zu familiären und zwischenmenschlichen Beziehungen, zur Schul- und Erwachsenenbildung, zur sozialen und beruflichen Eingliederung sowie zur Arbeitswelt stark entwickelt. Regelmäßig erscheinen Publikationen, die sich auf diversen Gebieten mit Lebensberichten beschäftigen bzw. denen der Lebensbericht als sozialwissenschaftlicher Forschungsansatz zugrunde liegt. Sie zeigen, dass wir weniger das von manchen Autor/inn/en diagnostizierte abflauende Interesse (vgl. Peneff, 1994) erleben, als eine Differenzierung der Debatte: Zunehmend werden in den Sozialwissenschaften quantitative und qualitative Ansätze sowie speziell der Lebensbericht im Verhältnis zu anderen Instrumenten der qualitativen Forschung als einander ergänzend verstanden. Insgesamt ist die Biografieforschung (*recherche biographique*) in Frankreich heute noch weniger umfassend und ausdifferenziert als die angelsächsische *Biography Research*, die deutschsprachige Biografieforschung und die polnischsprachige *Badania biograficzne w naukach społecznych* (vgl. Baur, 2003, S. 11), doch auch sie weist bereits verschiedene Forschungspraktiken auf, die Christine Delory-Momberger (2005, S. 9) in „Kernbereiche" gliedert. Diese Kernbereiche sollen im Folgenden

kurz vorgestellt und mit entsprechenden Bereichen der Forschungslandschaft in Deutschland verglichen werden.
- In der *Soziologie* und in der *Ethnologie* steht „der biografische Ansatz für die Verwendung persönlicher Dokumente – gegebenenfalls in Kombination mit einem qualitativen Verfahren – zur Erforschung der sozialen und kulturellen Wirklichkeit auf Grundlage individueller Situationen und Repräsentationen" (ebd.). Bettina Dausien (2010, S. 363) konstatiert in der deutschen Soziologie eine „Arbeitsteilung", die der bereits bestehenden Abgrenzung zwischen den verschiedenen Forschungsmilieus entspreche: Der quantitative, empirische Ansatz der Lebenslauf- bzw. Lebensverlaufsforschung betrachtet und erfasst Lebensverläufe als objektive Daten. Die Biografieforschung dagegen versteht Lebensverläufe als methodisch sorgfältig erarbeitete „Produkte einer gesellschaftlich-historischen Situation" und „*Institution* moderner Gesellschaften" (ebd.; Hervorhebung im Org.).
- In den Bereichen *Erziehung* und *Bildung* steht der biografische Ansatz für Formen, die „insbesondere aus der Arbeit mit ‚Lebensgeschichten' stammen und vermittels der Aneignung einer persönlichen ‚Geschichte' Aufschluss über persönliche und berufliche Vorhaben geben sollen" (Delory-Momberger, 2005, S. 10). In Frankreich ist dieser Kernbereich insbesondere durch Remi Hess, Lucette Colin, Augustin Mutuale, Christine Delory-Momberger und Jean-Louis Le Grand vertreten. Im deutschsprachigen Raum haben Wissenschaftler/innen wie Peter Alheit, Bettina Dausien und Pierre Dominicé (Schweiz) wichtige Beiträge für die Biografieforschung in der Erwachsenenbildung geleistet. Insbesondere Biografizität – im Sinne der Aneignung biografischen Wissens mit dem Ziel einer emanzipatorischen Bildung – ist derzeit ein Kernbegriff. Genau gemeint ist damit „die Fähigkeit, modernes Wissen mit bedeutungsvollen biografischen Ressourcen zu verbinden und einen neuen Bezug zu diesem Wissen zu entwickeln" (Alheit, 2008). In Frankreich dagegen wird Biografie eher als Bildungsmethode, als Bildungsarbeit (*biographie éducative*), verstanden (vgl. Robin, de Maumingy-Garban & Soëtard, 2004). Augustin Mutuale und Armando Zambrano Leal weisen auf diesen Aspekt hin: „Das biografische Interview bietet einen Rahmen, in dem der/die Interviewte in einem begleiteten Prozess in Dialog mit der eigenen Geschichte treten kann" (Mutuale & Zambrano Leal, 2010, S. 97).
- In der *Semiotik* und den *Geschichtswissenschaften* ist der biografische Ansatz durch Untersuchungen vertreten, „die den biografischen Bericht als anthropologischen Gegenstand heranziehen, die historischen und kulturellen Variationen des biografischen Erzählens erforschen und die Bedingungen der pragmatischen, diskursiven und symbolischen Funktionsweisen (auto-)biografischen Sprechens und persönlicher Texte untersuchen" (Delory-Momberger, 2005, S. 10). In Deutschland bildete die Konferenz von Essex 1979 einen entscheidenden Wendepunkt in der Verbreitung der Oral History in den Geschichtswissenschaften. Die Historiker Lutz Niethammer und Alexander von Plato arbeiteten zur damaligen Zeit an sehr umfangreichen Forschungsprojekten.

Zudem scheinen biografische Verfahren sogar Eingang in andere, bisher stark von einem quantitativen Ansatz geprägte Gebiete gefunden zu haben, wenn auch bisher in bescheidenem Maße. Beispiele hierfür sind die *Betriebswirtschaftslehre* (vgl. Sanséau, 2005) und die *Demografie* (Längsschnittanalyse; vgl. Courgeau & Lelièvre o.J.).

Allerdings wird einstimmig bescheinigt, dass die verschiedenen Bereiche der Biografieforschung in Frankreich relativ isoliert voneinander agieren und ihre Forschung jeweils innerhalb der eigenen Zusammenhänge entwickeln, ohne einen nennenswerten Austausch zwischen den Disziplinen zu pflegen. Die von Peneff (1994, S. 27) aufgezeigten „geistigen Mauern zwischen Laboren und Wissenschaftler/inne/n" sind – wie u.a. Christine Delory-Mombergers (2005, S. 10) Beobachtungen zeigen – bisher anscheinend noch nicht erschüttert worden.

Darüber hinaus ist die zuweilen mangelnde epistemologische und theoretische Klarheit der Forschungsverfahren in die Kritik geraten. Denn die Verfahren der Erhebung und Auswertung von Lebensberichten sind nicht einheitlich. Auch der Umfang der Samples kann je nach Untersuchung stark variieren. Einige Autor/inn/en monieren, dass die ergebnisbildenden Prozesse nicht immer ausreichend transparent sind und in manchen Fällen nicht genügend reflektiert werden (vgl. Demazière & Dubar, 2009). In den letzten Jahren erschienen mehrere Studien über die Methodologie des Lebensberichtes, in denen der Rahmen, die Qualität und die Genauigkeit qualitativer Verfahren in den Sozialwissenschaften im Allgemeinen (vgl. Olivier de Sardan, 2008) und die Analyse biografischer Interviews im Besonderen untersucht wurden (vgl. Demazière & Dubar, 2009).

Zur Zeit der „narrative Wende" entwickelte Fritz Schütze in Deutschland sein Modell des narrativen Interviews, das er mit einer systematischen Methodologie ausstattete. Die deutsche Biografieforschung wurde von seinen Arbeiten stark geprägt (vgl. die Verweise auf Schütze in zahlreichen Artikeln dieses Bandes). Ebenfalls richtungsweisend waren die Beiträge von den Begründern der objektiven Hermeneutik Ulrich Oevermann und Gerhard Riemann. In den letzten Jahren wurde in der Biografieforschung in Deutschland verstärkt auf Theoretisierung und die Gewinnung allgemeingültiger Ergebnisse hingearbeitet. Einige jüngere Arbeiten dagegen binden die Subjektivität und das Involviertsein der Forschenden stärker mit ein (vgl. Monteagudo, 2008, S. 34).

Kernbegriffe der Biografieforschung

Es gibt eine Vielzahl nicht einheitlich verwendeter Bezeichnungen für biografische Verfahren, so zum Beispiel die „biographische Methode" (Baur, 2003), die *„méthode biographique"* (Peneff, 1990), der biografische Ansatz (*„approche biographique"*; Bertaux, 2006), die reflektierte Autobiografie (*„autobiographie raisonnée"*; Mias, 2005), der autobiografische Ansatz (*„approche autobiographique"*; de Villers 2011), die „autobiographische Methode" (Schulze, 1997), die „soziobiografische Methode", „Biografieforschung", „Life History Method", „Life History Approach", „Life History

Technique", die „Methode der persönlichen Dokumente", die „Dokumentenmethode", „biografische Forschung" usf.

Auch für die unterschiedlichen biografischen Dokumententypen existiert eine Vielzahl an Termini, die nicht immer kohärent, manchmal gar ungenau verwendet werden. Darüber hinaus ist zu beachten, dass sich solche Termini nicht einfach wörtlich übersetzen lassen, da sie stets in einem wissenschaftlichen, gesellschaftlichen und historischen Kontext mit seinen jeweils eigenen Traditionen und Bedeutungszuschreibungen stehen. Diese müssen in interkulturellen Zusammenhängen explizit vermittelt werden. Jüngst wurde die terminologische Fülle der französischen Biografieforschung in einer Studie gesichtet und geordnet (vgl. Baudouin, 2010). Über diese Systematisierung besteht in der Forschungspraxis zwar bisher kein Konsens, doch sie bietet eine Grundlage, die der folgenden Begriffsklärung als Orientierung dienen soll.

- Die *Lebensgeschichte* (*histoire de vie*): Dieser Begriff (eine direkte Übersetzung des englischen Life Story ins Französische) kursierte als erster in der Forschung und war Anlass einer lebhaften Debatte zwischen den Anhänger/inne/n des „Realismus" (die der Auffassung waren, dass die Lebensgeschichte eine annähernde Beschreibung der tatsächlich erlebten Geschichte darstelle) und den „Antirealist/inn/en" (die den Begriff der ‚erlebten Geschichte' als irreführend kritisierten, da in keiner Weise genau zu bestimmen sei, welche Zusammenhänge zwischen dem Bericht eines Individuums und der Geschichte bestehen). Im französischen Kontext kann mit der Bezeichnung ‚Lebensgeschichte' eine Biografie gemeint sein, d.h. eine Geschichte, die von einer anderen Person auf Grundlage umfangreicher persönlicher Dokumente rekonstruiert wurde. Peneff (1990, S. 102) dagegen definiert den Begriff *histoire de vie* enger als „freies, unkontrolliertes Interview". Zu den Vertreter/inne/n der auf Lebensgeschichten basierenden Forschung in Frankreich gehören u.a. Gaston Pineau und Jean-Louis Le Grand (vgl. Pineau & Marie-Michèle, 1983; Pineau & Le Grand, 2002). In der deutschsprachigen Forschung ist mit dem Begriff „Lebensgeschichte" eher eine Erzählform gemeint, bei der „Höhepunkte, d.h. die wichtigsten Erfahrungsmomente, dramatische Situationen, grundlegende Prozesse" (Muller, 2004, S. 245) im Vordergrund stehen. Damit unterscheidet sich dieser Begriff sowohl in Frankreich als auch in Deutschland vom Konzept des Lebenslaufs (im Sinne des Curriculum Vitae).
- Der *Lebenslauf* nämlich gilt in der deutschsprachigen Forschung als erzählerische Darstellung des institutionalisierten Verlaufs eines Lebens, bei der die Abfolge der jeweiligen Etappen rational konstruiert wird. Insofern besteht eine gewisse Entsprechung zum gleichnamigen formalen Dokument, das bei Bewerbungen zum Einsatz kommt.
- Der *Lebensbericht* (*récit de vie*) ist nach Jean-Michel Baudouin (2010) ein von einer Person selbst erzählter Rückblick auf ihr vergangenes Leben. Dieser Bericht kann mündlich erfolgen oder schriftlich (in Form eines Tagebuchs oder einer Autobiografie) abgefasst sein. Nach ethnosoziologischem Verständnis ist jedoch im Wesentlichen ein mündlicher Bericht gemeint: Eine Person erzählt ihr

Leben einer/m Zuhörenden. Hierdurch wird das Interview zum Dialog, was zur Filterung des Berichts beiträgt, insbesondere dadurch, dass der/die Forschende bei der Kontaktaufnahme das Thema der Untersuchung formuliert. Wenn die angesprochene Person sich bereit erklärt, im angebotenen Rahmen von sich zu erzählen,[2] kommt eine Art Pakt oder impliziter „Interviewvertrag" zustande, der „den späteren Bericht vorjustiert" (Bertaux, 2006, S. 39) und sich selektiv auf den Sinn auswirkt, den die Person ihren Erfahrungen zuschreibt. Für eine Untersuchung werden jeweils mehrere Lebens- und Zeitzeugenberichte im Bezug auf ein und dasselbe gesellschaftliche Phänomen erhoben, um die Zusammenhänge zwischen den Berichten herauszuarbeiten. Auf diese Weise lässt sich die geschilderte Handlung in ihren sozialen und historischen Kontext einordnen und es ist möglich, den/die Erzählende/n nicht als einzelne Person, sondern als soziales Objekt, als Element einer sozialen und historischen Wirklichkeit zu begreifen. Gleichwohl unterscheidet sich die Lebensberichtanalyse vom Verfahren der Diskursanalyse. Denn Letztere analysiert den Bericht als Text (wie etwa in der Soziolinguistik, der Komparatistik, der Soziologie der Ideologien und der Psychologie), wobei sie die subjektive Dimension des Berichtes außer Acht lässt und sich unabhängig von der interaktiven Situation allein auf den Diskurs konzentriert.

- Die *Autobiografie* ist gemäß Philippe Lejeune (1996, S. 14) ein „retrospektiver Prosatext, den eine real existierende Person über ihr eigenes Dasein verfasst, wobei ihr individuelles Leben und insbesondere die Geschichte ihrer eigenen Persönlichkeit im Vordergrund stehen". Als selbstreflexiv ausgerichteter Text behandelt die Autobiografie das Leben der im Mittelpunkt der Erzählung stehenden Person in seiner Gesamtheit. Peneff (1990, S. 102) versteht unter dem Begriff der Autobiografie „eine chronologisch verfasste, präzise erzählerische Darstellung größeren Umfangs, deren Aufbau einem vorgefertigten Schema folgt" bzw. „auf Recherchen basierende Erzählungen, die mit Unterstützung eines Soziologen oder auf Initiative des Erzählers erstellt wurden".
- Das *biografische Interview* (*entretien biographique*): Demazière und Dubar (2009) verwenden diesen Begriff synonym zum oben definierten Lebensbericht (*récit de vie*), wobei sie den Dialogcharakter zwischen Forschenden und Interviewpartner/inne/n in den Vordergrund stellen. Die Strukturanalyse nach Demazière und Dubar (2009) unterscheidet sich jedoch deutlich von Schützes Modell. In Deutschland setzen beispielsweise Barbara Friebertshäuser und Mareike Franczak (2010) den Begriff „biografisches Interview" in ihrer Forschung ein.
- Das *narrative Interview* nach Schütze gehört zu den bekanntesten und am weitesten entwickelten qualitativen Verfahren zur Erhebung biografischer Daten. Es basiert auf dem symbolischen Interaktionismus nach Mead, Cicourel, Garfinkel und Goffman.

---

2 Das Französische bietet hierfür die Wendung *se dire* (Wort für Wort übersetzt „sich sagen"), die das Erzählen und das Selbst als Gegenstand der Erzählung unmittelbar und reflexiv miteinander verbindet (Anm. d. Ü.).

Die interkulturelle Biografieforschung als spezifisches Forschungsfeld

Die interkulturelle Forschung in Frankreich ist in verschiedenen Disziplinen vertreten, u.a. in den Erziehungswissenschaften, den Kommunikationswissenschaften, der Betriebswirtschaftslehre, den Geschichtswissenschaften, der Soziologie, den Literaturwissenschaften und der Ethnologie. Gegenstand ist das Interkulturelle, sowohl in seiner „frei gewählten" als auch in seiner „faktisch gegebenen" Dimension im Sinne Jacques Demorgons (2005). Das Feld der interkulturellen Forschung in Frankreich bildete sich ab den 1980er Jahren heraus. Es beherbergt eine große Anzahl von Studiengängen und Forschungsprojekten in Bereichen wie der interkulturellen Psychologie, den interkulturellen Erziehungswissenschaften, der Erforschung interkultureller Beziehungen auf intra- und internationaler Ebene sowie in der Betriebswirtschaftslehre. Interkulturelle Methoden haben die Institutionen erobert, was von der Bedeutung zeugt, die dieses Forschungsfeld heute in der französischen Gesellschaft erlangt hat (vgl. Rafoni, 2003).

In Deutschland hat die interkulturelle Forschung ein breites Spektrum interdisziplinärer Aktivitäten hervorgebracht. Ihre Entwicklung begann ebenfalls in den 1980er Jahren. Heute ist sie mit diversen grundständigen und weiterbildenden, zum Teil international kooperierenden Studiengängen an Universitäten in ganz Deutschland vertreten. Hans-Jürgen Lüsebrink (2001, zit. nach Vatter, 2003) unterscheidet bei der interkulturellen Forschung in Deutschland vier Schwerpunkte: Interkulturelle Interaktionsprozesse, kultureller Transfer, interkulturelle Wahrnehmungsprozesse und Interkulturalität in ihren verschiedenen Erscheinungsformen. Winfried Gebhardt charakterisiert die interkulturelle Forschung als „vielfältiges Bemühen" (Gebhardt, 2001), dessen verschiedene Strömungen und Theorien einen gemeinsamen Nenner haben, nämlich ein dynamisches Verständnis von Kultur als offenen und freien Prozess, der durch empirische Verfahren immer wieder neu definiert werden muss.

Die interkulturelle Biografieforschung untersucht interkulturelle Räume und Momente hauptsächlich und zuweilen ausschließlich auf der Grundlage von Lebensberichten und mithilfe einer qualitativen Methode der Datenerhebung. Somit ist der Lebensbericht selbst „als Raum-Zeit-Kontinuum ein interkultureller Schmelztiegel, in dem nicht nur Sprachen und Kulturen sondern auch sämtliche Begegnungen eines Lebens ineinander fließen" (Leray, 2000, S. 1). In diesem Zusammenhang kommt die Perspektive der Aktionsforschung insbesondere dann zum Tragen, wenn nicht allein das Vergangene betrachtet wird, sondern eine Dynamik herrscht, die Impulse für das „zum Handlungsträger des eigenen Lebens werdende Subjekt" (ebd., S. 3; vgl. Blanchard-Laville & Fablet, 2003) bietet. Im Bereich der interkulturellen Biografieforschung bestehen in Forschung und Lehre bereits langjährige Kontakte zwischen deutschen und französischen Hochschulen.

Eines der größten Gebiete der interkulturellen Biografieforschung ist – in Deutschland wie in Frankreich – die Migrationsforschung. Zahlreiche Publikationen widmen sich dem Thema Mobilität und Immigration (insbesondere aus dem Maghreb nach Frankreich). Ein Teilbereich dieser Forschung kann als „politisch engagiert" verstanden werden und bekennt sich selbst zu dieser Einordnung. Dieses Selbstverständnis gebietet den Forschenden, jenen eine „Stimme zu verleihen", die normalerweise keine haben, diese Stimme auf dem Wege von Publikationen in das soziale Feld zu „tragen" (Vaatz Laroussi, 2007) und darüber hinaus dem einzelnen Menschen, der in der quantitativen Forschung untergeht, Sichtbarkeit zu verleihen. Die Migrationsforschung ist somit als Biografieforschung an der Schnittstelle von Mikro- und Makrostrukturen, von Individuum und Gesellschaft einzuordnen.

Die interkulturelle Forschung in Deutschland ist in den letzten Jahren in die Kritik geraten. So wurde ihr vorgeworfen, sie ziele auf ein „objektivierendes ‚Sprechen-Über' Migrant(inne)n ab" (Baros, 2010, S. 375), statt Ansätze zu wählen, die ihnen als Subjekten begegnen. Die quantitative Forschung auf diesem Gebiet steht unter dem Verdacht, gewissermaßen im Sold der Institutionen zu stehen und zum Teil Untersuchungen zu rein verwaltungstechnischen Zwecken durchzuführen, wofür sie scharf kritisiert wurde (vgl. ebd.). Dagegen stehen die qualitative Forschung und insbesondere Methoden, die eine subjektive (Re-)Konstruktion sozialwissenschaftlicher Forschungsprozesse in Gang bringen, im Zentrum heutiger methodologischer Überlegungen. Ein solches (re-)konstruierendes Moment setzt voraus, dass Wissenschaftler/innen ihr Handeln sowie dessen Bedingungen und Besonderheiten in interkulturellen Kontexten reflektieren und sich damit auseinandersetzen, wie sie selbst in ihre Forschung involviert sind (vgl. ebd.).

Die Frauen- und Geschlechterforschung, deren Anfänge in Deutschland auf die 1960er Jahre zurückgehen, hat dort jüngst zur Sensibilisierung für den Aspekt der Intersektionalität beigetragen (vgl. Dausien, 2010; Borkert, Martín Pérez, Scott & De Tona, 2006; Winker & Degele, 2010; auch Stock in diesem Band). Das in der US-amerikanischen Forschung zu Diversity und Diskriminierung entstandene Konzept berücksichtigt die Komplexität der Lebensrealität von Migrant/inn/en. Biografien werden somit nicht mehr unter einem einzelnen Aspekt (wie zum Beispiel dem des Migrantenstatus) betrachtet, sondern unter Einbeziehung verschiedener sozialer Faktoren (soziale Schicht, Alter, sonstige Kontexte), die ebenfalls prägend für ihre Migrationserfahrung sein können (vgl. Borkert et al., 2006).

Die französischsprachige Forschung in der Schweiz, in Belgien und in Kanada beweist sowohl mit ihren Studien (vgl. Lemdani Belkaïd, 2004; Yanaprasant, 2009; Gohard-Radenkovic, 2009) als auch mit der Pflege von Kontakten und Austauschplattformen große Vitalität. Jüngst wurde an der Universität Freiburg (Schweiz) sogar eine Fortbildung für das Profil *Recueilleur/recueilleuse de récits de vie*[3] (Protokollant/in für Lebensberichte) eingeführt. Es wäre interessant zu untersuchen, wie sich die besonders dynamische Entwicklung der interkulturellen Biografieforschung in bestimmten Ländern zu der Tatsache verhält, dass diese Länder aufgrund ihrer kulturell hybriden Struktur über mehrere Amtssprachen verfügen (wobei nicht

---

3 Nähere Informationen zu dieser Fortbildung unter http://www.asihvif.com/CAS2012-2014.pdf [04.01.2013].

unbedingt eine direkte, geschweige denn ausschließliche Kausalität vorausgesetzt werden kann). Die 1984 gegründete *Association internationale pour la recherche interculturelle (ARIC)* veranstaltet regelmäßig internationale, französischsprachige Wissenschaftskolloquien und engagiert sich für den Austausch zwischen Wissenschaftler/inne/n verschiedener Länder und Disziplinen. In Deutschland und Frankreich fördert die Vereinigung SIETAR (Society for Intercultural Education and Research) die Kooperation von Wissenschaftler/inne/n und Akteur/inn/en aus der Praxis für die Erforschung interkultureller Themen.

Die Zusammenarbeit von Wissenschaftler/inne/n weist, in Abhängigkeit von Konstellation und Dauer, über unterschiedlich lange Zeiträume situationsspezifische interkulturelle Aspekte auf. Interkulturelle Biografieforschung ist in diesen Fällen nicht allein aufgrund ihres Gegenstandes interkulturell. Auch das verwendete Forschungsverfahren, insbesondere die Praxis einer Forschungsgruppe, in der verschiedene Wissenschaftstraditionen zusammenkommen, schafft eine interkulturelle Ebene. Manche Forschungsgruppen achten neuerdings darauf, dass im Team selbst eine Vielfalt der Generationen, Gender, Berufskulturen und der sozialen Hintergründe vertreten ist, um ganz unterschiedliche Wissens- und Erfahrungstypen zu erschließen. Dieser methodologische Ansatz, der „den interkulturellen Gegenstand mit einem qualitativen Ansatz in der Forschung verbindet, soll zwischen den Handlungsträger/inne/n einen Dialog über ihre Deutung der Realität anregen" (Vaatz Larroussi, 2007, S. 4) und bietet einen interkulturellen Raum für die Analyse der protokollierten Lebensberichte sowie für den Austausch über die Interpretation der Daten. Die gezielt vielfältige Zusammenstellung der Forschungsgruppen soll „die Komplexität der von den Wissenschaftler/inne/n erfahrenen und historisch betrachteten Situationen zugänglich machen" (ebd., S. 6).

Diesen Ansatz verfolgen auch die interkulturellen Forschungsgruppen des Deutsch-Französischen Jugendwerkes: Ihre Mitglieder stammen aus verschiedenen Berufsfeldern, Disziplinen und Kulturen. Eine weiterführende Analyse der Praktiken, die sich in diesen Forschungsgruppen herausgebildet haben, könnte eine fruchtbare Grundlage für eine Methode interkulturellen Forschens und für eine Ausbildung zur selbstreflexiven interkulturellen Forschung bieten (vgl. hierzu auch Egloff & Stock, 2010).

Aus dem Französischen von Katja Roloff

Literatur

Alheit, P. (2008). La recherche biographique dans la formation des adultes en Allemagne. *Pratiques de formation, Approches non-francophones des histoires de vie en Europe, 55*, 85–105.

Angermüller, J. (2005). Qualitative Methods of Social Research in France: Reconstructing the Actor, Deconstructing the Subject. *Forum Qualitative Sozialforschung, 6 (3)*, Art. 19. Verfügbar unter: http://nbn-resolving.de/urn:nbn:de:0114-fqs0503194 [23.01.2013].

Baros, W. (2010). Innovative methodische Zugänge für qualitative Forschung im interkulturellen Kontext. In J. Hagedorn, V. Schurt, C. Steber & W. Waburg (Hrsg.), *Ethnizität, Geschlecht, Familie & Schule. Heterogenität als erziehungswissenschaftliche Herausforderung* (S. 375–402). Wiesbaden: VS Verlag für Sozialwissenschaften.

Baudouin, J.-M. (2010). *De l'épreuve autobiographique. Contribution des histoires de vie à la problématique des genres de texte et de l'herméneutique de l'action.* Frankfurt/M.: Peter Lang.

Baur, N. (2003). Die biographische Methode. Ein Verfahren zur qualitativen Analyse individueller Verlaufsmuster in den Sozialwissenschaften. *Bamberger Beiträge zur empirischen Sozialforschung, 3,* 5–19.

Bertaux, D. (1976). *Histoire de vie ou récits de pratique. Méthodologie de l'approche biographique en sociologie.* Paris: Cordes.

Bertaux, D. (2006). *L'enquête et ses méthodes. Le récit de vie.* Paris: Armand Colin.

Blanchard-Laville, C. & Fablet, D. (2003). *Théoriser les pratiques professionnelles. Intervention et recherche-action en travail social.* Paris: L'Harmattan.

Borkert, M., Martín Pérez, A., Scott, S. & De Tona, C. (2006). Einleitung: Migrationsforschung in Europa (über nationale und akademische Grenzen hinweg) verstehen. *Forum Qualitative Sozialforschung, 7(3),* Art. 3. Verfügbar unter: http://nbn-resolving.de/urn:nbn:de:0114-fqs060339 [23.01.2013].

Bourdieu, P. (1998). Die biographische Illusion. In Ders. (Hrsg.), *Praktische Vernunft. Zur Theorie des Handelns* (S. 75–82). Frankfurt/M.: Suhrkamp.

Broqua, V. & Marche, G. (Hrsg.) (2010). *L'épuisement du biographique?* Newcastle upon Tyne: Cambridge Scholars Publishing.

Chapoulie, J.-M. (2001). Comment écrire l'histoire de la sociologie: l'exemple d'un classique ignoré, le paysan polonais en Europe et en Amérique. *Revue d'Histoire des sciences humaines, 5,* 143–169. Verfügbar unter: http://www.cairn.info/revue-histoire-des-sciences-humaines-2001-2-page-143.htm. [15.12.2012].

Courgeau, D. & Lelièvre, E. (o.J.). *Analyse des données biographiques en démographie.* Verfügbar unter: http://www.ined.fr/fichier/t_recherche/biblio_cher/courgeau/CPMS92.pdf [19.11.2012].

Dausien, B. (2010). Biographieforschung: Theoretische Perspektiven und methodologische Konzepte für eine re-konstruktive Geschlechterforschung. In R. Becker, R. & B. Kortendiek (Hrsg.), *Handbuch Frauen- und Geschlechterforschung. Theorie, Methoden, Empirie* (S. 362–375). Wiesbaden: VS Verlag für Sozialwissenschaften.

Delory-Momberger, C. (2004). *Les histoires de vie. De l'invention de soi au projet de formation.* Paris: Economica/Anthropos.

Delory-Momberger, C. (2005). *Histoire de vie et Recherche biographique en éducation.* Paris: Economica/Anthropos.

Demazière, P. & Dubar, C. (2009). *Analyser les entretiens biographiques – l'exemple des récits d'insertion.* Laval: Presse de l'Université Laval.

Demorgon, J. (2005). *Critique de l'interculturel. L'horizon de la sociologie.* Paris: Economica/Anthropos.

Dosse, F. (2005). *Le pari du biographique. Écrire une vie.* Paris: La Découverte.

Dosse, F. (2010). *Introduction à L'épuisement du biographique?* Newcastle upon Tyne: Cambridge Scholars Publishing.

Egloff, B. & Stock, E. (2010). Von (un)sichtbaren Spuren und Standorten. Methodologische Reflexionen über ein deutsch-französisches Biographieforschungsprojekt. [Récits de vie: au-delà des frontières]. *Synergies. Pays germanophones, 3,* 27–49.

Franczak, M. & Frieberthäuser, B. (2010). Verschüttete interkulturelle Momente bei jugendlichen Teilnehmenden ausgraben – eine kritische Reflexion von Wirkungen. [Récits de vie: au-delà des frontières]. *Synergies. Pays germanophones, 3,* 67–85.

Garfinkel, H. (1967). *Studies in ethnomethodology.* Englewood Cliffs, NJ: Prentice Hall.

Gebhardt, W. (2001). Vielfältiges Bemühen. Zum Stand kultursoziologischer Forschung im deutschsprachigen Raum. Soziologie. Forum *der Deutschen Gesellschaft für Soziologie, 2,* 40–52.
Gohard-Radenkovic, A. & Rachedi, L. (Hrsg.) (2009). *Récits de vie, récits de langues et mobilités.* Paris: L'Harmattan.
Hess, R. (2001). *Henri Lefebvre et l'aventure du siècle.* Paris: Métailié.
Hess, R. & Weigand, G. (2007a). *La passion pédagogique.* Paris: Economica/Anthropos.
Hess, R. & Weigand, G. (2007b). *La relation pédagogique.* Paris: Economica/Anthropos.
Lejeune, P. (1996). *Le pacte autobiographique.* Paris: Points.
Lemdani Belkaïd, M. (2004). *Transhumer entre les cultures – Récit et travail autobiographique.* Paris: L'Harmattan.
Leray, C. (2000). Le creuset interculturel de l'histoire de vie. *Ecarts d'identité, 92,* 2–5.
Mauss, M. (1967). *Manuel d'ethnographie.* Paris: Éditions sociales.
Mias, C. (2005). L'autobiographie raisonnée, outil des analyses de pratiques en formation. *L'orientation scolaire et professionnelle, 34,* Verfügbar unter: http://osp.revues.org/index538.html [04.01.2013].
Monteagudo, J. G. (2008). Approches non-francophones des histoires de vie en Europe: note de synthèse. *Pratiques de formation/Analyses, 55,* 9–83.
Müller, K. (2009). *Flucht als biographischer Wendepunkt.* Wissenschaftliche Hausarbeit im Rahmen der 1. Staatsprüfung für das Lehramt an Hauptschulen und Realschulen im Erziehungswissenschaftlichem Kernstudium, Zentrum für Lehrerbildung, Universität Kassel. Verfügbar unter: https://kobra.bibliothek.uni-kassel.de/bitstream/urn:nbn:de:hebis:34-2011070438145/6/MuellerFluchtWendepunkt.pdf [15.12.2012].
Muller, R. (2004). L'intégration du rationnel et du sensible dans un récit d'histoire de vie moderne. In J.-Y. Robin, B. de Maumingy-Garban & M. Soëtard (Hrsg.), *Le récit biographique. De la recherche à la formation. Expériences et questionnements* (S. 235–250). Paris: L'Harmattan.
Mutuale, A. & Zambrano Leal, A. (2010). Prolégomènes à une pensée du biographique dans la relation pédagogique: une réflexion à partir de la question de l'autre. [Récits de vie: au-delà des frontières]. *Synergies. Pays germanophones, 3,* S. 87–102.
Olivier de Sardan, J.-P. (2008). *La rigueur du qualitatif. Les contraintes empiriques de l'interprétation socio-anthropologique.* Louvain-La-Neuve: Academia Bruylant.
Paquay, L., Crahay, M. & De Ketele, J.-M. (2006). *L'analyse qualitative en éducation. Des pratiques de recherche aux critères de qualité. Hommage à Michael Hubermann.* Bruxelles: De Boek.
Peneff, J. (1990). *La Méthode biographique: de l'École de Chicago à l'histoire orale.* Paris: A. Colin.
Peneff, J. (1994). Les grandes tendances de l'usage des biographies dans la sociologie française. *Politis, 16,* 25–31.
Pineau, G. & Legrand, J.-L. (2002). *Les histoires de vie.* Paris: PUF/Que sais-je?
Pineau, G. & Marie-Michèle (1983). *Produire sa vie. Autoformation et autobiographie.* Montréal/Paris: Saint-Martin/Edilig.
Rafoni, B. (2003). La recherche interculturelle. Etat des lieux en France. *Questions de communication, 4,* 13–26.
Ricoeur, P. (1990). *Soi-même comme un autre.* Paris: Seuil.
Robin, J.-Y., de Maumingy-Garban, B., & Soëtard, M. (Hrsg.) (2004). *Le récit biographique. De la recherche à la formation. Expériences et questionnements. Bd. 2.* Paris: L'Harmattan.
Sanséau, P.-Y. (2005): Les récits de vie comme stratégie d'accès au réel en sciences de gestion: pertinence, positionnement et perspectives d'analyse. *Recherches qualitatives, 25,* 33–57.
Sartre. J.-P. (1988). *L'idiot de la famille.* Paris: Gallimard.

Schulze, T. (1997). Interpretation von autobiographischen Texten. In B. Friebertshäuser & A. Prengel (Hrsg.), *Handbuch Qualitative Forschungsmethoden in der Erziehungswissenschaft* (S. 323–340). Weinheim: Juventa.

Vaatz Laroussi, M. (2007). La recherche qualitative interculturelle: une recherche engagée? Recherches qualitatives. 4. Bericht über das Kolloquium *Approches qualitatives et recherche interculturelle: bien comprendre pour mieux intervenir* (S. 2–13). Québec: ARQ.

Vatter, C. (2003). La recherche interculturelle. État des lieux en Allemagne. *Questions de communication, 4,* 27–41.

de Villers, G. (2011). L'approche autobiographique: regards anthropologique et épistémologique, et orientations méthodologiques. *Recherches sociologiques et anthropologiques, 42.* Verfügbar unter: http://rsa.revues.org/653 [04.01.2013].

Winker, G. & Degele, N. (2010). *Intersektionalität. Zur Analyse sozialer Ungleichheiten.* Bielefeld: Transcript Verlag.

Yanaprasant, P. (Hrsg.) (2009). *Paroles d'acteurs de la mobilité. De la mobilité géographique à la mobilité intellectuelle.* Paris: L'Harmattan.

Interkulturelle Spurensuche – methodische Wege zur Analyse deutsch-französischer Biografien
Elina Stock, Birte Egloff und Barbara Friebertshäuser

Wenn wir uns im Rahmen unseres Projektes auf eine Spurensuche nach den ‚Wirkungen' von Begegnungen im deutsch-französischen Kontext begeben, dann stellt sich die Frage, wie sich dieses komplexe Thema forschend erkunden lässt. Dazu gehört – entsprechend einer Forderung Bourdieus –, sich als Wissenschaftler/in mit den eigenen Perspektiven als Teil der zu analysierenden sozialen Welt zu betrachten und dabei die eigenen blinden Flecken zu entdecken suchen. Wir können nicht beanspruchen, einen Standort außerhalb der sozialen Welt einzunehmen, sondern sollten unsere Position im sozialen Raum mit ihren Möglichkeiten und Begrenzungen – insbesondere auch in der Beziehung zu den Erforschten – mit reflektieren. Diese Forderung bezieht sich sowohl auf die Erhebungs- als auch auf die Auswertungssituation. So bleibt zu fragen, wer wem was erzählt, und worüber man, etwa aufgrund von biografischen oder sozialen Distanzen, geschlechtsbezogenen Begrenzungen, kulturellen Zuschreibungen oder religiösen Barrieren, nicht miteinander ins Gespräch kommt oder welche Themen man ausspart. Wie bereits in der Einleitung ausgeführt, interessieren wir uns dafür, inwiefern sich Austausch- und Begegnungsprogramme des Deutsch-Französischen Jugendwerks (DFJW) auf die Biografien Einzelner auswirken bzw. welche biografischen Spuren sie bei den Beteiligten hinterlassen, wie diese im Sinne interkultureller Lern- und Bildungsprozesse (re-)konstruiert werden können und Bedeutung erhalten. Wir gehen davon aus, dass sich interkulturelle Erfahrungen insbesondere dann in den Biografien von Menschen ablagern, wenn sie sich zu biografisch bedeutsamen Momenten verdichten (vgl. Weigand, Hess & Dobel in diesem Band). Deshalb haben wir in diesem Projekt narrative Interviews mit aktuell 54 Menschen im Alter von 20 bis 96 Jahren geführt, die im Kontext des DFJW, aber auch in anderen deutsch-französischen Settings in einen interkulturellen Austausch eingetreten sind. Somit wurden biografische Erzählungen generiert, die konkrete Erfahrungen sowohl von Teilnehmer/inne/n an Austauschprogrammen des DFJW als auch von Teamer/inne/n, Organisator/inn/en und Amtsträger/inne/n reflektieren, zugleich aber auch über den institutionellen Rahmen hinaus unterschiedliche Selbst- und Weltbezüge der Interviewten beleuchten, die für interkulturelle Lern- und Bildungsprozesse relevant sind. Ein besonderer Reiz in diesem deutsch-französischen Forschungsprojekt liegt in dem Umstand, dass es selbst ein interkulturelles Begegnungsfeld darstellt (vgl. hierzu Egloff, 2011), wobei sich der Begriff des Interkulturellen nicht alleine auf Nationalität bzw. nationale Zugehörigkeit, sondern ebenso auf Status, Geschlecht, Alter, Fachkultur, Identifikation mit bestimmten Wissenschafts- und Forschungstraditionen usw. bezieht (vgl. auch Schmitt in diesem Band). Hatten wir zu Beginn unseres Forschungsprojektes die (möglicherweise auch naive) Vorstellung, uns auf ein gemeinsames methodisches Vorgehen zumindest bei der Datenerhebung zu verständigen,[1] wurde im Laufe unserer Treffen immer deutlicher, dass verschiedene methodische Verfahren mit jeweils spezifischen methodologischen Voraussetzungen zum Einsatz kommen würden. Wir betrachten dies jedoch nicht als Defizit des Projekts, sondern vielmehr als Ausdruck der Stärke qualitativer Forschung, insofern der Forschungsgegenstand (über den weitgehend Einigkeit besteht) multiperspektivisch erfasst wird – angesichts der Komplexität des Themas kann dies nur als gewinnbringend gesehen werden. Nichtsdestotrotz stellt uns die Vielfalt der methodischen Zugänge bei der Erhebung und Interpretation der Daten vor große Herausforderungen, von denen wir einige in unserem Beitrag benennen und diskutieren wollen. Hierzu werden wir zunächst auf methodologische Grundlagen der Biografieforschung sowie einige Prinzipien des narrativen Interviews eingehen, bevor wir die Frage bearbeiten, wie in den verschiedenen entstandenen oder sich im Entstehen befindenden Teilprojekten jeweils methodisch gearbeitet wurde bzw. wird. Wir gehen hier exemplarisch vor, insofern wir uns auf eine (begründete) Auswahl beschränken und die Methoden nicht im Detail, sondern in einigen grundlegenden Prinzipien präsentieren wollen. Die Besonderheiten des Forschens in einem deutsch-französischen Team wollen wir abschließend im Hinblick auf das methodische Vorgehen, aber auch im Hinblick auf das zentrale Ziel des Projektes, das Verstehen, reflektieren.

Biografien im Blick der qualitativen Forschung

Seit den 1920er Jahren hat sich Biografieforschung im internationalen und interdisziplinären Wissenschaftskontext etabliert (zur Entwicklung in Deutschland und Frankreich vgl. die Beiträge von Christine Delory-Momberger und Anna Royon-Weigelt in diesem Band; außerdem Dausien, 2011). Sie wurde durch die frühen Forschungsarbeiten der Chicago School[2] als Ansatz zur „Erforschung der Konstitution interkultureller menschlicher Lebenszusammenhänge" (Apitzsch, 2006, S. 500f.) begründet und erprobt. Seither hat sie sich als rekonstruktives Verfahren zur Analyse empirischer Erfahrungen in verschiedenen Bereichen qualitativer Forschung

---

[1] Davon zeugen u.a. die ausführlichen Protokolle, die wir von unseren Treffen anfertigten und die uns als Projektgedächtnis und als Dokumentation des gemeinsamen Forschungsprozesses dienen. So wurde beispielsweise auf dem ersten gemeinsamen Forschungstreffen die Methode des biografisch-narrativen Interviews in Anlehnung an das Verfahren von Schütze (1983) vereinbart und anhand von Probe-Interviews eingeübt. In der Forschungspraxis zeigte sich dann jedoch recht schnell, dass die Forschenden jeweils auf (ihre) spezifische(n) Interviewformen zurückgriffen und damit die Vielfalt der methodischen Zugänge als Thema in den Blick geriet.

[2] Als wegweisend hierfür gilt die Studie „The Polish Peasant in Europe and America" von William I. Thomas und Florian Znaniecki (1918–20/1958), in der die Lebensweisen von polnischen Kleinbauern in Polen und den USA zu Beginn des 20. Jahrhunderts unter den Bedingungen von Migration und Industrialisierung anhand von Familien-Briefen und offiziellen Dokumenten rekonstruiert wurden (vgl. auch Weymann, 2001).

weiterentwickelt. Auch wenn Biografieforschung mittlerweile einen „komplexen, keineswegs einheitlichen oder eindeutigen Forschungsansatz bezeichnet" (Dausien, 2004, S. 314) und vielfältige theoretische Perspektiven vereint, ist sie in der Tradition der phänomenologischen Wissenssoziologie und des Symbolischen Interaktionismus zu verorten und folgt dem interpretativen Paradigma. Wissenschaftstheoretisch und methodologisch zentral ist der mit diesem Paradigma verknüpfte Grundsatz des *Verstehens* (in Abgrenzung zu dem im normativen Paradigma eingebetteten Grundsatz des *Erklärens*). Dieser besagt, dass im Forschungsprozess keine vorfixierten theoretischen Konzepte bzw. Hypothesen überprüft werden (deduktiv-nomologisches Modell), sondern die zu untersuchenden sozialen Phänomene in einem hermeneutischen Prozess ausgehend vom empirischen Material über die Rekonstruktion subjektiver Sichtweisen bzw. Sinn- und Bedeutungszuschreibungen auf verschiedenen Ebenen zu erschließen sind – in Abhängigkeit von theoretischen Positionen bzw. Perspektiven: so etwa subjektiven Sichtweisen, Interaktionen/ Diskursen (ethnomethodologisch) oder kulturellen und sozialen Kontexten (vgl. Flick, 1995, S. 21ff.). Maßgeblich für diese induktiv-abduktive Vorgehensweise ist das Prinzip der Offenheit, welches sowohl eine spezifische Haltung der Forschenden gegenüber dem Forschungsgegenstand bzw. den zu untersuchenden Subjekten als auch gegenüber den konkreten methodischen Verfahren kennzeichnet und in verschiedene Bereiche des Forschungsprozesses hineinreicht. Es verweist auf die Grundannahme, dass soziale Wirklichkeit von handelnden Subjekten im Rahmen kommunikativer Interaktionen, nicht zuletzt im Forschungsprozess selbst, erzeugt wird. Um als Forscher/in offen zu bleiben für die subjektiven Deutungen und Relevanzsetzungen der Beforschten und also die soziale Wirklichkeit aus deren jeweiliger Perspektive rekonstruieren zu können, gilt es, den Forschungsgegenstand durch das eigene Vorverständnis und (theoretische) Hintergrundwissen nicht zu stark vorzustrukturieren und die eigenen Erkenntnisvoraussetzungen und Analyseperspektiven im Rekonstruktions- bzw. Verstehens- und Interpretationsprozess zu reflektieren und zu explizieren. Damit sind weitere Prinzipien qualitativer Sozialforschung (Kommunikation, Prozessualität, Reflexion und Explikation) sowie relevante Prämissen, auf denen Biografieforschung beruht, benannt.

Indem biografische Forschung von der Perspektive der Individuen und ihren Erzählungen über biografische Ereignisse und Erfahrungen ausgeht, reduziert sie sich keinesfalls auf die (Re-)Konstruktion und (Re-)Präsentation subjektiver Sichtweisen. Darüber hinaus rekonstruiert sie Wahrnehmungs-, Deutungs- und Handlungsmuster sowie Lebensverläufe der Einzelnen, die wiederum auf institutionalisierte Regeln, kulturelle Muster sowie soziale und diskursive Praktiken rekurrieren.

Als wissenschaftliches Konzept ist Biografie somit „auf der Schnittstelle von Subjektivität und gesellschaftlicher Objektivität, von Mikro- und Makroebene angesiedelt" (Krüger & Marotzki, 2006, S. 8). Während der Begriff des *Lebenslaufs* die äußere Abfolge von Ereignissen innerhalb einer menschlichen Lebensspanne zwischen Geburt und Tod bezeichnet, die sich an gesellschaftlichen Normen und kollektiven Mustern orientiert, z.B. dem Schul-, Berufs- oder Renteneintritt, betont der Begriff

Biografie die individuellen Gestaltungsmöglichkeiten in spezifischen historischen und sozialen Kontexten sowie die subjektiven Erfahrungen, die sich individuell im Laufe eines Lebens aufschichten und Identität(en) bestimmen (vgl. Egloff, 2009). Das im Wortstamm enthaltene *graphein* (griechisch für (be)schreiben) hebt zudem den Aspekt der Darstellung und Interpretation hervor: Setzt sich der Lebenslauf aus objektiven, nachprüfbaren und jederzeit reproduzierbaren Daten und Fakten zusammen, enthält Biografie in Form erlebter und erzählter Lebensgeschichte(n) ein Moment der subjektiven, nicht nachprüfbaren und grundsätzlich umdeut- und umkehrbaren (Identitäts-)Konstruktion im Sinne eines „doing biography" (Bukow & Spindler, 2006). Nach Alheit (2006, S. 89) ist Biografie sowohl „Resultat kollektiver und individueller Aktivitäten" als auch „Modus und Prozess der Konstruktion sozialer Realität", kann also unter einer „Produktperspektive" oder einer „Prozessperspektive" betrachtet werden (vgl. hierzu auch Dausien, 2004, S. 314). Mit dem Begriff der *Biografizität* beschreibt er zudem das Phänomen, dass „die biografische Sinnkonstruktion einer Lebensgeschichte soziale Wirklichkeit nicht bloß reaktiv verarbeitet, sondern ein eigenständiges generatives Potenzial für die Herstellung von Wirklichkeit darstellt" (vgl. ebd., S. 316).

Biografie wird somit als soziales Konstrukt betrachtet, „das Muster der individuellen Strukturierung und Verarbeitung von Erlebnissen in sozialen Kontexten hervorbringt, aber dabei immer auf gesellschaftliche Regeln, Diskurse und soziale Beziehungen verweist" (Völter, Dausien, Lutz & Rosenthal, 2005, S. 7f.). Ausgehend von dieser Dialektik zwischen Individuum und Gesellschaft nimmt (erziehungswissenschaftliche) Biografieforschung die wechselseitige Beziehung zwischen biografischen Lern- und Bildungsprozessen einerseits und sozialen Strukturen sowie kollektiven Regelsystemen andererseits in den Blick. Sie ermöglicht es, in den Biografien Einzelner Spuren zu rekonstruieren, die Aufschluss über allgemeinere soziale Bedingungen und Konstellationen sowie kollektive Sinnbezüge (in Form institutionalisierter Regeln und kultureller Muster) und deren Einfluss auf subjektive Aneignungs- und Verarbeitungsprozesse geben. Zugleich interessiert sie sich für die Art und Weise der subjektiven Sinn- und Zusammenhangskonstruktionen sowie die biografischen (Re-)Präsentationsformen im Hinblick darauf „wie moderne Individuen in einer aktiven Auseinandersetzung mit den Lebensereignissen ein eigenes Verhältnis zu sich selbst und zu der sie umgebenden Welt aufbauen" (Tiefel, 2005, S. 66). Sowohl in der struktur- als auch in der handlungsorientierten Suchrichtung gilt es zu berücksichtigen, dass die subjektiven Lebensgeschichten und Sinnkonstruktionen kontextspezifisch sind und in einem je spezifischen Rahmen, von je besonderen subjektiven Standorten ausgehend in interaktiven Kommunikationsprozessen und performativen Akten produziert bzw. hergestellt werden. „Der Akt der biographischen Selbstartikulation im narrativen Interview bringt also nur partiell eine *Re*produktion der Lebensgeschichte hervor, und produziert, formt und orientiert ansonsten die große Vielfalt des durchlebten Lebens zu einer Geschichte" (Völter, 2006, S. 278; Herv. i. O.). Eine biografische Erzählung als Ausdruck von erlebter Lebensgeschichte ist somit stets auch von der gegenwärtigen Lebenssituation sowie dem Erzählanlass und -setting geprägt. Insofern verbietet sich die Frage oder Suche nach der Wahrheit. Biografieanalyse zielt auf die subjektiven Deutungen, die Verarbeitungsmuster einer Lebensgeschichte, die im Lebenslauf zu betrachten sind. Je nach biografischer Phase (Jugend, Erwachsenenalter, hohes Alter) kann die Bilanz des eigenen Lebens unterschiedlich dargestellt werden. Relevant ist dabei sicher auch die Form der biografischen Auseinandersetzung eines Menschen mit seiner sozialen, kulturellen, gesellschaftlichen und historischen Umwelt.

Das narrative Interview als Zugang zum gelebten und erlebten Leben

Unser deutsch-französisches Forschungsprojekt zielt darauf, die biografischen Erzählungen exemplarisch ausgewählter Personen in Deutschland und Frankreich zu generieren, um den kurz- und langfristigen Wirkungen interkultureller Begegnungen aus subjektiver Perspektive nachzuspüren. Da angenommen werden kann, dass auch über das eigene Leben hinausgehende interkulturelle Erfahrungen in Familien Einfluss auf die jeweiligen Biografien nehmen können, ist der Untersuchungsrahmen weit gefasst, um etwa Kriegserfahrungen der Eltern- oder Großelterngeneration einzubeziehen. Ältere Interviewpartner/innen können durch das Erzählen ihrer eigenen Geschichte Zeugnis davon ablegen, wie ihre Generation zu dem Prozess der Annäherung, Versöhnung und Zusammenarbeit zwischen den beiden – Jahrhunderte lang verfeindeten – Ländern Deutschland und Frankreich beigetragen hat. Jüngere Personen können ihren Zugang zur Geschichte anhand ihrer biografischen Erfahrungen und Familiengeschichte schildern. Geschichte lässt sich auf diese Weise als ein gelebtes Kontinuum begreifen.

Das biografisch-narrative Interview, auf das wir zur Produktion und Erforschung biografischer Erzählungen im Projekt in Varianten zurückgreifen, wurde von dem Soziologen Fritz Schütze in den 1970er Jahren entwickelt (vgl. Schütze, 1976). Dabei wird die menschliche Fähigkeit zum freien Erzählen für die Gewinnung qualitativen Datenmaterials genutzt und auf die Rekonstruktion komplexer historischer, sozialer und biografischer Prozesse auf der Basis der Schilderungen von Betroffenen gezielt. Mit der Erhebung und Auswertung narrativer Interviews geht es darum, die Sinnkonstruktionen und Handlungen aus der Perspektive der handelnden Individuen zu erfassen und einer Analyse zugänglich zu machen. Das narrative Interview zeichnet sich im Sinne des Prinzips der Offenheit dadurch aus, dass es dem/der jeweiligen Interviewpartner/in eine autobiografische Darstellung ausgehend von den eigenen Relevanzsetzungen ermöglicht. Das zentrale Merkmal bildet daher die ausführliche und ungestörte „Stegreiferzählung" des/der Befragten, zu der er/sie durch eine offene Erzählaufforderung in Form einer Eingangsfrage angeregt wird (vgl. Schütze, 1983). Die Befragten werden somit dazu aufgefordert, sich an einen bestimmten Zeitpunkt ihrer Biografie oder an eine spezifische Lebensthematik zu erinnern und dann anhand eines selbst gewählten Erzählstrangs diese Thematik zu entfalten. Wir haben deshalb die Erzählaufforderung im Hinblick auf unser Forschungsvorhaben relativ offen gehalten, sie lautete: *„Sie haben an verschiedenen Programmen und Begegnungen des DFJW teilgenommen/mitgewirkt. Bitte erzählen Sie doch einmal, wie es dazu gekommen ist und welche Erfahrungen Sie in diesem Kontext gemacht haben."*[3] Bei einer derartigen Fokussierung auf einen bestimmten Gegenstandsbereich oder eine Lebensphase besteht allerdings die Gefahr, dass andere Lebensbezüge ausgeblendet bleiben und dies auch die Analysemöglichkeiten einschränkt. In der einleitenden Vorstellung unseres Forschungsinteresses und der Interviewmethode galt es den Befragten deshalb zu vermitteln, dass wir uns für ihre gesamte Lebensgeschichte interessieren und sie ganz ungestört erzählen und dabei auch den Rahmen weiter stecken können, indem sie bspw. zunächst die Familiengeschichte erzählen. Wichtig für dieses Verfahren ist, dass die Befragten in Stegreiferzählungen ihre Lebenswelt und -geschichte entfalten können und der bzw. die Interviewer/in keinesfalls diesen Erzählfluss durch Nachfragen stört, damit der/die Erzählende die begonnene Darstellung der eigenen Version von Ereignissen und Erlebnissen in Ruhe zu Ende bringen kann. Während des Erzählens werden in der Regel verschiedene Zugzwänge wirksam, die zu reichhaltigen und zugleich prägnanten Darstellungen führen. Der *Gestaltschließungszwang* führt zu einer Darstellung, die in sich geschlossen und begründet ist. Der *Kondensierungszwang* sorgt für eine verdichtete Erzählung, da nur eine begrenzte Zeit für die Erzählung zur Verfügung steht und zugleich die Erzählung für den Zuhörenden nachvollziehbar sein soll. Der *Detaillierungszwang* bedingt, dass zum Verständnis notwendige Hintergrundinformationen und Zusammenhänge ebenfalls berichtet werden müssen (vgl. Schütze, 1982).

Die Entscheidung für ein narratives Interview basiert auf dem Interesse an der biografischen Verarbeitung von Lebenserfahrungen und Hintergründen. Der Interviewer bzw. die Interviewerin lässt die Befragten also in Ruhe erzählen und versucht, sie durch aufmerksames Zuhören, bekräftigendes Nicken oder ein „Mmh" zum Weitererzählen zu animieren. Falls sich Fragen aufdrängen, merkt man sich diese oder notiert sie, um sie später im Interview zu stellen. Denn nach dieser ersten Haupterzählung als zentralem Teil des Interviews folgt eine im Grunde dreiteilige Nachfragephase, in der der/die Interviewer/in nun Unklarheiten ansprechen kann und weitere Fragen zu den angesprochenen Themen stellt. Die erste Phase des Nachfrageteils beinhaltet zunächst *immanente Fragen*, die an Passagen mangelnder Plausibilität, an Leerstellen und Brüchen in der Erzählung ansetzen und darauf

---

3 Wie unterschiedlich die Erzählaufforderungen in der jeweiligen Interviewsituation dann doch ausfielen, zeigt eine Gesamtaufstellung aller Interviewanfänge der Interviews aus unserem Projekt. Sie reichen von der beinahe wörtlichen Übernahme der (im Team vorab verabredeten) Erzählaufforderung über längere Erklärungen des Forschungsvorhabens und gänzlich andere Formulierungen bis hin zum Weglassen der Erzählaufforderung, etwa weil die Interviewten das Gespräch von sich aus begannen. Prinzipiell zeugt dies von der Lebendigkeit und auch Nicht-Planbarkeit der konkreten Situation. Die Frage, wie diese unterschiedlichen Interviewanfänge sich auf die nachfolgende Erzählung auswirken, wäre intensiver zu analysieren und würde sicher interessante Erkenntnisse liefern, kann aber hier aus Platzgründen leider nicht erfolgen.

abzielen, den/die Interviewpartner/in zu weiteren Ausführungen an diesen Punkten anzuregen. Die immanenten Nachfragen folgen der Chronologie der Erzählung und sind erzählgenerierend angelegt. Erst in der sich anschließenden Phase der *exmanenten Nachfragen* können Themen angesprochen werden, die in den Erzählungen bisher nicht erwähnt wurden, die aber aus der Forschungsperspektive wichtig sein könnten. Den Abschluss bildet die Bilanzierungsphase, in der den Befragten auch Fragen gestellt werden können, die auf Erklärungen oder Deutungen für das Geschehene und Erlebte abzielen.

Da die Interviews zugleich von situativen und kommunikativen Bedingungen beeinflusst werden, spielen das konkrete Interviewsetting ebenso wie die Beziehungsstrukturen und -dynamiken zwischen Interviewenden als Forschenden und Interviewten als Beforschten eine wichtige Rolle. Bedenkenswert sind beispielsweise der Einfluss der Interviewenden durch nonverbale und verbale Reaktionen auf die Äußerungen der Befragten; Missverständnisse, die unter anderem auch durch die Frageformulierung auftreten können; oder durch Thematisierungsgrenzen (der bzw. die Interviewte verschweigt Dinge, die ihm bzw. ihr unangenehm oder peinlich sind). Ungeklärt bleibt meist immer die mögliche Differenz zwischen den verbalen Äußerungen und dem tatsächlichen Verhalten der Befragten. Probleme mit dem narrativen Interview können durch das veränderte Rollenverhalten der Interviewer/innen, die keine klassischen Interviewfragen stellen und weitgehend nur als stumme Zuhörer/innen fungieren, für beide Beteiligte entstehen. Unerfahrenen Interviewenden kann die Formulierung einer erzählgenerierenden Eingangsfrage schwer fallen oder das ruhige Zuhören auch bei Pausen oder Ungereimtheiten während der Erzählung. Auf Seiten der Interviewten setzt das Verfahren voraus, dass der oder die Befragte gewillt und kompetent ist, etwas von sich zu erzählen, eine Voraussetzung, die nicht auf alle potentiellen Interviewpartner/innen zutreffen muss (vgl. Flick, 1995, S. 116ff.).

Die emotionalen Aspekte des Interviewgeschehens gehören bisher noch zu den wenig ausgeleuchteten Flecken dieser Methode,[4] sind aber in unserem deutsch-französischen Forschungsprojekt aufgrund der wechselseitig problematischen Geschichte durchaus nicht unbedeutend. Bereits bei der Auswahl der Interviewpartner/innen spielen Sympathie und Antipathie häufig eine wenig reflektierte Rolle. Umso mehr Gewicht gewinnen diese Faktoren dann im Interview selbst. Empfindet man sich wechselseitig sympathisch, kann sich eher eine emotional entspannte Interviewsituation einstellen als bei emotionaler Ablehnung. Extreme Positionen auf Seiten des Befragten, andere Weltanschauungen und Ablehnung produzierende Verhaltensweisen können die Interviewsituation erheblich stören. Eine eindeutige Verhaltensregel gibt es für solche Fälle nicht, abgesehen von dem Hinweis, diese emotionalen Blockaden und Aspekte des Interviews unbedingt im Vorfeld oder anschließend

---

4   George Devereux (1973) hat mit seinem Buch *Angst und Methode in den Verhaltenswissenschaften* hier ein neues Reflexionsfeld eröffnet, indem nun die Blockaden und Gegenübertragungen der Forschenden und ihr Einfluss auf die Ergebnisse ins Zentrum der Aufmerksamkeit rücken (vgl. hierzu auch die Arbeiten auf dem Gebiet der Ethnomethodologie von Mario Erdheim und Maya Nadig).

schriftlich zu fixieren (im Forschungstagebuch oder als Notiz zum Interview), um sie bei der Auswertung berücksichtigen zu können. Wir haben uns zum Erfassen dieser Dimensionen des Interviewgeschehens für das Postskriptum entschieden (vgl. Friebertshäuser & Langer, 2010, S. 449ff.). Dort wurde jeweils nach den Interviews schriftlich festgehalten, wie der Gesprächsverlauf war und welche Eindrücke, auch über die interviewte Person, im Verlauf des Interviews entstanden sind. Aufzeichnungen dieser Art sind besonders wichtig, da bei der späteren Übersetzung des auf Tonband aufgezeichneten Interviews in Schriftsprache (Transkription) viel von der ursprünglichen Interviewsituation verloren geht: Die Person mit ihrer Körperlichkeit und Körpersprache (Gestik, Mimik, persönliche Ausdruckskraft), die mögliche Eindringlichkeit und Betonungen spezieller Themen, nicht sehr ausgeprägter sprachlicher Dialekt, die Umgebung, in der eine Person lebt, Elemente ihres Lebensstils und ihre sozialen Bezüge, wie sie sich im Interview zeigten. Solche Faktoren lassen sich lediglich aufgrund der durch die Interviewsituation gegebenen teilnehmenden Beobachtung registrieren und fixieren. Auch wurde der Rahmen beschrieben, in dem das Gespräch stattgefunden hat, Störungen oder Unterbrechungen des Interviews (durch Klingeln, Telefongespräch, Besuch, Heimkehr des Partners, der Kinder etc.) wurden ebenfalls benannt. Oftmals erhielten die Forschenden im Anschluss an ein Gespräch (oder schon in der Anwärmphase) zentrale Informationen, die im Interview nicht thematisiert wurden. Da auch sie wesentlich zum Verständnis beitragen können, wurden sie ebenfalls aufgeschrieben.

Die emotionalen Aspekte eines Interviews werfen auch forschungsethische Fragen auf, die wir im Projektzusammenhang intensiv diskutieren (vgl. Miethe, 2010). So wollten die Interviewten von uns wissen, inwieweit die Erzählungen anonymisiert werden würden, ob man den Interviewer/inne/n vertrauen kann, wie viel Offenheit es auch für kritische Betrachtungen im Rahmen des Projektes gibt. Für unsere Forschungsgruppe resultierte aus der ständigen Auseinandersetzung mit solchen Themen die verantwortungsvolle Aufgabe, dem Auftraggeber DFJW und der Öffentlichkeit gegenüber eine klare Haltung zu entwickeln, um die Unabhängigkeit und Transparenz unserer Forschung zu sichern, vor allem aber auch, um dem Vertrauensvorschuss, den uns die Befragten gewährt haben, indem sie sich uns mit ihren Lebensgeschichten geöffnet haben, auch gerecht zu werden.

Auswertungsstrategien für biografische Dokumente

Wie werden die von uns im Rahmen des Projektes geführten narrativen Interviews nun ausgewertet? Auch wenn Schütze selbst ein Analyseverfahren vorgelegt hat (vgl. Schütze, 1983, S. 286ff.), existiert für die Interpretation narrativer Interviews nicht *die eine* perfekte Methode, vielmehr können sich je nach Fragestellung ganz unterschiedliche Auswertungsstrategien – zum Teil auch in spezifischen Kombinationen – als sinnvoll erweisen. Das gilt auch für unseren Projektzusammenhang, in dem verschiedene Methoden zum Einsatz kommen. Die Entscheidung für ein bestimmtes Interpretations- und Analyseverfahren wird demnach jeweils über den Fokus der Fragestellung sowie über die Perspektive und Ebenen der Analyse begründet. Sie hängt darüber hinaus aber noch von weiteren Faktoren ab, die wir hier nur anreißen können. So spielen etwa Forschungstraditionen eine Rolle, denen sich die einzelnen Forschenden in unserem Projekt verpflichtet fühlen und vor deren Hintergrund sie agieren und ihre Daten interpretieren. In dem Zusammenhang werden auch Unterschiede zwischen den in verschiedenen nationalen Wissenschaftssystemen sozialisierten Forscher/inne/n relevant, wie wir auf unseren gemeinsamen Forschungstreffen immer wieder feststellen konnten: So finden etwa bestimmte Theorien oder auch bestimmte Autor/inn/en im jeweils anderen Land keine Berücksichtigung oder sind kaum bekannt. Beispielhaft kann die *Grounded theory* genannt werden, die im deutschsprachigen Raum im Kontext der Analyse qualitativer Daten breit rezipiert wird, während sie in Frankreich kaum eine Rolle zu spielen scheint. Oder der Einfluss von Frédéric Le Play auf sozialwissenschaftliche Forschung, der in Frankreich neben Émile Durkheim als einer der bedeutendsten Sozialtheoretiker und als ein wichtiger Feldforscher gilt, in Deutschland aber offenbar einem größeren Wissenschaftspublikum nahezu unbekannt ist.[5]

Diese Unterschiede alleine auf die nationale Zugehörigkeit zurückzuführen, wäre jedoch viel zu kurz gegriffen. Da wir an anderer Stelle bereits ausführlicher reflektiert haben, welche Rahmenbedingungen und Besonderheiten den Arbeitszusammenhang unseres deutsch-französischen Biografieforschungsprojektes außerdem prägen (vgl. Egloff & Stock, 2010), möchten wir hier im Hinblick auf die darzustellenden Auswertungsstrategien lediglich erwähnen, dass es sicher eine Rolle spielt, ob die vorgenommene Analyse Teil einer Qualifikationsarbeit, z.B. einer Examens- oder Doktorarbeit ist oder ob sie von arrivierten Wissenschaftler/inne/n durchgeführt wird. So wird etwa bei Examensarbeiten erwartet, dass ihre Verfasser/innen die gewählte Methode nach den *Regeln der Kunst* anwenden, um damit das eigene Vermögen, methodisch-kontrolliert zu arbeiten, unter Beweis zu stellen.[6] Forscher/innen, die nicht unter dem Zwang der Qualifikation stehen, können etwas freier agieren und sich wesentlich offener und experimentierfreudiger auf Aufwertungsstrategien beziehen (vgl. z.B. Walbourg, 2010). Selbstverständlich stehen auch sie unter dem allgemeinen Diktum von Forschung, ihre Analyse-Schritte nachvollziehbar für andere offen zu legen (Prinzip der intersubjektiven Nachvollziehbarkeit als ein Gütekriterium qualitativer Forschung; vgl. Steinke, 1999, S. 207ff.).

---

5 Fréderic Le Play lebte von 1806–1882 und war Bergbauingenieur, Ökonom, Soziologe und Sozialreformer. Auf ausgedehnten Reisen in Europa stellte er Beobachtungen über die ökonomischen und sozialen Verhältnisse der Arbeiter an. Beeinflusst von der katholischen Soziallehre und einem parternalistischen Gesellschaftsmodell folgend, in dem der Unternehmer wie in einer Familie als Vater für das Wohlergehen „seiner" Arbeiter zu sorgen hat, stieß er zahlreiche Reformen an: So gründetet er die *Societé internationale des hautes études d'économie sociale* und äußerte sich einflussreich zu politischen, insbesondere sozial relevanten Themen seiner Zeit. Er gilt als einer der ersten Sozialforscher, der sich der Methode der *teilnehmenden Beobachtung* bediente (vgl. Brooke, 1998; Gantzer, 2009).

6 Eine Liste der abgeschlossenen sowie sich in Arbeit befindenden Examensarbeiten und Dissertationen findet sich am Ende des Buches.

Wir möchten im Folgenden nun einige der von uns im Projekt genutzten Analysemethoden in aller Kürze vorstellen. Ziel ist, das Spektrum aufzuzeigen, innerhalb dessen wir uns im Projekt bewegen. Wir erheben dabei keinerlei Anspruch auf Vollständigkeit, sondern greifen exemplarisch Verfahren heraus, die uns in den Blick geraten sind und welche die Spannbreite der Auswertungsschritte im Projekt repräsentieren. Wir sind uns dabei unseres eigenen Standpunktes (z.B. als im deutschen Wissenschaftssystem sozialisierte Forscherinnen) und den damit zusammenhängenden möglichen Unzulänglichkeiten und blinden Flecken durchaus bewusst. Daher verstehen wir die Darstellung als eine Bündelung und Offenlegung unserer methodischen Zugänge so wie *wir* sie wahrnehmen und interpretieren, zugleich aber auch als eine Einladung, diese aus anderen Blickwinkeln fortzuführen und weiterzuschreiben.

Hinsichtlich der Systematisierung der unterschiedlichen methodischen Zugänge haben wir es zum einen mit unterschiedlich strukturierten Interpretationsverfahren zu tun, die das erhobene Datenmaterial einer intensiven Bearbeitung aussetzen: Entweder werden die Interviews einer detaillierten Sequenzanalyse unterzogen oder es werden Codes herausgearbeitet und Kategorien mit verschiedenen Abstraktionsgraden gebildet, um ggf. Typen oder Theorien (weiter) zu entwickeln. Einzelfallanalysen kommen hier ebenso zum Tragen wie fallvergleichende Analysen. Zum anderen gibt es Verfahren, die das Datenmaterial mehr oder weniger für sich selbst sprechen lassen, also keiner aufwendigen kategorialen oder sequenzanalytischen Analyse unterziehen; die eigentliche Forschungs- und Interpretationsleistung erfolgt hier bereits in der Datenerhebungs- sowie in der direkt daran anschließenden Datenaufbereitungs- bzw. Präsentationsphase. Hier dominieren Einzelfallanalysen.

Für unsere Darstellung orientieren wir uns grob an diesen beiden Verfahren. Zugleich möchten wir auf den Beitrag *Unser Verständnis des Lebensberichts: Eine historisch-philosophische Anthropologie der Person* in diesem Band verweisen, in dem sich Augustin Mutuale mit der insbesondere von den französischen Projektmitarbeiter/inne/n genutzten methodischen Vorgehensweise auseinandersetzt.

Sequenzanalytische und kategoriengeleitete Vorgehen

Unter diese erste Gruppe fallen all jene Verfahren, die das Datenmaterial einer aufwendigen Bearbeitung unterziehen und sich dabei im Sinne des Anspruchs, *methodisch-kontrolliert* vorzugehen, auf ausgefeilte und ausgearbeitete Analyseschritte beziehen können. Zu diesen Verfahren zählen wir gleichermaßen solche, die eine sequenzanalytische Zeile-für-Zeile-Analyse vornehmen, um latente Sinnstrukturen, Deutungsmuster oder ähnliches zu rekonstruieren, wie solche, die mit Codierungen und Kategorisierungen arbeiten und sich eher auf der manifesten Ebene den biografischen Sinnkonstruktionen und unserer Frage nach den interkulturellen Spuren nähern. Im Folgenden wollen wir einige dieser verwendeten Verfahren in aller Kürze vorstellen.

Narrationsstrukturanalyse

Als Narrationsstrukturanalyse bezeichnet Nohl (2008) das von Fritz Schütze entwickelte Verfahren zur Analyse autobiografisch-narrativer Interviews. Da Schütze (1983, S. 284) die Lebensgeschichte als eine „sequentiell geordnete Aufschichtung größerer und kleinerer in sich sequentiell geordneter Prozeßstrukturen" versteht, ist es das Ziel seines Analyseverfahrens, eben jene Ordnung und jene Prozessstrukturen zu rekonstruieren.

Im Rahmen unseres Forschungsprojektes haben sich Katrin Brunner und Raphaela Starringer in ihren Abschlussarbeiten mit diesem Verfahren eingehend beschäftigt (vgl. Brunner sowie Starringer in diesem Band). Die einzelnen Schritte lassen sich wie folgt skizzieren: Nachdem ein transkribiertes Interview ausgewählt worden ist, erfolgt zunächst die formale Textsortenanalyse, bei der Kontaktaufnahme und Interviewsituation beschrieben, die einzelnen Abschnitte des Interviews (Haupterzählung, Nachfrageteile) identifiziert werden sowie zwischen erzählenden, beschreibenden und argumentativen Passagen unterschieden wird. Gesucht wird nach Auffälligkeiten aller Art, etwa auf der sprachlichen Ebene, die für die Interpretation eine Rolle spielen können. Im zweiten Schritt werden die narrativen Passagen des Interviewtextes einer Segmentierung unterzogen. Hierbei wird das Interview unter der zentralen Frage „Wo hört etwas auf, wo beginnt etwas Neues?" in seine Darstellungseinheiten gegliedert. Diese werden anschließend einer ausführlichen, von Schütze so bezeichneten *strukturellen Beschreibung* unterzogen, bei der es gleichermaßen um den Inhalt („was wird erzählt?") als auch um die Form („wie wird erzählt?") geht. Auf diese Weise werden die Prozessstrukturen herausgearbeitet, von denen Schütze vier verschiedene unterscheidet: Institutionale Ablauf- und Erwartungsmuster (institutionalisierte Phasen im Lebenslauf, wie bspw. Schuleintritt oder Eheschließung), Handlungsschemata von biografischer Relevanz (bewusst geplante Handlungen, z.B. Auswandern), Verlaufskurven (Ereignisverkettungen z.B. Prozesse des Erleidens wie etwa Schulversagen) und biografische Wandlungsprozesse (Neuordnung der lebensgeschichtlichen Ordnung, radikale Änderung der Lebensführung, z.B. Konversion). Nach der strukturellen Beschreibung folgt die analytische Abstraktion, in der die Abfolge der jeweils dominierenden Prozessstrukturen (biografische Gesamtformung) sowie die jeweilige Eigentheorie der/des Befragten (Wissensanalyse) rekonstruiert werden. Nachdem der erste Fall so bearbeitet worden ist, wird ein zweiter, kontrastierender Fall aus dem Sample ausgewählt und ebenso behandelt. Es folgen unter Umständen weitere, kontrastierende Fälle, die dann zu einem theoretischen Modell verdichtet werden. Die Fallbearbeitung ist abgeschlossen, wenn eine theoretische Sättigung erreicht ist und keine neuen Erkenntnisse mehr dazu kommen.

Biografische Fallrekonstruktion

Das Verfahren der biografischen Fallrekonstruktion geht auf Gabriele Rosenthal (2008) zurück, die die Schützesche Narrationsanalyse variiert. Ihr geht es nicht nur darum, die Deutungen der Interviewten in der Gegenwart offen zu legen, sondern auch „einen Einblick in die Genese und die sequenzielle Gestalt der Lebensgeschichte und die Rekonstruktion von Handlungsabläufen in der Vergangenheit und dem damaligen Erleben [zu] ermöglichen" (ebd., S. 173). In Rahmen unseres Projektes hat Simone Schmitt für ihre Diplomarbeit (vgl. Schmitt, 2011) dieses Verfahren an einem Einzelfall angewandt, in dem sie der Frage nachgegangen ist, wie die befragte Person interkulturelle Begegnungen im Laufe ihres Lebens individuell wahrgenommen und subjektiv erlebt hat. Sie rekonstruiert hierzu unterschiedliche Dimensionen interkultureller Situationen. Ziel der Analyse war es, Rückschlüsse darauf zu ziehen, welche Faktoren und Prozesse innerhalb von interkulturellen Begegnungen bedeutsam sind bzw. im Laufe eines Lebens werden können. Die biografische Fallrekonstruktion basiert auf einem *rekonstruktiven* und *sequenziellen* Vorgehen. *Rekonstruktiv* meint hier, dass einzelne Passagen aus dem Gesamtzusammenhang interpretiert werden. Im Unterschied zu subsumtionslogischen Verfahren (wie z.B. Inhaltsanalysen) wird dem Text somit nicht mit vorab bestimmten Kategorien begegnet. Damit sollen einzelne Texteinheiten nicht aus ihrem Entstehungszusammenhang gerissen und neuen konstruierten Sinnzusammenhängen untergeordnet werden (vgl. Rosenthal, 2008, S. 56). Unter *sequenziellem Vorgehen* wird hier verstanden, dass der Text, beziehungsweise einzelne Einheiten in der Abfolge ihres Entstehens interpretiert werden. Das bezieht sich auf die erzählte Lebensgeschichte, wie auch auf die erlebte Lebensgeschichte. Damit wird versucht, sowohl die Genese der erlebten Lebensgeschichte zu klären als auch die Genese der Selbstdarstellung in der Gegenwart zu entschlüsseln. Kennzeichnend für diese prozesshafte Auswertungsmethode ist das stetige gedankliche Experimentieren mit möglichen Bedeutungen und Wirkungen der empirischen Daten eines Lebenslaufs. Die biografische Fallrekonstruktion orientiert sich an folgenden Auswertungsschritten: In einem ersten Schritt, der sequenziellen Analyse der biografischen Daten („erlebtes Leben"), werden die objektiven biografischen Daten in chronologischer Reihenfolge analysiert (vgl. ebd., S. 175ff.), so wie sie aus dem Interview selbst und den nach dem Interview erhobenen soziodemografischen Daten erkennbar sind. Neben gesellschaftspolitischen oder historischen Fakten sind auch sozialisatorische/entwicklungspsychologische Kontexte zu berücksichtigen, da sie die subjektiven Deutungen der Befragten beeinflussen können. Diese Daten werden nun ohne das Wissen über die Selbstaussagen der Befragten und unabhängig von dem eigenen Wissen über den tatsächlichen weiteren Verlauf analysiert. Es geht dabei darum, den Kontext des Ereignisses zu rekonstruieren und daraus resultierende Handlungsprobleme sowie Umgangsmöglichkeiten gedankenexperimentell durchzuspielen. Steht zu Beginn der Analyse noch ein breites Spektrum von Optionen über den Verlauf der Biografie zur Verfügung, werden die Möglichkeiten mit der weiteren Analyse immer weniger, bis schließlich am Ende nur noch wenige Hypothesen als wahrscheinlich übrig bleiben. Diese werden dann für die weitere Interpretation genutzt. Indem die Ereignisse in allen möglichen Lesarten ausgelegt werden, können bereits in diesem Schritt latente Sinnstrukturen aufgedeckt werden. Im zweiten Schritt, der text- und thematischen Feldanalyse („erzähltes Leben"), geht es um die Frage, aus welchem Grund sich der/die Interviewte – bewusst oder unbewusst – so und nicht anders präsentiert. Dieser Analyseschritt konzentriert sich somit auf das erzählte Leben des/der Befragten. Ziel ist es, die Regeln für die Entstehung der Selbstpräsentation des/der Interviewten herauszufinden (vgl. ebd., S. 184ff.). Zur Vorbereitung der Text- und thematischen Feldanalyse wird das Interviewtranskript zunächst in seiner chronologischen Reihenfolge in Sequenzen eingeteilt. Kriterien für die Sequenzialisierung sind Sprecher/innenwechsel, thematische Wechsel und Änderung der Textsorte. Ausgehend von der Annahme, dass die Textsorte, in der der/die Interviewte Erlebnisse darstellt, nicht zufällig gewählt ist, wird vermerkt, an welchen Stellen er/sie erzählt, beschreibt oder argumentiert.[7] Nach der Einteilung in die beschriebenen Analyseeinheiten wird der Text Sequenz für Sequenz interpretiert, wobei folgende Fragen als Orientierung dienen: Weshalb wird dieser Inhalt an dieser Stelle eingeführt und in dieser Textsorte präsentiert? Weshalb wird er in dieser Ausführlichkeit oder Kürze dargestellt? Welches thematische Feld wird eröffnet?

Im dritten Schritt der Analyse, der Rekonstruktion der erlebten Lebensgeschichte, werden die Hypothesen zu den einzelnen biografischen Daten aus Schritt eins mit den Selbstaussagen der interviewten Person kontrastiert. Es geht hierbei wieder um das Erleben einzelner Ereignisse in der Vergangenheit. Die Hypothesen aus dem ersten Schritt werden nun anhand der Analyse der entsprechenden Interviewpassage falsifiziert, verifiziert, oder es werden weitere Lesarten gebildet.

Zum Abschluss werden die erlebte und erzählte Lebensgeschichte miteinander kontrastiert. In diesem Schritt gilt es heraus zu finden, inwiefern erlebte und erzählte Lebensgeschichte aufeinander verweisen oder welche Widersprüchlichkeiten bestehen. Mit Hilfe der Kontrastierung ist es möglich, die Regeln von Widersprüchlichkeiten oder Differenzen von Erzähltem und Erlebtem frei zu legen. Abschließend geht es um die Frage „welche biografischen Erfahrungen zu einer bestimmten Präsentation in der Gegenwart geführt haben" (ebd., S. 194).

Reflexive Biografie- und Kontextanalyse

Die reflexive Biografie- und Kontextanalyse arbeitet ebenso nach dem Prinzip der sukzessiven Sinnbildung wie die eben skizzierten sequenzanalytischen Auswertungsansätze, trägt aber dem Umstand stärker Rechnung, dass Forschung niemals voraussetzungslos stattfindet, sondern immer kontextgebunden ist. Das bedeutet, dass die Forschenden den gesamten Forschungsprozesses in seinem interaktiven Charakter einer ständigen Beobachtung, Kontrolle und Modifikation unterziehen,

---

7   Auf die Unterscheidung zwischen Erzählungen, Beschreibungen und Argumentationen gehen wir hier nicht weiter ein (vgl. Friebertshäuser, o.J., S. 2)

also selbstreflexiv und (selbst-)kritisch die Erhebung, Analyse der Daten sowie die Darstellung der Ergebnisse begleiten. Barbara Friebertshäuser und Elina Stock nutzen die reflexive Biografie- und Kontextanalyse im Rahmen unseres Projektes (vgl. Franczak & Friebertshäuser, 2011; Friebertshäuser & Weigand sowie Stock in diesem Band). Das Vorgehen orientiert sich an verschiedenen Auswertungsverfahren und nimmt daraus die für die jeweilige Forschungsfrage nützlich erscheinenden hermeneutischen Instrumente heraus. Die Lebensgeschichten der Interviewten werden stets im Kontext des sozialen, historischen, gesellschaftlichen Feldes, in das sie hinein geboren wurden und in dem sie sich im Laufe ihres Lebens bewegen, verortet. Dies lässt sich als „Kontextanalyse" bezeichnen: Hier werden alle Lebenslaufdaten, Rahmendaten und Kontexte aus dem erzählten Leben berücksichtigt. Bei der Analyse von (berufs-)biografischen Interviews mit Teamer/inne/n des DFJW bedeutet dies auch, so viele Informationen wie möglich über das Handlungs- und Arbeitsfeld der internationalen Jugendarbeit und seine historischen und gesellschaftlichen Hintergründe zu recherchieren, um die Erzählungen entsprechend einordnen zu können. Bezogen auf die Berufe der Befragten kann es ebenso sinnvoll sein, Kenntnisse über den fachspezifischen Habitus der jeweiligen Profession sowie entsprechende professionelle Diskurse einzubeziehen, um jene Aspekte des Denkens, Wahrnehmens und Handelns zu verstehen, die von den Befragten als selbstverständlich erachtet werden.

Dieser kontextanalytische Blick auf den sozialen Raum und die soziologischen Vorprägungen in der Gesellschaft knüpft an die kritischen Anmerkungen Pierre Bourdieus (1990) an, der der Biografieforschung vorwirft, sie nähre eine „biographische Illusion", da subjektive Erfahrungen oftmals unabhängig von der objektiven Welt betrachtet würden. Er kritisiert, dass ein Leben als „Gesamt der Ereignisse einer individuellen Existenz" aufgefasst würde und nicht als Ergebnis einer gesellschaftlichen Positionierung im sozialen Raum, der damit auch zum Raum der Möglichkeiten wird (vgl. ebd., S. 75). Die Schwierigkeit der Rekonstruktion von sozialen Praktiken liegt darin, dass die gewöhnliche Erfahrung des Lebens häufig einer Erzählung nicht würdig erscheint. Die Befragungssituation trägt nach Bourdieu unvermeidlich dazu bei, den Diskurs und die Art der lebensgeschichtlichen Erzählung mit zu prägen. Je offizieller die Befragungssituation sich darstellt, umso eher nähert sich auch das Gesagte vermutlich den Standards an (vgl. ebd., S. 79). Auch die Voraussetzungen, die es möglich machen, das Leben als Geschichte zu erzählen, sind in die Analyse einzubeziehen. Bourdieu arbeitet mit dem Begriff der Laufbahn (frz. *trajectoire*), um die von Akteuren und Gruppen in einem sozialen Raum besetzten Positionen sowie die Wege zu ihnen zu rekonstruieren, wobei der soziale Raum als ein sich selbst ständig entwickelnder und Transformationen unterworfener gedacht wird (vgl. ebd., S. 80).

Um solche Laufbahnen verstehen zu können, werden die Struktur- und Lebenslaufdaten der Befragten in einem biografischen Porträt verdichtet. Diese Informationen vermitteln einen Eindruck vom gelebten Leben und können der Hypothesenbildung dienen. Diese Hypothesen werden dann zu den Aussagen der Befragten im Hinblick auf das erlebte Leben (mit all seinen Emotionen, den Gewichtungen in den Erzählungen, den Leerstellen, etc.) in Beziehung gesetzt und können sich hier bewähren, aber auch Irritationen provozieren, wenn offenbar schwierige Lebensabschnitte nicht entsprechend in der biografischen Darstellung aufgegriffen und erzählt werden. Dabei helfen auch die Einordnungen der Textgattungen (Erzählung, Beschreibung, Argumentation) sowie die strukturale Beschreibung (wie lang wird welches Thema an welcher Stelle im Interview behandelt). Auf diese Weise entstehen weitere Hypothesen bzw. Lesarten, die je nach Blick- und Suchrichtung sowie entsprechend angepasster Verfahren über die Feinanalyse einzelner Interviewpassagen, die Rekonstruktion von Fallgeschichten, ihrem kontrastiven Vergleich, über Kategorienbildung mit zunehmenden Abstraktionsgrad sowie über die weitere Einbeziehung der Kontextinformationen und von theoretischen Konzepten verdichtet werden können.

Was meint nun Reflexivität bezogen auf die biografische Analyse? Gemeint ist damit die Umsetzung möglichst vieler Formen des Nachdenkens über die eigenen analytischen Instrumente, theoretischen Perspektiven, Ausblendungen, emotionalen und sozialen Begrenzungen, um das wissenschaftliche Handeln und die eigene Person als Interpret/in selbst zum Gegenstand der Analyse zu machen. Da sich die Forschenden stets auch der Gefahr aussetzen, ihre eigene Denkweise an die Stelle der Denkweise der von ihnen analysierten Handelnden zu setzen (vgl. Bourdieu, 1997, S. 371f.), müssen sie ihren eigenen theoretischen und sozialen Ort in der Analyse reflektieren. Das wissenschaftliche Feld wird damit selbst zum Forschungsgegenstand und auf diese Weise werden die kollektiven und unbewussten „Vor-Urteile" – Bourdieu nennt dies *Doxa*[8] –, die bereits in den Fragestellungen, den Kategorien und dem jeweiligen Wissenschaftsverständnis der Forscherin/des Forschers liegen, aufzuklären (vgl. Bourdieu, 1993b, S. 366). Reflexivität kann durch das Forschen in möglichst heterogenen Teams erhöht werden. Es gilt, auch die eigenen Emotionen und Irritationen als Erkenntnisinstrumente zu betrachten und auf Basis von Tagebucheintragungen und Feldnotizen in die Analysen einzubeziehen. Neben der Reflexion der eigenen Perspektiven und Resonanzen, werden das Zustandekommen und der Verlauf von Forschungsinteraktionen, insbesondere über das Postkriptum, reflexiv in den Blick genommen (vgl. hierzu auch Breuer, 2010).

Eine reflexive Biografie- und Kontextanalyse bemüht sich also stets darum, das Wechselverhältnis zwischen Individuum und sozialer Welt genauer auszuleuchten, Personen im sozialen Raum zu positionieren und ihre Lebenswege darin nachzuzeichnen, aber auch ihr Denken, Handeln, Verarbeiten von Erfahrungen vor diesem Hintergrund als Element einer Typik zu betrachten, die wiederum in sozialen Feldern beheimatet ist, die jedoch auch darüber hinaus gehen kann und in besonderer Weise neue Sichtweisen produziert.

---

8 Mit Doxa bezeichnet Bourdieu die blinden Flecken der Wissenschaft, „die Gesamtheit dessen, was als Selbstverständliches hingenommen wird, insbesondere die Klassifikationssysteme, die festlegen, was als interessant bewertet wird und was als uninteressant, wovon niemand denkt, daß es erzählt zu werden verdient, weil keine (Nach)Frage besteht" (Bourdieu, 1993a, S. 80).

„Induktiv-deduktive Wechselspiele" – Kodieren nach der Grounded Theory und der Inhaltsanalyse

Neben den zuvor dargestellten sequenzanalytischen Verfahren werden in der qualitativen Sozialforschung – insbesondere bei umfangreichem Daten- bzw. Textmaterial und fallübergreifenden Auswertungen – so genannte Kodierverfahren zur systematischen Erarbeitung von Analyse- und Ordnungskategorien und (Weiter-) Entwicklung von Theorien verwendet. Dabei wird unterschieden, ob Kategorien aus dem Material heraus (induktiv) entwickelt werden, oder durch vorab bzw. im Laufe des Forschungsprozesses definierte Konzepte oder Theorien an das Material herangetragen werden (deduktiv). Auch bei der Auswertung der im Projekt erhobenen Interviews kommen Kodierverfahren in vielfältiger Form zum Einsatz. Zwei unterschiedliche Verfahren sollen an dieser Stelle gegenübergestellt werden.

Kodieren im Sinne der Grounded Theory bezeichnet nach Anselm Strauss & Juliet Corbin (1996, S. 39) „Vorgehensweisen [...], durch die die Daten aufgebrochen, konzeptualisiert und auf neue Art zusammengesetzt werden". Ziel ist die Entwicklung von Konzepten in Auseinandersetzung mit dem empirischen Material bzw. die Herausbildung einer gegenstandsorientierten Theorie, welche durch unterschiedliche Arten des Kodierens und das ständige Vergleichen der in diesem Prozess erarbeiteten Kodes und Kategorien miteinander erreicht werden kann. So werden zunächst durch das *offene Kodieren* verschiedene mögliche Lesarten eines im Forschungsfokus stehenden Phänomens generiert, u.a. durch das Stellen von Fragen an das Material, die sich im Zusammenhang mit dem theoretischen Vorverständnis und dem Kontextwissen der Forschenden oder durch das Material selbst ergeben (vgl. Breuer, 2010, S. 81). Hierbei entstehen Ideen und Kodes zur abstrakteren Benennung von Phänomenen, die im Prozess des *axialen Kodierens* über die Zuordnung von Eigenschaften und Dimensionen sowie die Suche nach Beziehungen in Form von Ähnlichkeiten oder Gegensätzen konkretisiert werden (vgl. ebd, S. 77). Durch das *selektive Kodieren* wird schließlich eine Kern- bzw. Schlüsselkategorie fokussiert, die dann den roten Faden für die Auswertungspräsentation und Entwicklung der gegenstandsorientierten Theorie bildet. Somit werden induktive, abduktive und deduktive Schritte in einem Wechsel zwischen fallimmanenter und fallübergreifender Auswertung sowie im Rahmen der hermeneutischen Spiralbewegung integriert (vgl. ebd., S. 73), um Bedeutungs- und Sinnwelten auf manifester und latenter Ebene zu erschließen. Diese Such- und Analyseprozesse orientieren sich ebenso wie andere Interpretationsverfahren an den Fragestellungen der Forschenden.

Im unserem Projektzusammenhang greift Elina Stock auf das Kodierverfahren der Grounded Theory zurück und entwickelt für ihr Dissertationsprojekt ein Kodierparadigma, das (berufs-)biografische Ressourcen und Reflexionen von Teamer/inne/n des DFJW im Hinblick auf den Umgang mit Heterogenität in den Blick nimmt (vgl. Stock in diesem Band). Neben den Transkriptionen und den Postskripts der Interviews in reflexiver Untersuchungsperspektive sind für dieses Auswertungsverfahren Memos, in denen Kontextinformationen, Ideen für die Kodierung sowie Reflexionen bei der Analyse verarbeitet werden, zentral. Es lässt sich darüber hinaus gut mit narrationsstrukturellen und sequenzanalytischen Verfahren kombinieren (vgl. auch Egloff, 2012). Auch Rachel Holbach & Bianca Burk sowie Gérald Schlemminger arbeiten in ihrer Analyse mit einem – wie sie es nennen – induktiv-deduktiven Wechselspiel, orientieren sich hierbei allerdings an Verfahren der qualitativen Inhaltsanalyse (vgl. Holbach & Burk sowie Schlemminger & Holbach in diesem Band). Sie haben hierfür zunächst das gesamte Interviewdatenmaterial mit Hilfe von MaxQDA, einer Software zur Analyse qualitativen Datenmaterials kategorial erfasst und systematisch zusammengefasst. Die zentralen Themen der Interviews wurden durch Abstraktion so gebündelt, dass sie noch ein Abbild des Grundmaterials darstellen, zugleich jedoch in fallübergreifender Perspektive die systematische Erarbeitung eines Kategoriensystems ermöglichen. In diesem Zusammenhang konnten sie feststellen, dass die Themen „kulturelle Unterschiede" und „Umgang mit kulturellen Unterschieden" durchweg in allen Interviews angesprochen wurden.[9] In der intensiven Auseinandersetzung mit Literatur zur Interkulturellen Pädagogik wurden daraufhin Kategorien wie z.B. *Kulturalisierung* aufgegriffen, die sich im Interviewmaterial aufspüren und in Bezugnahme auf subjektive Theorien der Interviewten mit Subkategorien präzisieren ließen. Dieses inhaltsanalytisch orientierte Verfahren fokussiert sogenannte *Was-Fragen* und bildet theorie- bzw. kategoriengeleitet auf manifester Sinnebene Kategorien mit aufsteigendem Abstraktionsgrad, die zur weiteren Interpretation und Theorieentwicklung genutzt werden können. Im Gegensatz zum Kodierverfahren nach der Grounded Theory, in welchem die Kategorien bis zum Ende des Forschungsprozesses offen bleiben für Veränderungen, werden die Kategorien bei inhaltanalytischen Verfahren im Verlauf der Datenanalyse festgelegt und fixieren die Kriterien im Zuordnungsprozess der Daten entsprechend (vgl. Muckel, 2011, S. 336).

Interaktive und dialogische Erhebungs- und Auswertungsmethoden

Während durch die soeben beschriebenen Verfahren die Interviewdaten im Anschluss an ihre Erhebung auf unterschiedliche Weise „zum Sprechen gebracht werden", kommen in unserem deutsch-französischen Forschungsprojekt weitere methodische Zugänge[10] zum Tragen, bei denen die erhobenen lebensgeschichtlichen Daten eher „für sich selbst sprechen" und zwar dadurch, dass der Interview*führung* gegenüber einer kategorialen oder sequenzanalytischen Interview*auswertung* eine größere Bedeutung zugemessen wird. Das bedeutet, dass die eigentliche In-

---

9   Mit Bezug auf Bourdieu wäre es nun wichtig, sich Gedanken darüber zu machen, warum das so ist. So könnte beispielsweise die Art der Eingangsfrage hier eine Rolle spielen oder der Umstand, dass „hinter" den Forscher/inne/n das DFJW als interkulturelle Organisation steht.
10 Wir sprechen absichtlich etwas vage von „methodischen Zugängen", um zu verdeutlichen, dass hier nicht eine bestimmte, ggf. mit einem Namen verbundene Methode mit mehr oder weniger dezidiert ausgearbeiteten Regeln zum Einsatz kommt – so zumindest stellt es sich uns aus unserer Frankfurter Perspektive dar –, sondern es sich hierbei um eine etwas offenere, flexiblere Herangehensweise handelt, die dadurch, dass sie im Dialog auch reflektiert wird, als methodisch-kontrolliert bezeichnet werden kann.

terpretations- und Strukturierungsleistung vor allem im Vorfeld des Interviews erfolgt: bei der gezielten[11] Auswahl des Interviewpartners/der Interviewpartnerin und der Klärung der Frage, inwiefern er/sie als eine Art Experte/Expertin für die Forschungsfrage gelten kann; bei der Vorbereitung auf das Gespräch, insofern sich der Interviewer/die Interviewerin vorab bereits mit der Person und Aspekten ihrer Biografie beschäftigt und entsprechende Fragen vorbereitet hat; in der Interviewinteraktion selbst, im Gespräch zwischen dem/der Befragten und dem/der Interviewer/in und der Art und Weise, wie der Gesprächsgegenstand sich dialogisch zwischen den beiden (oder auch zwischen mehreren) Gesprächspartner/inne/n entwickelt. Der Kerngedanke dieses Vorgehens – so wie wir es aus unserer Sicht in unserem deutsch-französischen Forschungsprojekt wahrnehmen (vgl. hierzu grundlegender den Beitrag von Mutuale sowie Mutuale & Egloff in diesem Band) – ist es, der zu interviewenden Person dabei zu helfen, über die Form des Erzählens biografisch bedeutsame Momente zu erkennen, offen zu legen, gegebenenfalls mit dem Interviewer/der Interviewerin zu teilen und in eine Beziehung zu sich selbst zu treten und dies mit Hilfe des Anderen, des Interviewers und während des Gesprächs. Aus diesem Grund bezeichnen wir das Verfahren auch als *interaktiv* und *dialogisch*: Interaktiv im Sinne eines sozialwissenschaftlichen Verständnisses von sozialer Wirklichkeit als einem wechselseitig aufeinander bezogenen Deuten und Handeln, wie es etwa im Symbolischen Interaktionismus vertreten wird (vgl. Denzin, 2000) und auch den zuvor vorgestellten reflexiven Auswertungsverfahren zugrunde liegt. In diesem Kontext kommt der Gestaltung des gesamten Interviewsettings allerdings bereits in der Planungs- und Erhebungsphase der Interviews eine wichtige Rolle zu; dialogisch in einem eher philosophischen Verständnis wie es etwa im dialogischen Prinzip bei Martin Buber vorkommt (vgl. Buber, 2008): die beiden Interviewpartner gehen eine „Ich-Du-Beziehung" ein, in der sie sich wechselseitig als zwei eigenständige, einander ebenbürtige Subjekte wahrnehmen und begegnen und in dieser Begegnung zum gegenseitigen Verständnis und zur Identitätsbildung gelangen.

Die beiden Forschenden Caroline Aichele und Augustin Mutuale, die ein deutsch-französisches Interviewerteam bilden, formulieren dies folgendermaßen:

> „Le narrateur entre dans le récit comme compréhension de soi-même devant un autre et pour l'autre en investissant son histoire ou sa situation actuelle dans une posture relationnelle. Par exemple, l'entretien biographique fait accéder l'enseignant à une posture relationnelle dans son activité. Il pourra développer le tact dans le moment de l'école, dans ses relations avec ses élèves par la médiation du savoir. L'entretien biographique permet de l'accompagner dans son dialogue avec son histoire; c'est-à-dire son cheminement scolaire, son moment de l'école traversé par d'autres moments, des désirs et des peurs, des ambitions et des inhibitions, des échecs et des réussites, des motivations diverses. A la différence de l'autobiographie, l'entretien biographique, par la présence de l'autre avec son

---

11 Auch die vorher beschriebenen Verfahren arbeiten natürlich mit einer gezielten Auswahl der Interviewpartner/innen mittels minimaler und maximaler Kontrastierung im Sinn des Theoretical Samplings.

> attente et ses observations aide à se mettre dans une posture d'explicitation horizontale et verticale, et permet une invention de soi qui s'élabore en commun" (Aichele & Mutuale, 2008, S. 14).

So haben die Beiden beispielsweise ein Interview mit dem knapp 70-jährigen Bürgermeister der nahe bei Paris gelegenen französischen Gemeinde Roissy geführt. Der Bürgermeister war aus Sicht unseres Projektes deshalb interessant, weil er sich seit Jahrzehnten für die deutsch-französische Verständigung engagiert und als ein überzeugter Europäer gelten kann. Zur Motivation, diese Person zu interviewen merken Aichele & Mututale (ebd., S. 15) Folgendes an:

> „L'un des objectifs de notre recherche a été lors des entretiens de dialoguer avec lui sur sa construction personnelle de l'identité Européenne en lien surtout avec l'Allemagne. Comment met-il aujourd'hui en place des outils ou des méthodes pour développer cette amitié dans le quotidien. Quels sont ses espoirs, ses interrogations et ses doutes pour cette Europe qui continue à se construire. Nous avons choisi un homme politique dont l'histoire est en lien avec la seconde guerre mondiale, mais surtout qui, au-delà des discours politiques et malgré une enfance très difficile, a toujours cru en l'amitié franco-allemande jusqu'à ce qu'elle s'impose aujourd'hui à ses administrés. Quelle pédagogie a-t-il utilisé pour que l'amitié franco-allemande devienne une évidence alors que ce petit village a aussi douloureusement vécu dans sa chair les conséquences de cette guerre?"

Das Interview wurde über mehrere Tage geführt, pro Tag waren dabei etwa 2 Stunden für jeweils vorab vereinbarte Themen vorgesehen. Am Ende lag somit Interviewmaterial im Umfang von etwa 10 Stunden vor. Aichele & Mutuale (ebd., S. 16) beschreiben ihre Vorgehensweise folgendermaßen: Nach einer Erzählaufforderung, in der der Zusammenhang zu dem Forschungsprojekt erklärt wurde, wurden die verschiedenen Themen genannt, über die gesprochen werden sollte: Kindheitserinnerungen; wichtige Beziehungen im Leben; Familienleben; Schulzeit und Beruf; die politische Karriere und das Engagement für die Gemeinde; Europa; die deutsch-französische Freundschaft. Entsprechend den Vorgaben des narrativen Interviews, hielten sich Interviewer und Interviewerin mit direkten Fragen jedoch zunächst zurück und ließen den Interviewten seine Erzählung in aller Ruhe und mit eigenen Relevanzsetzungen entfalten. Die Arbeitsteilung zwischen Interviewerin und Interviewer vollzog sich folgendermaßen: Augustin Mutuale führte ein Interview, schickte die Aufnahme im Anschluss an Caroline Aichele, die sich das Gesagte anhörte und Hinweise an den Interviewer gab, an welchen Stellen er weiter nachfragen sollte. In einem weiteren Schritt setzte dann Caroline Aichele das Interview fort, insbesondere zu den deutsch-französischen Themen (deutsch-französische Freundschaft; Europa).

Das Interview wurde transkribiert, thematisch geordnet und unter dem Namen des Interviewten veröffentlicht, ohne dass die Fragen der Interviewerin und des

Interviewers mit dokumentiert wurden (vgl. Toulouse, 2010). Hier wird die oben angedeutete Rolle der Interviewerin und des Interviewers im Gespräch sehr deutlich: Sie dienen als *Geburtshelfer*, um die eigene Geschichte zum Vorschein zu bringen. Sie sind weniger Analysierende als vielmehr Moderatoren des Gesprächs, das zum Ziel hat, zu(r) der(n) eigenen Geschichte(n), zu den biografischen interkulturellen Momenten vorzudringen. Gerade auch die verschiedenen Konstellationen zwischen Interviewenden und Befragten, aber auch zwischen Interviewenden etwa hinsichtlich Nationen- oder Generationenzugehörigkeit bieten hierbei vielfältige Chancen und Möglichkeiten und eröffnen neue Horizonte und Dimensionen des gegenseitigen Verstehens.

Ganz allgemein erinnert dieser Zugang an die Oral-History-Forschung (vgl. Ecarius, 2010, S. 678ff.), auch wenn wir selbst im Projekt eine solche direkte Zuordnung nicht vornehmen bzw. diese Bezeichnung nicht verwenden.[12] Mit Oral History wird ein aus den Geschichtswissenschaften stammendes und in die Biografieforschung eingegangenes Verfahren bezeichnet, das der offiziellen Geschichtsschreibung die Geschichte(n) und den Alltag der Zeitzeugen entgegenstellt, gewissermaßen Geschichte *von unten* sichtbar machen will. Zentrales Mittel, um diese Zeitzeugen-Perspektive zu erheben, ist das so genannte „Erinnerungsinterview", das – ähnlich wie das narrative Interview nach Schütze – aus mehreren Teilen besteht und sowohl Raum lässt für lebensgeschichtliche Erzählungen und narrative Nachfragen zu einem bestimmten historischen Ereignis oder bestimmten historischen Gegebenheiten und Entwicklungen als auch für sehr spezifische, auf die jeweilige Projektfrage bezogene Nachfragen, die sich im Dialog zwischen Interviewenden und Befragten entwickeln (vgl. hierzu Niethammer, 1985).

Grenzen des Verstehens – deutsch-französische Perspektiven

„Verstehen korrespondiert meist mit einer gemeinsamen geteilten Wirklichkeit oder identischen biographischen Erfahrungen und dem Wissen über einen anderen, über sein Leben, seine Lebensumstände und seine persönliche Geschichte. Verstehensprobleme resultieren häufig aus Fremdheit, Unvertrautheit mit dem anderen, mit der sozialen oder kulturellen Situation oder historischer Distanz." (Friebertshäuser, 2006, S. 231) Zugleich bemüht sich die Biografieforschung durch ihre methodologische Diskussion dazu beizutragen, diese Aspekte zumindest reflexiv zu machen. Auf einige Aspekte gehen wir nun am Ende dieses Beitrags ein.

Bezogen auf unseren großen Datenkorpus wäre zu reflektieren, wer erfasst wurde und wer sich nicht in unserem Forschungsnetz verfangen hat. Man kann bereits sagen, dass wir eher die „großen Fische" gefangen haben, während die vielen kleinen (gerade die zahlreichen Teilnehmer/innen an interkulturellen Begegnungen)

---

12 Zumindest nicht im engen Projekt-Kontext; zum Umfeld des Biografie-Projektes lässt sich jedoch die Arbeit von Gérald Schlemminger und Daniel Morgen zum Thema „Umschulung" elsässischer Lehrer/innen zählen (vgl. Morgen, 2010). Sie greifen explizit auf den Oral-History-Ansatz zurück.

uns „entwischt" sind. Bezogen auf das Gesamtsample der Befragten und die Auswahl der Interpretationen muss man wiederum kritisch betrachten, welchen Stimmen wir Geltung verschafft haben und welche ignoriert wurden. Man kann dabei davon ausgehen, dass die Auswahl nicht alleine objektiven Gesichtspunkten gefolgt ist, sondern auch eigene Forschungsinteressen oder Themenkonjunkturen gefolgt sein kann. Schwer zu entdecken sind aber auch biografische Sympathien, die auf Ähnlichkeiten im Lebenslauf oder der biografischen Selbstkonzepte basieren, auch sie können unbewusst Einfluss nehmen auf die Auswahl der Analysierten, aber auch die Deutungen selbst. Innerhalb der Lebensgeschichten wiederum neigen Forschende dazu, das Besondere oder Spektakuläre zu suchen und letztlich zu publizieren, das Alltägliche erscheint oftmals weder einer Erzählung noch einer Analyse würdig. Bemüht haben wir uns jedoch um Polyphonie, um möglichst viele Stimmen zur Sprache zu bringen.

Ebenfalls wäre darüber nachzudenken, was mit dem Schweigen geschieht, wie man mit Ausgelassenem oder Nicht-Gesagtem umgeht? Wir haben bei der Analyse von Interviewdaten nur die Möglichkeit, das gesprochene Wort und die Art es auszusprechen zu deuten. Bei traumatischen Erfahrungen kann auch das Schweigen oder die Auslassung bedeutsam sein. Diesen Sequenzen Geltung zu verschaffen, stellt eine besondere Herausforderung für die Interpreten dar, denn hier ist möglichen Fehldeutungen oder Überinterpretationen Tür und Tor geöffnet.

Hinzu kommt die Machtfrage, die es zu reflektieren gilt. Den Deutungen der Wissenschaftler/innen können die Befragten in der Regel nichts mehr entgegnen, denn sie entziehen sich ihrem Einfluss. Auch wir haben unsere Interpretationen nicht mehr mit den Befragten abgestimmt, sondern uns die Freiheit genommen, eigenverantwortlich mit den Daten umzugehen. Der Autorität der Wissenschaft ist es geschuldet, dass die Lesenden darauf vertrauen, dass unsere Deutungen Gültigkeit besitzen. Wir selbst können jedoch einschränkend darauf verweisen, dass wir uns um eine Annäherung an die Perspektiven der Befragten bemüht haben. Wir verstehen unsere Darstellungen als Lesarten, die sich um eine innere Plausibilität bemühen, die im Forschungsprozess stets auch geprüft und hinterfragt wurden, aber wir können uns dennoch irren. Wissenschaft ist stets auch eine Konstruktion von Wirklichkeit – „Welt ist real, aber Welterfassung interpretativ" schreiben Lenk & Maring (2007). Diesen Gedanken übertragend kann man sagen: das Leben ist real, aber seine Deutung stets interpretativ. Und die Methoden des Verstehens sind eingebettet in wissenschaftstheoretische Traditionen mit allen ihren Begrenztheiten. So drucken wir stets die Zitate aus den Interviews ab, um Realanalysen oder anderen Lesarten die Möglichkeit zu eröffnen, unsere Befunde noch einmal in anderer Weise zu deuten.

Im deutsch-französischen Kontext spielen vermutlich auch nationale oder kulturelle Deutungen eine Rolle. Ohne dass es uns bewusst ist, dient das eigene Leben, die eigene Kultur als Maßstab zur Beurteilung der anderen. Im Prozess des Verstehens und in der schreibenden Auseinandersetzung mit den Biografien von Menschen ist es wichtig, sich mit einem Problem auseinander zu setzen, das Kulturforschende *Ethnozentrismus* nennen. Wir können an dieser Stelle vermuten, dass auch unterschiedliche soziale Milieus Fremdheit und Befremden auslösen können. So fällt auf, dass wir in unseren Analysen sehr gerne Biografien von akademisch gebildeten Personen analysiert haben, eine sprachliche, kulturelle, aber vielleicht auch emotionale Nähe mag dabei bedeutsam sein.

Am Ende muss man allerdings einschränkend gestehen, dass das Verstehen des Anderen stets seine Grenzen hat. Auch die Landesgrenzen werden oftmals zu inneren Grenzen. Binationale oder internationale Forschungsgruppen machen dies zumindest offensichtlich und können über die Reflexion dieser Grenzen des Verstehens, die aus den eigenen nationalen, kulturellen, zeithistorischen Bezügen resultieren, gemeinsam den Horizont der Deutungen erweitern. Dennoch muss man eingestehen:

> „Wir können einen anderen Menschen nie vollständig verstehen, weil die Einzigartigkeit seines Seins in den historischen und sozialen Verhältnissen, seinem Alltag, dem gelebten Leben, der Biographie als Substrat eines rückblickend erzählten Lebens und den Tiefen und Weiten der damit verbundenen Erfahrungen, Gefühle, Gedanken, Träume, Traumata, Verdrängungen, Illusionen, Überzeugungen und Visionen wurzelt, die zudem im Fluss des Lebens beweglich und veränderbar bleiben und weil wir als Forschende Menschen sind, die ebenso in diese historischen, sozialen, kulturellen, altersbedingten, geschlechtsbezogenen und immer zugleich individuellen Existenzbedingungen eingewoben sind. Wir vermögen jedoch, uns über diese Verhältnisse aufzuklären, um sie reflektierend in die Analysen einzubeziehen." (Friebertshäuser, 2006, S. 231).

Diesen Diskurs insbesondere auf die hier präsentierten Ergebnisse anzustoßen, ist ein Ziel dieses Beitrages.

Literatur

Aichele, C. & Mutuale, A. (2008). *Elements pédagogiques pour faire un entretien biographique. Théorie élaborée à partir d'un entretien interculturel* (S. 14–16). Unveröffentlichtes Arbeitspapier (Rapport Nr. 3), Universität Frankfurt, Université Paris, PH Karlsruhe.

Alheit, P. (2006). Biographie-/Lebenslaufforschung. In H.-H. Krüger & C. Grunert, (Hrsg.), *Wörterbuch Erziehungswissenschaft* (S. 89–94). Opladen: Barbara Budrich.

Apitzsch, U. (2006). Biographieforschung und interkulturelle Pädagogik. In H.-H. Krüger & W. Marotzki (Hrsg.), *Handbuch erziehungswissenschaftlicher Biographieforschung* (S. 499–514). Wiesbaden: VS Verlag für Sozialwissenschaften.

Bourdieu, P. (1990). *Was heißt sprechen? Die Ökonomie des sprachlichen Tausches*. Wien: Braumüller.

Bourdieu, P. (1993a). *Soziologische Fragen*. Frankfurt/M.: Suhrkamp.

Bourdieu, P. (1993b). Narzißtische Reflexivität und wissenschaftliche Reflexivität. In E. Berg & M. Fuchs (Hrsg.), *Kultur, soziale Praxis, Text. Die Krise der ethnographischen Repräsentation* (S. 365–374). Frankfurt/M.: Suhrkamp.

Bourdieu, P. (1997). Verstehen. In P. Bourdieu et al. (Hrsg.), *Das Elend der Welt. Zeugnisse und Diagnosen alltäglichen Leidens an der Gesellschaft* (S. 779–802). Konstanz: UVK.

Breuer, F. (2010). *Reflexive Grounded Theory. Eine Einführung für die Forschungspraxis*. Wiesbaden: Verlag für Sozialwissenschaften.
Brooke, M. Z. (1998). *Le Play: Engineer and social scientist*. Piscataway/New Jersey.
Buber, M. (2008). *Ich und Du*. Stuttgart: Reclam.
Bukow, W.-D. & Spindler, S. (2006). Die biographische Ordnung der Lebensgeschichte. Eine einführende Diskussion. In W.-D. Bukow, M. Ottersbach, E. Tuider & E. Yildiz (Hrsg.), *Biographische Konstruktionen im multikulturellen Bildungsprozess* (S. 19–36). Wiesbaden: VS Verlag für Sozialwissenschaften.
Dausien, B. (2004). Biografieforschung: Theoretische Perspektiven und methodologische Konzepte für eine rekonstruktive Geschlechterforschung. In R. Becker & B. Kortendiek (Hrsg.), *Handbuch der Frauen- und Geschlechterforschung. Theorie, Methoden, Empirie* (S. 314–325). Wiesbaden: VS Verlag für Sozialwissenschaften.
Dausien, B. (2011). „Biographisches Lernen" und „Biographizität" – Überlegungen zu einer pädagogischen Idee und Praxis in der Erwachsenenbildung. *Hessische Blätter für Volksbildung, 61*, 110–125.
Denzin, N. K. (2000). Symbolischer Interaktionismus. In U. Flick, E. v. Kardorff & I. Steinke (Hrsg.), *Qualitative Forschung. Ein Handbuch* (S. 136–150). Reinbek: Rowohlt.
Devereux, G. (1973). *Angst und Methode in den Verhaltenswissenschaften*. München: Hanser.
Ecarius, J. (2010). Historische Sozialisationsforschung: Theoretische Bezüge, qualitative Verfahrensweisen und empirische Ergebnisse. In B. Friebertshäuser, A. Langer & A. Prengel (Hrsg.), *Handbuch Qualitative Forschungsmethoden in der Erziehungswissenschaft* (S. 673–685). Weinheim & München: Juventa.
Egloff, B. (2009). Erwachsenenpädagogische Lerntheorien – Biographietheoretische Ansätze. In T. Fuhr, P. Gonon & C. Hof (Hrsg.): *Erwachsenenbildung/Weiterbildung. Handbuch der Erziehungswissenschaft 4* (S. 893–901). Paderborn: Ferdinand Schöningh.
Egloff, B. (2011). Biographieforschung und biographieorientiertes Lernen im Studium. Einblick in ein deutsch-französisches Lehrforschungsprojekt. *Hessische Blätter für Volksbildung, 61*, 126–134.
Egloff, B. (2012). Biographische Prozesse in deutsch-französischen Begegnungen. In C. Schelle, O. Hollstein & N. Meister (Hrsg.), *Unterricht und Schule in Frankreich. Ein Beitrag zur Empirie, Theorie und Praxis* (S. 113–129). Münster: Waxmann.
Egloff, B. & Stock, E. (2010). Von (un)sichtbaren Spuren und Standorten. Methodologische Reflexionen über ein deutsch-französisches Biographieforschungsprojekt. [Récits de vie: au-delà des frontières]. *Synergies. Pays germanophones, 3*, 27–49.
Flick, U. (1995). *Qualitative Forschung. Theorie, Methoden, Anwendung in Psychologie und Sozialwissenschaften*. Reinbek: Rowohlt.
Franczak, M. & Friebertshäuser, B. (2010). Verschüttete interkulturelle Momente bei jugendlichen Teilnehmenden ausgraben. Eine kritische Reflexion von Wirkungen. [Récits de vie: au-delà des frontières]. *Synergies. Pays germanophones, 3*, 67–85.
Friebertshäuser, B. (o.J.): *Auswertungsstrategien für qualitative Interviews*. Unveröffentlichtes Arbeitspapier, o.O.
Friebertshäuser, B. (2006). Verstehen als methodische Herausforderung für eine reflexive empirische Forschung. In B. Friebertshäuser, M. Rieger-Ladich & L. Wigger (Hrsg.): *Reflexive Erziehungswissenschaft. Forschungsperspektiven im Anschluss an Pierre Bourdieu* (S. 231–251). Wiesbaden: VS Verlag für Sozialwissenschaften.
Friebertshäuser, B. & Langer, A. (2010). Interviewformen und Interviewpraxis. In B. Friebertshäuser, A. Langer & A. Prengel (Hrsg.), *Handbuch Qualitative Forschungsmethoden in der Erziehungswissenschaft* (S. 437–455). Weinheim und München: Juventa.
Ganzter, I. (2009). *Les Monographies de Frédéric Le Play*. Unveröffentlichtes Manuskript. O.O.
Krüger, H.-H. & Marotzki, W. (2006). Biographieforschung und Erziehungswissenschaft – Einleitende Anmerkungen. In Dies. (Hrsg.), *Handbuch erziehungswissenschaftliche Biographieforschung* (S. 7–9). Wiesbaden: VS Verlag für Sozialwissenschaften.

Lenk, H. & Maring, M.: Welt ist real, aber Welterfassung interpretativ. Zur Reichweite der interpretatorischen Erkenntnis. In B. Friebertshäuser & A. Prengel (Hrsg.), *Handbuch Qualitative Forschungsmethoden in der Erziehungswissenschaft* (S. 209–220). Weinheim & München: Juventa.

Miethe, I. (2010). Forschungsethik. In B. Friebertshäuser, A. Langer & A. Prengel, A. (Hrsg.), *Handbuch Qualitative Forschungsmethoden in der Erziehungswissenschaft* (S. 927–937). Weinheim & München: Juventa.

Morgen, D. (2010). „Umschulung, témoignages d'instituteurs déplacée en Pays de Bade (1940–1945). [Récits de vie: au-delà des frontières]. *Synergies. Pays germanophones, 3*, 119–148.

Muckel, P. (2011). Die Entwicklung von Kategorien mit der Methode der GT. In G. Mey (Hrsg.), *Grounded Theory Reader*. Unveröffentlichtes Manuskript, o.O.

Niethammer, L. (1985). Fragen – Antworten – Fragen. In L. Niethammer & A. v. Plato (Hrsg.), *‚Wir kriegen jetzt andere Zeiten'. Bd. 3* (S. 392–447). Berlin & Bonn: Dietz.

Nohl, A.-M. (2008). *Interview und dokumentarische Methode. Anleitungen für die Forschungspraxis*. Wiesbaden: VS Verlag für Sozialwissenschaften.

Rosenthal, G. (2008). *Interpretative Sozialforschung. Eine Einführung*. Weinheim & München: Juventa.

Schmitt, S. (2011). *Ein Blick auf interkulturelle Begegnungen: Von der interkulturellen Kompetenz zu biographieanalytischen Perspektiven. Eine kritische Analyse und interkulturelle Spurensuche*. Unveröffentliche Diplomarbeit, Universität Frankfurt.

Schütze, F. (1976). *Zur Hervorlockung und Analyse von Erzählungen thematisch relevanter Geschichten im Rahmen soziologischer Feldforschung – dargestellt an einem Projekt zur Erforschung von kommunalen Machtstrukturen*. In Arbeitsgruppe Bielefelder Soziologen, Kommunikative Sozialforschung. München: Fink.

Schütze, F. (1982). Narrative Repräsentation kollektiver Schicksalsbetroffenheit. In F. Lämmert (Hrsg.), *Erzählforschung* (S. 568–590). Stuttgart: Metzler.

Schütze, F. (1983). Biographieforschung und narratives Interview. *Neue Praxis, 13*, 283–293.

Steinke, I. (1999). *Kriterien qualitativer Forschung. Ansätze zur Bewertung qualitativ-empirischer Sozialforschung*. Weinheim & München: Juventa.

Strauss, A. L. & Corbin, J. (1996). *Grounded Theory: Grundlagen Qualitativer Sozialforschung*. Weinheim & München: Beltz.

Thomas, W. I. & Znaniecki, F. W. (1918–1920/1958). *The Polish Peasant in Europe and America. Monograph of an Immigrant Group*. Boston: Richard G. Badger.

Tiefel, S. (2005). Kodierung nach der Grounded Theory lern- und bildungstheoretisch modifiziert: Kodierungsleitlinien für die Analyse biographischen Lernens. *Zeitschrift für qualitative Bildungs-, Beratungs-, und Sozialforschung, 1*, 65–84.

Toulouse, A. (2010). *De Puymaurin à Roissy-en-France. Enfin ensemble ! Récit de vie recueilli par Augustin Mutuale et Caroline Aichele*. Louveciennes: Kaïros.

Völter, B. (2006). Die Herstellung von Biografie(n). Lebensgeschichtliche Selbstpräsentationen und ihre produktive Wirkung. In G. Burkart (Hrsg.), *Die Ausweitung der Bekenntniskultur – neue Formen der Selbstthematisierung?* (S. 261–284). Wiesbaden: VS Verlag für Sozialwissenschaften.

Völter, B., Dausien, B., Lutz, H. & Rosenthal, G. (2005). Einleitung. In Dies.: (Hrsg.), *Biographieforschung im Diskurs. Theoretische und methodologische Verknüpfungen* (S. 7–20). Wiesbaden: VS Verlag für Sozialwissenschaften.

Walbourg, T. (2010). Se séparer pour devenir autonome? Récit de vie de Renaud G. [Récits de vie: au-delà des frontières]. *Synergies. Pays germanophones, 3*, 103–115.

Weymann, A. (2001). The Polish Peasant in Europe and America. Monograph of an Immigrant Group. In S. Papcke & G. W. Oesterdiekhoff (Hrsg.), *Schlüsselwerke der Soziologie* (S. 485–488). Wiesbaden: Westdeutscher Verlag.

Teil II
Empirische Fallstudien

„Frankreich im Blut und Deutschland im Herz"
Spuren des Internationalen in Biografien von Teamerinnen
Katrin Brunner

Welche Spuren hinterlassen internationale Begegnungen, wie sie das Deutsch-Französische Jugendwerk seit nunmehr 50 Jahren anbietet, in den Biografien von Teilnehmer/inne/n und Teamer/inne/n? Der folgende Beitrag basiert auf narrativen Interviews mit Teamerinnen solcher Begegnungen, die in diesem Kontext auch häufig als Betreuer/innen, Gruppenleiter/innen oder Animateur/Animatrice bezeichnet werden. Er berichtet von den Erfahrungen, Entwicklungen und Emotionen zweier Teamerinnen in Begegnungen des Deutsch-Französischen Jugendwerkes (DFJW). Er präsentiert ihre Lebensgeschichten in biografischen Porträts und wertet ihre Äußerungen unter verschiedenen Aspekten und im Vergleich miteinander aus.

Die Französin, die ich Séraphine genannt habe, die zwei Jahre in Deutschland arbeitet und dann als Lehrerin wieder zurück nach Paris gehen möchte, fasst mit dem Zitat „Frankreich im Blut und Deutschland im Herz" ihre biografischen Erfahrungen zusammen. Für Josiane, eine aus Ostdeutschland stammende junge Frau, lassen sich ihre Erfahrung mit Frankreich mit den Worten „Frankreich mein Aha, mein Eldorado, mein Paradies" charakterisieren. Insbesondere interessieren die Wendepunkte oder „Kettenreaktionen", die durch internationale Erfahrungen ausgelöst werden (können).

Spurensuche in Biografien

Im Rahmen meiner Studie[1] ging ich der Frage nach, welche Spuren internationale Erfahrungen in Biografien hinterlassen können und ob einer internationalen Erfahrung häufig weitere folgen, so dass ein *roter Faden* des Internationalen zu erkennen ist. Besondere Beachtung schenkte ich hierbei auch Wendepunkten, die durch internationale Erfahrungen ausgelöst worden sind. Um Antworten auf diese Fragen zu erhalten, führte ich drei autobiografisch-narrative Interviews mit Teamerinnen deutsch-französischer Begegnungen. Allerdings handelte es sich nicht um klassische narrative Interviews mit offener Erzählaufforderung nach Fritz Schütze, sondern um teilstrukturierte Interviews mit narrativer, thematisch fokussierter Erzählaufforderung, die lautete: *„Erzählen Sie doch mal, wie es kam, dass Sie als Teamerin an*

---

1 Der Beitrag basiert im Wesentlichen auf Ergebnissen meiner Diplomarbeit, die ich unter dem Titel: „Deutsch-Französische Begegnungen als Zugang zum Internationalen: Eine biografieanalytische Studie" an der Johann Wolfgang Goethe-Universität Frankfurt/M. am Fachbereich Erziehungswissenschaften 2011 eingereicht habe (Brunner, 2011).

einer internationalen Begegnung teilgenommen haben und welche Erfahrungen Sie in diesem Kontext gemacht haben?"

Um eine bessere Vergleichbarkeit der Interviews zu ermöglichen, entschied ich mich für diese Form der Interviewerhebung. Zwei der Befragten lieferten nicht nur Fakten zu ihrer Ausbildung und Beschreibungen des Begegnungskontextes, sondern erzählten auch ausführlich über ihr Privatleben und ihre Emotionen. Diese Interviews schienen besonders gut geeignet, um die Spuren des Internationalen in verschiedenen Lebensbereichen nachzubilden. Um die Lebensverläufe der Interviewten, ihre Handlungen und Einstellungen sowie den Einfluss des Internationalen rekonstruieren zu können, wertete ich die Interviews schwerpunktmäßig mit der Narrationsanalyse nach Fritz Schütze (1983) aus. Einige Analyseschritte ergänzte ich in Anlehnung an Ivonne Küsters (2009). Zusätzlich zog ich weitere Analyseschritte nach Theodor Schulze (2010) hinzu, die vor allem einem ersten Verständnis der Biografien dienten. Einige ausgewählte Interviewpassagen analysierte ich mithilfe der Basisstrategien der Feinanalyse nach Gabriele Lucius-Hoene & Arnulf (2004). Im Folgenden möchte ich nun die Ergebnisse der Interviewanalysen darstellen.

Die Namen der Interviewten sind bereits bei der Interviewtranskription anonymisiert worden, ebenso die von den Interviewten genannten Organisationen. Auch wird an dieser Stelle auf eine genaue Beschreibung der Interviewten verzichtet, um die Anonymität zu gewährleisten. Zur besseren Verständlichkeit der Analyseergebnisse sei hier nur angemerkt, dass es sich bei der Interviewten Séraphine um eine Französin handelt und bei der Interviewten Josiane um eine Deutsche. Im zweiten Teil des Beitrags wird der *rote Faden* des Internationalen in den Biografien durch die Beschreibung der internationalen Erfahrungen in chronologischer Reihenfolge aufgezeigt. Im darauffolgenden dritten Teil wird der Einfluss des Internationalen auf die Biografien dargestellt, indem durch internationale Kontexte bedingte Entwicklungen kontrastiv verglichen werden.

Der *rote Faden* des Internationalen

Josiane: „Frankreich mein Aha, mein Eldorado, mein Paradies"

Josiane nimmt bis zum Abitur an zwei Schüleraustauschen zwischen Frankreich und Deutschland teil. Während Josianes Teilnahme an ihrem ersten Schüleraustausch in Frankreich, der zugleich ihr erster Frankreichaufenthalt ist, wird bei ihr eine Faszination für dieses Land geweckt, wodurch sie von nun an alle ihre Ferien in Frankreich verbringt. Ausgehend von dieser Begeisterung nimmt Josiane während ihres letzten Schuljahres zusätzlich an einem Workcamp teil. Die internationalen Erfahrungen ziehen sich von da an weiter durch Josianes Leben, indem sie nach dem Abitur für drei Monate nach Israel geht, um dort zu arbeiten. Im Anschluss folgt ihr zweites Workcamp in Frankreich. Das Workcamp dauert drei Monate und während der Visitation eines Vereins, der deutsch-französische Austausche organisiert, erwähnt Josiane, dass sie gerne einen Europäischen Freiwilligendienst machen würde. Daraufhin schaffen die Verantwortlichen des Vereins eine Stelle für Josiane, und sie absolviert für acht Monate einen Freiwilligendienst. In dieser Zeit fängt Josiane an, als Teamerin im deutsch-französischen Kontext tätig zu werden.

Nachdem sie von ihrem Freiwilligendienst nach Deutschland zurückgekehrt ist, beginnt sie ein Studium der Kulturwissenschaften. Während dieser Zeit erhält sie Besuch von ihrem Gastbruder aus Frankreich, den sie während einer ihrer Schüleraustausche kennengelernt hat. Er bringt außerdem zwei Freunde mit. Einer dieser Freunde wird Josianes fester Freund, und sie entscheidet sich nach drei Monaten dazu, ihr Studium abzubrechen und ihrem Freund nach Frankreich zu folgen. Dort beginnt sie ein Studium der Theaterwissenschaften. Neben ihrem Studium arbeitet sie als animatrice in der Schülerbetreuung. Während ihrer Studienzeit ist Josiane weiterhin als Teamerin im deutsch-französischen Kontext tätig und nimmt an einer Ausbildung zur Gruppendolmetscherin teil.

Nach Abschluss ihres Studiums in Frankreich, das sie mit dem doppelten Abschluss des Diploms und des Masters beendet, kehrt Josiane zusammen mit ihrem Freund zurück nach Deutschland. In den darauffolgenden Jahren bekommt sie zwei Kinder.

Sie beginnt bei einem Pilotprojekt einer großen Organisation mitzuarbeiten. Das Projekt möchte Sozialarbeiter und die von den Sozialarbeitern betreuten Jugendlichen an interkulturelles Lernen heranführen. Es ist das erste Mal, dass Josiane direkt für diese große Organisation beschäftigt ist. Zuvor war sie vor allem für kleinere Vereine und Träger im deutsch-französischen Kontext tätig. Aufgrund ihrer Mitarbeit im Pilotprojekt ergibt es sich, dass Josiane von nun an auch häufig für die große Organisation dolmetscht.

Drei Jahre später ist Josiane freiberuflich als interkulturelle Trainerin und Dolmetscherin tätig und ist hauptsächlich für einen kleineren Verein im Einsatz. Der Verein veranstaltet internationale Jugendbegegnungen und Fortbildungen und erhält hierzu finanzielle Unterstützung. Josiane absolviert zusätzlich eine Ausbildung zur Tandem-Lehrerin und im darauffolgenden Jahr findet das hier dargestellte Interview statt.

Séraphine: „Frankreich im Blut und Deutschland im Herz"

Séraphine hat bereits im Alter von drei Jahren die Möglichkeit, an Schüleraustauschen nach Deutschland teilzunehmen, da ihre Mutter Deutschlehrerin ist. Einen weiteren Bezug zu Deutschland und zum internationalen Kontext hat Séraphine in ihrer Kindheit, indem sie ihre Grundschulzeit in einer deutschen Schule in Frankreich verbringt.

In ihrer Jugend beginnt Séraphine, als Teilnehmerin bei deutsch-französischen Jugendbegegnungen dabei zu sein. Diese werden von einem französischen Träger organisiert. Insgesamt nimmt sie im Jugendalter dreimal an Jugendbegegnungen zwischen deutschen und französischen Jugendlichen in Deutschland teil. Nachdem Séraphine die Schule abgeschlossen hat, beginnt sie ein Studium in Frankreich. Während dieser Zeit arbeitet sie drei Monate als Küchenhilfe in einem Haus des französischen Trägers in Deutschland.

Da Séraphine während ihres Studiums erkennt, dass sie Grundschullehrerin werden möchte, richtet sie ihre weitere Studienzeit danach aus, dieses Ziel erreichen zu können. Während sie für ein Jahr das Referendariat an einer französischen Grundschule absolviert, bietet sich ihr die Möglichkeit, einen dreimonatigen Erasmus-Aufenthalt in Deutschland zu verbringen.

Da sie bereits selbst als Teilnehmerin zu Jugendbegegnungen gefahren ist, ergibt es sich während ihrer Studienzeit, dass sie selbst als Teamerin bei dem französischen Träger eine deutsch-französische Jugendbegegnung anleitet. Sie betreut insgesamt drei Begegnungen für Jugendliche im Alter von 14 bis 18 Jahren. Sie dauern jeweils drei Wochen und das Tagesprogramm besteht aus drei Stunden Sprachunterricht am Vormittag und Freizeitaktivitäten am Nachmittag.

Séraphine wird im Laufe ihrer Tätigkeit auch als Ausbilderin und als Mitarbeiterin in der Projektentwicklung bei dem französischen Träger aktiv. Sie plant und organisiert zusammen mit anderen Betreuenden eine Begegnung für Kinder im Alter von zehn bis zwölf Jahren und leitet diese schließlich auch zweimal an. Zusätzlich ist sie mehrfach an der Überarbeitung des Unterrichtskonzeptes und einmalig an der Ausbildung der Gruppenleiter für diese Art der Begegnung beteiligt.

Nach Abschluss des Studiums zur Grundschullehrerin arbeitet Séraphine ein Jahr als Klassenlehrerin an einer französischen Schule. Im darauffolgenden Jahr nimmt sie am Grundschullehreraustausch einer großen Organisation teil und wird an einer Europa-Grundschule in Deutschland als Französisch-Lehrerin eingesetzt. Das Lehreraustauschprogramm ist zunächst auf ein Jahr begrenzt, da Séraphine diese Aufgabe so gut gefällt, verlängert sie ihre Tätigkeit um ein weiteres Jahr. Zum Zeitpunkt des Interviews befindet sich Séraphine am Ende des zweiten Jahres des Lehreraustausches. Sie plant, nach Beendigung des Austauschprogramms erst einmal nach Frankreich zurückzukehren, um dort weiterhin als Lehrerin tätig zu sein. Ihre Aktivitäten als Teamerin möchte Séraphine von nun an beenden, allerdings ist es ihr Ziel, mithilfe ihres Berufes weiterhin im internationalen Kontext zu agieren.

Vergleich der Biografien von Josiane und Séraphine oder: Spuren des Internationalen in den Biografien

Gibt es in den Biografien von Josiane und Séraphine Vergleichbares? Inwiefern haben sich durch ihre internationalen Erfahrungen persönliche Entwicklungen vollzogen, die auf diese zurückgeführt werden können? Ein wichtiges Fazit der Interviewanalysen ist, dass für beide Interviewte internationale Erfahrungen von dauerhafter Bedeutung waren, die Spuren in ihren Biografien hinterlassen haben und prägend für das weitere Leben wurden.

In Séraphines Leben hatten internationale Erfahrungen bereits sehr früh einen Platz, da sie im Alter von drei Jahren bereits an Schüleraustauschen teilnahm. In Josianes Leben traten die internationalen Erfahrungen erst in ihrer Jugendzeit auf, jedoch prägten sie ihren Lebensverlauf von da an permanent. Beide Interviewten lebten für einige Zeit im Ausland, so dauerte Séraphines längster Aufenthalt in Deutschland zwei Jahre, während Josiane fünf Jahre in Frankreich wohnte. Besonders diese langfristigen Auslandsaufenthalte bewirkten bei Josiane und Séraphine die Reflexion der eigenen Persönlichkeit und eine Auseinandersetzung mit Kulturunterschieden und interkultureller Kompetenz. Séraphine merkt hierzu an, dass durch das Kennenlernen einer neuen Kultur auch die eigene Kultur besser verstanden wird: „Dieses Hin und Her zwischen die Kulturen. Du lernst 'ne neue, aber eigentlich, ermittelt dir das deine eigene weiter zu, zu entdecken." Josiane richtete schließlich sogar ihre berufliche Tätigkeit danach aus, indem sie begann, als interkulturelle Trainerin zu arbeiten. Ihr Interessenschwerpunkt gilt dabei der interkulturellen Kompetenz von Menschen mit nichteuropäischem Migrationshintergrund, die in Europa leben.

Séraphines Berufswahl wurde nicht durch ihre internationalen Erfahrungen beeinflusst, allerdings nutzte sie ihren Beruf dazu, eine Zeit lang in Deutschland arbeiten zu können. Ihr Ziel ist es nun, von den weiteren Chancen zu profitieren, die ihr Beruf als Lehrerin bietet, um auch in anderen Ländern zu unterrichten und dort für eine begrenzte Zeit zu wohnen.

Josianes langfristiger Frankreichaufenthalt lag zum Zeitpunkt des Interviews bereits fünf Jahre zurück und Séraphine stand kurz vor ihrer Rückkehr nach Frankreich. Sowohl Josiane als auch Séraphine hatten zu diesem Zeitpunkt keine Pläne, um noch einmal länger in Frankreich bzw. in Deutschland zu leben. Josiane merkte hierzu an, dass sie keine Zukunftspläne schmiedet und sich die Dinge immer irgendwie von alleine ergeben. Séraphine plante zwar, noch weitere Länder zu entdecken, sagte aber auch, dass sie sich momentan nicht vorstellen kann, beispielsweise eine Familie im Ausland zu gründen. Auch Josiane ist zuerst nach Deutschland zurückgekehrt, bevor sie und ihr Lebensgefährte ihr erstes gemeinsames Kind bekommen haben.

Beide Interviewte machten eine Vielzahl ihrer internationalen Erfahrungen in ihrer Jugend und ihrer Zeit als junge Erwachsene. Séraphine nahm zwar bereits in ihrer Kindheit an Schüleraustauschen teil, aber einen besonders intensiven Eindruck scheinen ihre Erfahrungen im Jugendalter, als Teilnehmerin deutsch-französischer Begegnungen, bei ihr hinterlassen zu haben. Sie waren auch der Grund dafür, dass Séraphine ab dem jungen Erwachsenenalter selbst als Teamerin deutsch-französische Begegnungen anleitete. Darüber hinaus engagierte sie sich in der Projektentwicklung von Begegnungen und leitete die Ausbildungen für Nachwuchssteamende an. Deutsch-französische Begegnungen begleiteten Séraphine somit ihr ganzes bisheriges Leben. Einige Erzählungen Séraphines lassen vermuten, dass die Begegnungen besonders in ihrer Jugend als auch während ihrer Studienzeit eine haltgebende Funktion erfüllten und als Ausgleich für vorhandene Unsicherheiten und Unzufriedenheit dienten.

Josiane begann erst in ihrer Jugend, an Schüleraustauschen teilzunehmen. Bereits nach ihrem ersten Austausch war sie so fasziniert von dem französischen Leben und der Sprache, dass sie von nun an all ihre Ferien in Frankreich verbrachte. Nach Beendigung ihrer Schulzeit studierte Josiane zwar zunächst in Deutschland, aber ermutigt durch ihre kurz darauf begonnene Liebesbeziehung zu einem Franzosen, die bis heute besteht, zog sie schließlich nach Frankreich, um dort ein Studium zu beginnen. Den ersten Kontakt mit deutsch-französischen Jugendbegegnungen hatte sie während ihres Europäischen Freiwilligendienstes, den sie zwischen Schul- und Studienzeit absolvierte. Hierbei befand sie sich in der Position der Teamerin, Erfahrungen als Teilnehmerin hat Josiane auf Begegnungen nicht sammeln können. Ihre Erlebnisse als Austauschschülerin hatten einen nachhaltigen Einfluss auf ihre Entwicklung in der Jugendzeit und ihre Tätigkeiten als Teamerin prägten ihre Zeit als junge Erwachsene. Somit konnte auch Josiane während ihrer Reifung von der Jugendlichen zur erwachsenen Frau auf die Sicherheit bauen, die sie durch ihre Liebe zu Frankreich und durch die Beziehungen zu den unterschiedlichsten Menschen, mit denen sie aufgrund von Begegnungserfahrungen Bekanntschaft gemacht hatte, vermittelt bekam. In Josianes Fall schließen die erwähnten Beziehungen nicht nur die Menschen mit ein, die sie während einer Begegnung kennengelernt hat, sondern auch diejenigen, die sie durch diese kennengelernt hat. Ein wichtiges Beispiel hierfür sind ihr Austauschschüler und ihr Lebensgefährte, mit dem sie durch ihren Austauschschüler in Kontakt gekommen ist. Josiane berichtet, dass sie nach ihrem ersten Schüleraustausch von ihrer Klassenlehrerin gefragt worden ist, ob sie noch einen Austauschschüler aufnehmen möchte. Hierzu erzählt Josiane: „Den aus der Bretagne, den ich dann aufgenommen hab, das war, also das is wie mein Bruder gewesen, oder auch immer noch. (…) Über den hab ich auch meinen Freund jetzt kennengelernt, also das is war schon so, was ganz Wichtiges in meinem Leben."

Josiane schreibt ihrem ersten Schüleraustausch eine ausschlaggebende und prägende Rolle für ihr gesamtes Leben zu: „Ich glaub, wenn ich vielleicht diesen allerersten Schüleraustausch nie gemacht hätte oder nich in so 'ner netten Familie gelandet wär, vielleicht würde ich jetze, wees ich nich, als was ganz anderes arbeiten und überhaupt nicht diesen Bezug zu Frankreich so haben."

Auffällig ist, dass die Teilnahme an Begegnungen und Austauschen bei Séraphine und Josiane schwerpunktmäßig in der Jugendzeit stattfand. Sicherlich sind die Jugend- und auch die Studienzeit generell die typischen Zeitpunkte in Biografien, an denen Austauschs-, Auslands- und Gruppenerfahrungen einen Platz finden. Diese Gegebenheit ist unter anderem strukturell bedingt, da die Teilnahme hieran meist von Institutionen, wie der Schule und der Universität, angeboten wird. Auch richten die Organisatoren internationaler Begegnungen ihre Angebote schwerpunktmäßig für Jugendliche aus. Die beschriebenen Zeiträume stellen auch für die Interviewten einen günstigen Zeitpunkt im Leben dar, um eine solche Erfahrung zu machen. Denn der heranwachsende junge Mensch hat in den Schul- oder Semesterferien die

Gelegenheit, frei von Verpflichtungen Neues zu entdecken und die eigenen Interessen auszuweiten und dabei sich selbst besser kennenzulernen. Wenn im Erwachsenenalter schließlich berufliche und familiäre Verpflichtungen hinzukommen, bleibt einerseits weniger Zeit, um an Begegnungen teilzunehmen und andererseits nimmt häufig auch die Bereitschaft ab, ohne die Familie zu verreisen und mit einer großen unbekannten Gruppe ein neues Land zu entdecken. Eine Alternative hierzu könnten internationale Begegnungen für Erwachsene und Familien darstellen. Sie existieren bisher nur in der Form von Fachkräfteaustauschen, Angebote für Familien scheint es noch nicht zu geben. Im Zuge der zunehmenden Bedeutung interkultureller Kompetenz kann es jedoch durchaus sein, dass auch diese Begegnungsform in naher Zukunft angeboten wird sowie bereits Ferienfahrten für Familien und Alleinerziehende mit Kind zu finden sind.

Das Betreuen von Begegnungen fiel bei Josiane und Séraphine in die Zeit des jungen Erwachsenenalters. Die zuletzt genannten Argumente, warum die Teilnahme an Begegnungen meist in der Jugendzeit stattfindet, können auch hier angewandt werden. Ein weiterer Grund, warum häufig junge Erwachsene Begegnungen betreuen, die sich noch in der Ausbildung befinden, ist in finanziellen Aspekten zu finden. Während der Ausbildungszeit ist das zur Verfügung stehende Budget meist sehr gering und ermöglicht es oft nicht, eine Auslandsreise anzutreten. Die Teilnahme an einer internationalen Begegnung stellt hierbei eine kostengünstige Alternative dar, das Betreuen einer Begegnung ist sogar mit einem geringen Einkommen verbunden. Der bereits beschriebene Gesichtspunkt, dass Erwachsene eher nicht mehr an Begegnungen teilnehmen, trifft teilweise auf Séraphine zu. Sie hat zum Zeitpunkt des Interviews beschlossen, nun als Erwachsene mit dem Betreuen von Begegnungen aufzuhören. Sie möchte sich in der kommenden Zeit hauptsächlich für ihren Beruf einsetzen. Allerdings will sie diesen als Zugang zu Auslandsaufenthalten nutzen. Somit engagiert sie sich zwar nicht mehr für internationale Jugendbegegnungen, aber sie bleibt weiter im internationalen Kontext tätig. Auch Josiane wird weiter im internationalen Kontext aktiv bleiben. Da der Bereich internationaler Begegnungen zu ihrem Beruf als interkulturelle Trainerin zählt, wird sie außerdem weiterhin im Begegnungskontext tätig bleiben.

Sowohl Josianes als auch Séraphines Biografie verdeutlichen, wie internationale Erfahrungen einen Menschen dauerhaft begleiten können. Beide erlebten als Zugang zu internationalen Erfahrungen den Schüleraustausch und suchten anschließend immer wieder internationale Situationen auf. Bei Josiane hatte dies sogar Einfluss auf Berufswahl und Familiengründung. In ihrer Partnerschaft sind die Länder Frankreich und Deutschland sprichwörtlich zusammengewachsen. Séraphine richtete zwar nicht ihre Berufswahl und bisher auch nicht ihre privaten Beziehungen danach aus, allerdings ist es ihr Ziel, weiterhin internationale Erfahrungen zu machen.

Das Ziel meiner Diplomarbeit, einen *roten Faden* des Internationalen in den Biografien aufzudecken, ist somit gelungen. Ein unmittelbarer Zusammenhang zwischen einer konkreten internationalen Erfahrung und einem grundsätzlichen

Wendepunkt im Leben der Biografieträgerinnen ist nicht zu belegen. Beispielsweise hat Josiane ihren Lebensgefährten nicht während eines Schüleraustausches kennengelernt. Allerdings zeigte sich, dass ein Ereignis zu weiteren Erlebnissen führt und dass diese dann durchaus wichtige Wendepunkte in der Biografie auslösen können. Verdeutlicht am Beispiel von Josiane und ihrem Lebensgefährten war es so, dass sie zunächst am Schüleraustausch teilgenommen hat, sich dabei mit ihrem Gastbruder anfreundete und dann Jahre später durch ihn ihren heutigen Lebensgefährten kennenlernte.

Ein direkter Zusammenhang ist jedoch bezüglich weniger bedeutender Erfahrungen zu erkennen. Zum Beispiel nahm Josiane nach ihrer Schulzeit an einem Workcamp in Frankreich teil und kam dadurch in Kontakt mit einem Verein, bei dem sie schließlich einen Europäischen Freiwilligendienst absolvierte. Auch Séraphine hörte während der Ausübung ihrer Tätigkeit als Teamerin immer wieder von neuen Möglichkeiten, um interessante Auslandserfahrungen zu machen. Beispielsweise erfuhr sie hierbei von einem Austauschlehrerprogramm, mit dem sie schließlich zwei Jahre in Deutschland verbrachte.

Eine weitere Spur des Internationalen in den Biografien ist das Ausbilden von neuen Hobbys und Interessen. Sowohl Josianes Begeisterung für Frankreich, die sie mit den Worten „Mein Aha, mein Eldorado, mein Paradies" beschreibt, als auch Séraphines „Liebe zu Deutschland" erwecken den Eindruck, dass die Länder und damit verbunden die Sprachen für beide eine Art Hobby darstellen, für das sie eine besondere Leidenschaft empfinden. Josiane berichtete zudem, dass sie durch ihren Europäischen Freiwilligendienst in Frankreich gelernt hat, die Berge zu lieben und dass sie dadurch das Wandern als ein neues Hobby entdeckt hat. Séraphine erzählt nicht von Hobbys, die durch Begegnungssituationen oder Auslandsaufenthalte entstanden sind, aber sie beschreibt, dass sie das Interesse entwickelt hat, noch weitere Länder und Sprachen kennenzulernen.

Wie bereits zu Beginn erwähnt, führten die im Ausland und auf Begegnungen gesammelten Eindrücke dazu, dass sowohl Josiane als auch Séraphine begannen, die eigene Persönlichkeit zu reflektieren. Dies geschah einerseits spiegelbildlich durch die Konfrontation mit einer neuen Kultur, wodurch der eigene kulturelle Hintergrund und persönliche Einstellungen und Werte hinterfragt wurden. Andererseits boten die vielen neuen Bekanntschaften, die im Laufe von Auslandsaufenthalten und Begegnungen gemacht worden waren, die Möglichkeit, unterschiedlichste Menschen mit den unterschiedlichsten Charakteren und Einstellungen kennen zu lernen und sich selbst mit ihnen zu vergleichen.

Ein weiterer Effekt des Kennenlernens einer neuen Kultur und neuer Menschen war das Ausbilden von interkultureller Kompetenz. Séraphine beschreibt im Interview anhand vieler lebhafter Beispiele, welche Missverständnisse zunächst entstehen können, wenn zwei Menschen aus unterschiedlichen Ländern mit dem gleichen Sachverhalt konfrontiert sind.

Als Beispiel erläutert Séraphine, dass es in Frankreich üblich ist, dass Männer den Frauen regelmäßig die Tür aufhalten, dies in Deutschland aber nicht immer der Fall ist: „Ich hab mich angegriffen gefühlt in Deutschland erst mal, obwohl ich wusste es, also es war kein große Sache, aber wenn jemand dir die Tür nicht offen hält, bist du sauer." Hierzu merkt sie außerdem die Wahrnehmung einer Französin und einer Deutschen an: „Und 'ne Französin sagte, sie war sehr, sie hat sich sehr erschrocken in Deutschland, dass die Leute so unhöflich sind und eine Deutsche, Deutsche hatte, sagte, dass sie es für unverschämt halte, dass die Franzosen ihr sozusagen den Hof machen".

Je nach persönlicher Tagesverfassung konnte Séraphine über erlebte Missverständnisse lachen oder sich darüber ärgern. Im Laufe ihrer Zeit in Deutschland lernte sie, in schwierigen Situationen weniger die Ursachen für Probleme bei sich selbst oder dem Gesprächspartner aus einem anderen Land zu suchen, sondern mehr und mehr danach zu schauen, welche Beteiligung die unterschiedliche kulturelle Herkunft und die dadurch geprägte Wahrnehmungsweise an der Entstehung des Konflikts hatten. Dies beschreibt nur einen wichtigen Einfluss interkultureller Kompetenz auf Situationen.

Im Interview mit Josiane fand die interkulturelle Kompetenz besondere Erwähnung in Bezug auf Begegnungen, an denen Jugendliche mit ganz unterschiedlichen Migrationshintergründen teilnahmen. Ein wichtiger Aspekt war hierbei für Josiane, dass die Jugendlichen die Möglichkeit haben, Anerkennung für ihre Sprach- und Kulturkenntnisse zu erfahren und dadurch auch eine Selbstwertsteigerung zu erleben. Es werden im Besonderen die Vorteile des Migrationshintergrundes sichtbar und das Augenmerk ist nicht, wie es im Alltag immer wieder geschieht, auf die Schwierigkeiten gerichtet, die ein solcher mit sich bringen kann.

Gleichzeitig wird die interkulturelle Kompetenz der Jugendlichen weiter ausgebildet, wodurch sie sich selbst in einer kulturell vielfältigen Gesellschaft besser zurechtfinden können. Somit kann ihre Integration in die Gesellschaft gefördert werden und als langfristiges Ziel kann die weitere Öffnung der Gesellschaft angestrebt werden.

An dieser Stelle möchte ich darauf hinweisen, dass Begegnungen generell für Jugendliche mit Migrationshintergrund und für Jugendliche aus sozial schwachen Familien eine kostengünstige Möglichkeit darstellen, um neue Erfahrungen zu machen und dabei den eigenen Horizont zu erweitern (vgl. auch Franczak & Friebertshäuser, 2010). Denn für die Teilnahme an einer Begegnung fallen in der Regel wesentlich geringere Teilnahmebeiträge an als beispielsweise für Ferienfreizeiten, da die Begegnungen häufig subventioniert werden. Allerdings nehmen in der Regel viel zu wenige Jugendliche dieser Zielgruppen an Begegnungen teil. Dies könnte unter anderem daran liegen, dass kein persönlicher Zugang zu Begegnungen und den ausführenden Trägern besteht. Deshalb wäre es in der Zukunft wichtig danach zu schauen, wie man Jugendliche aus den unterschiedlichsten Zielgruppen für die Teilnahme an Begegnungen gewinnen kann.

Perspektiven internationaler Begegnungen
in einer globalisierten Welt

Welche Perspektiven eröffnen sich für internationale Begegnungen in der Zukunft? Man sagt, durch die Globalisierung wachse die Welt zusammen. Aber das kann nur gelingen, wenn Menschen sich im wahren Sinne begegnen, dabei kennenlernen, das Trennende überwinden und das Gemeinsame entwickeln.

„Erst mal Europa auch! Aber ich glaub nachher wird welt-, äh, weit kommen", sagte Séraphine und beschreibt darin die Auswirkungen, die internationale Erfahrungen auf Lebensläufe haben können. Deutlich wird in beiden Interviews, dass die interkulturellen Begegnungen bleibende Spuren im Leben der jungen Frauen hinterlassen haben, ihre Berufswahl mit beeinflussten, ihren Horizont erweiterten und sie sensibel gemacht haben für das Leben von Migranten in der jeweiligen Gesellschaft. Es wäre nun sehr spannend, das Leben dieser Frauen und das ihrer Kinder (Josiane hat zwei kleine Kinder mit ihrem französischen Freund, die nun zweisprachig aufwachsen) weiter zu verfolgen. Mit ihnen wächst jedenfalls eine neue Generation heran, die sich in einem europäischen und internationalen Raum bewegt. Im Zuge der fortschreitenden Globalisierung und der zunehmend international ausgerichteten Gesellschaften können internationale Begegnungen eine Möglichkeit bieten, um die interkulturelle Kompetenz der Teilnehmenden zu schulen, wobei Vorurteile abgebaut und neue Handlungs- und Sichtweisen aufgebaut werden.

So entdeckte Séraphine: „Ich dachte zum Beispiel, also ganz klischeeweise, aber, muss auch sein, dass die Deutschen das Gesetz folgen, also Organisation mögen, lalala und letztendlich finde ich, dass Frankreich sehr, sehr, sehr, sehr geregelt ist. [...] Und, ich dachte auch immer, die Deutschen sind von vorne an mehr distanziert, als die Franzosen. Und die Franzosen, weißt du, die Franzosen küssen sich und die Deutschen, wenn du sowas zwar in Deutschland machst, das ist furchtbar, ne. Der rennt weg. [...] Und letztendlich hab ich, also jetzt mit zwei Jahren in Deutschland erfahren, dass die Deutschen haben mehr das Sinn des Gemeinschaft, des Zusammenhang".

Sicherlich ist die durch internationale Begegnungen ausgelöste Schulung der interkulturellen Kompetenz auch ein Grund dafür, dass für internationale Begegnungen unterschiedlichste Subventionsmöglichkeiten auf kommunaler, Landes- und Bundesebene und teilweise aus europäischen Mitteln bestehen. Internationale Begegnungen, deren Organisation, Durchführung, Auswertung und die Ausbildung von Betreuenden verkörpern zudem wichtige Arbeitsfelder für künftige Pädagog/inn/en.

Literatur

Brunner, K. (2011). *Deutsch-Französische Begegnungen als Zugang zum Internationalen: Eine biografieanalytische Studie.* Unveröffentlichte Diplomarbeit Universität Frankfurt.

Franczak, M. & Friebertshäuser, B. (2010). Verschüttete interkulturelle Momente bei jugendlichen Teilnehmenden ausgraben – eine kritische Reflexion. [Récits de vie: au-delà des frontières]. *Synergies. Pays germanophones, 3,* 67–85.

Küsters, I. (2009). *Narrative Interviews – Grundlagen und Anwendungen.* Wiesbaden: VS Verlag für Sozialwissenschaften.

Lucius-Hoene, G. & Deppermann, A. (2004). *Rekonstruktion narrativer Identität – Ein Arbeitsbuch zur Analyse narrativer Interviews.* Wiesbaden: VS Verlag für Sozialwissenschaften.

Schütze, F. (1983). Biographieforschung und narratives Interview. *Neue Praxis, 13,* 283–293.

Schulze, T. (2010). Zur Interpretation autobiographischer Texte in der erziehungswissenschaftlichen Biographieforschung. In B. Friebertshäuser, A. Langer & A. Prengel (Hrsg.), *Handbuch Qualitative Forschungsmethoden in der Erziehungswissenschaft* (S. 41–436). Weinheim & München: Juventa.

Sprachliche Aspekte in deutsch-französischen Biografien[1]
Gérald Schlemminger und Rachel Holbach

„Wer zwei Sprachen beherrscht, verliert seine Seele."
„Wer viele Sprachen spricht, kann in vielen
Sprachen Unsinn reden."

Mehrsprachigkeit und narrativ biografische Erzählungen

Das erste Bonmot wird dem Archäologen Thomas Edward Lawrence (1888–1935) nachgesagt; das zweite soll Alexander Roda-Roda, österreichischer Schriftsteller und Publizist (1872–1945), gesagt haben. Diese Aphorismen mögen das Spannungsverhältnis andeuten, das Sprache und Identität eingehen. Sie drücken auch noch heute ein besonderes, in überwiegend monolingualen Industriestaaten vorherrschendes Verständnis von anderen Sprachen aus, in dem Mehrsprachigkeit als hemmend, gar störend empfunden wird. Es ließe sich in dem essentialistischen Sprachbegriff zusammenfassen, der besagt, jeder Mensch denke letztendlich nur in seiner eigenen, seiner Muttersprache vollkommen und damit optimal.

Dieser Sprachbegriff findet seine Wurzeln in einer weniger verengten, sondern eher weltoffenen Haltung in der deutschen Romantik, in einer Zeit der Besinnung auf kulturelle und nationale Identitäten. 1836 entfaltet Wilhelm von Humboldt, der Vorläufer der modernen Sprachwissenschaften, in seiner Schrift *Über die Verschiedenheit des menschlichen Sprachbaues und ihren Einfluß auf die geistige Entwickelung des Menschengeschlechts* einen anthropologisch begründeten Zusammenhang zwischen Sprache, Kultur und Gesellschaft und Individuum. Dieses Verständnis von Sprache wurde u.a. von Leo Weisgerber (1971)[2] in der „Sprachinhaltsforschung" mit dem Begriff des sprachlich geprägten Weltbildes weiterentwickelt. Dass das Denken, die Welterfahrung und Begriffsbildung von der Sprachform abhängig sind, ja bestimmt werden, führt dann bei Benjamin Lee Whorf (1962) zu einem linguistischen Determinismus, der aber empirisch so nicht nachweisbar ist. Vielversprechender als formalsprachlich-lexikalische Ansätze sind jene, die auf die semantische Ebene gehen. Hier sind die Arbeiten von Peter Kühn, im Besonderen das Buch *Interkulturelle Semantik* (2006) zu nennen.

---

1 An diesem Artikel haben wir zwischen Kodierung, Analyse und Ausformulierung ein Jahr gearbeitet. Bianca Burk hat an der Kodierung mitgewirkt.
2 Wenn die Annahme, dass die verschiedenen Sprachen Ausschnitte von Welt unterschiedlich aufschlüsseln, nicht empirisch nachgewiesen und ideologiekritisch aufgearbeitet wird, dominieren leicht ideologische Züge den Sprachbegriff. So ist Leo Weisgerber, z.B. mit seiner Schrift *Die volkhaften Kräfte der Muttersprache* (1939), stark durch nationalsozialistisches Ideengut beeinflusst.

Wir vertreten in unserer Untersuchung, ausgehend von dem kulturhistorischen Ansatz von L. S. Wygotsky (1974), ein interaktionistisches Verständnis des Zusammenhangs von Sprache, Denken und Identität. Wir gehen dabei von der Annahme aus, dass Sprach*gebrauch*, d.h. die Benutzung der einen oder der anderen Sprache gerade in einem mehrsprachigen Kontext einen Einfluss auf den Aufbau der individuellen Identität und Welterfahrung haben kann, genauso wie Identität und Welterfahrung Einfluss auf die Wahl und die Benutzung einer Sprache nehmen können. Es handelt sich hier also um einen wechselseitigen, oft interkulturellen Prozess, wie wir auch in unseren Analysen des Textkorpus zeigen werden.

Die Zugänge zu dem Bereich Sprache und Biografie sind vielfältig und können hier nur angedeutet werden: Neben den Sammlungen von Selbstzeugnissen in Form von Interviews und Berichten (vgl. Czernilofsky & Kremnitz, 2003; Racine & Kohler, 2001) interessiert sich u.a. die *Psychoanalyse* für die je individuelle Verarbeitung der Mehrsprachigkeit im Aufbau der eigenen Psyche und Identität. In dem Sammelband von Jacqueline Amati Mehler, Simona Argentieri & Jorge Canestri (2010, S. 237) werden „das Ineinander von Muttersprache und Fremdsprachen für den Prozess der Trennung, des Selbständigwerdens und Heranwachsens" unter unterschiedlichen Blickwinkeln betrachtet. Die *Immigrationsforschung* (vgl. z.B. Akhtar, 2007) untersucht anhand von biografischen Fallstudien die individuellen, sozialen und kulturellen Auswirkungen der Mehrsprachigkeit von Einwanderern. Auch die linguistische Fallstudie von Katharina König (2010) gehört in diesen Zusammenhang. In einer qualitativen Analyse vietnamesischstämmiger Menschen wird in einem leitfadengeleiteten Interview der Frage nachgegangen, wie der Migrationshintergrund selbst als relevant gesetzt wird, in welchen interaktionalen Kontexten kulturelle und nationale Zugehörigkeitszuschreibungen vorkommen und in welchen Formaten und sprachlichen Mustern sie eingebracht werden (vgl. ebd., S. 32f.). Die Autorin will damit der Identitätsbildung von Migrant/inn/en und deren subjektiven Theorien von Sprache nachgehen.

Die *Linguistik* beschäftigt sich mit narrativen Interviews mehrsprachiger Sprecher/innen, indem sie formalsprachliche und metasprachliche Aspekte untersucht. So analysiert z.B. Christine Deprez (2000), wie bilinguale Sprecher/innen formalsprachlich und argumentativ ihre Identität aufbauen. Die *Soziolinguistik* beforscht mit biografischen Interviews die Einstellungen und Haltungen von mehrsprachigen Personen. Doch beziehen sich diese Untersuchungen sehr oft auf die Zielgruppe der Imigrant/inn/en (vgl. z.B. die Veröffentlichungen in Leray & Bouchard, 2000). Diese Arbeiten nehmen vielfach dann auch eine ethnografische Richtung ein, wie die Texte in Wilfried Datler (2008) zeigen.

Die *Psycholinguistik* beobachtet die kognitiven Prozesse, die bei mehrsprachigen Personen ablaufen, ausgehend von Aufnahmen von sozialen und verbalen Interaktionen. So interessiert sie sich im besonderen dafür, wie die Symbolisierung in den unterschiedlichen Sprachen abläuft, wie die Person in der Lage ist, aufgrund ihrer Erfahrungen, innere Vorstellungen, die die Wirklichkeit in der jeweiligen Kultur repräsentieren, aufzubauen, darauf körperlich und sprachlich in dem sozialen Interaktionsprozess Bezug zu nehmen und mit bereits aufgebautem Bedeutungswissen zu verknüpfen. So gelingt es der Person, den Begriffserwerb aufzubauen und Spracherwerb zu erweitern. Hier sind vor allem Arbeiten aus dem schulischen Bereich, die im Rahmen der Untersuchung bilingualer Züge vorgenommen wurden, zu nennen (vgl. z.B. Gajo & Berthoud, 2008; Schlemminger, 2011). Im außerschulischen Bereich gibt es dazu die interessante Promotionsschrift von Jacques Alain Bitsi (2005), der anhand einer afrikanischen Kultur den Aufbau interkultureller Symbolisierungsprozesse aufzeigt. Das zunehmende Interesse an je individuellen Ausprägungen von Lernprozessen führt dazu, dass die Sprachlehrforschung und die Fremdsprachendidaktik Sprachbiografien mehrsprachiger Personen untersuchen (z.B. Franceschini, 2002).

In unserer Untersuchung legen wir den Fokus auf die sprachlichen Aspekte, die, so unsere Arbeitshypothese, in narrativen deutsch-französischen Interviews eine mögliche interkulturelle Bedeutung haben und durch die Interaktion von Interviewer/in und Interviewter/Interviewtem aktiviert werden. Wir greifen dabei auf Phänomene der Sprachverwendung zurück, die besonders auffällig sind und häufig auftreten. Es handelt sich dabei um den Sprachwechsel, Einstellungen und Gefühle zur (anderen) Sprache und zum Spracherwerb sowie um metasprachliche Reflexionen. Wir befinden uns damit im Bereich der Soziolinguistik, die sich u.a. um die je individuellen Bedingungen der Sprachverwendung kümmert.

Unsere Fragestellung und das methodische Vorgehen

Zunächst scheint es uns wichtig, den Stellenwert unseres Korpus näher zu definieren, anschließend werden die Untersuchungsfragen und das methodische Vorgehen erläutert.

Auch wenn unsere Interviews nicht mit dem Ziel des Erzählens einer Sprachbiografie erstellt worden sind, so macht die Unterscheidung von Doris Tophinke (2002, S. 1) doch Sinn, denn sie hilft festzulegen, welche epistemologische Qualität unserer Gegenstandsbereich besitzt:

> „Einmal kann die *gelebte Geschichte des Erwerbs* von Sprache(n) und Sprachvarietäten, der Sprachpraxis und Spracheinstellungen gemeint sein, die ihren spezifischen sprachlichen und sozialen Kontext hat. Um Sprachbiografie geht es zum anderen im Falle einer rein *erinnernden Rekonstruktion der sprachbiografisch relevanten Erfahrungen*. Schließlich kann Sprachbiografie die *sprachliche Rekonstruktion einer Sprachbiografie* bezeichnen, die schriftlich oder mündlich realisiert werden kann" (Hervorhebung von den Verf.).

In den Interviews wird Sprachgebrauch gelebt, er wird – nebenbei – reflektiert, kommentiert. Das Hauptziel der autobiografischen Erzählungen ist jedoch, den persönlichen Werdegang zwischen den beiden Kulturen, der deutschen und der französischen, darzustellen, zu kommentieren, zu bedenken.

In unserem Fall treffen wir beim Austausch mit der interviewenden Person auf gelebte Geschichte des Spracherwerbs oder während der Erzählung auf *erinnernde Rekonstruktion der relevanten Spracherfahrungen*. Sprache begegnet uns hier nicht als reine Struktur oder Form, sondern in einer präzisen sozial-kommunikativen Interaktion, dem narrativen Interview, und den hier stattfindenden Prozessen der Selbstdarstellung, der Herstellung und Ausgestaltung von Beziehungen. Der Sprachgebrauch transportiert dabei „vorgefertigte, konventionalisierte Bedeutungen, denen soziale Sinnschemata und Ordnungsstrukturen korrespondieren" (ebd., S. 2). Diese gilt es in unserer Untersuchung zumindest teilweise aufzudecken. Wir gehen daher folgenden Fragen nach:
- Was hat es zu bedeuten, wenn in einem Interview Aussagen, Passagen oder Sprachfetzen in der anderen Sprache auftauchen?
- Welche Themenkomplexe werden in welcher Sprache angesprochen, mit welcher Sprache verknüpft? Was sagt daher ein Sprachwechsel in den Interviews aus?
- Lässt sich nachweisen, dass aufgrund der Beherrschung zweier Sprachen möglicherweise Mehrdeutigkeiten auftreten, die aufgrund der anderen beherrschten Sprache(n) ins Spiel kommen?
- Welche Funktion(en) mag die Zweitsprache bei den Interviewten haben? Deutet ein flexibler Gebrauch beider Sprachen auf eine produktive „Aufspaltung" (*dissociation*) der interviewten Person hin?
- Lässt sich nachweisen, dass bei einem Sprachwechsel mit dem Gebrauch der anderen Sprache andere Einstellungen, Wertungen, Stereotypen, Ideologien usw. transportiert werden? Findet ggf. eine andere Bedeutungsbildung (Symbolisierung) statt?
- Trägt eine Mehrsprachigkeit möglicherweise zum Aufbau einer „interkulturellen Identität" bei?
- Wird die Frage der Sprache von den Interviewten explizit thematisiert? Wird der Zusammenhang vom einzel- bzw. mehrsprachlichen Bedeutungssystem und privaten Bedeutungen thematisiert?

Aufgrund des Datenmaterials und der Interviewtechnik werden wir *nicht* oder nur begrenzt auf Fragen eingehen, die nicht aktualisierte kognitive Prozesse betreffen, z.B. ob Erinnerungen an einzelsprachliches Material gebunden sind oder nicht. Zum Zeitpunkt unserer Kodierungsarbeiten lagen uns 31 vollständig transkribierte Interviews vor.

Um unsere Fragen beantworten zu können, gehen wir methodisch wie folgt vor: Mit Hilfe des Programms MaxQDA (vgl. Kuckartz, 2010) sichteten wir die vorliegenden Interviews nach Auffälligkeiten des Sprachgebrauchs. Daraus erarbeiteten wir ein erstes Kategoriensystem mit drei zentralen Oberbegriffen aus der aktuellen linguistischen Fachdebatte: Formen des Sprachwechsels, Sprache lernen, metasprachliche Reflexion (vgl. Abb. 1). Der erste Oberbegriff bezieht sich auf den

Sprachgebrauch der einen, der anderen oder weiterer Sprachen im Laufe des Interviews. Der zweite betrifft die Informationen und Fakten, die die Interviewten zu ihrer Sprachkompetenz abgeben. Bei dem dritten handelt es sich um Angaben zum eigenen Sprachgebrauch und um Alltagstheorien der Sprechenden zum Sprachenlernen. Zu jedem Oberbegriff haben wir dann vor der zweiten Kodierung Eigenschaften als mögliche Indikatoren (*traceur*) entwickelt, die auf das Vorhandensein der genannten Kategorien hindeuten.

A.	**Sprachwechsel**
1.	Code switching / code mixing (alternance codique)
2.	Code shifting (glissement linguistique)
3.	Code swaying (oscillation linguistique)
4.	Benennungsprobleme: sucht Wörter in L2 (andere Sprache):
5.	Benennungsprobleme: sucht Wörter in L1 (Muttersprache), da L2 zuerst einfällt
6.	Interferenzfehler / Interrimssprache
B.	**Sprache lernen**
7.	Ort des Sprachenlernens
8.	Lernalter
9.	Bezugspersonen für das Sprachenlernen
10.	Lebensabschnitte, Epochen, in denen eine Sprache gelernt wurde
11.	Selbsteinschätzung über Sprachkompetenz
12.	Beherrschen von anderen Sprachen
C.	**Metasprachliche Reflexion**
13.	Reflexion zum Sprachwechsel
14.	Wie lerne ich Sprache (subjektive Theorien)
15.	Ziele des Sprachenlernens
16.	zur eigenen Sprachpraxis
17.	Interferenzprobleme /-fehler / Sprachsystem
D.	**Emotionen und Sprache**

Abb. 1: Indikatorenraster für die jeweilige Zielsprache

Im Laufe der Kodierungen stellte sich heraus, dass die Erzähler/innen sowohl positive als auch negative Gefühle mit Sprache assoziieren. Diese Äußerungen sind zwar auch metasprachlicher Natur, da sie aber sehr zahlreich sind, haben wir diesen Aspekt dann als einen eigenen weiteren Oberbegriff in unser Kategoriensystem aufgenommen. Um möglichst nahe bei den Daten zu bleiben, haben wir viele unserer Indikatoren *in vivo* generiert d.h., wir haben die jeweiligen Äußerungen der Sprechenden direkt übernommen. So wurde z.B. der Indikator „Ort des Sprachenlernens" angesichts der Äußerungen der interviewten Personen unterteilt in die Items der real genannten Institutionen, in denen die Sprache gelernt wurde: Schule, Universität, Sprachkurs. Die Kategorie „Emotionen und Sprache" erfuhr im Laufe des zweiten Kodierungsvorgangs eine Ausdifferenzierung entsprechend der *in vivo*-Kodierung:

- „Ausgangssprache Deutsch\Emotionen\im Bezug zur Sprache\Die Sprache liegt mir am Herzen",
- „Ausgangssprache Deutsch\Emotionen\im Bezug zur Sprache\etwas spannend finden",
- „Ausgangssprache Deutsch\Emotionen\im Bezug zur Sprache\es ist anstrengend, macht Angst",
- usw.

Die Verfeinerung und Ergänzung der Eigenschaften ermöglichte uns so, zunehmend gesättigte Kategorien aufzubauen.

Wir werden im Weiteren zunächst quantitative Ergebnisse festhalten und analysieren. In einem zweiten Schritt werden wir dann falltypische qualitative Befunde interview- und kontextgebunden aufarbeiten und interpretieren.

Empirische Befunde (quantitative Analyse)

Es ist zuerst festzuhalten, dass in den 31 Interviews insgesamt 1411 Textstellen kodiert worden sind, wobei Kategorien und Indikatoren in einem Interview mehrfach auftreten konnten und damit auch gezählt wurden. Für unsere Untersuchung haben wir aber nur die für uns als relevant angesehenen Textstellen (N= 1029) herausgefiltert. So haben wir z.B. Äußerungen zum Spracherwerb dritter oder weiterer Sprachen kodiert, aber nicht bei der Analyse berücksichtigt, da es den Rahmen dieser Untersuchung sprengen würde.

Der konkrete Sprachgebrauch – also der Wechsel zwischen Sprachen (meist zwischen Deutsch und Französisch) – ist mit fast der Hälfte aller codierten Interview-Textstellen die am häufigsten auftretende Kategorie (474). Äußerungen zum Sprachenlernen stellen knapp ein Viertel aller Kodierungen dar (245). Zählt man diese Kategorie pro Interview nur einmal (auch wenn sie mehrfach Erwähnung findet), dann ist festzuhalten, dass 28 von 31 Interviewten dieses Thema ansprechen. Metasprachliche Äußerungen stellten knapp ein Fünftel aller kodierten Textstellen dar (183); auf die Interviewpersonen bezogen sind es 26 von 31 der Sprecher/innen, die explizit über Sprache reflektieren. Auch wenn sich zwei Drittel (22 von 31) der Interviewten gefühlsmäßig zur Sprache äußern, so sind es jedoch kaum mehr als ca. 12% der gesamten kodierten Textstellen (127).

Es lässt sich festhalten, dass der Kode- oder Sprachwechsel sicherlich die ergiebigste der vier Kategorien ist. Dies ist bei narrativen Interviews, die die eigene deutsch-französische biografische Entwicklung und nicht Sprache explizit zum Thema haben, nicht weiter verwunderlich. Betrachten wir die Indikatoren der Kategorien im Einzelnen, so ergeben sich zu jeder Kategorie vertiefende Aspekte.

Sprachwechsel

Wir unterscheiden den Sprachwechsel in folgenden Unterkategorien: *Code switching* (oder auch *code mixing*) bedeutet, dass die sprechende Person innerhalb eines *turn* die Sprache wechselt (365). *Code shifting* besagt, dass der Sprechende die Sprache (erst) von einem *turn* (Gesprächsschritt) zum anderen wechselt (52).[3] *Code swaying* drückt aus, dass dieser Sprachwechsel im Laufe des Gesprächs ständig sowohl innerhalb eines *turn* als auch zwischen *turns* stattfindet (21). Ohne es als eigenen Indikator codiert zu haben, treten in allen narrativen Interviews häufig Ausrufe und Füller in der andern Sprache auf, was als *Tag-Switching* bezeichnet wird.

Des Weiteren haben wir in dieser Kategorie die Benennungsprobleme eingeordnet: die sprechende Person sucht Wörter in der anderen Sprache (L2) (25) oder sucht Wörter in der Muttersprache (L1), da ihr zuerst das Wort aus der anderen Sprache (L2) einfällt (10); oder aber der/die Erzählende macht Fehler, die auf Interferenzen zwischen den beiden Sprachen hindeuten (1).

Die absolut am häufigsten auftretende Form des Sprachwechsels ist das *Code switching* innerhalb eines Gesprächsschritts, in dem ein Wort, ein Satz oder ein Ausdruck in der anderen Sprache gesagt wird. In der qualitativen Analyse gehen wir vertieft auf dieses in bikulturellen Situationen häufig auftretende Phänomen ein.

Sprachen lernen

Interessant, wenn auch nicht statistisch verallgemeinerbar, ist die Frage, wo die Sprache jeweils gelernt wurde. Die deutschsprachigen Interviewpartner/innen haben Französisch meist in Deutschland gelernt (17 von 19 Nennungen). Die französischsprachigen Interviewpartner/innen haben hingegen die andere Sprache im eigenen Land gelernt (5), aber fast genauso häufig in Deutschland (4). Andere Kulturräume, in denen auch die andere Sprache hätte gelernt werden können (für Deutsch: Österreich, Schweiz, für Französisch: Belgien, Quebec) fallen, mit Ausnahme von Belgien (jeweils eine Nennung), weg. Dies mag wohl daran liegen, dass die Interviewpartner/innen im Umfeld des Deutsch-Französischen Jugendwerks ausgewählt worden sind und somit diese beiden Kulturbereiche dominieren.

Die interviewten Personen haben die andere Sprache überwiegend in der Schule (18 Nennungen) und dann in der Hochschule gelernt (12), nur zwei Personen geben einen Sprachkurs an. Daraus ergibt sich dann auch die Altersstufung. Überwiegend wird die andere Sprache im Jugendalter (17 Nennungen) oder im jungen Erwachsenenalter gelernt (14). Nur 3 Personen gaben die Kindheit und nur 2 Personen das Erwachsenenalter an.

---

3   Die Begriffsbestimmung ist nicht immer eindeutig. Wir übernehmen sie aus der Gesprächsanalyse. In der Linguistik gibt es aber auch die entsprechende Unterscheidung in *Intrasentential Code-Switching* (Wechsel innerhalb einer Phrase) und *Intersentential Code-Switching* (Wechsel zwischen Phrasen).

Metasprachliche Reflexion

Im Hinblick auf eine metalinguistische Reflexion werden weder der sehr häufige Sprachwechsel noch mögliche Fehler, die mit dem Gebrauch der beiden Sprachen auftreten (können), angesprochen (jeweils keine Nennungen). Hingegen sind Äußerungen zur eigenen Sprachpraxis (20 Nennungen) und zur Art, wie der/die Sprecher/in die andere Sprache gelernt hat (16 Nennungen), relativ häufig.

Wir werden diese allgemeinen Aussagen nun an ausgewählten Fallbeispielen erläutern und vertiefen sowie gewisse Tendenzen zum Umgang mit Sprache in unserem Korpus aufzeigen und analysieren.

Empirische Befunde (qualitative Analyse)

> „Durch die gegenseitige Abhängigkeit des Gedankens, und des Wortes von einander leuchtet klar ein, dass die Sprachen nicht eigentlich Mittel sind, die schon erkannte Wahrheit darzustellen, sondern weit mehr, die vorher unerkannte zu entdecken. Ihre Verschiedenheit ist nicht eine von Schällen und Zeichen, sondern eine Verschiedenheit der Weltansichten selbst" (Humboldt, 1820, S. 27).

Bei der Auswahl der für die Analyse geeigneten Interviews orientieren wir uns an der Methode des maximalen und minimalen Kontrastes. In unserem Fall erlaubt uns die Maximierung der Unterschiede, das Sprachverhalten der interviewten Personen besser zu verstehen. Philipp Mayring (2002, S. 28) spricht bei der Fallauswahl auch von Extremfällen, Idealtypen oder theoretisch interessanten Fällen. Mit Hilfe von MaxQDA konnten wir Dokumenten-Portraits erstellen, die sehr deutlich zeigen, in welcher Häufigkeit die Kodierungen jeweils auftreten können.

Da die Kategorie „Kodewechsel" am häufigsten auftritt, haben wir das Interview mit Louis als „Extrembeispiel" ausgewählt. Dieser Interviewpartner wechselt in den ersten zwei Dritteln des Gesprächs ständig von der Muttersprache Französisch ins Deutsche. Das Interview mit Marie zeigt, wie vielfältig die verschiedenen von uns entwickelten Kategorien auftreten können. Wir haben das Interview mit Patrick ausgewählt, weil Bemerkungen zum Sprachenlernen als zweithäufigste Kategorie auftreten und er sich hierzu sehr ausführlich und – wie gezeigt wird – sehr emotionsgeladen äußert. Im Folgenden sollen diese drei ausgewählten Interviews vorgestellt, detailliert sprachlich analysiert und miteinander verglichen werden.

„Niemals habe ich mein Leben erzählt, das ist das erste Mal." (Louis)

Louis ist ein ehemaliger französischer Deutschlehrer, 1914 geboren. Das Interview wurde an drei Tagen in Paris von einer gut französisch sprechenden Deutschen durchgeführt und dauerte insgesamt 7,5 Stunden. Im dritten Teil des Interviews spricht Louis ausschließlich auf Französisch. Zentrale Themen, die Louis in seiner narrativen Lebensgeschichte anspricht, sind seine Familie, die Schulzeit, seine Kriegserfahrungen und seine Gefangenschaft in Deutschland sowie seine Neigung zum Theater, seine Liebesbeziehungen und seine Vorliebe für die deutsche Sprache. Selbst in der Gefangenschaft hat Louis seine positive Einstellung zum Theater und zur deutschen Sprache nicht aufgegeben. So spielte er das Goethe-Drama Egmont auf Deutsch in einer Gefangenen-Theatergruppe.

In unserer qualitativen Analyse gehen wir besonders den folgenden Phänomenen nach:
- der Gesprächseröffnung und der Wahl der Sprache, in der das Interview stattfindet; hier gehen wir interpretativ-gesprächsanalytisch vor.
- der Ambivalenz des Interviewten zum Sprachgebrauch während des Interviews; ausgehend von der Kodierung haben wir einige Elemente quantitativ gesichtet und dann qualitativ ausgewertet.
- den Aushandlungs- und Ratifizierungsaktivitäten semantischer Felder bei Lexemen[4] in der deutschen Sprache; da wir dieses Phänomen erst bei der vertieften Lektüre entdeckt haben, sind wir hier sequentiell interpretativ vorgegangen.
- dem möglichen Zusammenhang zwischen dem Thema „Frauen" und der Wahl der Sprache; der Zugang erfolgt hier auch sequentiell interpretativ.

Gesprächseröffnung und Code switching

Die Gesprächseröffnung ist „diejenige Phase eines Gesprächs [...], in der die Gesprächspartner eine wechselseitig akzeptierte Situationsdefinition hinsichtlich ihrer sozialen Beziehungen als Gesprächspartner erreichen" (Henne & Rehbock, 1979, S. 21). In diesem Sinne handeln die Interviewerin und Louis in der Gesprächseröffnung – neben den organisatorischen Elementen – aus, in welcher Sprache das Interview geführt werden soll.[5]

L: Aber ich bin natürlich nicht mehr gewohnt deutsch zu sprechen. Das heißt, ich werde versuchen, aber wird es mir gelungen, ich wie- euh gelingen
I: Ja.
L: Ich weiß natürlich gar nichts.
I: [On peut
L: [Ich bin solange geblieben ohne die geringste Gelegenheit deutsch zu sprechen.

---

4 Als Lexeme bezeichnet man unabhängige lexikalische Einheiten mit einer Grundbedeutung.
5 Transkriptionsregeln: I = Interviewerin, (.) = Pause, [= Personen sprechen gleichzeitig; [ ] = von den Autoren des Artikels zum besseren Verständnis der Aussage hinzugefügte Elemente.

| | Sprachliche Aspekte in deutsch-französischen Biografien | 141

I: Ja. Wir können französisch sprechen. On peut parler français, comme vous voulez.
L: Euh das, das ist mir egal. Das heißt, ich werde versuchen deutsch zu sprechen.
I: Je me mets peut-être euh un peu (.) ici.
L: Alors, comment nous plaçons-nous?
I: Comment? Peut-être vous voulez vous placer là-bas [ou moi je, je me mets ici ou?
L: [euh, oui euh. Das ist mir ganz egal.
I: Gut, sehr schön. Dann machen wir das so. Ich setze mich dann da hin. (.) Ich nehme mir nur einen Stift, damit ich euh etwas mitschreiben kann.

Louis eröffnet die Aushandlung zur Wahl der Sprache, die im Interview genutzt werden soll. Er schlägt vor, Deutsch zu benutzen, obwohl er aus der Übung ist. Die Interviewerin stimmt dem Vorschlag zu, woraufhin Louis noch einmal darauf hinweist, dass er nicht weiß, ob es ihm gelingen wird, auf Deutsch das Interview durchzuführen. Daraufhin wechselt die Interviewerin ins Französische. Gleichzeitig begründet Louis seine anfängliche Aussage, nicht (gut) Deutsch sprechen zu können, weil ihm Sprechanlässe in der deutschen Sprache fehlen. Die Interviewerin wechselt jetzt erneut die Sprache und bietet Louis auf Deutsch an, Französisch zu sprechen, was sie in demselben Gesprächsschritt mit ihrem jetzt mittlerweile dritten *Code switching* noch einmal auf Französisch bestätigt. Louis – immer noch auf Deutsch sprechend – zeigt an, dass er in beiden Sprachen das Interview führen kann und wiederholt zum zweiten Mal, dass er sich bemühen will, Deutsch zu sprechen. Die Interviewerin bleibt im Französischen, wechselt jedoch das Thema und spricht über die Sitzordnung. Louis geht darauf ein und nimmt ihre Sprachwahl an, indem er jetzt – zum ersten Mal in dieser Gesprächssequenz auf Französisch spricht. Sie bleibt im Französischen, er geht ins Deutsche zurück, sie geht abschließend ins Deutsche. Damit ist zunächst einmal die Wahl der Sprache entschieden.

Diese Aushandlung läuft in diesem Ausschnitt auf zwei Ebenen, der direkten Benennung des Sachverhalts und der effektiven Sprachwahl (vgl. Abb. 2).

Person	Benennung	realer Sprachgebrauch
Louis	kann nicht gut Deutsch	**Deutsch**
Interviewerin		**Deutsch**
Louis	kann nicht gut Deutsch	**Deutsch**
Interviewerin	bietet an, Französisch zu sprechen	Französisch
Louis	kann nicht gut Deutsch	**Deutsch**
Interviewerin	bietet an, Französisch sprechen	Deutsch – Französisch
Louis	will versuchen, Deutsch zu sprechen	**Deutsch**
Interviewerin	(anderes Thema)	Französisch
Louis	(anderes Thema)	Französisch
Interviewerin	(anderes Thema)	Französisch
Louis	(anderes Thema)	Französisch – Deutsch
Interviewerin	(anderes Thema)	Deutsch

Abb. 2: Sprachenbenennung und Sprachenwahl
(Widerspruch zwischen Benennung und Gebrauch in Fettdruck).

Der (scheinbare) Widerspruch zwischen der Behauptung von Louis, nicht gut Deutsch sprechen zu können und dem effektiven Sprachgebrauch – Louis spricht ein gutes Deutsch – ist flagrant und die Redeabsicht relativ eindeutig. Der Interviewte weist zur Eröffnung des Gesprächs in Form einer *Captatio benevolentiae*[6] auf die eigene Unzulänglichkeit hin, um die Gunst der Interviewerin für sich zu gewinnen. In dieser Phase der Gesprächseröffnung ist es in einem persönlichen Gespräch üblich, den so genanntn *We-Code* (vgl. Gumperz, 1982, S. 66) herzustellen, der die persönliche Involviertheit der Gesprächspartner als *in-group* aufbaut. In der *Salutatio* findet daher nicht nur die formale Begrüßung statt (die hier in der Aufnahme fehlt), sondern hier werden über metakommunikative Sprachhandlungen in oft ritualisierter Form Gesprächsgrundlagen wie Sprecherabsicht, Kommunikationsschemata, Interaktionsmodalitäten (vgl. Heinemann & Viehweger, 1991, S. 183) festgelegt. Hier findet – in Situation der Mehrsprachigkeit – auch die Aushandlung der Verkehrssprache statt. Spannend in dieser Gesprächseröffnung ist, dass die Interviewerin wiederholt versucht, Louis entgegenzukommen und doch eher auf Französisch zu sprechen, denn Louis hat nicht „die geringste Gelegenheit [gehabt], deutsch zu sprechen". Auch wenn bei einem Themenwechsel der Versuch gemacht wird, Französisch zu sprechen, so setzt sich Louis doch durch und das Interview findet in langen Teilen auf Deutsch statt. Seine *Captatio benevolentiae* ist damit als sehr gelungen anzusehen. Der Sprachwechsel hat also hier die Funktion eines „Schattengefechts", wo das „Nicht-gut-Deutsch-Können" auf Deutsch angesprochen wird, wo es um das Aushandeln geht, welche Sprache im weiteren Gespräch nun benutzt werden soll.

Metadiskurs und Code switching – Code shifting

Auffallend ist die Häufigkeit, mit der Louis sich auf Französisch äußert, dass das Interview ihn ermüdet: „Je suis un peu fatigué [de parler en allemand]" (11 Mal) und „Je vais le dire encore un peu en français pour me reposer" (4 Mal). Es ist sicher unbestritten, dass ein längeres Interview, das zudem noch zweisprachig ist, (nicht nur) von einem weit über Neunzigjährigen als anstrengend empfunden wird. Hier ist von Interesse, in welchem Interaktionskontext diese metakommunikativen Äußerungen durchgängig auftreten. Nehmen wird beispielhaft folgenden Absatz.

L: Ah, was geschah? Ah eines Tages, aber traf ich einen alten Kameraden und er euh. Non ça je vais [parler en français], ça me fatigue. Je suis un peu fatigué [de parler en allemand].

Zuvor spricht Louis länger über seine Berufswünsche vor dem Militärdienst als Schauspieler. Danach geht es zwar immer noch um das Berufsfeld, jetzt jedoch um die Ausübung eines konkreten Berufes, seine Tätigkeit als freier Mitarbeiter beim Radio. Louis bleibt zwar grob im selben semantischen Feld, das Thema nimmt

---

6   Lateinisch für „Erheischen des Wohlwollens" (häufig gebrauchte rethorische Figur).

jedoch eine andere Richtung, vom Berufswunsch geht es zu einer Berufsausübung. Vor dem Metadiskurs in Absatz spricht er auf Deutsch, nachher auf Französisch. Es handelt sich hier um ein klassisches *Code shifting*.

Code shifting nach einem metadiskursiven Gesprächsschritt (*turn*) des Typus „Müde sein" tritt fast systematisch, so in 8 der 11 Sprechakte, ein und erfolgt vorwiegend vom Deutschen (L2) hin zum Französischen (L1), nach dem Strukturmuster:

Diskurs in L2 → Metadiskurs in L1 → Diskurs in L1.
Doch auch die andere Sprachrichtung ist zu finden, wie folgender Interviewausschnitt zeigt:

L: Et mon père euh lui-même qui était pourtant très inquiet de cela me disait: „C'est, c'est très bien." Donc je fais cela jusqu'au, oui, jusqu'au service militaire.
I: Oui.
L: Militärdienst je crois [qu'on dit en français. C'est la même chose.
I: [Ja.
L: Et euh à ce moment là, non je vais essayer de parler allemand quand même un petit peu, puis je me reposerai. Euh es war, es wurde
I: Mhm.
L: zu einer schlechte, schlechten Periode.

Natürlich gibt es in diesem Interview noch mehr Typen des Sprachwechsels als diejenigen, die durch die Zustandsbeschreibung des Müdeseins, des Sich-Ausruhen-Wollens bedingt sind. So unterbricht Louis im folgenden Ausschnitt seine Erzählung, mit der Begründung, er wolle einen anderen Punkt nicht vergessen zu erwähnen. In diesem Beispiel führt der Metadiskurs im dann folgenden Diskurs auch zu einem *Code shifting*; dieser Wechsel ist sehr häufig, aber nicht zwingend.

L: Und sagte mir ja, aber die einzige Bedingung ist dass du die Prüfung bestehen solltest die erlaubt Schullehrer zu werden.
I: Ja.
L: Ich antwortete natürlich sofort ja. Und ich euh (3) Je m'arrête pour vous dire quelque chose qui n'a aucun rapport avec ça et que j'oublierais de vous dire sans cela.
I: Ouais.
L: Vous vous appelez, euh vous vous appelez Laura Frank.

So ist im Folgenden der Metadiskurs auf Französisch – eine Entschuldigung – aber der Diskurs vor und nachher bleibt auf Deutsch.

I: Und hatten Sie Geschwister?
L: [gähnt] Oui, ja.
I: [Ein Schwester und Bruder?
L: [Ja euh es. Cela risque d'être très long [si je vous raconte tout ça, mais mon.
I: [Oui, oui.
L: Mein Vater, mein Vater war der Sohn eines Bildhauers.

Wir können festhalten, dass die metadiskursiven Sprachakte grundsätzlich auf Französisch sind. Der Metadiskurs gehört zu den expliziten Strukturierungsmitteln eines Gesprächs, er hat diskursorganisierende Funktion. Wir stellen die Vermutung an, dass Louis diesen kognitiven Vorgang in seiner Erstsprache durchführt. Dafür spricht der Sprachwechsel *innerhalb* des Metadiskurses, also der *Intrasentential Code-Switching*, wie er in den beiden Beispielen oben auftritt.

Kooperative Aushandlungs- und Ratifizierungsstrategien von Bedeutungen

Abgesehen von einigen Inferenzen und Interferenzen[7] (wie Gallizismen) spricht Louis durchweg ein eher gehobenes Umgangsdeutsch. Es erscheint auf den ersten Blick daher bemerkenswert, dass Louis mit der Interviewerin Bedeutungen kooperativ aushandelt, um seine Aussagen präziser fassen zu können. Hier eines von 12 Beispielen.

L: Er [Kamarad in der deutsche Kriegsgefangenschaft] meldet sich krank und das heier bleibt, er war groß und stark. Er blieb aber, (.) euh drei oder vier Tage ohne zu essen. Das hei-, er ass nur euh biscuits, *wie sagt man*? Gebäck!
I: Ja, ja.
L: Gebäck. Und natürlich euh wurde er schwach.

Diese verbale Interaktion läuft, wenn sie vom Nichtmuttersprachler initiiert wird, nach folgendem Muster ab:
Sprecher 1:   Unterbrechung des Gesprächsflusses – Nachfrage (Metadiskurs),
Sprecher 2:   Lösungsvorschlag,
Sprecher 1:   Wiederaufnahme des Lösungsvorschlags – Weiterführung des Gesprächsschrittes (ggf. mit Einbettung des Lösungsvorschlags in den folgenden Diskurs).

Im folgenden Beispiel hat Louis sogar selbst einen Lösungsvorschlag anzubieten, der dann nur noch von der Interviewerin verifiziert werden muss. Dass dieser kooperative Aushandlungsprozess auch schon einmal, wenn auch selten, nicht vollständig gelingt, zeigt das folgende Beispiel:

L: [So sollte er der Schulleiter/Direktor] zugleich eine eigene Klasse haben euh das hat er unterrichtete, wie die anderen Lehrer aber in der letzten Stunde euh verließ er seine Schüler und ging in eine Klasse, in eine zweite. Das heißt er machte, *wie sagt man* eine tournée?
 [Sagt man
I: [Ja, ja einen,   [einen Rundgang.
L: [einen Rundgang.

---

7   *Interferenzen:* Die Regeln einer Sprache beeinflussen die Produktion einer anderen Sprache negativ (negativer Transfer), was zu Fehlern führt.
    Inferenzen: Sie bezeichnen Übertragungen von Ähnlichkeiten und Unterschieden vorhandener Sprachen auf eine neue Sprache (positiver Transfer).

I: Ja.
L: Einen Rundgang
I: Ja.
L: durch die Klassen und euh, euh es dauerte ungefähr eine Stunde und während dieser Zeit, die Disziplin war nicht sehr streng, aber euh die Schüler sprachen nicht und ein Schüler las für die anderen.
I: Ja.

Sprachlich angemessener wäre hier wohl ein verbaler Ausdruck wie „Er geht durch die Klassen". Doch der von der Interviewerin vorgeschlagene Ausdruck „einen Rundgang machen" stört trotz der Interferenz zum Französischen den Erzählablauf und die Verständigung nicht grundsätzlich. Sie muss ihn jedoch zweimal verifizieren. Es ist zu vermuten, dass Louis hier die Interferenz selber empfindet und deshalb die vorgeschlagene Wendung wiederholt.

Diese Struktur der Wortsuch- und Worterklärungssequenz ist ein typisches verständnissicherndes Verfahren (vgl. Apfelbaum, 1993, S. 54) in exogenen Gesprächssituationen (Muttersprachler – Nicht-Muttersprachler).

Es ist festzuhalten, dass die Metadiskurssequenz in der Zielsprache und nicht auf Französisch stattfindet und vom Nichtmuttersprachler hervorgerufen wird. Diese Souveränität im Umgang mit Korrektursequenzen deutet auf eine relativ hohe Sprachkompetenz des Sprechers im Deutschen hin.

Sprachenwahl und Themenwahl am Beispiel „Frauen"

In den drei vorherigen Kapiteln (Gesprächseröffnung, Metadiskurs, Aushandlungs- und Ratifizierungsstrategien) bewegten wir uns auf der Mikroebene der Gesprächsschritte. Mit der Themenwahl sind wir bezogen auf die Textsorte „narratives Interview" auf der Mesoebene. Zu Beginn unserer Analysen gingen wir davon aus, dass die Wahl der Sprache sowie entsprechende Kodewechsel bei Louis auch themenabhängig sind. Dies möchten wir an dem Beispielthema „Frauen" näher erläutern.

Im Verlauf des Interviews erwähnt Louis drei Frauen, die für ihn von Bedeutung sind. Louis kennt seine Ehefrau seit dem 12. Lebensjahr, er lernt sie über seine kleine Schwester kennen. Sie heiraten einige Jahre nach dem Zweiten Weltkrieg. Louis spricht sehr viel über die Eifersucht seiner Ehefrau, denn sie ignoriert seine Vergangenheit in Deutschland, nicht weil sie antideutsch ist, sondern weil sie mit Deutschland alle Frauen vor ihrer Zeit verbindet

L: Euh wie ich früher gelebt habe und euh auch meine Frau. Das heißt, meine Frau weißt teilweise, aber das ist auch die Frage. Euh meine Frau ist nicht gegen Deutschland, aber gegen meine Vergangenheit.
I: Ja.
L: Das heißt ich e u h, ich habe Theater studiert und natürlich ist sie jetzt gegen das

Theater. Ich habe deutsch gelernt, teilweise, und natürlich ist sie gegen Deutschland wei-. Nicht gegen die Deutschen, Sie verstehen aber was ich meine, das ist, sie ist eifersüchtig,
[sagen wir es deutlich.
I: [Ja. Ja. Weil sie in Ihrer Zeit, die sie in Deutschland verbracht haben, Verbindungen haben, die Ihre Frau nicht   [geteilt hat?
L: [N e i n, nein. Das i-, sie ist so. Das heißt, was mir gefällt und für mich sehr wichtig ist, ist ein Teil meines Lebens, das ist, e u h. Wenn ich keine Vergangenheit hätte, wäre *ihr [= sie] natürlich zufriedener.
* = Interferenz

Eine weitere wichtige Frau in Louis Leben ist eine junge Schauspielerin, die er am Theater mit 15 oder 16 Jahren kennenlernt.

L: Le, la première, le premi- je ne sais comment appeler ça. Mit 15 oder 16 Jahre verliebte ich mich in eine sehr junge Schauspielerin
[…]
L: Und euh es war für mich sehr, sehr wichtig. Ich habe meine ersten Gedichte geschrieben für sie. Sie wusste aber gar nicht. Sie war sehr jung.
I: Ja.
L: Und ich wagte es nicht zu sagen: „Ich liebe dich" oder ich liebe sie. Wie hätte ich gesagt, ich weiß nicht.

Zu Beginn des Interviews spricht Louis über die Eifersucht seiner Ehefrau in deutscher Sprache, bei der Erzählung über die junge Schauspielerin wechselt er im *turn* ins Deutsche in der Form eines *Intersentential Code-Switching*.

Wir vermuteten nun zunächst, dass Louis bei Themen, mit denen er mit seiner Frau nicht derselben Meinung ist, wie das Theater oder deutsche Frauen, in deutscher Sprache formuliert. Wir haben die Stellen gesucht. So spricht Louis über die Eifersucht seiner Frau auch auf Französisch.

L: C'est-à-dire que ma femme n'est pas anti-allemande.
I: Oui.
L: mais el-, elle n'a jamais compris que l'Allemagne compte pour ma part. Pour elle, l'Allemagne c'était avant tout les femmes allemandes.

Während des Zweiten Weltkrieges lernt Louis eine Österreicherin kennen, der er seine Liebe gesteht.

L: Vous voyez Bremervörde était bombardé par les anglais euh je suis resté avec les allemands pendant euh un-, je ne sais plus si c'est une nuit ou deux nuits. Et quand je suis revenu à mon camp + je n'avais pas d'- l'intention, * (lacht) enfin je vous dis tout ça quand même, j'essais de. On m'a demandé si je pouvais euh (.) protéger enfin euh une femme allemande, en réalité elle était autrichienne.
I: Oui.

L: qui euh qui retournait à Fahrendorf, Fahrendorf c'est à cin- quelques kilomètres, six ou sept kilomètres de Bremervörde. Et euh oh vous pouvez le mettre ça au fond, l'enregistrer si vous voulez ça n'a pas, il n'y a pas de mal à ça
[puisque c'est du passé.
I: [Merci.
L: Et euh il c'est passé ceci, pendant ces six ou sept kilomètres nous nous sommes parlé et euh je parlais un allemand convenable, enfin et euh je l'ai laissée à Fahrendorf et puis quelques jours plus tard. Alors il va quand même falloir couper un instant.
I: Ouais.
L: parce qu'il y a une chose que je voudrais ne pas dire.
I: C'est la batterie qui est presqu'à la fin, c'est pourquoi
L: Alors je suis retourné à Fahrendorf quelques jours plus tard, elle avait été violée par un Anglais.
I: Oui.
L: (2) Et alors elle, j- , je suis retourné à Bremervörde avec elle et nous avons passé quelques jours ensemble mais alors là c'est
L: da habe ich ihr gestanden mein Sehnen und Verlangen. (.) Je l'ai pas dit bien.
I: Oui, mais
L: Je pourrais le dire mieux. Mais enfin j'étais pas préparé.
I: Très bien.
L: (2) Oui alors ça, je sais pas pourquoi je vous ai dit tout ça.
I: (lacht)
L: Je ne sais pas pourquoi je vous ai dit tout ça. C'était pour dire que je voulais, je pensais qu'il fallait dire franchement les choses.
I: Ouais.
L: Donc je pense que, je crois que ma femme n'avait pas de raison, vous couperez s'il vous plaît.[8]
I: Ouais, ouais.
L: N'avait pas de raison de hmm d'être jalouse.
I: Ouais.

Diese lange Erzählung, in der erneut die Eifersucht seiner Frau erwähnt wird, ist – bis auf den Gesprächsschritt, in dem Louis sein „Sehnen und Verlangen" gesteht – auf Französisch. Unsere anfängliche Vermutung lässt sich also nicht aufrechterhalten, die Wahl der Sprache ist nicht themenabhängig. Ein Sprachwechsel lässt sich nur auf der Mikroebene des *turns* als intentional und begründet festmachen als subtile Aushandlungsstrategie und im Metadiskurs.

---

8 In der Tat entsprechen wir dem Wunsch nach Diskretion von *Louis* und veröffentlichen die nachfolgenden *turns* nicht, die thematisch noch aufgeführt werden müssten.

„Und wenn ich Deutsch rede, habe ich das Gefühl in meinem Kopf zu sein. Wenn ich Französisch rede, bin ich mehr in meinem Bauch." (Marie)

Marie ist eine 58-jährige Französin; sie ist von Beruf Dolmetscherin, wohnt seit dem 18. Lebensjahr in Deutschland und hat jetzt die doppelte Staatsbürgerschaft. Marie hat ein sehr enges Verhältnis zum Deutsch-Französischen Jugendwerk, das ihren Lebensweg maßgeblich geprägt hat: Sie erhielt vom DFJW ein Studienstipendium, hat während der Begegnungen ihre beiden Ehemänner kennengelernt; sie hat als junge Erwachsene die 68er Ideen wie Kinderwunsch und -erziehung auch in den DFJW-Frauen-Seminaren diskutiert und für sich umgesetzt. Sie sagt, ihre drei Kinder seien bilingual erzogen und leben überwiegend im Ausland. Zentrale Themen des narrativen Interviews sind die von ihr als eng erlebte französische Kindheit, die Erfahrungen beim DFJW, ihr interkulturelles Ehe- und Familienleben, die Art der Erziehung ihrer Kinder und die Begeisterung für den deutschen Lebensstil.

In ihrem Interview sind alle unsere kodierten Kategorien (Kodewechsel, Metalinguistische Reflexionen, Emotionen im Bezug zur Sprache; Aussagen zur eigenen Sprachpraxis und zum Sprachlernen) gleichmäßig vertreten. In unserer qualitativen Analyse gehen wir besonders den Phänomenen nach, die bisher noch nicht bearbeitet wurden bzw. die wir vertiefen wollen.

- Wir untersuchen den Zusammenhang zwischen der Wahl der Themen und der Sprache; dabei gehen wir sequentiell interpretativ vor.
- Ausgehend von den Kodierungen untersuchen wir die Inhalte der einzelnen Indikatoren, die sich auf metalinguistische Reflexionen beziehen.

Zusammenhang zwischen der Wahl der Themen und der der Sprache

Marie führt das Interview zu 85% in deutscher Sprache (die Interviewerin ist eine Deutsche). 15% der Erzählung finden in französischer Sprache statt. Marie behauptet, dass die Sprachenwahl die Auswahl der Inhalte, über die sie spricht, beeinflusst: „Entre temps, je suis plus à l'aise, mais je crois que la langue, quand même détermine aussi ce que je dis. Je ne dis pas la même chose en allemand et en français". In der Tat können wir feststellen, dass Marie erst dann und nur dann über ihre Kindheit spricht, wenn sie im Französischen ist.

M: Äh, phhf, also, wenn ich von meinem Leben erzähl, (leise) glaub ich doch lieber deutsch, weil was ich erlebt hab auf Deutsch. (.) (leise) Ja ich, ja ich glaub deutsch ist vielleicht leichter.
I: Ja,
M: Ja.
I: weil wir hätten ähm
M: Ja.

I: franzö-, switchen können. Das wär   k[ein Problem gewesen].
M: [Ja, genau. On aurait] pu parler français, tu vois ? Je sais parler français quand-même (beide lachen).
I: Oui c'est ca (beide lachen).
M : Mais je crois qu' c'est plus étranger quand je parle de choses que j'ai vécu ici.
I: Mhm.
M: Mh.
I: Oui, tu l'ai, tu as dit avant.
M: Ouais, ouais. Quand j' parle de mon enfance, peut-être que c'est plus facile, de ma famille, de ma famille française, (leise) peut-êtr- c'est plus facile en français.
I: Mhm.
M: (leise) Mais ici quand-même je parle toute la journée en allemand, et donc les choses que j'ai vécu, je les ai vécu vraiment ici, alors. (.) Forcement dans le monde du travail j' suis obligée de parler français,
I: Mhm.
M: parce que c'est mon travail.

Marie beschreibt noch einmal ausführlicher, wie der Sprachgebrauch von den Themen abhängig ist. In diesem Ausschnitt zeigt Marie, dass – im Gegensatz zu Louis – Sprache nicht nur ein Mittler von Inhalten ist, sondern auch ein Werkzeug zur Konzeptualisierung von Erfahrungen, die sprach- und kulturgebunden sind; demzufolge fällt es ihr leichter, diese in der Sprache zu erzählen, in der sie sie gemacht hat.

Metasprachliche Reflexionen

In der Kategorie „metasprachliche Reflexion" wollen wir beispielhaft untersuchen, welche Einstellungen, Attitüden und Alltagstheorien die Interviewten zu ihrem Sprachgebrauch und zum Sprachenlernen haben. Es ist nicht der Ort, auf die soziolinguistische Diskussion der Attitüdenforschung einzugehen. Halten wir nur mit Franz-Joseph Meißner, Christine Beckmann & Anna Schröder-Sura (2008, S. 15) fest, dass Einstellungen (zur Sprache) oder (Sprach-)Attitüden der Ausdruck von Überzeugungen und impliziten, latenten Werthaltungen sind. Der Begriff „Attitüden" beinhaltet immer auch einen Handlungsaspekt:

> „[…] l'attitude est généralement définie comme une disposition à réagir de manière favorable ou non à une classe d'objet. Selon cette perspective, les informations dont dispose un individu sur un objet particulier constituent son stock de croyances sur l'objet. Ces croyances peuvent être motivées par des informations objectives, comme elles peuvent s'appuyer sur des préjugés ou des stéréotypes. Elles peuvent aussi être modifiées et évoluer" (Moore, 2001, S. 13).

Es sei noch erwähnt, dass die Diskussionen zu den Einstellungen (*représentations sociales*) oder Attitüden (*attitudes*) in Deutschland und Frankreich nicht deckungsgleich sind.⁹ So wird in der deutschen Diskussion gerade im Bereich der (Fremdsprachen-)Didaktik auf den Begriff der „subjektiven Theorien" zurückgegriffen, um zu verstehen, was Schüler/innen, aber auch Lehrkräfte unter Sprachenlernen verstehen.¹⁰ Claudia Finkbeiner (1998, S. 18) definiert sie wie folgt:

> „Subjektive Theorien sind komplexe kognitive Strukturen, die individuell geprägt und relativ stabil sind. […] Sie beziehen sich auf das Selbst in Relation zur Welt und konstituieren ein komplexes Aggregat mit einer argumentativen Struktur. Sie beinhalten Überzeugungen bezüglich dessen, was Sprache, Lehren und Lernen sind und beeinflussen alle Denk- und Verstehensprozesse. Subjektive Theorien erfüllen erklärende, voraussagende und technische Funktionen […]."

Einstellungen und Attitüden (und subjektive Theorien) gegenüber einer Sprache können Vorurteile und Stereotype beinhalten und haben einen Einfluss auf das Erlernen (Motivation, Desinteresse usw.) und Lehren (Methodenwahl) anderer Sprachen. Einstellungen und Attitüden können sich aus drei Komponenten zusammensetzen:
- einem affektiven Element, das die Emotionen und affektive Empfindungen umfasst,
- einem kognitiven Element, das die Wissenselemente, Werte, Ideen und Überzeugungen beinhaltet und
- einem konativen Element, das das Handeln leitet.

Wie steht es nun um die subjektiven Deutungen von Sprache bei Marie? Wir untersuchen dies anhand zweier Auszüge.

M: [...] par contre maintenant quand je parle français je me sens un petit peu seulement dans cette immense sensation de liberté.
I: Hm.
M: je me sens aussi pas pas soutenue.
I: Mhm.
M: La langue allemande m'aide à mieux penser. Etre plus structuré aussi dans ma pensée.
I: Mhm.
M: La langue française, elle me fait un peu peur de-, j'ai tant de possibilités, tant de tant de liberté, seulement je structure la phrase que, parfois je ne sais plus du tout où je vais. Je trouve que ça a, (.) il me manque les limites.
I: Hm (lacht).
M: (2) J' j'ai besoin des limites de la langue allemande entre temps.
M: [Ja, weil] Ja, wegen (.) äh (5) ja weil's alles so-. [schnalzt mit der Zunge] (.) Also wenn ich Englisch rede, habe ich immer das Gefühl, außerhalb von mir wirklich zu sein.

---

9 Zu einem ausführlichen Überblick über die Diskussion vgl. Putsche, 2011.
10 Dieses Paradigma kam in der 1990 Jahren auf (vgl. u.a.: Dann, 1994; Kallenbach, 1996; De Florio-Hansen, 1998).

I: Ja?
M: Nicht in mir zu sein.
I: Mhm.
M: Und wenn ich Deutsch rede, hab ich das Gefühl (.), in meinem Kopf zu sein.
I: Hm.
M: Wenn ich Französisch, bin ich mehr in meinem Bauch. Und wenn ich Englisch rede, bin ich mir mehr (lacht) außerhalb von mir.

Marie verbindet Sprachen mit Körperteilen: Französisch im Bauch, Deutsch im Kopf, Englisch außerhalb des Körpers.[11] Diese Zuordnungen zeigen die affektiven und kognitiven Komponenten, die sie der jeweiligen Sprache zuschreibt. Sie verbindet zudem die Sprachen mit den Begriffen „Freiheit" – für das Französische – und „Begrenzung" – für das Deutsche. Entgegen dem üblichen Sprachgebrauch konnotiert sie aber die Freiheit des Französischen mit Unbehagen („Je ne me sens pas soutenue"), gar mit Angst. Dahingegen gibt ihr die Begrenzung des Deutschen eine Strukturierungshilfe beim Denken: „La langue allemande m'aide à mieux penser. Etre plus structuré aussi dans ma pensée."

M: Ja, ja. (.) [schnalzt mit der Zunge] Dadurch, dass die deutsche Sprache so konstruiert ist. (.) Ich denke auch, das prägt sehr viel, also die Person. Ich sag immer: „Deutsch also um Deutsch zu reden, muss man fast immer im Vorfeld denken." Weil ja mein Verb kommt auch nach hinten, das heißt ich muss konstruieren, ich muss wissen, was mein Subjekt, mein Verb, alles packen, und dann entscheiden, hier ist mein Satz zu Ende mit dem Verb, ja?
I: Mhm.
M: Und auf Französisch kann ich reden, (.) und immer-. Ich hab mal n Subjekt, mal Verb und dann kann ich so, ist alles so offen nach hinten.
I: Mhm.
M: Ich kann soviel hinzufügen, wie ich will, ich bin nicht begrenzt.
I: Mhm.
M: Ich brauchs auch gar nicht vorausgedacht haben.
I: Mhm.
M: Un- schon schon beim Reden entsteht ne andere Haltung, weil (.) tja Französisch ist grenzenlos,
I: Mhm.
M: nach hinten.

Sie begründet diese Zuschreibungen formal-syntaktisch: Durch die deutsche Verbklammer ist die Satzstruktur prädikativ festgelegt, was eine starke Planung des semantischen Inhalts der Aussage verlangt. Im Französischen ermöglicht – so Marie – die Stellung am Beginn des Satzes „Nominalgruppe – gesamte Verbalgruppe" größere Freiheiten in der Gestaltung von Satzergänzungen. Linguistische

---

11 Diese Zuordnung von Sprachen zu Körperteilen ist nichts Ungewöhnliches, wie zuerst Ingrid Gogolin & Ute Neumann (1991) und dann Hans-Jürgen Krumm & Eva-Maria Jenkins (2001) gezeigt haben.

Untersuchungen zum Übersetzen belegen die kognitive Herausforderung der deutschen Satzstruktur für Nicht-Muttersprachler (vgl. z.B. Krogh, 2000).

Da Maria von Beruf Dolmetscherin ist, verbinden sich in den Einstellungen zu den beiden Sprachen einerseits professionelles Erfahrungswissen (Aufbau der deutschen Sprache) und andererseits persönliche Einschätzungen und Werturteile, die nicht den üblichen Stereotypen entsprechen, wie etwa, Deutsch sei aufgrund seines morphosyntaktischen Systems eine schwierige Sprache. Diese formale Herausforderung der deutschen Sprache ist für Marie sehr positiv konnotiert. Die Einstellung entspricht der Grundhaltung im ganzen Interview: Sie hat sich emotional und intellektuell für die deutsche Kultur entschieden und zeigt durch ihre Erzählung eine gelebte Zweisprachigkeit und Bikulturalität.

„Und wenn die Leute die Vokabeln nicht konnten, dann: ‚Sechs, setzen!' Und dann schlug der mit einem Karacho sein Heft zu, also das war für mich ein absolutes Trauma gewesen. Aber ich hab Französisch gelernt!" (Patrick)

Patrick ist ein 54-jähriger deutscher Koch. Er hat zwei Auslandsemester in Toulouse verbracht und regelmäßig an Programmen des DFJW teilgenommen. Zentrale Themen, die Patrick in seinem Interview anspricht, sind das DFJW, sein Auslandsjahr und sein Bezug zur französischen Sprache. Das Sprachenlernen und die Emotionen zur Sprache nehmen einen wichtigen Platz im Interview ein. Es ist der Gegenstand unserer weiteren Ausführungen.

Sprachenlernen und Emotionen zur Sprache

Wir zitieren eingangs zur Illustration dieses sehr gefühlsbeladenen Bereichs ausführlicher Patricks Erfahrungen mit der französischen Sprache.

P: Da ist der [mein Vater] ausgerastet, als der hörte, dass ich da jetzt kein Französisch mehr [I: Oh.] machte.
Weil er, [I: Mhm.] pfft, (.) ich weiß nicht, woher das kommt, er hatte irgendwie, für ihn war das ganz wichtig, dass ich Französisch machte. Mein Vater war Fahrlehrer. (2) Jetzt fur der dann, mit dem Fahrschüler fuhr der dann zu dem, (.) zu meiner Schule, hat sich mit dem Direktor unterhalten, hatte sich mit dem angelegt (lacht) (.) und dann hat er gesagt, ja, also dat, äh, (.) da wäre er überhaupt nicht mit einverstanden, dass ich jetzt äh, Französisch abwähle und statt dessen Sozial- und Wirtschaftskunde mache.
[…]
Dann hat sich mein Vater, ist der mit der Fahrschule in den Nachbarort gefahren, hat da mit dem Direktor gesprochen, und als ich abends nach Hause kam, sagte er: „So, ab morgen gehst du in die Realschule."
[…]
I: Mhm. Echt?

P: Ja. Und das war für mich, das war, dat, *das war eigentlich (.) das war traumatisch,* muss ich sagen, ne. [I: Ja.] Denn ich war da in-in, in nem, in ner guten Klassengemeinschaft (.) hab mich ja da mit-mit meinen Schul- äh, Klassenkameraden sehr gut verstanden, das war eigentlich auch ne s-, die haben auch sehr gut zusammengehalten.
Und äh, (.) jetzt musste ich plötzlich, äh, musste ich von einem T- (lacht) auf den anderen Tag musste ich dann in die andere Realschule (.) und musste auch Französisch lernen. (.) Jetzt hatte ich ja überhaupt kei-, hatte ich ja ein Jahr Rückstand. Und dann, das war für mich (.) das war, schulisch gesehen, *war das der absolute Schock.*
[…]

P: Und wenn die Leute die Vokabeln nicht konnten, dann: „Sechs, setzen!", ne, und dann kam der Nächste dran. Und dann schlug der mit einer, mit einem Karacho sein-sein Heft zu, ne, und dann also dat war, das war für mich, das war (.) *das war ein absolutes Trauma gewesen.* Aber ich hab Französisch gelernt!

I: (lacht leise)]

P: Kurioserweise, ne. (lacht)

I: (lacht) Ja, ja.

P: Trotzdem Französisch gelernt. (.) Und bin eigentlich immer ein schlechter Schüler gewesen.
   […]

P: Aber die, das erste Mal, wo ich in Frankreich war, da kann ich mich noch sehr gut erinnern, da war ich äh, hab ich ne Radtour gemacht mit meiner Freundin damals in der Bretagne, Normandie. wir sind dann (.) mit dem Rad (.) sind wir durch Frankreich gefahren, von Jugendherberge zu Jugendherberge. *Und da hab ich zum ersten Mal die Erfahrung gemacht, dass das, was ich gelernt hatte an der Schule, dass ich das anwenden kann.*

(Hervorhebung von den Verf.)

Patricks Schulerfahrung mit dem Französischen ist stark negativ belegt („ein absolutes Trauma"). Erst der Kontakt mit Frankreich und seiner Kultur bricht diese Erfahrung auf, wendet sie zum Positiven.

Um diese Einstellung im Kontext aller Interviews einordnen zu können, ob es sich um eine isolierte Einzeläußerung handelt oder nicht, haben wir nach der Kodierung die emotionalen Assoziationen der Erzähler/innen von 1 bis 10 gemäß eines semantischen Differentials gewichtet 1–10 (vgl. Abb. 3). Positive Einstellungen beziehen sich zunächst auf den „Klang der Sprache (mögen)"; sie erfahren eine Verstärkung bei Äußerungen wie „einen Faible für die Fremdsprache haben" oder „stolz darauf sein, in der Fremdsprache kommunizieren zu können". Stark positive emotionale Aussagen sind sehr gefühlsbetont: „das Französische fehlt mir" oder „être amoureux de l'allemand". Folgende Assoziationen haben wir als so genannte neutrale Einstellungen gefasst: „an seine Grenzen kommen", „es erfordert Mut, in der Fremdsprache zu sprechen", „man möchte die Sprache nicht verlieren" oder „die Sprache brauchen". Negative Einstellungen zur Sprache finden ihren Ausdruck in schwachen Gewichtungen; hierzu zählen Aussagen wie „Aufregung, weil Französisch vergessen" oder „mangelndes Interesse an der Fremdsprache". Eine stärkere

Gewicht	Positiv	Neutral	Negativ
0.	-	-	-
1.	-	etwas ist ungewohnt oder neu	-
2	-	-	aufgeregt sein, weil Französisch vergessen, nichts verstanden
3	den Klang der Sprache mögen	an seine Grenzen kommen	mangelndes Interesse an der Sprache
4	die (deutsche) Sprache ist strukturiert (von Marie positiv assoziiert)	-	-
5	être enchanté/e, die Sprache liegt mir am Herzen / ein Faible für die Sprache haben	es erfordert Mut, in der Fremdsprache zu sprechen.	-
6	die Sprache ist spannend, fasziniert mich	-	- desillusioniert werden - (die englische) Sprache bedeutet Entäußerung, ich bin so außerhalb von mir
7	stolz, wenn man die Sprache beherrscht	Sprache nicht verlieren wollen	den Sprachklang ablehnen, genervt sein
8	-	-	es ist schwierig, es ist anstrengend
9	la passion	-	enttäuscht sein
10	Französisch fehlt mir, être amoureux/amoureuse de l'allemand	etwas brauchen, die Sprache brauchen	traumatische Erfahrungen, Angst haben (die französische Sprache ist grenzenlos / la peur), Eifersucht der Frau auf das Deutsche, la dépression / la souffrance (weil man die Fremdsprache nicht beherrscht)

Abb. 3: Unsere Gewichtung der Aussagen der Interviewten

negative Gewichtung erfahren Aussagen wie „desillusioniert werden" oder „die Sprache ablehnen". Stark negative emotionale Aussagen sind wiederum sehr gefühlsbetont; sie enthalten Begriffe wie „traumatische Erfahrungen", „Angst haben", „Eifersucht" oder „la depression/la souffrance".

Diese Einstellungen sowie die Gewichtung, die wir hierzu vorgenommen haben, zeigen, welche semantische Bandbreite die emotionalen Aussagen zur Sprache enthalten. Diese Einstellungen, die zu den beiden Sprachen sowohl positiv als auch negativ geäußert werden, mögen manchmal karikaturhaft erscheinen (vgl. auch die Schilderung in Walbourg, 2010). Sie sind realen Erfahrungen entlehnt und deuten deren Verarbeitung an. Abbildung 4 zeigt die Verteilung. Die positiven Assoziationen mit der anderen Sprache (gleich welcher) überwiegen eindeutig. Sie entsprechen auch den Ergebnissen anderer Untersuchungen (vgl. z.B. Heringer, 2004;

Broszinsky-Schwabe, 2011) und sind wohl auch Ausdruck der herrschenden Ideologie einer allgemeinen Völkerverständigung in einem friedlichen Europa.[12]

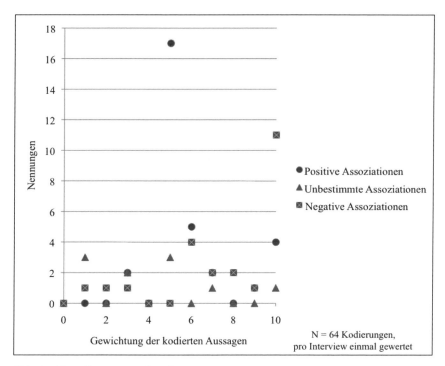

Abb. 4: Einstellungen zur Sprache

Fazit

Es handelt sich um eine linguistische Studie, die der inhaltlichen Fülle eines jeden Interviews natürlich nicht gerecht werden kann. Unsere drei Interviews, auf die wir uns hauptsächlich beziehen, bedürfen sicher weiterer, vertiefter qualitativer Analysen (wie sie teilweise in den Aufsätzen dieses Buches zu finden sind). Trotzdem lassen sich interessante Ergebnisse festhalten.

Der Wechsel von einer Sprache in die andere (*code switching, code shifting*) – so legt es die Analyse nahe und gestattet wohl die Verallgemeinerung – haben auf der Mikroebene des Gesprächsschritts eine intentionale oder auch ungewollte Funktion im Vollzug des einzelnen Gesprächs- bzw. Sprechakts. Die virtuose Gesprächseröffnung und die Aushandlungs- und Ratifizierungsaktivitäten semantischer Felder decken exemplarisch das Interview mit Louis auf. Zumindest in der

---

12 Dass diese Einstellung zur anderen Sprache und Kultur auch völlig anders sein können, zeigen z.B. die historischen Untersuchungen von Marie Wilz (2002) von deutschen Feldpostbriefen aus Frankreich im 2. Weltkrieg, wo – geprägt durch die ideologische Prägung der Schreiber – Fremdenhass und völliges Unverständnis gegenüber einer anderen Kultur vorherrschen.

Gesprächseröffnung im Interview mit Louis treten Mehrdeutigkeiten auf, die aufgrund der Beherrschung beider Sprachen ins Spiel kommen: Louis spielt geschickt auf der Zeichenebene mit dem Bezeichneten (Signifikat) – er könne nicht gut Deutsch sprechen – und dem Bezeichnenden (Signifikant) – er verhandelt über den Sprachgebrauch in einem gepflegten Deutsch.

Auf der Mesoebene lässt sich jedoch – zumindest anhand der Beispiele – nicht zwingend nachweisen, dass der Sprachenwechsel eine Funktion hat: Bei Louis ist der Sprachenwechsel nicht thematisch gebunden; bei Marie trifft die Beziehung Themenwahl und Sprache jedoch zu. Dieses Beispiel deutet auf einen flexiblen Gebrauch beider Sprachen hin und es wäre von einer produktiven „Aufspaltung" (*dissociation*) der interviewten Person zu sprechen.

Wir konnten aufzeigen – obwohl der Sprachgebrauch der Specher/innen nicht Gegenstand des narrativen Interviews war –, dass das Sprechen über Sprache nicht nur in unseren drei Interviews, sondern in allen weiteren, im Projekt geführten Gesprächen eine teilweise sogar wichtige Rolle spielt. Es führte methodisch zudem dazu, dass wir *in vivo* die Kategorie der Emotionen hinzufügten. Die metalinguistische Reflexion führt, wie alle drei Interviews zeigen, zu einer mehr oder weniger expliziten Ausformulierung der eigenen Sprach(en)identität. Auch wenn in unserem Korpus der Zusammenhang von einzel- bzw. mehrsprachigem Bedeutungssystem und privaten Bedeutungen nicht explizit von den Erzähler/inne/n thematisiert worden ist, so lässt sich zumindest am Interview von Marie aufzeigen, dass ein Zusammenhang von einem einzelsprachlichen Bedeutungssystem und privaten Bedeutungen hergestellt wird: Es gilt das allgemeine Stereotyp, Deutsch sei aufgrund seiner Morphosyntax eine schwierige Sprache, für Marie stellen diese Grenzen eine Hilfe im Denkprozess dar. Sie erarbeitet sich damit eine quasi private Bedeutung des Schwierigkeitsgrades einer Sprache.

Es lässt sich nicht nachweisen, dass bei einem Sprachwechsel andere Einstellungen, Wertungen, Stereotypen, Ideologien usw. transportiert bzw. andere Bedeutungsbildungen (Symbolisierung) aufgebaut werden. Um dieser Frage nachzugehen, hätte es anderer Kodierungskategorien bedurft, die stärker auf der (semantischen) Wortebene arbeiten. Unsere Kodierung bewegte sich immer auf der Ebene des Gesprächsschritts oder der Aussage (Phrase).

Alle Analysen dieses Buches leitet u.a. die Frage nach dem Aufbau einer „interkulturellen Identität" – hier also beeinflusst oder gar verursacht durch die Mehrsprachigkeit der Sprecher/innen. Diese Frage lässt sich zumindest im Rahmen einer linguistischen Analyse nicht herleiten oder nachweisen. Alle drei Interviews lassen jedoch vermuten, dass Mehrsprachigkeit der Sprecher/innen, d.h. die gute Beherrschung der anderen Sprache und die vertiefte Kenntnis der anderen Kultur, zur Entwicklung einer „interkulturellen Identität" beiträgt.

Literatur

Akhtar, S. (2007). Immigration *und Identität: Psychosoziale Aspekte und kulturübergreifende Therapie*. Psychosozial-Verlag.

Amati Mehler, J., Argentieri, S. & Canestri, J. (2010). *Das Babel des Unbewussten: Muttersprache und Fremdsprachen in der Psychoanalyse*. Psychosozial-Verlag.

Apfelbaum, B. (1993). *Erzählen im Tandem: Sprachlernaktivitäten und die Konstruktion eines Diskursmusters in der Fremdsprache: Zielsprachen, Französisch und Deutsch*. Tübingen: Gunter Narr Verlag.

Bitsi, J. A. (2005). *Processus de symbolisation et appartenances culturelles – Représentations de la maladie mentale et thérapies. Le cas du Gabon*. Thèse de doctorat, Université Lumière Lyon 2.

Broszinsky-Schwabe, E. (2011). *Interkulturelle Kommunikation: Missverständnisse und Verständigung*. Wiesbaden: VS Verlag für Sozialwissenschaften.

Czernilofsky, B. & Kremnitz, G. (2003). *Trennendes – Verbindendes: Selbstzeugnisse zur individuellen Mehrsprachigkeit*. Wien: Ed. Praesens.

Dann, H.-D. (1994). *Pädagogisches Verstehen: Subjektive Theorien und erfolgreiches Handeln von Lehrkräften*. Bern: Hans Huber.

Datler, W. (Hrsg.) (2008). *Annäherungen an das Fremde: ethnographisches Forschen und Arbeiten im psychoanalytisch-pädagogischen Kontext*. Gießen: Psychosozial-Verlag.

De Florio-Hansen, I. (Hrsg.) (1998). *Fremdsprachen lehren und lernen: Subjektive Theorien von Fremdsprachenlehrern*. Tübingen: Narr.

Deprez, C. (2000). Histoires de langues, histoires de vies. Modes d'expression de l'identité linguistique dans les histoires de vie de personnes bilingues. In C. Leray & Bouchard, C. (Edit.), *Histoires de vie et dynamiques langagières: Colloque international organisé par l'Université Rennes 2 et l'Association internationale des histoires de vie en formation* (S. 167–174). Rennes: Presses universitaires de Rennes.

Finkbeiner, C. (1998). Sind gute Leser/-innen auch gute Strategen? Was Fremdsprachenlehrer und -lehrerinnen darüber denken. In I. De Florio-Hansen, *Fremdsprachen lehren und lernen: Subjektive Theorien von Fremdsprachenlehrern* (S. 180–203). Tübingen: Narr.

Franceschini, R. (2002). *Sprachbiographien: Erzählungen über Mehrsprachigkeit und deren Erkenntnisinteresse für die Spracherwerbsforschung und die Neurobiologie der Mehrsprachigkeit*. Bulletin VALS – ASLA (Bulletin suisse de linguistique appliquée): Biografie linguistische / Biographies langagières / Biografias linguisticas / Sprachbiografien, 76, 19–33.

Gajo, L. & Berthoud, A.-C. (2008). *Construction intégrée des savoirs linguistiques et disciplinaires dans l'enseignement bilingue au secondaire et au tertiaire. Diversité des langues et compétences linguistiques en Suisse*. Rapport final. Genève: Université de Genève.

Gogolin, I. & Neumann, U. (1991). Sprachliches Handeln in der Grundschule. *Die Grundschulzeitschrift, 43*, 6–13.

Gumperz, J. J. (1982). *Discourse strategies*. Cambridge: Cambridge Univ. Press.

Heinemann, W. & Viehweger, D. (1991). *Textlinguistik. Eine Einführung*. Niemeyer, Tübingen.

Henne, H. & Rehbock, H. (1979). *Einführung in die Gesprächsanalyse*. Berlin & New York: de Gruyter.

Heringer, H.-J. (2010). *Interkulturelle Kommunikation: Grundlagen und Konzepte*. Stuttgart: UTB.

v. Humboldt, W. (1820). Ueber das vergleichende Sprachstudium in Beziehung auf die verschiedenen Epochen der Sprachentwicklung. In *Gesammelte Schriften*. Bd. IV, S. 1–34. Berlin: Behr 1905.

v. Humboldt, W. (1836). *Über die Verschiedenheit des menschlichen Sprachbaues und ihren Einfluß auf die geistige Entwickelung des Menschengeschlechts*. Berlin: Dümmler.

Kallenbach, C. (1996). *Subjektive Theorien: was Schüler und Schülerinnen über Fremdsprachenlernen denken*. Tübingen: Narr.

König, K. (2010). Sprachliche Kategorisierungsverfahren und subjektive Theorien über Sprache in narrativen Interview. *Zeitschrift für angewandte Linguistik, 53*, 31–57.

Krogh, A. (2000). *Warten auf das Verb. Empirische Untersuchung über Verbklammern als Problem beim Simultantdolmetschen am Beispiel des Sprachenpaares Deutsch-Französisch*. Unveröffentlichte Diplomarbeit, Universität Heidelberg.

Krumm, H.-J. & Jenkins, E.-M. (2001). *Kinder und ihre Sprachen – lebendige Mehrsprachigkeit*. Wien: Eviva.

Kuckartz, A. (2010). MAXQDA. *The Art of Text Analysis (Software)*. Marburg: VERBI GmbH. Online: Portal der Firma: http://www.maxqda.de/downloads/demo [20.11.2011].

Kühn, P. (2006). *Interkulturelle Semantik*. Nordhausen: Bautz.

Leray, C. & Bouchard, C. (Hrsg.) (2000). *Histoires de vie et dynamiques langagières: Colloque international organisé par l'Université Rennes 2 et l'Association internationale des histoires de vie en formation*. Rennes: Presses universitaires de Rennes.

Mayring, P. (2002): *Einführung in die qualitative Sozialforschung*. Weinheim: Juventa.

Meißner, F.-J., Beckmann, C. & Schröder-Sura, A. (2008). *Mehrsprachigkeit fördern. Vielfalt und Reichtum Europas in der Schule nutzen (MES). Zwei deutsche Stichproben einer internationalen Studie in den Klassen 5und 9 zu Sprachen und Fremdsprachenunterricht*. Brüssel: Europäische Kommission.

Moore, D. (2001). *Plurilinguisme et apprentissages Les repréesentations des langues et de leur apprentissage*. Paris: Didier.

Putsche, J. (2011). *Spracheinstellungen von Grundschülerinnen und Grundschülern in einer Grenzregion*. Bern: Lang.

Racine, J. & Kohler, Y. (2001). *18 biographies langagières*. Biel/Bienne: Forum du bilinguisme/ Forum für die Zweisprachigkeit.

Schlemminger, G. (2011). Fonctions cognitives de la langue en classe de DEL2. In A. Geiger-Jaillet, G. Schlemminger & C. Le Pape Racine (Hrsg.), *Enseigner une discipline dans une autre langue méthodologie et pratiques professionnelles* (S. 89–97). Frankfurt M.: Lang.

Tophinke, D. (2002). Lebensgeschichte und Sprache. Zum Konzept der Sprachbiografie aus linguistischer Sicht. Bulletin VALS – ASLA (Bulletin suisse de linguistique appliquée), *Biografie linguistische / Biographies langagières / Biografias linguisticas / Sprachbiografien, 76*, 1–14.

Walbourg, T. (2010). Se séparer pour devenir autonome? Récit de vie de Renaud G. *Synergies Pays germanophones, 3*, 103–115.

Weisgerber, L. (1939). *Die volkhaften Kräfte der Muttersprache*. Frankfurt/M.: Diesterweg.

Weisgerber, L. (1971). *Die geistige Seite der Sprache und ihre Erforschung*. Düsseldorf: Pädagogischer Verlag Schwann.

Whorf, B. L. (1962). *Language, Thought, and Reality: Selected Writings of Benjamin Lee Whorf*. New York: MIT Press.

Wilz, M. (2002). *Die Wahrnehmung des französischen Kriegsgegners in Feldpostbriefen aus dem Zweiten Weltkrieg*. Unveröffentlichte Diplomarbeit, Technische Universität Berlin.

Wygotski, L. S. (1974). *Denken und Sprechen*. Frankfurt/M.: S. Fischer Verlag.

Liebe und Hass in deutsch-französischen Begegnungen
Emotionale Momente in transnationalen Kontexten und Biografien

Barbara Friebertshäuser und Gabriele Weigand

In den deutsch-französischen Beziehungen der letzten Jahrhunderte haben Emotionen eine zentrale Rolle gespielt. Zahlreiche Kriege schürten den Völkerhass zwischen Deutschen und Franzosen, zuletzt hinterließ der Zweite Weltkrieg Trauer, Wut und Bitternis auf beiden Seiten. Wenn wir gegenwärtig Interviews mit Menschen führen, die sich in einem transkulturellen Raum zwischen Deutschland und Frankreich bewegen oder die an Begegnungen des Deutsch-Französischen Jugendwerks (DFJW) teilgenommen oder mitgewirkt haben, dann ist diese Geschichte oftmals präsent. Aber es taucht dabei auch eine entgegengesetzte Emotion auf: die Liebe. Ohne dass wir unsere Interviewpartner/innen direkt nach ihren Emotionen, nach ihren Liebeserfahrungen oder anderen Gefühlen gefragt hätten, haben viele von ihnen diese Bereiche von sich aus angesprochen und ihre Erfahrungen und ihr Erleben dazu geschildert. Es zeigt sich in den Interviews, was der Philosoph Wilhelm Schmid (2010, S. 41f.; 44f.) in seinem Buch „Die Liebe neu erfinden" schreibt:

> „Alle Menschen sind mit Liebe befasst, nicht immer im Modus des Erlebens, oft in dem des Traums oder der Erinnerung. Häufiger als die Erfüllung ist die Entbehrung erfahrbar, und dennoch bleibt die Liebe das beherrschende Thema menschlicher Verhältnisse. … Liebe kann alles, sie ist totipotent, ‚zu allem fähig', und sie birgt in sich das Potential, jede Kluft zwischen Menschen zu überbrücken […]. Was mit Liebe und in ihrem Namen geschieht, kennt keine Grenzen. Unermesslich können Liebende sich wohltun – und wehtun."

Beschrieben wird in den Interviews die Liebe zum jeweils anderen Land, zu den „Leuten", zur Kultur, aber auch zu konkreten Menschen, die Entwicklung von (Liebes-)Beziehungen, das Entdecken der großen Liebe und ähnliches mehr. Daraus entwickelte sich für uns das Thema „Liebe im Kontext interkultureller Begegnungen zwischen Deutschland und Frankreich" als Forschungsfrage. Kann die Liebe zu einem Menschen den Hass überwinden, der zwischen den Völkern geschürt und durch Kriege zwischen den Nationen weitergetragen wurde? Verhindert die Liebe sogar das Aufkommen von negativen Gefühlen? Welche Voraussetzungen sind dafür notwendig? Ist die Liebe ohnehin stets stärker als alle Ideologien und menschlichen Grenzziehungen und entwickelt sie einen transkulturellen Raum? Oder gewinnt sie ihre Bedeutung gar erst im Rahmen einer „Hyperkultur", die Byung-Chul Han im Unterschied zur Inter- und Transkulturalität als „kulturelle Verfasstheit von heute" beschreibt und die er als „ent-grenzt, ent-ortet, ent-fernt" fasst (Han, 2005, S. 59)?

Unser Beitrag setzt sich mit dem Phänomen der „Liebe" im wissenschaftlichen Diskurs und im transnationalen Raum auseinander. Gefragt wird auch nach den Möglichkeiten und Grenzen der Biografieforschung als Zugang zu Emotionen. In den Interviews zeigt sich die Bedeutung emotionaler Momente in interkulturellen Begegnungen, und es finden sich darin Variationen der Liebe in deutsch-französischen Biografien. Wir gehen dem Gefühl der Liebe bei Menschen nach, die unterschiedlichen Generationen angehören und somit in verschiedenen zeithistorischen Kontexten emotional sozialisiert wurden. Dabei scheint sich ein transnationaler Raum zu entfalten, und es eröffnet sich eine innovative Perspektive auf ein emotionales Geschehen jenseits nationaler Grenzziehungen und kultureller Zuschreibungen. Als entgegengesetztes Gefühl wird auch der Hass in den Interviews thematisiert. Der Komplexität des Themas kann der Beitrag nicht gerecht werden, auch die aufgeworfenen Fragen können nicht alle beantwortet werden. Der Beitrag versteht sich vielmehr als explorative Studie, die anhand von einigen Fallbeispielen sichtbar macht, wie lohnend eine vertiefende Forschung auf diesem Gebiet sein könnte. So gibt er am Ende einen Ausblick auf weitere Forschungsfragen zur Erhellung der Bedeutung der Liebe – für den Einzelnen, in der zwischenmenschlichen Begegnung und schließlich zur Überwindung des Völkerhasses.

Liebe im wissenschaftlichen Diskurs und im transnationalen Raum

Zum Thema „Liebe" und „Emotionen" gibt es eine Fülle von Publikationen, die das Themenfeld aus unterschiedlichen Richtungen beleuchten. Eigentlich wollten wir an dieser Stelle den Stand der Forschung referieren und dann erläutern, mit welcher theoretischen Perspektive wir uns dem Thema nähern. Diese übliche akademische Praxis erwies sich jedoch bei diesem Untersuchungsgegenstand als schwierig. Zum einen, weil es in sehr unterschiedlichen Disziplinen interessante Aspekte zu unserem Themenfeld gibt, aber keine passende Theorie zu unseren empirischen Befunden. Zum anderen entdeckten wir das Thema zunächst in den Interviews und auch dort in einer interessanten Vielfältigkeit. So verzichten wir darauf, uns sowohl bei der Auswahl der Interviews wie auch bei den Publikationen auf nur einen systematischen thematischen Fokus zu konzentrieren, da uns die Differenzierung von Blicken und Erfahrungen gerade beim Thema „Liebe" wiederum reizvoll und dem Gegenstand angemessen erscheint. So möchte dieses Kapitel den Lesenden einen bunten Strauß an Blüten übergeben, die wir beim Durchstöbern der Literatur gepflückt haben, um denjenigen, die sich weiter mit dem Thema befassen möchten, einige Hinweise zu geben.

„Es ist nicht bequem, Gefühle wissenschaftlich zu bearbeiten", soll Freud einmal gemeint haben, und doch hat sich keine andere Wissenschaft so intensiv wissenschaftlich mit den Gefühlen und Effekten beschäftigt wie die Psychoanalyse (vgl. Angerer, 2010, S. 51). Welche Rolle das Ideal der romantischen Liebe noch immer in modernen Gesellschaften spielt, dort aber kommerziell genutzt und zu einer post-romantischen Inszenierung wird, rekonstruiert Haubl (2005) aus sozialpsychologischer Perspektive sehr facetten- und aufschlussreich. Aber auch zahlreiche andere Wissenschaften befassen sich zunehmend mit der Thematik. So zeugen das Exzellenzcluster *Languages of Emotion* an der Freien Universität Berlin oder das *Center for the History of Emotions* am Max-Planck-Institut für Bildungsforschung in Berlin vom Interesse an der Erforschung der Komplexität der Emotionen (vgl. Hammer-Tugendhat & Lutter, 2010, S. 7ff.). Im Cluster *Languages of Emotion* steht die Kooperation von Wissenschaftler/inne/n aus zahlreichen Disziplinen im Mittelpunkt, die sich dem Themenkomplex mit geisteswissenschaftlichen, sozialwissenschaftlichen und naturwissenschaftlichen Verfahren nähern. Christoph Wulf geht es darin beispielsweise um die Erforschung der kulturellen Diversität von Emotionen, um Ähnlichkeiten und Differenzen zwischen den großen Kulturen im Umgang mit Emotionen (vgl. Wulf & Weigand, 2011, S. 96f.).

Im Forschungsbereich *Geschichte der Emotionen* stellen die Wissenschaftler/innen um Ute Frevert die Fragen: Haben Gefühle eine Geschichte? Und: Machen Gefühle Geschichte? Und sie gehen davon aus, dass Gefühle – Empfindungen und ihr Ausdruck – kulturell geformt und sozial erlernt werden. Was jemand in einer bestimmten Situation oder gegenüber einer anderen Person und Sache fühlen und zeigen darf und was nicht, ist gesellschaftlich normiert und damit historisch variabel (vgl. Frevert et al., 2011).

> „Emotionen spielen für die Identität von Individuen, Gemeinschaften und Gesellschaften eine wichtige Rolle. Auch für die Beziehungen zwischen Subjekten, Gemeinschaften und Gesellschaften haben sie eine zentrale Bedeutung. Sie haben sowohl eine produktive als auch eine destruktive Kraft. (…) Wer lebt, fühlt; wer nicht fühlt, ist tot. Nicht individuelle Gefühle, sondern die Fähigkeit zu fühlen ist eine conditio humana. Menschen können sehr unterschiedlich mit ihren Emotionen und Gefühlen umgehen; doch sie können nicht darauf verzichten, Gefühle zu haben. Emotionen entstehen in Beziehungen zu anderen Menschen, Ereignissen, Gegenständen" (Wulf, Poulain & Triki, 2011, S. 11).

Im Kontext des DFJW wurde im Rahmen eines experimentellen Forschungsprogramms die Problematik Macht und Emotion in der pädagogischen Situation in einem dreijährigen internationalen Aktionsforschungsprojekt bearbeitet und die Ergebnisse publiziert (vgl. Müller, Hellbrunn, Moll & Storrie, 2005). Dabei ging es darum, die persönlichen und emotionalen Konflikte in Aktion zu erforschen, um zu beschreiben, wie „Emotionen und Machtphänomene in pädagogischen Situationen in Erscheinung treten und wie damit umgegangen wird" (ebd., S. 11).

Vielleicht liegt es in der Natur der Sache, dass ein so zentrales und doch so schwer zu begreifendes Gefühl wie die Liebe von unterschiedlichen Disziplinen eingekreist, aber doch nicht abschließend definiert werden kann. Geredet, gesungen und geschrieben wird sehr viel über die Liebe, in ganz unterschiedlichen Textgattungen. „Die Liebe ist ein Kind der Freiheit" (*„L'amour est l'enfant de la liberté"*) heißt es in einem alten französischen Lied. Man kann sie nicht erzwingen, preist sie als eine Himmelsmacht, als ein wunderbares Gefühl oder betrauert ihren Verlust. Die Theologie betont ihren Ursprung in der göttlichen Liebe zu den Menschen und betrachtet sie als Sinn und Ziel menschlichen Strebens. Nach dem christlichen Glauben gehören die Liebe zu Gott, zum Nächsten und zu sich selbst zu den obersten Geboten. „Liebe ist der Sinn aller biblischen Weisungen" schreibt Stefan Alkier (2009, S. 351) in seinem Beitrag mit dem provokanten Titel *Kann denn Liebe Sünde sein*? Die Nächstenliebe, Selbstliebe und die Liebe zu Gott gehören auch für Erich Fromm in seinem Buch *Die Kunst des Liebens* von 1956, zunächst unter dem Titel *The Art of Loving* erschienen, zu seiner Theorie der Liebe. Folgt man seiner Argumentation, dann setzt Liebe eine Entwicklung der ganzen Persönlichkeit voraus und es kann „in der Liebe zu einem anderen Menschen überhaupt keine Erfüllung ohne die Liebe zum Nächsten, ohne wahre Demut, ohne Mut, Glaube und Disziplin geben" (Fromm, 1980. S. 9). Er geht davon aus, dass „wir das Geheimnis des Menschen und des Universums nie ‚begreifen' werden, daß wir es aber trotzdem im Akt der Liebe ‚erkennen' können." Liebe ist für Fromm eine Kunst, die es zu erlernen und in sich zu entwickeln gilt. In allen ihren Formen sollte sie für ihn stets folgende Grundelemente enthalten: Fürsorge, Verantwortungsgefühl, Achtung vor dem anderen und Erkenntnis des Selbst, der menschlichen Existenz und des Anderen. In den Prinzipien einer kapitalistischen Gesellschaftsordnung, die auf Ausbeutung des Menschen, Konkurrenz und dem Warencharakter aller Dinge basieren und die Wünsche nach einem befriedigenden Leben und Lieben auf den Konsum lenken, sieht Fromm eine Gefährdung für sein Idealkonzept der wahren Liebe.

Gesellschaftskritische Analysen bilden für viele weitere Studien die Basis. Niklas Luhmann (1982) rekonstruiert und analysiert den historischen Wandel der Liebessemantik der vergangenen rund 300 Jahre und die Veränderungen und Paradoxien des Umgangs mit privater Intimität. Ulrich Beck und Elisabeth Beck-Gernsheim haben bereits 1990 „Das ganz normale Chaos der Liebe" beschrieben, das durch Individualisierungsprozesse in die Beziehungen Einzug hält. Arlie Hochschildt spricht in ihrem Buch „Das gekaufte Herz. Die Kommerzialisierung der Gefühle" (2006) davon, dass die Regulierung und Kontrolle der eigenen Gefühle im Sinne eines „Gefühlsmanagements" sowohl im modernen Arbeitsleben wie im Privatleben immer wichtiger wird. „Besitzen Gefühle eine von der jeweils empfindenden Person unabhängige Existenz oder Identität?" fragt sie (ebd., S. 159) und ihre Analysen zeigen, dass wir eine „kulturspezifische Haltung gegenüber der Welt der Gefühle haben, wir sind aufgefordert, auf unsere Gefühle aufzupassen oder sie zu beherrschen" (ebd., S. 160). Gefühle haben also eine psychologische und gesellschaftliche Seite und Institutionen können unsere Gefühle persönlich kontrollieren. Emotionen haben nicht selten „Jenseits des Individuums", in Institutionen und Organisationen (vgl. Hoyer, Beumer & Leuzinger-Bohleber, 2011), ihren Ursprung. Gefühle entstehen in Wechselwirkung zwischen Subjekten und den sie umgebenden Organisationen.

Nicht mehr das romantische Ideal der Liebe, sondern die Unterwerfungen unter die kommerzialisierte Welt dominieren die Beziehungen der Menschen in der heutigen Zeit, so auch Eva Illouz' Schlussfolgerung aus ihren umfangreichen Befragungen in einem ihrer Bücher mit dem Titel „Konsum der Romantik" (2007). In ihrem 2011 erschienen Buch fragt sie danach „Warum Liebe weh tut" und geht dem gegenwärtigen „Elend der Liebe" nach, das nach ihren Analysen daraus resultiert, dass „die Liebe das ‚Gefangensein' des Selbst in den Institutionen der Moderne einschließt, widerspiegelt und verstärkt – wobei diese Institutionen selbstverständlich durch die ökonomischen und die Geschlechterverhältnisse geprägt sind" (Illouz, 2011, S. 18). Und sie diagnostiziert: „Nirgendwo sticht eine derartige Ernüchterung so ins Auge wie im Reich der Liebe, das in der westeuropäischen Geschichte über Jahrhunderte hinweg von den Idealen der Ritterlichkeit, Galanterie und Romantik bestimmt worden war" (ebd., S. 21). Sie sieht in den Tauschbeziehungen zwischen ungleichen Marktteilnehmern, der „Vermengung von Liebe und ökonomischem Kalkül", von emotionalen Erwartungen mit strategischen Interessen, den von Männern beherrschten sexuellen Feldern, die den Heiratsmärkten zeitlich vorausgehen und störend auf diese einwirken, den Hintergrund für die Verstrickungen und Zwänge, unter denen gegenwärtig Liebes- und Ehepaare – und insbesondere die Frauen – leiden (vgl. ebd., S. 24f., S. 432f.). Ihre historische Rekonstruktion der Geschichte der Liebe bis zur Moderne sowie ihre kritische Zeitdiagnose der Gegenwartsgesellschaft eröffnen einen soziologischen Blick auf oftmals psychologisch gedeutete Phänomene wie das Erkalten des Begehrens, Bindungsangst oder Enttäuschung. Darüber hinaus hat sie literarische Quellen, Ratgeberliteratur und Internetforen ausgewertet sowie Interviews mit Freunden und Fremden geführt, um den Schattenseiten der Liebe, dem Liebeskummer und den Qualen der Liebe auf die Spur zu kommen. Dabei rekurriert sie auf Axel Honneth und seine Theorie der Anerkennung. Für ihn gehören „emotionale Zuwendung wie wir sie in Liebesbeziehungen und Freundschaften kennen" zu den Anerkennungsformen im affektiven Bereich der Primärbeziehungen, sie entwickeln sich abgehoben von der rechtlichen Anerkennung und solidarischen Zustimmung (vgl. Honneth, 1992, S. 151). Für Honneth „sind es die drei Anerkennungsformen der Liebe, des Rechts und der Wertschätzung, die erst zusammengenommen die sozialen Bedingungen schaffen, unter denen menschliche Subjekte zu einer positiven Einstellung gegenüber sich selber gelangen können" (ebd., S. 271). Illouz (2011, S. 223f.) fokussiert ihre Betrachtung auf die Liebe als einem „starken Anker für die Anerkennung – die Wahrnehmung und Konstitution von jemandes Wert" in einer Zeit, in der „die soziale Geltung sowohl ungewiss ist als auch permanent ausgehandelt wird". Für sie nimmt die romantische Liebe „eine Schlüsselstellung in der Anerkennungsordnung ein, durch die in der Moderne eine Person in Ketten von Interaktionsritualen soziale Geltung zuwächst. Der Grund dafür ist, daß die Liebe die intensivste und totalste

Weise ist, emotionale Energie zu erzeugen, eine Folge der durch sie bedingten Aufwertung des Ich" (ebd., S. 225).

Interessant ist an der Perspektive von Eva Illouz auf das Phänomen der Liebe für unseren Forschungszusammenhang zudem, dass sie als in Marokko geborene Frau in Paris studiert und als Erwachsene auch in Deutschland, den Vereinigten Staaten und Israel gelebt hat, wo sie derzeit als Professorin für Soziologie in Jerusalem arbeitet. Sie hat also unterschiedliche Nationen kennengelernt und dabei auch interkulturelle Begegnungen in ihre Studie einbezogen. So schreibt sie in ihrem Epilog: „Noch nie zuvor in der Geschichte sind sich Männer und Frauen verschiedener sozialer Schichten, Religionen und Ethnien wie auf einem freien, ungeregelten Markt begegnet, auf dem Merkmale – wie Schönheit, Sexyness, soziale Schicht – rational und instrumentell eingeschätzt und getauscht werden" (ebd., S. 432).

Schauen wir also einmal auf den transnationalen Raum und wie sich die Liebe darin entwickeln kann oder womit sie zu kämpfen hat.

Es stellt sich die Frage nach den Emotionen in einer transkulturellen Welt und nach dem Gefühl der Liebe im Kontext der Diagnose einer Globalisierung der Emotionen (vgl. Poulain, 2011, S. 226ff.). Aufgrund der Vieldeutigkeit und Komplexität des Kulturbegriffs verzichten wir auf den Begriff des Transkulturellen (vgl. Demorgon, Lipiansky, Müller & Nicklas, 2001, S. 41) zugunsten des deskriptiven Begriffs des Transnationalen. Transnational schließt die unterschiedlichen intersektionalen Zugehörigkeiten von Menschen, wie beispielsweise Geschlecht, soziale Herkunft und soziokultureller Hintergrund, ethnische und nationale Zugehörigkeit nicht aus, vermeidet jedoch die Problematik der Engführung des Kulturbegriffs auf das Ethnische oder Nationale. Ursprünglich werden mit dem Begriff Transnationalisierung im Kontext der Migrationsforschung spezifische, weltumspannende Verflechtungen von räumlichen, zeitlichen und sozialen Beziehungen bezeichnet (vgl. Pries, 2008, S. 16). Motoren dieser verstärkt auftretenden Prozesse der Transnationalisierung sind die im 21. Jahrhundert aufkommenden technischen, wirtschaftlichen, sozialen und kulturellen Interdependenzen und Dynamiken zwischen Orten und Menschen, sie gelten als zentrale Indikatoren für Transformationen von Gegenwartsgesellschaften (vgl. Castells, 2002). Die transnationale Zirkulation von Menschen und Ideen, Waren und Gütern, wie sie sich im europäischen Binnenraum, aber auch durch die weltweite Etablierung neuer Kommunikationssysteme und Wissensformen entwickelt hat, setzt zugleich die Bedingungen und Möglichkeiten sozialen Zusammenlebens in Bewegung. Es entstehen in diesem Prozess der Europäisierung Migrationsbiografien (vgl. Apitzsch, 2003), aber auch transnationale Biografien (vgl. Apitzsch & Siouti, 2008).

Eine Untersuchung solcher komplexer Phänomene wie Emotionen sollte die Akteurinnen und Akteure als eingebettet in einen spezifischen sozialen, nationalen oder kulturellen Referenzrahmen betrachten, aus dem sich vielfältige Formen der sozialen Praxis und des Alltagsdenkens und -handelns entwickeln. Die „Beziehungsformen" und „Lebensstile" (vgl. hierzu z.B. Berger & Hradil, 1990), die sich aus der grenzüberschreitenden Liebe entwickeln, stellen zentrale

Untersuchungsdimensionen dar. Welche Zugehörigkeiten resultieren aus deutsch-französischen Beziehungen und wie definieren sich Kollektive wie Nationen aus der Sicht ihrer Mitglieder neu? Welche Vorstellungen von Männlichkeit und Weiblichkeit, von Frausein und Mannsein werden in der Auseinandersetzung mit der Liebe sowie in Transnationalisierungsprozessen entworfen? Welche anderen „möglichen Leben" werden individuell und kollektiv imaginiert? Welche (nationalen) Identitäts- und Subjektentwürfe, welche Familien- und Gesellschaftsbilder, welche Beziehungsformen und Lebensstile werden biografisch thematisiert?

Die interkulturellen Begegnungen des DFJW scheinen dazu in der Lage zu sein, einen transnationalen Raum zu kreieren, der nationale Grenzziehungen zunehmend als wenig bedeutsam erscheinen lässt. Kann die Liebe zwischen Menschen das Trennende überwinden und etwas Neues schaffen? Mit Blick auf die vielfältigen Prozesse der Transnationalisierung im Weltmaßstab, aber auch im Zuge des europäischen Integrationsprozesses und der damit verbundenen sozialen, wirtschaftlichen und gesellschaftlichen Auswirkungen sowie des fünfzigjährigen Engagements der DFJW für die Völkerverständigung und Begegnung stellt sich die Frage nach den Effekten solcher Einflüsse in den Biografien der Menschen völlig neu.

Gefühle wie Liebe und Hass in ihrer Komplexität zu begreifen und zu erklären, ist ein Unternehmen, das wohl noch viele wissenschaftliche Studien beschäftigen wird. Sind Gefühle reine Produkte der Gesellschaft? Können wir nur das beschreiben und begreifen, für das uns Worte und Bilder zur Verfügung stehen? Ist die Liebe dabei, in der modernen Gesellschaft verloren zu gehen oder vor allem Probleme zu produzieren? Ein Blick in unser Interviewmaterial macht jedoch sichtbar, dass jenseits des Erklärbaren die Liebe offenbar auch in der Lage ist, sich in einem eher schwierigen Terrain Raum zu verschaffen. Ist also die Emotion „Liebe" in der Lage, trennende Grenzziehungen zu überwinden und etwas Neues in die Welt zu bringen? Schauen wir dazu die Geschichten an, die unsere Befragten uns von ihren deutsch-französischen Begegnungen der vergangenen siebzig Jahre erzählt haben. Aber zunächst widmen wir uns der Frage, inwiefern die Biografieforschung einen Zugang zu Emotionen eröffnet.

Biografieforschung als Zugang zu Emotionen?

Der Prozess des Zusammenwachsens Europas zu einem Binnenraum eröffnet Möglichkeiten der interkulturellen und internationalen Begegnung, aus denen sich Lebenspraxen ableiten können, die nationale Grenzen überschreiten und einen Wechsel zwischen dem Leben im Herkunftsland und dem Wunschland ermöglichen. Dabei können neue Lebensräume jenseits national-territorial definierter Kulturkreise entstehen, aber auch transnationale Biografien. So begegnet eine Deutsche einem Franzosen, lebt ihre Liebe mit ihm in Frankreich, gründet mit ihm eine Familie in Deutschland, beide pendeln zwischen den Nationen und leben im Alltag Elemente beider Kulturen in einer eigenen Lebenswelt mit zahlreichen interkulturellen

Begegnungen und geben wiederum einen spezifischen Habitus an ihre Kinder weiter. Welche interkulturellen Momente sind in diesen Biografien bedeutsam? Wie beeinflussen solche biografischen und kulturellen Entwürfe die Lebenspraxen, Bildungsverläufe, Sozialbezüge, Identitätsentwürfe und welche Rolle spielen darin die Emotionen? Solche individuellen oder kollektiven Lebenspraxen formen sich in einem historischen und gesellschaftlichen Feld, das von einer eher konfliktreichen bis kriegerischen Geschichte geprägt wurde: das deutsch-französische Verhältnis. In welcher Weise ist diese Geschichte in den Biografien der Menschen, in ihren Prägungen noch präsent und wie verarbeiten sie diese?

Die Biografieforschung dient dazu, die Lebensgeschichten der Erforschten, ihre Selbst- und Weltdeutungen sowie die biografischen Verarbeitungen des Erlebten zu rekonstruieren. Die Annäherungen an das Erleben von Gefühlen, von Liebe, aber auch von Hassgefühlen geschehen zunächst über die Biografien der Befragten. Die Äußerungen werden dann im Kontext von Überlegungen zur Bedeutung der Emotionen für das Leben und Erleben sowie einer reflexiven Auseinandersetzung mit dem Leben gedeutet. Emotionen sind nicht nur individuelle Zustände, die von Erlebnissen und ihrer Verarbeitung abhängen, sondern sie unterliegen auch den formenden Einflüssen des jeweiligen Kontextes, der Kultur und Gesellschaft, in der ein Leben sich ereignet (vgl. Ulich & Kapfhammer, 1991, S. 551). Es wäre eine wichtige Forschungsaufgabe zu rekonstruieren, inwiefern ein historischer und gesellschaftlicher Kontext, in dem das Leben stattfindet, Auswirkungen auf die Denk-, Wahrnehmungs-, Bewertungs- und Handlungsmuster der Erforschten und auf ihre Emotionen hat. Auf der Begriffsebene wäre eine Differenzierung von Bezeichnungen wie Freundschaft, Verliebtsein, Liebe sowie der anderen Emotionen, wie Abneigung, Hass notwendig, um eine Analyse „emotionaler" Begriffe zu leisten.

Emotionen *in vivo* zu untersuchen, wäre sicher sehr interessant und aufschlussreich, aber auch schwierig. Denn in Momenten, in denen unsere Emotionen dominieren, sind wir oftmals nicht in der Lage, diese sogleich zu verbalisieren, zu reflektieren und in systematischer Weise anderen zu erzählen. Fragt man Menschen nach ihren Biografien, so liegen Emotionen in der Regel weit zurück und wir erfahren lediglich das, was davon noch erinnert wird. Wenn jedoch Emotionen erinnert und erzählt werden, dann ist zu vermuten, dass diese auch sehr bedeutsam waren, sich also in die Biografie eingeprägt haben. Der Erzählung ist aber eine Verarbeitung voraus gegangen. Es wird nur noch eine Erinnerung an eine Emotion, gefiltert durch die zeitliche Distanz und reflexive Distanzierung berichtet. Man kann aber davon ausgehen, dass man in einer Erzählung über Emotionen etwas von großer Relevanz erfährt, sonst wäre es vergessen worden oder unerwähnt geblieben. Gerade Erzählungen besitzen noch etwas von der Authentizität des erlebten Augenblicks. Vermutlich können wir nur über sie an Emotionen herankommen, sonst müsste man aus Gesichtern lesen können, wie es Paul Ekman (2010) in seinen Studien unternimmt. Biografieforschung erscheint uns als ein Weg, an Emotionen teilzuhaben über die Erinnerung an Lebenssituationen, die starke Gefühle ausgelöst haben. Dabei wäre anknüpfend an Margret Dörr et al. zu fragen, welchen Anteil eine Erinnerungskultur, das kollektive oder kommunikative Gedächtnis sowie die Narration daran haben, was erinnert und in einer spezifischen Weise erzählt wird (vgl. Dörr, v. Felden, Klein, Macha & Marotzki, 2008, S. 7ff.). Und sie werfen die Frage auf: „Welche Rolle spielen Emotionen für unser autobiographisches Gedächtnis?" (ebd., S. 9). Mittels biografischer Erzählungen können wir dem Erleben recht nahe kommen. Welche Rolle dem Adressaten der Erzählung für das Erinnern als kommunikativer und kollektiver Prozess zukommt, sollte in der Analyse ausführlicher reflektiert werden (vgl. Haubl, 2007, S. 35ff.). „Sich-Erinnern ist kein Aufrufen abgespeicherter, archivierter Daten aus der Festplatte namens Gedächtnis, sondern eine konstruktive und kreative Interaktion" (Klein, 2008, S. 56).

Liebe und Hass in deutsch-französischen Biografien

Vor dem Hintergrund der kaum erforschten Bedeutungen von Emotionen für Biografien, für Familien, für Gesellschaften, für Nationen, für das soziale Zusammenleben und für die Gestaltung der Zukunft interessieren wir uns für die Entstehung und die Wirkung der Emotion „Liebe" zwischen Menschen aus unterschiedlichen Nationen. Dabei fokussieren wir auf jene Form der „Liebe", die sich auf ein Land und auf eine Begegnung bezieht und fragen danach, was daraus resultiert, welche Kraft in dieser Emotion liegt, ob sie etwas bewirkt im Leben des Einzelnen oder in seinem Umfeld und wo sie auch zum Problem wird. Wir vermuten, dass sich aus der Liebe als Grundhaltung weitere erstrebenswerte Haltungen ableiten könnten, so beispielsweise Menschlichkeit, Lebensfreude, Achtung des Anderen, Wertschätzung, Verbundenheit, Suche nach Frieden. Aber wir sind auch offen für die Enttäuschungen, das Chaos der Liebe und Grenzen sowie die Voraussetzungen für diese Emotion.

Drei verschiedene Biografien aus verschiedenen Phasen der deutsch-französischen Beziehungen zeigen uns ganz unterschiedliche Facetten des Verliebtseins und der Liebe zwischen Menschen aus Frankreich und Deutschland, aber auch zum anderen Land, zu den Menschen, der Kultur und Literatur. Gemeinsam ist ihnen die Energie und Kraft, die sich aus dem emotionalen Erleben für das je individuelle Leben, aber auch in Bezug auf das Verhältnis zum je anderen Land ergeben hat.

„Je suis un bébé OFAJ¹" – „Ich bin ein Baby des DFJW"

Irène, eine heute vierzigjährige Französin und Juristin von Beruf, berichtet von ihrer Kindheit, in der sie schon früh über ihren Vater, der in Programmen des DFJW tätig war, in Kontakte zu Menschen aus Deutschland kam (vgl. hierzu auch Egloff, 2012): „J'ai le souvenir d'une expérience où je devais avoir 4 ou 5ans (il y a des photos) et les enfants faisaient de l'imprimerie. Pour moi, ce sont des souvenirs merveilleux". Mit einem Abstand von über 20 Jahren erzählt sie von ihrem ersten leidenschaftlichen Verliebtsein in Deutschland als 15-jährige Schülerin, das sich über drei Jahre erstreckt hat: „J'ai eu un amoureux voire deux … c'était tellement la passion pour Gaëlle et moi, qu' après, on y est allé pendant trois ans deux fois par an". Sie erklärt es sich heute als Chance, dass sie im anderen Land Dinge entdecken konnte, wozu sie zu Hause nicht die Gelegenheit hatte.

Mindestens ebenso prägt sie das Leben in einer deutschen Familie, in der sie während eines Austauschs zu Schulzeiten einige Tage untergebracht war. Sie ist begeistert vom deutschen Lebensrhythmus: „Et c'est là que je suis tombée vraiment amoureuse de l'Allemagne, parce qu'en allant vivre quelques jours dans une famille allemande et en allant au cours au collège avec ma correspondante je me suis rendue compte du rythme de vie allemand". Und obwohl sie in Südfrankreich aufwächst, entscheidet sie sich für ein deutsch-französisches Studium an der Universität Saarbrücken: „C'est parce que j'étais folle amoureuse de l'Allemagne, cela pour moi faisait partie de ma vie: je me disais que j'allais vivre en Allemagne toute ma vie et pourquoi j'adorai l'Allemagne? C'est parce toute mon enfance a été jalonnée par des rencontres extrêmement fortes avec des allemands, avec l'Allemagne, avec le pays. J'ai réfléchi à ça."

Nach dem Studium trifft sie zwar die klare Entscheidung, ihr Leben in Frankreich zu führen, aber sie behält den Kontakt zu Deutschland und dessen Menschen, indem sie während und nach dem Studium regelmäßig an experimentellen Begegnungen des DFJW teilnimmt, durch die sie weiterhin maßgeblich geprägt wird. „Ah, oui, c'est clair que ce soit les expériences OFAJ et toutes ces expériences m'ont marquée profondément". Wie tief diese Erfahrungen in ihr liegen, zeigt sich in einer kleinen Episode, in der es darum geht, dass ihr jetziger Chef, ein Bürgermeister von Paris, an einer Begegnung im Rahmen des DFJW teilnehmen und einige Begrüßungsworte sprechen sollte. Er bezieht Irène in die Planung ein. Sie beschreibt ihre Reaktion mit folgenden Worten:

> „Je rebondis sur le fait que le préfet participe à une rencontre ; pour qu'il dise quelques mots d'introduction, j'ai dit, tel quel, le mot: „Oui, l'OFAJ organise des programmes passionnants, moi-même je suis un bébé OFAJ". Je ne sais pas pourquoi …, cela m'est venue comme cela et j'ai osé l'écrire: „Je suis un bébé OFAJ", j'ai grandi un peu comme Obélix qui est

---

1 OFAJ = Office franco-allemand pour la jeunesse ist die französische Bezeichnung des Deutsch-Französischen Jugendwerks.

tombée dans la marmite de potion magique. Et pour moi, ça a été complètement structurant: „Je suis un bébé OFAJ".

Mit dieser schönen sprachlichen Wendung wird sie selbst zu einem Produkt deutsch-französischer Beziehungen und eines institutionellen Rahmens, in dem sie sich in dieser Weise entwickeln konnte und der offenbar Früchte trägt.

„Da hatte ich dann die Beziehung geknüpft"

Im Unterschied zu Irène handelt es sich bei Marie um eine Frau, die Frankreich im Alter von achtzehn Jahren verlassen hat und nun seit ungefähr vierzig Jahren in Deutschland lebt. Marie hat an zahlreichen Begegnungen und Veranstaltungen des DFJW sowohl als Teilnehmerin als auch als Teamerin teilgenommen. Deutschland ist für sie der Traum des Mädchens, in dem das Aschenputtel zur Prinzessin werden kann. Marie konnotiert Deutschland mit einem harmonischen Familienleben, mit Liebe und Anerkennung, mit all jenen Bereichen, die sie in ihrer eigenen – französischen – Familie und Umgebung vermisst. Ihre Erinnerungen an Frankreich und ihre Kindheit sind demgegenüber geprägt von Assoziationen an ein Aufgehen und das Verlorensein in einer Großfamilie.

> „[…] Und ich kam aus einer Großfamilie. […] Wir waren sieben Kinder, die alle sehr chaotisch waren, und keine, keine Violinen, keine […] aber es trotzdem äh, man musste kämpfen, […] um seinen Platz zu finden. Ich, ich war ein ruhiges Kind und ich hatte daher immer den Eindruck, dass man mich nicht wahrnimmt, dass ich nicht existiere, in dieser Großfamilie. Und als dann meine Deutsch-Lehrerin uns (lacht) von der deutschen Familie erzählte, das war für mich ein Traum, das war ein Traum und ich hatte nur eine Hoffnung, (leise) das war, eines Tages nach Deutschland gehen zu können, um ähm in Deutschland zu leben und meinen Mann in Deutschland zu finden."[2]

Im Verlauf der Erzählung kommt zum Ausdruck, dass Marie sich nach der initialen Begeisterung, die durch ihre Lehrerin ausgelöst wurde, ihr interkulturelles Moment Deutschland fortan gezielt konstruiert und selbst gestaltet: „Ich habe praktisch die deutsche Kultur zu meiner ausgesucht und – ich lebe sie bewusst und deswegen liebe ich sie so."

Marie lernt über die Teilnahme an den DFJW-Programmen sowohl ihren ersten als auch ihren zweiten Ehemann kennen. Nachdem die erste Ehe recht schnell zu Ende geht, findet sie ihren zweiten Mann, mit dem sie ihre Familie aufgebaut hat und bis heute zusammenlebt.

---

2 Die Zitate sind Übersetzungen des überwiegend auf Französisch geführten Interviews mit der von uns so genannten „Marie".

„Bin zu meinem Seminar „La gare de Freinet" gefahren, damals als Teilnehmerin. Und da fing das Seminar an und um 11 Uhr abends, der kam zu spät, wie immer, um 11 Uhr abends, wer tauchte auf? Mein Uli. Und der war doch gekommen, hatte sich doch angemeldet, und ja, da haben wir uns kennen gelernt. (Lachen) (leise) So richtig und das war die Zeit, da wo ich dann mein Kinderprojekt hatte und der hat sofort gesagt: „Och ja, Kinder zeugen, könnte ganz gut sein!" (Beide lachen) und: „Wollt schon immer sehn, was da rauskommt." (Leise) ja, da hatte ich dann die Beziehung geknüpft."

Im weiteren Verlauf des Interviews beschreibt Marie die Entwicklung ihrer gemeinsamen Beziehung und ihrer Ehe, in der sie bis heute gut zusammenleben.

„Ja. Für die anderen, ja. Viele fragen sich, wie wir überhaupt so miteinander so lange es aushalten, aber wir wissen warum. Es ist weiterhin spannend, nach 30 Jahren. Also, mit Höhen und Tiefen, aber immer wieder mal die Sicherheit, dass man zusammen gehört (leise) und dass man gern nochmal zusammen alt werden will. Ist schon mal nicht schlecht, (lacht) ja."

Die Streitkultur gehört für sie zu einem gesunden Leben dazu. Dabei geht es meist um alltägliche Dinge, wie die Art des Geschenkeverpackens an Weihnachten oder darum, das helle Licht der Glühlampe gegen romantischen Kerzenschein auszutauschen.

„Wir lieben die Streitkultur hier in diesem Hause, aber wir haben uns halt daran gewöhnt und kommen damit zurecht. Nur die Außenstehenden, manchmal (lacht), wenn die manchmal bei uns reinkommen: „Oh, bei euch is' ja heftig un so!" Aber für uns – also das hab' ich auch beim DFJW gelernt, dass Unterschiede ausleben eine eigentlich gesunde Sache ist."

Dabei leben sie das „typisch" Deutsche und Französische, aber gewissermaßen in vertauschten Rollen: Marie übernimmt mehr den deutschen und ihr Mann den französischen Part:

„Der is äh, von daher ist ganz komisch bei uns, manche Leute staunen auch manchmal, sagen: ‚Wer ist der Franzose hier?' Und aber ist vielleicht normal, dass man tatsächlich, das was einem gefehlt hat. Mir hat in Frankreich gefehlt das Deutsche ... und das hab ich hier gepflegt. Und meinem Mann fehlt das Französische und er pflegt das. Und wir haben tatsächlich die Rollen ausgetauscht. Finden aber in der Zusammenführung dieser zwei Kulturen, finden wir wirklich einen Reichtum."

Ohne dass sie ihren französischen Ursprung aufgibt, prägt die Liebe zu ihrem deutschen Mann, zu ihren drei Kindern und zur deutschen Kultur ihren Lebensentwurf, sie durchzieht ihre Persönlichkeit, ihr Denken, ihre Emotionen, ihr Handeln.

Außerhalb der gesellschaftlichen Normen einer nationalen Zugehörigkeit, gewissermaßen außerhalb der ‚Normalität' hat sie ihren eigenen, einen „dritten Weg eingeschlagen, in der Zusammenführung dieser zwei Kulturen". Sie hat sich diesen Weg selbst konstruiert und bahnt ihn immer wieder neu. Die Kraft dazu holt sie sich nicht zuletzt aus der Beziehung zu ihrem Mann und ihren Kindern. Die Liebe zum anderen Land wird durch den Partner jeweils als Person mit repräsentiert und scheint sich so wechselseitig zu verstärken. So entsteht eine deutsch-französische Beziehung in einer Ehe, wobei die nationalen Zuschreibungen sich zugleich wechselseitig verkehren und damit spielerisch und scherzend verflüssigt werden.

„L'Allemagne c'était avant tout les femmes allemandes" – „Deutschland das waren vor allem die deutschen Frauen"

In unserem dritten Beispiel handelt es sich um Louis, einen Franzosen, der im Interview insbesondere seine eindrucksvollen Erlebnisse während seiner Gefangenschaft im Zweiten Weltkrieg erzählt. Seine Beziehung zu Deutschland, den deutschen Frauen und der deutschen Sprache und Literatur bestimmen auf ganz unterschiedliche Weise sein Leben und sein berufliches und persönliches Wirken, aber auch die Beziehung zu seiner französischen Frau. Louis ist im Oktober 1914, also kurz nach Beginn des Ersten Weltkriegs, geboren und zum Zeitpunkt des Interviews 94 Jahre alt. Und obwohl die Familie zum Zeitpunkt seiner Geburt vom Krieg gegen Deutschland tangiert war – sein Vater lag mit Verletzungen aus der Marne-Schlacht im Lazarett – und Louis mit 18 Jahren trotz seiner pazifistischen Einstellung zum Militärdienst nach Diedenhofen eingezogen wurde, hat er eine tiefe Beziehung zu Deutschland und zur deutschen Literatur entfaltet.

An vielen Stellen zitiert er deutschsprachige Literatur oder erinnert an deutschsprachige Schriftsteller, so etwa, wenn er seinen Geburtstag erwähnt:

> „Genau am 17. Oktober, genau wie [denkt nach] Büchner. ... Büchner ist auch am 17. Oktober, aber 101 Jahre früher."

Aber auch in alles andere als lyrisch anmutenden Zusammenhängen wie dem Krieg fällt ihm Heinrich Heine ein, so als ob ein Gedicht über die Gräuel der Wirklichkeit hinwegträgt:

Louis: Eh bien, der Krieg bricht aus. Ja. Und ich verbringe fast ein Jahr, ich weiß nicht bis zum Monat Mai, zum Monat Mai [leise, zu sich selbst], wunderschönen Monat Mai. (lacht)
I: Das heißt das war dann 1939.
Louis: [Oui. Ja. Ja. Und ich blieb in dieser Maginot-Ligne."

Nach dem Zweiten Weltkrieg und seiner Gefangenschaft in Deutschland studiert Louis deutsche Sprache und Literatur und wird Lehrer an einem Gymnasium in

Paris. Er heiratet bald nach Kriegsende eine Französin, die beste Freundin seiner Schwester. Mit ihr, die Medizin studiert und in der Psychiatrie gearbeitet hat, lebt er noch heute zusammen. Er hat einen Sohn, eine 17-jährige Enkelin und einen 15-jährigen Enkel. Sein Sohn, Sozialwissenschaftler an einer Universität in Paris, spricht, wenn auch eher verhalten, deutsch. Man erfährt im Interview, dass Louis mit ihm, als er noch ein kleiner Junge war, mehrere Reisen nach Deutschland unternommen hat, so an den Starnberger See zum Zelten. Seine Enkelin hat über die enge Bindung zum Großvater ebenfalls eine Liebe zur deutschen Sprache und Kultur entwickelt. Sie beginnt gerade ein Germanistikstudium in Paris.

Die Bindung von Louis zu Deutschland resultiert zunächst ganz stark aus seiner Liebe zur deutschen Sprache und Literatur. Diese Affinität hat er als Gefangener im Zweiten Weltkrieg nicht verloren, im Gegenteil, sie wurde eher noch verstärkt. Während seiner mehrjährigen Gefangenschaft in verschiedenen „Stalags"[3] in Deutschland bekommt er die Möglichkeit, in Kultur- und Theaterprogrammen für andere Gefangene sowie auch für deutsche Soldaten mitzuwirken. Seit seiner Schulzeit faszinieren ihn Literatur und Theater.

> „Mit 15 oder 16 Jahre verliebte ich mich in eine sehr junge Schauspielerin. Und es war für mich sehr, sehr wichtig. Ich habe meine ersten Gedichte geschrieben für sie. Sie wusste aber gar nicht. Sie war sehr jung."

So berichtet er über die Gefangenschaft im Rückblick nicht das Leid, sondern betont darin die großartige Gelegenheit, sich mit seinen Lieblingsgebieten zu beschäftigen.

> „Ma captivité a été pour moi quelque chose de tout à fait important. J'ai eu la chance, j'ai eu la chance ou la malchance, je n'en sais rien, de vivre en Allemagne, je vais vous dire ensuite que j'ai refais du théâtre en Allemagne. Que j'ai eu la chance extraordinaire de jouer le rôle que les, dont rêvent tous les comédiens, c'est-à-dire le rôle de Hamlet."

Gleichzeitig erzählt Louis von mehreren Begegnungen mit deutschen Frauen, die ihm in so mancher gefährlichen Situation selbst unter Einsatz ihres Lebens geholfen haben. Ein besonders einschneidendes Erlebnis hat er gegen Ende des Krieges. Er deutet es nur zaghaft an (und bittet, das Mikrophon abzuschalten). Er lernt eine junge Frau, eine Österreicherin, kennen und erlebt mit ihr eine kurze, aber intensive Liebesbeziehung: „Da habe ich ihr gestanden mein Sehnen und Verlangen."

Auch wenn diese Beziehung aufgrund der äußeren Umstände nur kurz dauert, so erinnert er sich noch heute mit großer Emotion an sie. Und gleichzeitig trägt diese Episode zu anhaltenden Komplikationen in seiner Ehe bei. „Mais disons que ça m'a beaucoup plus compliqué la vie." Seine Frau wird ein Leben lang eifersüchtig auf diesen Bereich im Leben ihres Mannes sein, der mit Deutschland, der deutschen

---

3   Stammlager (im militärischen Sprachgebrauch Stalag) war in der Zeit des Nationalsozialismus die Bezeichnung für Lager zur Unterbringung Kriegsgefangener des Zweiten Weltkriegs.

Sprache und insbesondere mit deutschen Frauen zu tun hat. Dies führt dazu, dass Louis diesen Teil seines Lebens als einen geheimen Schatz für sich bewahrt.

> „Meine Frau ist nicht gegen Deutschland, aber gegen meine Vergangenheit. Das heißt, ich habe Theater studiert und natürlich ist sie jetzt gegen das Theater. Ich habe Deutsch gelernt, teilweise, und natürlich ist sie gegen Deutschland. Nicht gegen die Deutschen, Sie verstehen aber was ich meine, das ist, sie ist eifersüchtig, sagen wir es deutlich. C'est-à-dire que, meine Frau ist eifersüchtig. Wenn ich vor ihr sage: ‚Meine Frau ist eifersüchtig' wird sie sagen: ‚Nein, nein! Sicher nicht! Niemals!'. Aber sie ist sehr eifersüchtig. Sie kann nicht ertragen, sie kann nicht die Anwesenheit bei mir einer anderen Frau zu ertragen, ohne diese Frau zu kritisieren, das heißt und zu nichts zu machen."

Als Deutschlehrer hatte er dennoch die Gelegenheit, wenn es um Klassenaustausch ging, sogar eine gewisse berufliche Verpflichtung, nach Deutschland zu reisen. Sehr gerne wäre er noch viel öfter gefahren, aber seine Frau war nie damit einverstanden und zeigte ihm buchstäblich die kalte Schulter.

> „Und drei Wochen vor der Reise war sie sehr, hmm wie kann man sagen? Nicht sehr angenehm mit mir. ... Sehr kalt, sehr kalt mit mir und es dauerte drei Wochen nach meiner Rückkehr. Das war nicht angenehm. Trotzdem machte ich fast jedes Jahr eine solche Reise."

Alle Versuche, seine Frau in die Welt seiner Erfahrungen und Erlebnisse mit Deutschen, zugegeben, mit deutschen Frauen, einzubeziehen, waren zum Scheitern verurteilt. Ein letzter Versuch zeigt das folgende Beispiel einer Postkarte:

> „Und euh ein bisschen später bekam ich eine Karte von Deutschland, eine schöne Karte, on Marion Schneider, ich erinnere mich und so weiter. Enfin es war und ‚Grüßen Sie von mir ihre liebenswürdige Frau'. (I: Ja.) Enfin voilà. Bon. Je dis ça mais je crois que c'était écrit, enfin cette partie là en français ‚Saluez de ma part votre chère femme' etc. (I: Ouais). Et elle l'avait fait parce qu'elle était très délicate, elle l'avait fait en français. Donc je lis la carte. Ich lese die Karte und ich reiche meiner Frau die Karte. Sie liest die Karte und zerreißt sie."

Es lässt sich hier nur vermuten, dass für seine Frau aus diesen Reisen nach Deutschland und den Begegnungen mit anderen Frauen eine Bedrohung resultiert. Er entzieht sich ihr und reist auch ohne ihre Zustimmung, was ihre Phantasie und ihre Eifersucht weckt. Diese Reaktionen seiner Frau werden für ihn wiederum zu schmerzlichen Erlebnissen, die den Graben noch vergrößern, die Liebe zu ihr bedrohen oder gar zu zerstören vermögen.

Nicht nur in dieser Erzählung, sondern auch in anderen Interviewerzählungen hat sich die Grundtendenz gezeigt, dass die Erzählenden eine positive Grundstimmung gegenüber dem jeweils anderen Land und seinen Menschen zum Ausdruck gebracht haben, selbst wenn sie aufgrund von Differenzen und Problemen mitunter getrübt sein konnte. Es bedürfte einer genaueren Untersuchung, ob dies insbesondere auch damit zusammenhängt, dass hier Menschen zu Wort kommen, die von Liebeserfahrungen und einer positiven Gestimmtheit getragen sind, welche sich von ihrem persönlichen Erleben auf ihre Einstellung und Haltung auswirkt.

Liebe angesichts der Erfahrungen von Völkerhass in biografischen Erzählungen

Dass die Liebe auch in den Zeiten des Zweiten Weltkriegs und unter widrigen Bedingungen zwischen einem jungen französischen Kriegsgefangenen in Deutschland und einer Österreicherin möglich war, wird in dieser zuletzt skizzierten Biografie sichtbar. Offenbar vermag die Liebe Grenzen zu überwinden.

In mehreren Erzählungen schwingt mehr oder weniger stark auch die sogenannte Erbfeindschaft zwischen Deutschland und Frankreich mit, die für viele Generationen und besonders stark im Zweiten Weltkrieg die Beziehungen beider Länder prägte.[4] Auch Erinnerungen oder gar eigene Erfahrungen aus dem Krieg kommen vielfach zum Ausdruck. Im Folgenden greifen wir drei Erzählungen heraus, wobei Louis noch einmal zu Wort kommt.

„Et chez cet homme j'ai rencontré cette haine stupide" – „Und bei diesem Mann habe ich diesen dumpfen Hass erlebt"

An seinem Beispiel lassen sich die vielfältigen Ambivalenzen zeigen, die das Erleben eines Menschen angesichts der Komplexität des Krieges prägen und demzufolge die Notwendigkeit einer differenzierten Betrachtungsweise erfordern. Über seine oben dargelegten eindrucksvollen emotionalen Erfahrungen hinaus erzählt Louis auch an anderen Stellen überwiegend von freundlichen und hilfsbereiten Begegnungen – insbesondere mit deutschen Frauen:

> „Mais les premiers entretiens avec des femmes allemandes qui étaient avec nous très gentilles (I: Oui). Très gentilles. Et nous avons connu donc des femmes qui nous donnaient des casse-croûtes."

---

4 Kriegerische Auseinandersetzungen zwischen den beiden Völkern im Herzen Europas prägten die europäische Geschichte, bereits der Krieg von 1870/71 wird als Quelle für den als „Erbfeindschaft" bezeichneten Konflikt betrachtet, der im Ersten und Zweiten Weltkrieg in furchtbarer Weise ausgetragen wurde. Vor diesem Hintergrund gewinnt der deutsch-französische Freundschaftsvertrag seine historische Bedeutung, der am 22. Januar 1963 zwischen Charles de Gaulle und Konrad Adenauer geschlossen wurde sowie die im Pariser Elysée-Palast unterzeichnete Vereinbarung zum Deutsch-Französischen Jugendwerk (DFJW), denn damit konnte eine tief sitzende Feindschaft überwunden und eine deutsch-französische Partnerschaft entwickelt werden, die schließlich zur Basis des europäischen Einigungsprozesses wurde.

Und dennoch berichtet er auch von Begegnungen, in denen er Hass verspürte, sie beziehen sich auf einen Mann: „Et chez cet homme j'ai rencontré cette haine stupide". Aber Louis lässt sich davon nicht vereinnahmen, sondern ihm gelingt es offenbar, sich bereits in der aktuellen Situation des Erlebens davon zu distanzieren. Ob es daran liegt, dass er den Krieg und seine spätere Gefangenschaft tatsächlich als ein „Abenteuer" betrachtet, oder ob ihn eine humane Haltung oder andere Gründe dazu veranlassen, lässt sich letztlich nicht klären. Seine Aussage: „Ich hatte Angst, einen Deutschen zu sch- zu töten" zeigt jedoch, dass er auch im Krieg mit Uniform nicht in seiner Rolle als Soldat aufging, sondern Mensch blieb und auch die Deutschen als individuelle Menschen und nicht als „den" Feind betrachtet hat. Sigmund Freud hat in seiner Auseinandersetzung mit dem Ersten Weltkrieg auf dem 1918 in Budapest organisierten psychoanalytischen Kongress „Zeitgemäßes über Krieg und Tod" und bezogen auf die Analyse der zahlreichen Kriegsneurosen von einem „Ich-Konflikt" zwischen dem „alten friedlichen und dem neuen kriegerischen Ich der Soldaten" gesprochen (vgl. Haubl, 2008, S. 18). Rolf Haubl hat im Anschluss an die Schriften Freuds und anderer psychoanalytischer Deutungen die Macht und Funktion von Illusionen gerade im Kontext von Krieg, Verletzbarkeit und Tod genauer betrachtet (vgl. ebd.). Man könnte mit Bezug auf die psychoanalytischen Befunde diese Äußerung von Louis als Hinweis auf mögliche Kriegstraumata oder Ausdruck eines moralischen Gewissens deuten, das sich von der Propaganda nicht unterdrücken ließ. Auch im nächsten Abschnitt folgen wir den biografischen Spuren, die die Propaganda der Nationalsozialisten sowie die Erfahrung des Krieges bei einem ehemaligen Soldaten hinterlassen haben.

Haben wir mit Louis' biografischer Erzählung die Perspektive eines Franzosen auf Deutschland, so liefert uns die Erzählung von Herrn Kaut die deutsche Perspektive auf Frankreich. Beide haben den Zweiten Weltkrieg als Soldaten erlebt, beide sind pazifistisch eingestellt und beide erzählen von überwiegend freundschaftlichen Begegnungen.

„Das mit der Erbfeindschaft ist alles dummes Zeug"

Herr Kaut ist 1914 geboren, studierte Jura, war als „Banker" tätig, mit einer Deutschen verheiratet (die ein Jahr vor dem Interview starb) und hat zwei Töchter. Seine frühesten Erinnerungen an Frankreich stammen noch aus dem Ersten Weltkrieg, von denen er jedoch nur aus Erzählungen weiß. Nach Ende des Kriegs sah er französische Soldaten zurück in ihre Heimat marschieren. Von der Oberschule (heutiges Gymnasium) ist ihm besonders der franzosenfeindliche Französischlehrer im Gedächtnis. Ab 1943 ist er als Soldat zunächst in der Normandie, später in Südfrankreich im Einsatz. Nach dem Krieg engagiert sich Herr Kaut regelmäßig in Begegnungen mit der französischen Partnerstadt, noch immer ist er Mitglied in der Deutsch-Französischen Gesellschaft, für die er in früheren Jahren zahlreiche

Frankreichfahrten organisiert und begleitet hat. Herr Kaut wächst in einer Zeit auf, in der Frankreich und Deutschland sich gegenseitig noch als Erbfeind betrachtet haben.

> „Für uns Kinder war ja damals, in diesen Jahren, Frankreich der Erbfeind. Wir haben als Kinder gelernt, auf die Franzosen sauer zu sein. Des haben wir praktisch mit der Muttermilch mitgekriegt. Ich mein, natürlich, mit zwei, drei Jahren hat man des noch nicht so gemerkt, aber wie man mal vier, fünf Jahre alt war, so 1919/20, da ist des einem schon [klar geworden], dass die Franzosen unsere bösen Feinde waren."

Und an späterer Stelle ergänzt er: „Wir haben ja in der Jugend gelernt: Der Franzose ist dreckig und faul. Wir haben später zu unserem Erstaunen gelernt, dass das alles nicht stimmt." Im Unterschied zu der allgemeinen politischen Lage und gesellschaftlichen Stimmung wächst Herr Kaut in einem frankophilen Elternhaus auf. Die Mutter war in einem Schweizer französischsprachigen Internat erzogen worden, der Vater sprach ebenfalls fließend Französisch und beide Eltern hielten ihre Kinder an, französischsprachige Bücher zu lesen. Auch wurde ihm schon früh eine Reise in die französischsprachige Schweiz ermöglicht.

> „Von meinen Eltern ist es ja nicht gekommen. Die allgemeine Stimmung war: die bösen Franzosen. Dieser antifranzösische Rummel, den hat es bei uns nicht gegeben, das hat mein Vater sich streng verboten."

Seine in der Kindheit und im Elternhaus grundgelegte Vorliebe für Frankreich und die französische Sprache wird durch seine persönlichen Erfahrungen im Zweiten Weltkrieg weder irritiert noch getrübt, sondern im Gegenteil verstärkt. Herr Kaut wird in die Normandie versetzt, um dort mit einer Besatzungseinheit den so genannten Westwall[5] errichten zu helfen. Ihm wurden 150 französische Zivilarbeiter untergeordnet, die ebenso wenig deutsch wie er französisch sprachen.

> „Der Krieg hat dann mein Verhältnis zu Frankreich völlig verändert! Da habe ich die Franzosen zuerst mal etwas näher kennen gelernt, ihre Menschlichkeit, ihre Sprache. Da hat sich mein Verhältnis zu Frankreich völlig verändert, und ich habe eingesehen, das mit der Erbfeindschaft ist alles dummes Zeug – Frankreich gehört zu Europa und wir müssen uns mit den Franzosen irgendwie vertragen!"

Herr Kaut erzählt von sonntäglichen Mahlzeiten in französischen Familien, von gemeinsamen Ausflügen und sogar dem Angebot, Franzose zu werden. Im weiteren Verlauf des Kriegs wird Herr Kaut nach Südfrankreich versetzt, was seinem emotional positiv besetzten Verhältnis zu Frankreich eine neue Variante verleiht. So

---

5   Der so genannte „Westwall" war ein militärisches Verteidigungssystem, bestehend aus Bunkern, Stollen, Gräben und Panzersperren, die teilweise heute noch sichtbar sind. Er verlief von den Niederlanden bis zur Schweiz an der Westgrenze des Deutschen Reiches und hatte eine Gesamtlänge von ca. 630 km.

belustigt er sich im Gespräch über den dortigen Dialekt: „Muss man sich ja da sehr dran gewöhnen, die schwätzen ja so komisch. Die sagen ja nicht maintenant sondern mainte-nang und so. Das ist ja eine ganz aufregende Gesellschaft da unten. Die ganze Provence, nicht wahr?" Auch aus der Provence berichtet er von freundschaftlichen Begegnungen: „Waren auch nette Menschen, also freundliche Menschen. Ich hab keinen Ärger gehabt. Bin auch dort mit den Leuten gut ausgekommen, die waren nett zu mir."

Herr Kaut bleibt sein Leben hindurch Frankreich, seinen Menschen, seiner Kultur und Geschichte verbunden und setzt sich für die Förderung der Freundschaft zwischen Deutschland und Frankreich ein. Er pflegt seine Kontakte zu Frankreich und organisiert regelmäßig Reisen dorthin, um an einem positiven Frankreichbild zu arbeiten:

> „Da habe ich jedes Jahr eine Fahrt nach Frankreich gemacht [...] und das hat zwei Gründe gehabt. Erstens, Kulturgüter kennen zu lernen und zweitens, Frankreich überhaupt kennen zu lernen und zu sehen, was da geboten wird und dass wir wissen, was wir an Frankreich haben. [...] Und gleichzeitig habe ich versucht, den Leuten die Geschichte Frankreichs und überhaupt, Frankreich uns näher zu bringen und zu zeigen, dass die Franzosen zu Europa gehören, genauso wie wir! Und nicht irgendwie auf dem Mond leben."

Louis und Herr Kaut: Die französische und die deutsche Perspektive, und dennoch lassen sich zahlreiche Parallelen aufzeigen: Beide erzählen von freundlichen und freundschaftlichen Begegnungen im Krieg, der im Fall von Louis sogar eine tiefe Liebesbeziehung ermöglichte. Beide behalten für ihr weiteres Leben das jeweils andere Land im Blick, sie unternehmen regelmäßige Reisen und sehen sich als Mittler zwischen den Sprachen und Kulturen. Dass Louis das Verhältnis zu Deutschland spannungsreicher erlebt als Herr Kaut, liegt allein an der sehr persönlichen Widerständigkeit seiner Frau, die aber im Grunde an seiner anhaltenden Liebe zu Deutschland, dessen Sprache, Literatur und Menschen nichts ändert. In unserem dritten Beispiel stellen wir ein deutsches Ehepaar vor, Franz und Karla. Wir kommen mit ihnen auf die deutsche Perspektive zurück und sehen eine dritte Variante des Umgangs mit dem anderen Land und seinen Menschen, in diesem Fall stark getragen von der Liebe der Frau zu ihrem Mann.

„Ich habe meinen Hass begraben ..."

Franz und Karla wohnen in Köln und sind zum Zeitpunkt des Interviews 94 und 93 Jahre alt. Franz ist 1912 geboren. Das Interview wird von einem Deutschen und einer Französin geführt. Franz spricht im Interview Französisch, seine Frau interveniert immer wieder auf Deutsch. Franz spricht Französisch, er hat es bereits im Gymnasium gelernt, im „Hansa-Gymnasium", wie seine Frau ergänzt. Sie versteht die Sprache, ohne sie selbst zu sprechen, sie unterstützt ihren Mann jedoch ein Leben lang in seiner Vorliebe für fremde Sprachen und insbesondere für das Französische. Die beiden bekommen vier Kinder, die alle Französisch lernen, eine Tochter lebt heute mit ihrer Familie in Frankreich. Seine ersten direkten Berührungen zu Frankreich hat Franz während des Krieges und durch den Krieg. Als Soldat war er stationiert in einem Regiment in Bremen, das 1944 in die Normandie verlagert wurde: „Et l'invasion en Normandie était en 44. Et on attendait jusqu'à mars, avril 44, le régiment a été déplacé en Normandie et ça c'était la première fois que j'ai visité la France". Karla interveniert: „Und ich bekam 3 Monate keine Post von ihm."

Franz erzählt aus der Zeit des Krieges wie aus dem „normalen" Leben, von einer Fahrt durch Paris in einem deutschen Lastwagen, davon, wie ihm die französische Sprache nützlich war, um sich zu verständigen, von der Stationierung in der Normandie zu der Zeit der Landung der alliierten Truppen im Juni 1944 und dem Rückzug zu Fuß oder auf Lastwagen bis über den Rhein und weiter bis ins Allgäu, wo er schließlich in Gefangenschaft geriet.

> „Et on est resté en Normandie jusqu'à ce que les américains, dans une forêt, une assez grande forêt, les américains venaient avec les cars, les ‚panzers'. C'était le début où ils commencent à nous ‚capter'. Mais c'est la première et la seule fois que j'ai tiré pour annoncer ‚il y a quelqu'un'. Je ne pouvais pas […] et on pouvait s'enfuir à pied. C'était comme ça qu'on s'est retiré avec la grande défaite des allemands dans la bataille de Normandie […]. On s'est retiré partout vers l'est de la France, l'ouest de l'Allemagne. On a traversé le Rhin pas loin de Karlsruhe ‚Wiesloch' et les américains toujours derrière nous. Mais on avait encore la possibilité de rester quelques semaines dans une petite ville en Bavière pas loin de Buchloh (im Allgäu) ja, das war noch nicht so weit."

Die Beziehung zu Frankreich wurde durch den Krieg nicht beeinträchtigt, im Gegenteil. Die Familie unternimmt nach dem Krieg gemeinsam mit den vier Kindern insgesamt 19 Reisen nach Frankreich, auf denen sie unter anderem auch die Kriegsplätze besuchen, wo Franz entweder als Arbeiter in einem Unternehmen tätig oder als Soldat stationiert war.

Franz: Après 23 ans on a fait un voyage en France, un des 19 voyages en France avec la famille, on a visité l'entreprise ou
Karla: Wir kommen als Touristen dahin, wo mein Mann gearbeitet hat, auf den großen Hof und ganz hinten, auf dem Hof, kommt ein Arbeiter (Franz: le menusier), der hat zuletzt meinen Mann als Gefangenen gesehen und ruft ihn direkt mit seinem Namen an, hat ihn erkannt, nach 23 Jahren.
Franz: Après 23 ans le menusier est venu et est entré et il m'a vu et a dit „Hé Monsieur Schmitt, comment allez-vous?" Il était très content de me revoir.
Karla: Ich war in den 3 Jahren oft in Versuchung, hier alles stehen und liegen zu lassen und hin zu fahren. Das haben ja viele Frauen gemacht. Wie ich das elende Nest gesehen habe, habe ich gedacht: Gott sei Dank, dass du in Köln geblieben bist!"

Die Interviewerin fragt nach den Motiven für diese zahlreichen Frankreich-Urlaube, welche die Familie aus Kostengründen weitgehend in Feriendörfern verbracht hat. In der Antwort von Karla zeigt sich ihre unterstützende Haltung ihrem Mann gegenüber:

I.1: Et comment avez-vous eu l'idée d'y aller? Pourquoi là? D'où vient l'idée?

Karla: Erstens wollte mein Mann im Französischen drin bleiben. Obschon die 3 Jahre für ihn sehr schwer waren, hat er die Franzosen geliebt und wollte immer wieder hin. Und das war für uns die einzige Möglichkeit. Wir konnten nicht als Touristen durch Frankreich fahren.

Franz: Avec 4 enfants, c'était trop cher pour nous mais pour arriver à la maison familiale ou au village familial, il fallait (Karla: in Jugendherbergen haben wir geschlafen) aller dans les auberges de jeunesse où il n'y avait presque jamais de français mais plutôt des anglais, des allemands des italiens et toutes sortes mais rarement des français.

Karla: Wir haben vorher hier in Köln Kurse belegt, über französische Romanik und die Kathedralen, Stöße an Büchern gewälzt. Wir wussten wohin wir kamen und was uns erwartete. Unsere Kinder erinnern sich heute noch, was wir alles besichtigt haben. Das war für sie natürlich mehr oder weniger uninteressant, aber sind später, mit ihren Partnern, immer wieder zurück an die Stellen, wo sie als Kind mit uns waren."

Um ihrem Mann die Möglichkeit zu geben, die französische Sprache sprechen zu können, kommt Karla auf den Gedanken, Au-Pair-Mädchen aus Frankreich einzustellen.

„Die ganze Zeit, als ich kleine Kinder hatte, haben wir Au-Pair-Mädchen hier gehabt, ein halbes Jahr, oder ein Jahr. Meine Idee war, weil mein Mann so am Französisch interessiert war, dass er immer Gelegenheit hatte, französisch zu sprechen. Die französischen Mädchen haben davon profitiert, dass sie mit mir deutsch sprechen konnten. Ich habe auch eine Ausbildung. Ich kann – der Titel heißt „Haushaltsmeisterin" – ich kann junge Mädchen im Haushalt ausbilden. So sind die natürlich in den Genuss dieser Ausbildung gekommen."

Sie behalten diese Tradition selbst im hohen Alter bei, als es darum geht, eine Pflege für Karla zu finden, stellen sie auch eine Französin ein, damit Franz weiterhin „auf dem Laufenden" bleibt:

Franz: Cela ne me fait pas de grande difficulté. Par exemple, maintenant nous avons la chance d'avoir une française pour les soins de ma femme et elle parle bien le français et l'allemand, mais avec elle je parle toujours français. C'est très agréable pour moi, je reste toujours au courant. Elle achète toujours des livres français et je lis tous les jours et je me suis abonné à une revue française ‚Ecoute'."

Zum Schluss sei auf ein ganz besonderes Erlebnis hingewiesen. Auf einer ihrer Reisen lernen die beiden eine Lehrerin aus Grenoble und deren Schwester kennen, zu der sie jahrzehntelang Kontakt haben sollten. Ein einschneidendes Erlebnis stand am Anfang ihrer Bekanntschaft, das von Karla in eindrucksvollen Worten geschildert wird:

> „Wir hatten einen Kombi und da hatte die Schwester für ihre behinderte Schwester ein Liegebett, damit wir die Schwester mitnehmen konnten und wir merkten, dass die Schwester sehr reserviert uns gegenüber war. Wir hatten das auf ihre Krankheit geschoben. Aber, als wir uns nachher verabschiedet haben, hat sie daraus ein – wenn ich davon spreche, geht es mir noch ans Herz – hat sie eine richtige Versöhnung zwischen Franzosen und Deutschen gemacht. Ihre Krankheit beruhte auf ihrem Schmerz, dass ihr Vater lange Zeit in Deutschland als Gefangener war. Aber die Schwester sagte, er hat es als Gefangener gut gehabt. Aber die Kranke war das Lieblingskind ihres Vaters und allein die Tatsache, dass die Deutschen ihren Vater festgehalten haben, dadurch hatte sie eine Aversion gegen alles Deutsche und hat sich sogar bis zum Hass ausgewirkt. Als wir uns verabschiedeten, sagte sie: So, jetzt will ich meinen Hass begraben. Ich habe gemerkt, in Deutschland gibt es auch Menschen, die genau so sind wie wir, die den Frieden wollen. Und dann hat sie uns umarmt und nicht mehr los gelassen. Das war für sie die Erlösung von ihrem Trauma."

Die Übertragung der Erfahrung mit einem Menschen auf „die" Deutschen oder Franzosen birgt Gefahren, aber auch Chancen. Sicher wird man nicht von einem Beispiel auf das Ganze verallgemeinern können, aber diese Stelle im Interview zeigt möglicherweise beispielhaft für zahlreiche andere Situationen, wie persönliche Begegnungen Hassgefühle aufbrechen und verändern können.

Liebe und Völkerhass als Forschungsgegenstände – ein Ausblick

Liebe und Hass zwischen Völkern und Nationen erscheinen uns als sehr interessante Forschungsgegenstände. An vielen Konfliktherden in der Vergangenheit und Gegenwart wird offenbar, dass sich aus diesen beiden Emotionen sowohl Leid wie Glück entwickeln. Doch die Voraussetzungen und Hintergründe in den Biografien sind ein bisher unerforschter Gegenstand. Natürlich wären dazu jeweils die historischen, sozialen, ideologischen und gesellschaftlichen Kontexte mit einzubeziehen, da Emotionen nicht in einem luftleeren Raum entstehen. Auch wäre zu fragen, welche Generationen- und Geschlechterunterschiede es in dieser Thematik gibt. Besonders interessant erscheinen uns auch hier gerade jene ungewöhnlichen Geschichten, die allen Widrigkeiten zum Trotz sich ereignet haben und deshalb kaum erklärbar sind. Qualitative Methoden könnten gerade hier ihr Potential entfalten und ein

Problemfeld entschlüsseln helfen. Denn Völkerhass wird zwar von Machthabern und anderen Instanzen geschürt, die damit ihre Zwecke verfolgen, aber wie man diesem Problem entgegentreten kann und welche Rolle die Liebe als Gegenentwurf spielen könnte, das liegt noch weitgehend im Dunkeln.

Die Idee, dass sich dort, wo sich positive Emotionen (wie Freundschaft, Liebe, Zuneigung, Verbundenheit und anderes) entwickeln, ein transnationaler Raum entfaltet, erscheint uns als eine Hypothese, um auch an weiteren Untersuchungsgegenständen (wie dem Nahost-Konflikt) diese Annahme zu überprüfen. Die Vorstellung eines transnationalen Raums inspiriert in einer globalisierten Welt die Forschung. Es gab allerdings immer Möglichkeiten, die Grenzen von Nationalstaaten zu überschreiten und sich auf andere kulturelle Praxen und Menschen aus anderen Ländern einzulassen. So wäre es ein lohnendes Untersuchungsfeld, diesen Begegnungen angefangen von der Entdeckung der so genannten „Neuen Welt" in der Neuzeit nachzugehen. Die Konstruktion des Fremden wurde vielfach thematisiert, die Liebe zum und zu den Fremden und deren Auswirkungen auf das Leben und Umfeld allerdings wäre noch genauer auszuleuchten.

Durch grenzüberschreitende Liebesbeziehungen können Familienkonzepte in Bewegung geraten und sich Freundschafts-, Beziehungs- und Verwandtschaftsnetzwerke jenseits nationaler oder regionaler Bezüge entfalten. In transnationalen Kontexten entworfene Beziehungsformen und Lebensstile sind offenbar für Familien prägend und können über die Generationen hinweg neue Haltungen produzieren. Offenheit für andere und die Bereitschaft, sich in einem transnationalen Kontext zu engagieren. Gerade im Hinblick auf die Ausgestaltungen der Liebesbeziehung, der Ehe, der Elternschaft sowie der Beziehungen zwischen den Generationen innerhalb von deutsch-französischen Familien können verschiedene Weisen der Verknüpfung und Differenz sichtbar werden. Alltagspraxen, nationale Identitäten, Geschlechterverhältnisse und Idealvorstellungen werden in den Interviews von den Befragten diskutiert. Die größere Bildungsbeteiligung und Emanzipation der Mädchen und Frauen gehört zu den Faktoren, die einen bedeutsamen Einfluss auf den transnationalen Möglichkeitsraum ausgeübt haben.

Vereinzelt gibt es Untersuchungen zu sich neu konstituierenden transnationalen Familienstrukturen im deutsch französischen Feld (z.B. Varro, 1995; Varro & Gebauer, 1997), weitere wären lohnend, um den Wandel von Einstellungen und Verhaltensmustern, aber auch von visionären Entwürfen über die Generationen hinweg zu untersuchen und dazu verschiedene Generationen innerhalb eines Familienclans zu befragen. Wie verändern sich Familien- und Beziehungsformen sowie Generationenverhältnisse unter transnationalen Bedingungen, und wie werden diese Veränderungen imaginiert, repräsentiert, aktiv gestaltet und reflektiert? Nationale Besonderheiten würden auch gerade durch diese Perspektiven implizit zu einem Gegenstand der Diskussion.

In den Interviews zeigt sich durchgängig, dass zwischenmenschliche Begegnungen entscheidend sind, um Menschen aus verschiedenen Ländern und Traditionen zusammenzubringen. Wir konnten darüber sehen, dass der Gedanke, den die amerikanische Philosophin Martha Nussbaum in ihrem Aufsatz „Konstruktion der Liebe, des Begehrens und der Fürsorge" entfaltet, sich auch in unseren Erzählungen gezeigt hat. Nussbaum vermutet, dass Menschen in Bezug auf ihre Gefühle über die Kulturen und Nationen hinweg durchaus gewisse Übereinstimmungen finden, dass man „im Bereich der Gefühle und der Begierden […] auf ein geringeres Maß an undurchdringlicher Fremdartigkeit" stößt (Nussbaum, 2002, S. 170).

Die große Politik auf der Makroebene der Gesellschaften kann ihren Teil dazu beitragen und den entsprechenden Rahmen schaffen, sie ersetzt jedoch nicht den Aufbau vertrauensvoller Beziehungen, die durch emotionale Bindungen in persönlichen Beziehungen und alltäglichen Begegnungen von Menschen entstehen können. Resümierend dazu lassen sich zum Abschluss zwei Personen zitieren, die langjährige Erfahrungen im deutsch-französischen Feld und auch im DFJW gesammelt haben. Der deutsch-französische Publizist und Politikwissenschaftler Alfred Grosser hat in seinem Interview mit uns betont, dass er nicht an so etwas wie die deutsch-französische Freundschaft glaube, sondern allenfalls an eine Freundschaft zwischen Menschen.

> „Ah, je ne connais pas. Je ne sais pas ce que c'est. […] Non, je n'ai jamais, je crois d'avoir jamais prononcé les mots amitié franco-allemand ou deutsch-französische Freundschaft. Non. C'est la connaissance de l'autre pourtant. Mais l'amitié entre peuple je ne sais pas ce que c'est. […] L'amitié entre les hommes peut-être".

Und Stéphane Hessel, 1917 in Berlin geboren und 1924 mit der Familie nach Frankreich umgezogen, ehemaliger Résistance-Kämpfer und Überlebender des Konzentrationslagers Buchenwald, betont insbesondere die Bedeutung der Poesie als Grundlage der Freude und Zuneigung in Bezug auf ein Land, in seinem Fall in Bezug auf Deutschland:

> „Je me suis beaucoup intéressée à la poésie et la poésie allemande joue un grand rôle dans ma mémoire. Je connais par cœur une cinquantaine de poèmes allemands et une cinquantaine de poèmes français, une cinquantaine de poèmes anglais. Mais quelques fois c'est intéressant les poèmes allemands sont ceux qui m'émeuvent le plus, qui me font le plus d'émotions. Parce que c'est quand même ma langue maternelle, c'est celle que j'ai appris petit garçon et qui m'est encore très proche. […] Donc l'Allemagne est pour moi, sur le plan privé une source de joie à cause de sa poésie."

Deutsch-französische Begegnungen während der Kriege haben viel Hass gestiftet, aber manchmal hat sich am Rande der kriegerischen Auseinandersetzungen oder selbst in der Gefangenschaft auch die Liebe oder die Poesie entfalten können. Die Intentionen des DFJW, über deutsch-französische Begegnungen Frieden zu stiften, sind in vielen der von uns zusammengetragenen Geschichten Wirklichkeit geworden. Und auf der Basis der Begegnung sind zugleich Liebesbeziehungen gewachsen.

Mit der Darstellung des wissenschaftlichen Diskurses um die Liebe, um Emotionen und andere Gefühle wie Völkerhass ließen sich mehrere Bücher füllen. Für unseren Zusammenhang sind wir in der Auseinandersetzung mit Theorien und Konzepten der Liebe und der Emotionen auf der einen und der Beschäftigung mit den Interviews auf der anderen Seite zu der Annahme gelangt, dass Liebe fähig ist, einen transnationalen Raum zu erschließen, einen Raum, der über die interkulturellen Begegnungen hinaus eine eigene Dignität erhält und gewissermaßen eine neue soziale Realität herzustellen vermag, die sich aus der „Innerlichkeit" der Personen ergibt (vgl. Hastedt, 2005, S. 88). Gleichzeitig sind solche Erfahrungen auf der Ebene der Einzelnen bedeutsam für die Beziehungen zwischen Gesellschaften und Staaten.

Abschließend verweisen wir auf die Theorie der Momente des französischen Philosophen und Soziologen Henri Lefebvre, der sich auch mit dem Moment der Liebe befasst hat (vgl. Lefebvre, 2009; vgl. auch Weigand, Hess & Dobel in diesem Band). Es erscheint uns lohnend, in weiteren Analysen zu erkunden, wie in dem, was wir Liebe nennen, ein gesellschaftlich-historisches Konzept als abstraktes Ideal zu einem konkreten Erlebnis in einer Situation wird und sich dabei zu einem Moment verdichten kann, das sich in die Biografie einschreibt. Im Leben eines Menschen oder eines Paares ereignet sich mit der Liebe etwas Besonderes und Einzigartiges, das unabhängig von Zeit und Raum im Inneren ein Eigenleben entfalten kann. Wir sehen in den von uns untersuchten Lebensgeschichten, wie aus einer (nationale, ideologische oder sonstige) Grenzen überschreitenden Gemeinsamkeit zwischen zwei Menschen durch die Liebe zugleich ein Verständnis für eine andere Nation gestiftet wird. Und ein Moment der liebevollen Begegnung zwischen Menschen vermag es offenbar, den Hass zu begraben. Das Phänomen der Liebe, seine Voraussetzungen und Wirkungen, erscheinen uns als ein Mysterium, das sich zu ergründen lohnen würde. Bilden also die Liebe und interkulturelle Begegnungen den Schlüssel zum friedvollen Miteinander der Menschen? Weitere Forschungen zur Bedeutung der Emotionen können uns diesbezüglich vielleicht tiefergehende Antworten liefern. Und so enden wir mit einem Gedanken von Erich Fromm, der mit seiner Studie der Theorie und Praxis der Liebe viele Impulse zu geben vermag:

> „Liebe ist eine aktive Kraft im Menschen. Sie ist eine Kraft, welche Wände einreißt, die den Menschen von seinem Mitmenschen trennen, eine Kraft, die ihn mit anderen vereinigt. […] Die Liebe ist eine Macht, die Liebe erzeugt" (Fromm, 1980, S. 31, S. 35).

Literatur

Alkier, S. (2009). Kann denn Liebe Sünde sein? In S. Alkier & K. Dronsch (Hrsg.), *HIV/Aids – Ethische Perspektiven* (S. 341–357). Berlin, New York: de Gruyter.

Angerer, M.-L. (2010). Gefühlsblindheit oder von der Schwierigkeit, Gefühle wissenschaftlich zu erklären. Emotionen. *Zeitschrift für Kulturwissenschaften, 2*, 51–59.

Apitzsch, U. (2003). Migrationsbiographien als Orte transnationaler Räume. In Dies. (Hrsg.), *Migration, Biographie und Geschlechterverhältnisse* (S. 65–80). Münster: Verlag Westfälisches Dampfboot.

Apitzsch, U. & Siouti, I. (2008). Transnationale Biographien. In H.G. Homfeldt, W. Schröer & C. Schweppe (Hrsg.), *Soziale Arbeit und Transnationalität. Herausforderungen eines spannungsreichen Bezugs* (S. 97–112). Weinheim und München: Juventa.

Beck, U. & Beck-Gernsheim, E. (1990). *Das ganz normale Chaos der Liebe*. Frankfurt/M.: Suhrkamp.

Berger, P.A. & Hradil, S. (1990). Die Modernisierung sozialer Ungleichheit – und die neuen Konturen ihrer Erforschung. In Dies. (Hrsg.), [Sonderband Lebenslagen, Lebensstile, Lebensläufe], *Soziale Welt, 7*, 3–24.

Castells, M. (2002). *Das Informationszeitalter. Band 2: Die Macht der Identität*. Opladen: Leske & Budrich.

Demorgon, J., Lipiansky, M., Müller, B. & Nicklas, H. (2001). *Europakompetenz lernen. Interkulturelle Ausbildung und Evaluation*. Frankfurt: Campus.

Dörr, M., v. Felden, H., Klein, R., Macha, H. & Marotzki, W. (2008): Einleitung. In Dies. (Hrsg.), *Erinnerung – Reflexion – Geschichte. Erinnerung aus psychoanalytischer und biographietheoretischer Perspektive* (S. 7–20). Wiesbaden: VS-Verlag für Sozialwissenschaften.

Egloff, B. (2012). Biographische Prozesse in deutsch-französischen Begegnungen. In C. Schelle, O. Hollstein & N. Meister (Hrsg.), *Schule und Unterricht in Frankreich. Ein Beitrag zur Empirie, Theorie und Praxis* (S. 113–129). Münster: Waxmann.

Ekman, P. (2010). *Gefühle lesen. Wie Sie Emotionen erkennen und richtig interpretieren*. Heidelberg: Spektrum-Akademischer Verlag.

Fromm, E. (1980). *Die Kunst des Liebens*. Frankfurt/M., Berlin: Verlag Ullstein.

Frevert, U., Scheer, M., Schmidt, A., Eitler, P., Hitzer, B., Verheyen, N., Gammerl, B., Bailey, C. & Pernau, M. (2011). *Gefühlswissen: Eine lexikalische Spurensuche in der Moderne*. Frankfurt/M.: Campus.

Hammer-Tugendhat, D. & Lutter, C. (2010). Emotionen im Kontext. Eine Einleitung. Emotionen. *Zeitschrift für Kulturwissenschaften, 2*, 7–14.

Han, B.-C. (2005). *Hyperkulturalität. Kultur und Globalisierung*. Berlin: Merve.

Hastedt, H. (2005). *Gefühle. Philosophische Bemerkungen*. Stuttgart: Reclam.

Haubl, R. (2005). Wahre Liebe kostet nichts? Erlebnisrationalität der romantischen Liebe. Westend. *Neue Zeitschrift für Sozialforschung, 2*, 119–130.

Haubl, R. (2007). Die allmähliche Verfertigung von Lebensgeschichten im soziokulturellen Erinnerungsprozess. In E. Geus-Mertens (Hrsg.), *Eine Psychoanalyse für das 21. Jahrhundert. Wolgang Mertens zum 60. Geburtstag* (S. 33–45). Stuttgart: Kohlhammer.

Haubl, R. (2008). Die Macht von Illusionen. Zeitgemäßes über Krieg und Tod. In R. Haubl & T. Habermas (Hrsg.). *Freud neu entdecken. Ausgewählte Lektüren* (S. 13–42). Göttingen: Vandenhoeck u. Ruprecht.

Hochschild, A. R. (2006). *Das gekaufte Herz. Die Kommerzialisierung der Gefühle*. Frankfurt/M.: Campus.

Honneth, A. (1992). *Kampf um Anerkennung. Zur moralischen Grammatik sozialer Konflikte*. Frankfurt/M.: Suhrkamp.

Hoyer, T., Beumer, U. & Leuzinger-Bohleber, M. (2011). *Jenseits des Individuums – Emotion und Organisation*. Göttingen: Vandenhoeck & Ruprecht.

Illouz, E. (2007). *Konsum der Romantik. Liebe und die kulturellen Widersprüche des Kapitalismus.* Frankfurt/M.: Suhrkamp.

Illouz, E. (2011). *Warum Liebe weh tut. Eine soziologische Erklärung.* Berlin: Suhrkamp.

Klein, R. (2008). Kultur erinnernd verstehen – Versuch einer reflexiven Begegnung zwischen Cultural Studies, Biographieforschung und Psychoanalyse. In M. Dörr, H. v. Felden, R. Klein, H. Macha & W. Marotzki (Hrsg.), *Erinnerung – Reflexion – Geschichte. Erinnerung aus psychoanalytischer und biographietheoretischer Perspektive* (S. 49–64). Wiesbaden: VS-Verlag.

Lefebvre, H. (2009). *La somme et le reste.* Paris: Economia Anthropos.

Luhmann, N. (1982). *Liebe als Passion. Zur Codierung von Intimität.* Frankfurt/M.: Suhrkamp.

Müller, B., Hellbrunn, R., Moll, J. & Storrie, T. (2005). *Gefühle denken. Macht und Emotion in der pädagogischen Praxis.* Frankfurt/M., New York. Campus Verlag.

Nussbaum, M. C. (2002). Konstruktion der Liebe, des Begehrens und der Fürsorge. In Dies., *Konstruktion der Liebe, des Begehrens und der Fürsorge. Drei philosophische Aufsätze* (S. 163–233). Stuttgart: Reclam.

Poulain, J. (2011). Globalisierung der Emotionen. In C. Wulf, J. Poulain & F. Triki (Hrsg.), *Paragrana. Internationale Zeitschrift für Historische Anthropologie. Emotionen in einer transkulturellen Welt, 2,* 226–240.

Pries, L. (2008). *Die Transnationalisierung der sozialen Welt. Sozialräume jenseits von Nationalgesellschaften.* Frankfurt/M.: Suhrkamp.

Schmid, W. (2010). *Die Liebe neu erfinden.* Berlin: Suhrkamp.

Ulich, D. & Kapfhammer, H.-P. (1991). Sozialisation der Emotionen. In K. Hurrelmann & D. Ulich (Hrsg.), *Neues Handbuch der Sozialisationsforschung* (S. 551–571). Weinheim u. Basel: Beltz Verlag.

Varro, G. (1995). *Les couples mixtes et leurs enfants en France et en Allemagne.* Paris: Armand Colin.

Varro, G. & Gebauer, G. (1997). *Zwei Kulturen – eine Familie. Paare aus verschiedenen Kulturen und ihre Kinder, am Beispiel Frankreichs und Deutschlands.* Opladen: Leske & Budrich.

Wulf, C., Poulain, J. & Triki, F. (2011). Editorial. In: dies (Hg.): Emotionen in einer transkulturellen Welt. Paragrana. Internationale Zeitschrift für Historische Anthropologie. Emotionen in einer transkulturellen Welt, 2, 11–14.

Wulf, C. & Weigand, G. (2011). *Der Mensch in der globalisierten Welt. Anthropologische Reflexionen zum Verständnis unserer Zeit. Christoph Wulf im Gespräch mit Gabriele Weigand.* Frankfurt/New York: Waxmann.

Alltagstheorien über den Umgang mit Pluralität in deutsch-französischen Biografien

Rachel Holbach und Bianca Burk

Eine der Grundannahmen qualitativer Forschung besteht darin, dass die soziale Wirklichkeit das Ergebnis gemeinsam hergestellter Bedeutungen und Zusammenhänge ist (vgl. Flick, v. Kardorff & Steinke, 2009, S. 20). Es ist das Ergebnis sozialer Interaktion und bildet die Grundlage für die Handlungen und die Handlungsentwürfe eines jeden Einzelnen (vgl. ebd.; Marotzki, 2009, S. 176). Dabei handelt es sich stets um ein Wechselspiel zwischen den handelnden Personen als soziale Akteur/inn/e/n und der Gesellschaft. Es ist ein interpretativer Prozess, dessen Medium signifikante Symbole wie etwa die Sprache beinhaltet. Wenn wir nun davon ausgehen, dass in einem ständigen Prozess des Biografisierens mit Hilfe des Bewusstseins Beziehungen zwischen den einzelnen Erfahrungen und einem Gesamtzusammenhang hergestellt werden (vgl. ebd., S. 179), d.h. so genannte „Laientheorien" mit den je eigenen biografischen Entwürfen und Erfahrungen der bisherigen Lebensgeschichte verknüpft werden (Flick et al., 2009, S. 21), dann spielen bei der Rekonstruktion dieser Lebenswelten, in unserem Fall der Lebenswelt „DFJW", die Alltagstheorien der Beteiligten eine besondere Rolle. So bezeichnen Leiprecht, Riegel & Held (2006, S. 27) die „Vorstellungen und Sichtweisen, die im Laufe eines Lebens angeeignet und gelernt werden" als Alltagstheorien. Weiter versteht man hierunter jene Theorien, die Menschen ihrem Handeln zugrunde legen (vgl. Bortz & Döring, 2002, S. 363). In der Theorie und Praxis einer interkulturellen Pädagogik muss die Existenz solcher Alltagstheorien kritisch reflektiert werden, um die damit einhergehenden Missverständnisse überwinden zu können (vgl. Leiprecht et al., 2006, S. 27). Alltagstheorien lassen sich zwar nicht unmittelbar erforschen, sie werden jedoch immer auch in narrativen Repräsentationen, über Erzählungen und Diskurssysteme wiedergegeben (vgl. Denzin 2009, S. 146) und lassen sich somit rekonstruieren.

Zu Beginn unserer Analyse lagen uns 31 erzählte Lebensgeschichten vor, die wir zunächst explorativ sichteten, um uns einen ersten Eindruck zu verschaffen. Dabei fiel uns auf, dass die Erzähler/innen je eigene Vorstellungen über den Umgang mit dem Eigenen und dem Fremden, wie sie es in Begegnungssituationen erlebten, zum Ausdruck bringen. In unserem Beitrag möchten wir uns genau diesen Alltagstheorien der Erzähler/innen widmen. Unser Fokus liegt dabei ganz bewusst auf dem Umgang mit Pluralität oder auch pluralen Lebensformen, die sich nicht alleine auf die Ethnie oder die Nation beziehen – auch wenn nationale Unterschiede schon alleine durch das Setting der bi- und trinationalen Begegnungsprogramme des DFJW und die Auseinandersetzung hiermit als zentral erscheinen (vgl. hierzu auch Stock in diesem Band). Hierzu möchten wir zunächst den theoretischen Bezugsrahmen erläutern, auf dem unsere Analyse basiert. Anschließend erfolgen eine nähere Betrachtung unseres methodischen Zugangs zu den Daten und die Präsentation erster Ergebnisse. Sie werfen noch einmal völlig neue Fragen auf und ermöglichen uns einen Ausblick auf weitere Analyseschritte.

Der theoretische Bezugsrahmen unserer Analyse

Studien zu Alltagstheorien im Kontext des DFJW

Die interkulturelle Biografieforschung ist im Feld der internationalen Jugendbegegnungen noch sehr neu (vgl. Apitzsch, 2006, S. 504; Egloff & Stock, 2010, S. 33). Das liegt unter anderem daran, dass bislang eine Methodik der interkulturellen Biografieforschung kaum erarbeitet worden ist und innerhalb jedes Projekts neu entwickelt werden muss (vgl. Krüger, 2006, S. 28). Als eine der umfangreichsten Studien in Deutschland ist in diesem Zusammenhang die Studie zu den „Langzeitwirkungen der Teilnahme an internationalen Jugendbegegnungen" von Thomas, Chang & Abt (2006) zu nennen. Hierfür wurden Daten mit einer Methodenkombination erfasst: Neben Dokumentenanalysen, Expert/inn/en- sowie problemzentrierten Interviews mit ehemalgien deutschen und zum Teil ausländischen Teilnehmer/inne/n an internationalen Austauschprogrammen, wurden soziodemographische Daten erhoben und zusätzlich Fragebogenerhebungen durchgeführt (vgl. ebd., S. 70ff.). Die Auswertung der Interviews wurde mit Hilfe der qualitativen Inhaltsanalyse nach Mayring und der Software MaxQDA durchgeführt (vgl. ebd., S. 76). Dabei lag der Fokus jedoch nicht auf den Alltagstheorien der Teilnehmer/innen, sondern vielmehr auf so genannten „Auslösern". Hierfür wurden die ehemaligen Teilnehmer/innen nach „Diskrepanzerlebnissen" befragt, d.h. nach Situationen, die die Befragten verwunderten, irritierten oder die für sie auf eine andere Weise emotional von Bedeutung waren (vgl. ebd., S. 63). Um die Langzeitwirkung zu verdeutlichen, wurden im Anschluss außerdem die Emotionen und Handlungen, die auf ein Diskrepanzerlebnis folgten, erfragt. Besonders interessant an dieser Studie ist die Vielfalt an Erhebungs- und Auswertungsmethoden. Aus den Ergebnissen werden jedoch die Alltagstheorien, die die Teilnehmer/innen ihrem Handeln zugrunde legen, nicht deutlich. Auch im Kontext des Deutsch-Französischen Jugendwerks liegen bisher noch keine empirischen und systematischen Aussagen hierzu vor. Wir möchten an dieser Stelle jedoch noch einmal auf den Beitrag von Elina Stock in diesem Band hinweisen: Sie erarbeitet im Rahmen ihrer Dissertation (berufs-)biografische Reflexionen von Teamer/inne/n zum Umgang mit Heterogenität in der internationalen Jugendarbeit, die im Kontext des Deutsch-Französischen Jugendaustauschs Erfahrungen gesammelt haben.

In der Auseinandersetzung mit den Äußerungen der Erzähler/innen, die wir bei unserer ersten Sichtung vorfanden, haben wir uns intensiv mit verschiedenen Konzepten der interkulturellen Pädagogik auseinandergesetzt. Es würde den Rahmen dieses Beitrags übersteigen, all die zahlreichen Konzepte an dieser Stelle zu erläutern. Wir möchten uns daher auf jene beschränken, die für unsere Arbeit von Bedeutung sind und die den theoretischen Rahmen unserer Analyse bilden. Da sich die Äußerungen der Erzähler/innen zwischen essentialistischen sowie prozessorientierten Kulturvorstellungen bewegen, haben wir uns intensiv mit den Begriffen der Kulturalisierung und dem Ansatz des transkulturellen Verstehens auseinandergesetzt. Es sind Formen essentialistischer und prozessorientierter Kulturvorstellungen, die sich in den Äußerungen der Erzähler/innen widerspiegeln (vgl. hierzu auch Schmitt in diesem Band).

Über den Umgang mit den „Anderen" – von der Gefahr der Kulturalisierung

Unterzieht man die Konzepte der interkulturellen Pädagogik einer näheren Betrachtung, so fällt auf, dass essentialistische Kulturvorstellungen lange Zeit im wissenschaftlichen Diskurs vorherrschten. So wurden im Rahmen der „Ausländerpädagogik" der 1970er Jahre Kinder mit Migrationshintergrund als „Ausländerkinder" bezeichnet, die sich an deutsche Verhältnisse anpassen sollten. Damit geht die Defizithypothese, die ihre Wurzeln in der Kolonialpädagogik findet, gleichsam einher (vgl. Gogolin & Krüger-Potratz, 2006, S. 95ff.). Diese Kinder und deren Familien galten als hilfsbedürftige Wesen, die der Betreuung und Aufmerksamkeit bedurften, um sich an deutsche Kulturstandards anzupassen. Ein weiterer Ansatz, der sich ebenfalls essentialistischen Kulturvorstellungen zuordnen lässt, ist der der Differenzhypothese. Hier wird das vermeintlich Andere nicht problematisiert, sondern die Einzigartigkeit der Fremdkultur hervorgehoben, es liegt ein bewusster Akzent auf der Kulturdifferenz. Positive Diskriminierungen sowie Formen der Exotisierung und Idealisierung des Fremden werden hervorgerufen. Gogolin & Krüger-Potratz (2006, S. 95ff.) sprechen in diesem Zusammenhang von der „Gefahr der Kulturalisierung". Sie verweisen auf ethnopädagogische Arbeiten, wie die von Karl F. Rothe und Alfred K. Treml, die im Kontext der Migrationsproblematik versuchten, pädagogische Systeme nicht am eigenen nationalen Erziehungssystem zu messen, sondern sie aus sich selbst heraus zu verstehen und zu beurteilen. Nach Gogolin & Krüger-Potratz werden jedoch Menschen, die lediglich aus „ihrer" Kultur heraus erklärt werden, gleichzeitig auch in ihr eingesperrt.

An dieser Stelle soll auf Foitzik (2009, S. 36) verwiesen werden, der davon spricht, dass der Versuch der Akzeptanz oder auch Toleranz gleichzeitig ein Voneinander-Distanz-Nehmen bedeutet. Der Begriff der Toleranz stammt von dem lateinischen Begriff „tolerare" und bedeutet so viel wie „erdulden", „ertragen". Die Gefahr der Kulturalisierung steckt in genau dieser Form der Toleranz: Wenn man gar nicht erst wagt, das vermeintlich „Andere" zu beurteilen, sondern es lediglich als anders und fremd toleriert, kann auch keinerlei Kommunikationssituation entstehen, die es erlaubt, Stereotypen und Bilder zu korrigieren, zu verwerfen oder zu bestätigen. Nur in einer Kommunikationssituation, in der die beteiligten Personen sich die Gelegenheit geben, sich gegenseitig zu ihrem Selbstverständnis zu äußern, kann man von Anerkennung sprechen. Diese zielt auf ein Verhältnis der wechselseitigen Identifikation (Erkennung) und Achtung (Anerkennung). Der Selbst-Anerkennung ist die Anerkennung durch Andere vorgelagert. Das Konzept der Anerkennung ist eine Möglichkeit, sich in einem Paradoxon aus Kulturrelativismus und Kulturuniversalismus zu bewegen, d.h. die Differenzen einerseits wahrzunehmen und sie gleichzeitig in der Begegnungssituation zu vergessen.

Anne Christin Schondelmayer (2010, S. 273f.) definiert weiterhin den Begriff „Kulturalisierung" in ihrer narrativen Studie zur interkulturellen Handlungskompetenz von Entwicklungshelfer/inne/n und Auslandskorrespondent/inn/en folgendermaßen:

> „Unter einer kulturalisierenden Darstellung des ‚Anderen' wird eine Wahrnehmung und Interpretation des ‚Anderen' verstanden, welches eigenes und fremdes Handeln im Zusammenhang mit der eigenen und mit einer fremden ‚Kultur' sieht, wobei der Fokus dabei teilweise explizit, manchmal aber nur implizit, auf einer Nationalkultur bzw. auch auf der ‚Kultur' einer Hautfarbe, respektiv einer ‚Ethnie' oder auch ‚Rasse' liegt."

Laut Schondelmayer folgt die Kulturalisierung einer Darstellung von „Wir" oder „Ich" versus „Sie" und „die Anderen". Ihrer Ansicht nach ist die Kulturalisierung ein generalisierender und weniger ein differenzierender Prozess. Differenzen des „Anderen" werden erlebt, und angenommen und es findet eine Abgrenzung zu dieser Differenz statt. Zusammenfassend möchten wir festhalten, dass bei einer kulturalisierenden Denkweise, die sehr stark mit einer essentialistischen Kulturvorstellung einhergeht, das Gegenüber in der Kommunikationssituation oder der Begegnung einer bestimmten Kultur zugeordnet wird. Es ist gleichermaßen die Zuschreibung von Verhaltensweisen auf ein kulturelles Merkmal sowie die eigene Abgrenzung von diesen Verhaltensweisen und ist von einem Konzept der Anerkennung zu unterscheiden.

Vom interkulturellen Lernen zum transkulturellen Verstehen

Während man unter dem Begriff des „interkulturellen Lernens" die wechselseitige Auseinandersetzung zwischen zwei oder mehreren eher geschlossenen Blöcken versteht, beinhaltet der Begriff „transkulturell" ein höheres Niveau des Verstehens innerhalb dieser Interaktion. Im Vordergrund steht hier eine vollständige Durchdringung des Anderen, die durch das Konzept der Transkulturalität möglich wird. Ziel des transkulturellen Verstehens ist nach Wolfgang Welsch (1996, S. 775) Folgendes:

> „Es gilt, von den alten Denkweisen sauberer Trennung und unilinearer Analyse abzurücken und zu Denkformen des Gewebes, der Verflechtung, der Verkreuzung, der Vernetzung über zu gehen."

Dieses Zitat lässt sich auf einen prozessorientieren Kulturbegriff zurückführen. Die Kulturen sind demnach nicht als statisch und homogen zu betrachten, sondern vielmehr als dynamisch und sich verändernd. Der Begriff der Transkulturalität lässt sich dementsprechend von Begriffen wie dem des Kulturseparatismus, des Fundamentalismus und der Monokultur abgrenzen (vgl. Hess & Wulf, 1999). Eckerth & Wendt (2003) sprechen sich in diesem Zusammenhang gegen das Abgrenzen von Kulturen aus: Abgrenzende Sichtweisen im Kontext des Eigenen und des Fremden sollten aufgelöst werden. Sie sprechen von einer „wechselseitigen Durchdringung", wobei das Aushandeln von Bedeutungen auf sozialer und sprachlicher Ebene gemeint ist. Christiane Fäcke (2006) verwendet hierfür den Ausdruck der „diskursiven Auseinandersetzung mit Kultur". Hierbei finden transkulturelle, mentale Prozesse statt, wobei die eigene Wirklichkeitskonstruktion immer wieder aufs Neue hinterfragt, bestätigt, revidiert oder angepasst wird. Bedingung hierfür ist die Fähigkeit der Selbstreflexivität sowie die Fähigkeit, eigene Standpunkte kritisch in Frage zu stellen (vgl. ebd.). Die Richtung der transkulturellen Denkprozesse ist nicht vorgegeben, sie entwickelt sich inhaltlich in eine Richtung, die offen bleibt.

Zusammenfassend möchten wir festhalten, dass der Begriff des „Interkulturellen" durchaus mit dem Begriff der „Transkulturalität" zusammenhängt, beide Begriffe ergänzen sich. Zum transkulturellen Verstehen gelangt man durch das gedankliche Auflösen der Grenzen zwischen Kulturen. Dabei wird der Grundstein für offene Denkprozesse und Auseinandersetzungen gelegt. Ziel dessen ist ein sensibler Umgang mit Kultur und Macht, der konstruktiv erarbeitet wird.

Unser methodischer Zugang zu den Daten

Wir möchten nun die methodischen Schritte erläutern, die wir für die Analyse der uns vorliegenden Daten gewählt haben. Bei der Erarbeitung der Alltagstheorien über den Umgang mit Pluralität leiteten uns die folgenden Fragestellungen:
- Welche Vorstellungen und Sichtweisen über den Umgang mit Pluralität bringen die Erzähler/innen zum Ausdruck?
- Welche Alltagstheorien bestehen zum Begriff „Kultur"?
- Gibt es für die Erzähler/innen überhaupt so etwas wie die „andere Kultur" und welche Worte finden sie noch für den Umgang mit pluralen Lebens- und Denkweisen?

Uns geht es dabei nicht darum, die Alltagstheorien der Erzähler/innen zu bewerten. Das Ziel ist vielmehr herauszuarbeiten, welche Formen dieser Alltagstheorien, die sich zwischen essentialistischen und prozessorientierten Kulturvorstellungen bewegen, in den erzählten Lebensgeschichten vorliegen. Um uns diesem Ziel anzunähern, sind wir wie folgt vorgegangen:

Exploration: „Wir lassen die Daten sprechen"

Unser Vorgehen zu Beginn unserer Analyse lässt sich dem Ansatz der „empiriegeleiteten theoretischen Rekonstruktionen" (Friebertshäuser, Richter & Boller, 2010, S. 386f.) zuordnen. Wir hatten von Beginn an den Anspruch, den Daten in ihrer Vielfalt und Widersprüchlichkeit Raum zu geben. Um so nah wie nur möglich an den Aussagen der Erzähler/innen zu bleiben, räumten wir der Empirie einen hohen Stellenwert ein. Wir sichteten mit der Software MaxQDA (vgl. Kuckartz, 2009) die Interviews und kodierten explorativ, was uns bei der Lektüre der erzählten Lebensgeschichten auffiel, wir ließen die Daten „sprechen". Neben den zahlreichen sprachlichen Aspekten, die in den Interviews auftauchen (vgl. hierzu auch Schlemminger & Holbach in diesem Band), fiel uns auf, dass die Erzähler/innen je eigene Vorstellungen von dem Begriff „Kultur" mit sich bringen. Zudem äußern sie je eigene Alltagstheorien über den Umgang mit dem „Anderen" oder mit pluralen Lebensformen, die ihnen in den Austauschprogrammen begegneten. Unsere Kodierungen, die wir zunächst unter der Kategorie „Interkulturelles" zusammenfassten, reichten von essentialistischen Kulturvorstellungen mit eindeutigen Zuschreibungen, darunter Stereotypisierungen, bis hin zu prozessorientierten Kulturvorstellungen und dem so genannten „dritten Weg".[1]

Ausarbeitung unserer Kategorien „Kulturalisierung" und „Transkulturelles"

Gemäß eines induktiv-deduktiven Wechselspiels vertieften wir uns nach dieser explorativen Lektüre der Interviews in die aktuelle Fachliteratur zur interkulturellen Pädagogik. Der theoretische Rahmen, den wir zu Beginn bereits eingehend erläutert haben, bildete die Grundlage für die Ausarbeitung der bis dahin noch vagen Kategorie „Interkulturelles". Diese konnten wir weiter ausdifferenzieren in die Kategorien „Kulturalisierung" und „Transkulturelles". Unter ersterem verstehen wir die Zuschreibungen von Verhaltensweisen auf ein kulturelles Merkmal sowie die eigene Abgrenzung von diesen Verhaltensweisen. Diese differenzierten wir im Zuge unserer Analyse weiter aus in „schwache" und „starke" Formen der Kulturalisierung: Kennzeichnend für die „schwache" Form der Kulturalisierung ist der bestimmte Artikel, wie beispielsweise „die" Deutsche. Hierbei werden Verhaltensweisen oder Wesensmerkmale auf ein kulturelles Merkmal wie etwa die Nation bezogen und dann verallgemeinert. Eine „starke" Form der Kulturalisierung liegt dann vor, wenn diese Wesensmerkmale oder Verhaltensweisen problematisiert oder idealisiert werden. Unter unserer Kategorie „Transkulturelles" fassen wir Denkformen des Gewebes, der Verflechtung und der Verkreuzung sowie das gedankliche Auflösen von Grenzen zusammen.

---

1 Hierbei handelt es sich um eine „In-Vivo-Kodierung" (Kuckartz, 2009, S. 68): „In-Vivo-Kodierungen" sind natürliche Kodes. Dabei werden Worte oder ganze Aussagen der Erzähler/innen, die als besonders treffend oder charakteristisch erscheinen, als neue Kategorie generiert. In diesem Fall ist es Marie, die diesen Begriff des „dritten Wegs" benutzt.

Die Cut-and-Paste-Technik

Bei der so genannten Cut-and-Paste-Technik handelt es sich um eine deskriptiv-reduktive Analyse, die sich unter anderem auch zur Auswertung von Gruppendiskussionen eignet (vgl. Lamnek, 2005, S. 83ff.). Auf Basis der relevanten Fragestellungen oder Hypothesen wird ein Kategoriensystem erstellt. Die bedeutenden Textstellen werden diesen Kategorien zugeordnet. Wir haben diese Technik unserem Vorgehen angepasst: Unsere Fragestellungen entwickelten wir induktiv. Mit Hilfe der explorativen Lektüre war es uns möglich, erste Schlüsselkategorien zu entwickeln. Diese Schlüsselkategorien arbeiteten wir in Auseinandersetzung mit relevanter Fachliteratur weiter aus. Anschließend ordneten wir die relevanten Textstellen den neuen Kategorien zu.

Ergebnisse: „Immer die Deutsche" oder „der dritte Weg"

Beispielhaft für unsere Analyse möchten wir in diesem Kapitel die Interviews mit Anja und Marie vorstellen. Sie zeigen, in welcher Form die Kategorien „Kulturalisierung" und „Transkulturelles" auftreten können. Die Ergebnisse werfen neue Fragen auf, die wir in unserem Ausblick diskutieren möchten.

Interview mit Anja – „Ich glaub, ich bleib immer die Deutsche"

Anja ist Deutsche, zum Zeitpunkt des Interviews 26 Jahre alt und bereitet sich auf das Referendariat vor. Sowohl zur Schulzeit als auch während ihres Studiums verbrachte sie mehrere Monate in Frankreich, dort entstand ihr Interesse für fremde Kulturen. Im Verlauf ihres Studiums machte sie eine Ausbildung zur Gruppenleiterin für interkulturelle Jugendbegegnungen, leitete deutsch-französische Jugendbegegnungen und arbeitete später als Ausbilderin. Zentrale Themen im Interview mit Anja sind ihre Erfahrungen als Gruppenleiterin, die hier für sie relevanten Persönlichkeitsentwicklungen und die kulturellen Unterschiede zwischen Deutschen und Franzosen.

Die Alltagstheorien über den Umgang mit Pluralität werden bei Anja vor allem in ihren Äußerungen über die Arbeit mit den französischen Kolleg/inn/en deutlich, mit denen sie die deutsch-französischen Jugendbegegnungen leitete:

> „Der Unterricht muss gemeinsam vorbereitet werden, mit dem französischen Kollegen. Und in dieser Vorbereitung ist es auch ganz oft so, dass ich eher strukturierter vorgehen will und so für mich aufschreiben möchte, und der Franzose, der brainstormed erst mal, will erst mal ein bisschen Smalltalk halten zwischendurch, während ich halt fertig werden will."

Dieses Zitat lässt sich der Kategorie „Kulturalisierung" zuordnen. Denn die Verhaltensweisen, die Anja hier anspricht, werden nicht einer bestimmten Person zugeschrieben, sondern einem kulturellen Merkmal, in diesem Fall dem Kollektiv einer gesamten Nation. Laut Anjas Aussage brainstormed „der Franzose" (es wird kein Name genannt) im Allgemeinen bei der Arbeit erst einmal und „hält zwischendurch Smalltalk". Diese national geprägte Kulturvorstellung kommt auch bei dem Thema „Jugendbegegnungen" sehr stark zum Ausdruck:

> „[…] den Jugendlichen das auch altersgerecht klar zu machen, was sie da gerade erleben und wie anders das ist, wenn der Franzose das Fenster nachts nicht auf haben möchte, aber der Deutsche will's auf haben, jedes Jahr dasselbe und wenn die französischen Mädchen zum Umziehen auf die Toilette gehen und die Deutschen machen das im Zimmer."

In diesem Absatz werden die Eigenschaften oder auch Stereotypisierungen wie „nachts das Fenster nicht auf haben zu wollen" oder das „Umziehen im Zimmer" einem kulturellen Merkmal, dem Kollektiv einer Nation, zugeschrieben. Deutlich wird dies vor allem durch das Hinzufügen des bestimmten Artikels: „der" Franzose oder „die" Deutschen. Anja grenzt sich in einem weiteren Absatz ganz klar von den von ihr beschriebenen Kulturvorstellungen ab, indem sie sich selbst als „die Deutsche" bezeichnet:

> „[…] Egal wie gut ich integriert bin, wie viele Freunde ich in Frankreich hab, ich für mich kann das sagen, dass ich immer die Deutsche bleibe und immer, immer der Ausländer sein werde. Ich glaub, ich bleib immer die Deutsche."

Die Kategorie des „Transkulturellen" kann in dem Fall von Anja ausgeschlossen werden. Wie die oben aufgezeigten Beispiele zeigen, ist ihr Verständnis von Kultur ein essentialistisches, ein statisches in sich homogenes, das mit eindeutigen Zuschreibungen, unter anderem Stereotypisierungen, einhergeht. Dies wird auch in den folgenden Beispielen noch einmal deutlich zum Ausdruck gebracht:

> „Ja es gibt zum Beispiel, wenn wir mehrere Ausbilder zusammen sitzen und es ist ein Thema, was noch nicht abgehakt ist auf unserer to-do-Liste und es läuft gegen Mittagessen, dann sind die Franzosen diejenigen, die sagen, so jetzt machen wir erst mal ne Pause und essen Mittag. Ja und die Deutschen würden es gerne noch abhaken. Das ist so ein Klassiker. […] Mein Ziel ist es nicht, völlig zu assimilieren oder gleich zu werden oder so, sondern mein Ziel ist es eigentlich, eher die Toleranz zu lernen und zu üben und das eben auch zum Beispiel den Jugendlichen mitzugeben, zu sagen: ‚Der Andere ist anders, das heißt aber nicht, dass ich, dass er dadurch schlechter ist oder besser ist.' Und auch selber zu erfahren: ‚Ich bin eben auch anders als der Andere, trotzdem können wir befreundet sein oder trotzdem können wir gemeinsam was lernen oder trotzdem können wir einen Ausflug machen oder Unterricht vorbereiten.'"

Im Zentrum der essentialistisch geprägten Kulturvorstellung von Anja, wie sie auch in diesen beiden Beispielen deutlich wird, steht die Auseinandersetzung mit der Differenz. Die Differenzen der beteiligten Kulturen werden relativiert und als gleichberechtigt, als „eben anders", nebeneinander gestellt. Die Verwendung des Begriffs „Toleranz" impliziert in diesem Fall ein Sich-voneinander-Distanzieren und steht im Gegensatz zum Konzept der wechselseitigen Anerkennung oder des transkulturellen Verstehens. Wir bezeichnen diese Form der Kulturalisierung, wie sie bei Anja vorliegt, als eine „schwache" Form der Kulturalisierung, da Anja die Differenzen weder idealisiert noch problematisiert. Sie werden lediglich auf ein kulturelles Merkmal bezogen und durch Formulierungen wie „der Franzose" oder „die Deutschen" verallgemeinert.

Interview mit Marie – „Oder man findet einen dritten Weg, außerhalb der Mitte"

Dass sich Alltagstheorien über den Umgang mit Pluralität widersprüchlich gegenüberstehen können, zeigt das Interview mit der Deutsch-Französin Marie. Sie ist zum Zeitpunkt des Interviews 58 Jahre alt und arbeitet unter anderem als Dolmetscherin. Marie nahm an verschiedenen Programmen des DFJW teil, darunter auch an den experimentellen Seminaren, die es heute nicht mehr gibt. Zentrale Themen des Interviews sind die Programme des DFJW und die damit einhergehenden, für sie relevanten Persönlichkeitserfahrungen, kulturelle Unterschiede sowie ihr Familienleben.

Auch in Maries Äußerungen werden Formen der Kulturalisierung deutlich, wie das folgende Beispiel zeigt:

> „Also manchmal, da hab ich das Gefühl, dass mein Mann eigentlich die französische Rolle übernimmt und ich die deutsche. Also ganz komisch. Wir switchen. Inzwischen ist er der Chaotischere, der Kreativere, der Lebendigere. Und ich werde immer mehr zur, also vorurteilsmäßig, was man den Deutschen zuschreibt. Ich liebe Regeln, ich liebe den Konsens, ich liebe die Absprache in der Familie, den Vertrag. Obwohl man, ich denke, man schreibt das den anderen Kulturen zu, aber vielleicht ist es automatisch, dass man so, wenn man so, ich habe praktisch die deutsche Kultur zu meiner ausgesucht und ich lebe sie bewusst und deswegen liebe ich sie so. Und er hätte gern, er hat mich als Französin genommen, weil er vielleicht doch das andere gern auch gehabt hätte, dieses mehr Künstlerische, Verrückte und diese Esskultur. Im Endeffekt, tatsächlich ist er derjenige, der die französische Kultur bei uns vertritt und ich bin diejenige, die die deutsche Kultur (vertritt). Er ist derjenige, der kocht, der besser kocht als ich."[2]

---

2 Das Interview wurde überwiegend in französischer Sprache geführt. Übersetzung der hier zitierten Passagen durch Rachel Holbach und Bianca Burk.

In diesem Beispiel erscheint Maries Kulturverständnis als ein essentialistisches, vornehmlich nationales. Stereotypische Eigenschaften wie „chaotisch sein", „Kreativität" oder „verrückt sein" werden von ihr der französischen Kultur zugeschrieben. Da sich ihr Ehemann gemäß diesen Vorstellungen verhält, ist er in ihren und in den Augen der Bekannten der Vertreter der französischen Kultur. Marie bildet das Pendant, indem sie für die stereotypischen Eigenschaften wie „Regeln, Konsens, Absprachen und Vertrag" die Rolle der Deutschen übernimmt. Sie grenzt sich durch diese Aussage von der Kultur ihres Mannes, der französischen Kultur, ab. Da sie im Zusammenhang mit diesen Bildern von „der deutschen Kultur" und „der französischen Kultur" im Allgemeinen spricht, kann man von einer leichten Form der Kulturalisierung sprechen, bei der Eigenschaften einem kulturellen Merkmal, wie bei Anja auch, dem Kollektiv einer Nation, zugeschrieben werden. Deutlich wird dies zudem an der Verwendung des bestimmten Artikels: „die" deutsche Kultur oder „die" französische Rolle.

Ein Beispiel für eine starke Form der Kulturalisierung ist Maries Kindheitstraum, nach Deutschland auszuwandern, ein Traum, den sie sich tatsächlich erfüllt hat:

> „Und ich kam aus einer Großfamilie. Wir waren sieben Kinder, die alle sehr chaotisch waren, und keine Violinen, aber es, trotzdem, man musste kämpfen, um seinen Platz zu finden. Ich war ein ruhiges Kind und ich hatte daher immer den Eindruck, dass man mich nicht wahrnimmt, dass ich nicht existiere, in dieser Großfamilie. Und als uns dann meine Deutsch-Lehrerin von der deutschen Familie erzählte, das war für mich ein Traum, das war ein Traum und ich hatte nur eine Hoffnung, das war, eines Tages nach Deutschland gehen zu können, um in Deutschland zu leben und meinen Mann in Deutschland zu finden. Und sie gab uns ein wundervolles Bild von Deutschland, u.a. von der Natur, von der harmonischen Familie. Das war wirklich, das ist der Traum. Und nun, sehr früh, ich habe außerdem, das hat mich sehr motiviert im Bezug zur deutschen Sprache."

Dieses Zitat ist ein Beispiel für eine Form der Kulturalisierung, die wir als „stark" bezeichnen. Marie schreibt bestimmte Verhaltens- oder Lebensweisen einem kulturellen Merkmal, in diesem Fall dem Deutschsein, zu und idealisiert diese: Die Familien leben in ihren Kindheitsvorstellungen harmonisch zusammen, die Eltern nehmen sich Zeit für ihre Kinder. Starke Formen der Kulturalisierung, wie die der Idealisierung der deutschen Kultur, ziehen sich durch das gesamte Interview mit Marie:

> „Aber für mich ist das Leben in Deutschland, entspricht meiner Natur und meinem Wunsch nach Geregeltem und nach Sicherheit. […] Und in Deutschland glaube ich zumindest zu merken, dass die Dinge zwar manchmal in sehr kleinen Schritten vorangehen, aber immerhin, man ist kompromissbereit, konzessionsoffen, solange es in die richtige Richtung

> geht, machen die Menschen mit und man will nicht alles sofort verändern oder gar nicht, und das, finde ich, ist so ein grundlegenden Unterschied. Ich merk es auch, wenn ich nach Hause fahre, so mit meiner Familie, in meiner Verwandtschaft, Frankreich woah so es explodiert, also man lacht viel und man weint viel und es ist alles so aufregend und anstrengend."

Die vermeintlich deutsche Kultur idealisiert Marie in diesem Fall mit Eigenschaften wie Sicherheit, Kompromissbereitschaft oder Offenheit. Und im Gegenzug dazu problematisiert Marie die französische Kultur als aufregend und emotional anstrengend („man lacht viel und man weint viel"), was ihrer Ansicht nach nicht zu ihrer Natur passt und weshalb sie die deutsche Kultur zu ihrer eigenen gemacht hat und sie der französischen vorzieht.

Doch ganz so offensichtlich und einfach ist es nicht, wie es in diesen Erläuterungen hier auf den ersten Blick erscheint. Neben den zum Teil starken und schwachen Formen der Kulturalisierung, konnten wir Formen der Kategorie „Transkulturelles" bei Marie ausmachen. Vor allem in Bezug auf ihre Ehe zeigen sich in dem Interview von Marie Denkformen der Verflechtung und Verkreuzung:

> „Dass wir weder eine typische deutsche Familie noch eine typische französische Familie geworden sind. Wir haben so vielleicht tatsächlich den dritten Weg gesucht und gefunden."

Dieses Zitat haben wir bewusst hervorgehoben, denn es zeigt die Widersprüchlichkeit in Maries Alltagstheorien. Einerseits spricht sie von der „typisch deutschen" und „typisch französischen" Familie, wie wir es bereits in dem oben aufgeführten Zitat herausarbeiten konnten. Diese Äußerungen deuten auf eine Vorstellung Maries hin, wie das Leben einer „typisch deutschen" oder „typisch französischen" Familie auszusehen hat. Sie grenzt sich bewusst davon ab, dieses Zitat ließe sich der Kategorie der „schwachen Kulturalisierung" zuordnen. Aber am Ende dieses Zitates spricht sie von dem „dritten Weg", der außerhalb dieses „typisch Deutschen" und „typisch Französischen" besteht. Diese Äußerung, die mehrmals in dem Interview auftaucht, ist ein erster Hinweis auf die Kategorie „Transkulturelles". Nationale Kulturvorstellungen und Grenzen verschwimmen, gehen ineinander über, die Familie ist weder „typisch deutsch" noch „typisch französisch". Es ist vielmehr eine Art der Verflechtung, Maries Familie hat „den dritten Weg gesucht und gefunden". Zudem kann Marie im gesamten Interviewverlauf ihre Zugehörigkeit sowie ihr alltägliches Familienleben nicht in eindeutige Worte fassen, was an der Reflexion während der Erzählung und der Verwendung mehrerer Begriffe (wie „der dritte Weg", „weder typisch deutsch noch typisch französisch") für das gleiche Phänomen zum Ausdruck kommt.

Kritische Reflexion der Ergebnisse

Die Ergebnisse, die wir hier in einem Ausschnitt präsentiert haben, zeigen, welche Formen der Kategorien „Kulturalisierung" und „Transkulturelles" auftreten können. Sie geben einen ersten Hinweis auf die Alltagstheorien über den Umgang mit Pluralität der Erzähler/innen. Die Formen der Kulturalisierung und des Transkulturellen, wie wir sie herausarbeiten konnten, reichen von einer „schwachen Kulturalisierung" bis hin zu einer „starken Kulturalisierung" sowie Denkformen des Gewebes und der Verflechtung oder dem so genannten „dritten Weg".

Nichts desto trotz möchten wir diese Ergebnisse an dieser Stelle kritisch reflektieren. Die Cut-and-Paste-Technik ist eine sehr handbare Methode, die schnell erste Ergebnisse liefert und Tendenzen zeigt. Dennoch ist sie sehr oberflächlich. Denn, wie es der Name schon sagt, Aussagen werden aus den Interviews „herausgeschnitten" und passend in die Kategorien eingefügt. Doch damit werden wir unserem Anspruch, den wir zu Beginn unserer Analyse an die erzählten Lebensgeschichten herangetragen haben, nur geringfügig gerecht. Wie wir am Beispiel von Marie feststellen konnten, lassen sich Widersprüche und ambivalente Aussagen nicht einer Kategorie zuordnen. Folgt man beispielsweise den Ausführungen des polnisch-britischen Soziologen und Philosophen Zygmunt Bauman (2005, S. 35), dann lassen sich Ambivalenzen als eine grundsätzliche menschliche Eigenschaft nicht kategorisieren. Demnach schaffen Kategorisierungen zwangsläufig mehr Ambivalenzen, denn es bleibt immer etwas Nicht-Kategorisierbares übrig. Um also tatsächlich unserem Anspruch gerecht zu werden, den Daten in ihrer Vielfalt und Widersprüchlichkeit Raum zu geben, sie „sprechen zu lassen", ist es möglicherweise notwendig, die Kategorien aufzubrechen. Die Fragestellung, die wir hieraus neu hinzu gewinnen können, würde sich also zukünftig den Ambivalenzen in den Alltagstheorien der Erzähler/innen widmen. Es ist unser Anliegen, die Formen der Ambivalenzen herauszuarbeiten und ihren Zusammenhang zu verstehen, ohne sie einer Wertung zu unterziehen. Dafür bedarf es adäquater Auswertungsmethoden, die die latenten Sinnstrukturen in den erzählten Lebensgeschichten erfassen und sie gleichermaßen in ihrer Einzigartigkeit wertschätzen.

Literatur

Apitzsch, U. (2006). Biographieforschung und interkulturelle Pädagogik. In H.-H. Krüger & W. Marotzki (Hrsg.), *Handbuch erziehungswissenschaftliche Biographieforschung* (S. 499–514). Wiesbaden: VS Verlag für Sozialwissenschaften.

Bauman, Z. (2005). *Moderne und Ambivalenz: das Ende der Eindeutigkeit*. Hamburg: Hamburger Edition.

Bortz, J. & Döring, N. (2002). *Forschungsmethoden und Evaluatio für Human- und Sozialwissenschaftler*. Berlin: Springer.

Denzin, N.K. (2009). Symbolischer Interaktionismus. In U. Flick, E. v. Kardoff & I. Steinke (Hrsg.), *Qualitative Forschung. Ein Handbuch* (S. 136–150). Reinbek bei Hamburg: Rowohlt.

Eckerth, J. & Wendt, M. (Hrsg.) (2003). *Interkulturelles und transkulturelles Lernen im Fremdsprachenunterrich.* Frankfurt/a.M.: Peter Lang.

Egloff, B. & Stock, E. (2010). Von (un)sichtbaren Spuren und Standorten. Methodologische Reflexion über ein deutsch-französisches Biographieforschungsprojekt. *Synergies Pays germanophones. Récits de vie: au-delà des frontières, 3,* 27–49.

Fäcke, C. (2006). *Transkulturalität und fremdsprachliche Literatur. Eine empirische Studie zu mentalen Prozessen von primär mono- oder bikulturell sozialisierten Jugendlichen.* Frankfurt/a. M.: Peter Lang.

Flick, U., v. Kardoff, E. & Steinke, I. (Hrsg.) (2009). *Qualitative Forschung. Ein Handbuch.* Reinbek bei Hamburg: Rowohlt.

Foitzik, A. (2009). Gedanken über den Umgang mit „den Anderen" in der Pädagogik. *Forum Erwachsenenbildung, 2,* 35–38.

Friebertshäuser, B., Richter, S. & Boller, H. (2010). Theorie und Empirie im Forschungsprozess und die „Ethnographische Collage" als Auswertungsstrategie. In B. Friebertshäuser, A. Langer & A. Prengel (Hrsg.), *Handbuch Qualitative Forschungsmethoden in der Erziehungswissenschaft* (S. 379–396). Weinheim & München: Juventa.

Gogolin, I. & Krüger-Potratz, M. (2006). Das „Eigene" und das „Fremde": zwei Beobachtungsrichtungen – vier Spezialisierungen. In dies. (Hrsg.), *Einführung in die Interkulturelle Pädagogik. Einführungstexte in die Erziehungswissenschaft* (S. 79–101). Stuttgart: UTB.

Hess, R. & Wulf, C. (1999). *Grenzgänge: Über den Umgang mit dem Eigenen und dem Fremden.* Frankfurt/a.M. & New York: Campus Verlag.

Krüger, H.-H. (2006). Entwicklungslinien, Forschungsfelder und Perspektiven der erziehungswissenschaftlichen Biographieforschung. In H.-H. Krüger & W. Marotzki (Hrsg.), *Handbuch erziehungswissenschaftliche Biographieforschung* (S. 13–33). Wiesbaden: VS-Verlag.

Kuckartz, U. (2009). *Einführung in die computergestützte Analyse qualitativer Daten.* Wiesbaden: VS-Verlag.

Lamnek, S. (2005). *Gruppendiskussion: Theorie und Praxis.* Stuttgart: UTB.

Leiprecht, R., Riegel, C. & Held, J. (2006). *International Lernen – Lokal Handeln.* Frankfurt/M.: Iko-Verlag für Interkulturelle Kommunikation.

Marotzki, W. (2009). Qualitative Biographieforschung. In U. Flick, E. v. Kardoff & I. Steinke (Hrsg.), *Qualitative Forschung. Ein Handbuch* (S. 175–186). Reinbek bei Hamburg: Rowohlt.

Schondelmayer, A.-C. (2010). *Interkulturelle Handlungskompetenz: Entwicklungshelfer und Auslandskorrespondenten in Afrika. Eine narrative Studie.* Bielefeld: transcript Verlag.

Thomas, A., Chang, C. & Abt, H. (2006). *Erlebnisse, die verändern: Langzeitwirkungen der Teilnahme an Internationalen Jugendbegegnungen.* Göttingen: Vandenhoeck & Ruprecht.

Welsch, W. (1996). *Vernunft: die zeitgenössische Vernunftkritik und das Konzept der transversalen Vernunft.* Frankfurt/a.M.: Suhrkamp.

Patchwork statt Kulturalisierung
(Berufs-)Biografische Reflexionen zum Umgang mit Heterogenität in der Internationalen Jugendarbeit
Elina Stock

In internationalen Begegnungen treffen nicht nur Menschen verschiedener Nationalitäten, sondern auch verschiedenen Geschlechts, unterschiedlicher Altersgruppen, differenter körperlicher und psychischer Verfassung, mit diversen Bildungs- und Migrationsbiografien, Interessen und Wertorientierungen sowie mit unterschiedlichen, gesellschaftlich bedingten und vermittelten Chancen und Wahlmöglichkeiten hinsichtlich ihrer Identitäts- und Lebensentwürfe zusammen. Gleichwohl ist die Ausrichtung an ‚nationalen Unterschieden' ebenso wie die thematische Bearbeitung ‚kultureller Differenzen' für das überaus breite und heterogene Praxis-, Lern- und Forschungsfeld der Internationalen Jugendarbeit konstitutiv (vgl. u.a. Reindlmeier, 2006, S. 235). Dies ist ausschlaggebend dafür, dass sich sowohl die pädagogische Praxis als auch das wissenschaftliche Diskursfeld der Internationalen Jugendarbeit vornehmlich auf Konzepte ‚Interkulturellen Lernens' ausgerichtet hat. In kritischer Auseinandersetzung mit diesbezüglichen Ansätzen wurden ausgehend von aktuellen gesellschaftlichen Herausforderungen sowie der wachsenden Bedeutung, die der Internationalen Jugendarbeit in diesem Zusammenhang zugesprochen wird, unlängst Ansätze für die Weiterentwicklung Internationaler Jugendarbeit in diversitätsbewusster Perspektive vorgestellt (vgl. u.a. Eisele, Scharathow & Winkelmann, 2008). Sie verweisen darauf, dass die starke Betonung ‚(national-)kultureller' Unterschiede kulturalistische Fallen sowie Gefahren der Reifizierung von Differenzen und der Vernachlässigung anderer relevanter Heterogenitätsdimensionen birgt. Zugleich heben sie hervor, dass internationale Begegnungen für die Wahrnehmung, Reflexion und Bearbeitung von vielfältigen Unterschiedlichkeiten besondere Chancen bieten – nicht nur, aber vor allem weil sie abseits vertrauter gesellschaftlicher Verhältnisse und Zuschreibungen im Alltag stattfinden (vgl. Winkelmann, 2006, S. 120). Im Hinblick auf einen adäquaten Umgang mit Heterogenität in der Internationalen Jugendarbeit wird nicht nur abstrakt gefordert, die Mehrdimensionalität von Begegnungssituationen einzubeziehen, vielmehr verändern sich mithin auch die konkreten professionellen Anforderungen an die Akteure im Feld.

Dieser Artikel greift aktuelle Diskussionen über den Umgang mit Heterogenität in Theorie und Praxis der Internationalen Jugendarbeit auf und stellt exemplarisch dar, welche Konsequenzen daraus für eine reflexive pädagogische Forschung und Praxis entstehen. Auf der Grundlage narrativer Interviews mit Teamer/inne/n des Deutsch-Französischen Jugendwerks werde ich einige ausgewählte (berufs-)biografische Reflexionen im Kontext unseres Forschungsprojekts beleuchten. Damit gebe ich zugleich einen Einblick in vorläufige Analysen, die unter Rückgriff auf narrationsstrukturelle Elemente sowie über erste Kodierungen entsprechend der Grounded Theory im Rahmen meines Dissertationsprojekts entstanden sind und in einer reflexiven Forschungsmethodologie eingebunden werden.[1]

Vom Fokus (national-)kultureller Differenzen – Reflexion des Feldzugangs I

> „Internationale Jugendarbeit ist der Oberbegriff für alle pädagogischen Maßnahmen und Settings in der Kinder- und Jugendarbeit, die mit Internationalität in Verbindung gebracht werden können. Kinder und Jugendliche aus verschiedenen, nationalstaatlich organisierten Gesellschaften begeben sich in einen Sinn-, Handlungs-und Lernzusammenhang, für den eine Differenzierung nach nationaler Zugehörigkeit konstitutiv ist. Diese Differenz wird kulturell und lebensweltlich erfahren und in formellen oder/und non-formellen/informellen Lernprozessen reflektiert und bearbeitet."

Diese Definition nach Andreas Thimmel (2001, S. 278 sowie 2012, S. 198) macht deutlich, dass die Verknüpfung von nationaler Zugehörigkeit und Kultur als differenzierende Perspektive im Praxis-, Lern- und Forschungsfeld der Internationalen Jugendarbeit eine maßgebliche Rolle spielt. So ist der Fokus auf nationale Unterschiede in bi- oder trinationalen Begegnungen durch das Setting bereits angelegt und die Bearbeitung tatsächlicher oder vermeintlicher ‚kultureller Differenzen' für die thematische Ausrichtung oftmals zentral (vgl. u.a. Reindlmeier, 2006, S. 235; Thimmel, 2005, S. 361).

Diese Ausrichtung ist einzubetten in nationalstaatlich konstituierte politische und gesellschaftliche Kontexte, in denen die Bezugsdimension Kultur (insbesondere im Zusammenhang nationaler und ethnischer Zugehörigkeitsdiskurse) eine spannungsvolle Wirkmächtigkeit hat und als „dominante, trennende und abgrenzende Variable […] fungiert, nach welcher ‚Wir'- und ‚Sie'-Gruppen konstruiert werden und auf Grundlage derer über Zugehörigkeit und Nicht-Zugehörigkeit entschieden wird" (Eisele, Scharathow & Winkelmann, 2008, S. 13). Ein Ziel in der pädagogischen Konzeption von internationalen Begegnungen ist daher auch die Reflexion nationalstaatlicher, ethnischer und kultureller Zuschreibungen, welche in einem größeren gesellschaftspolitischen Horizont von Internationaler Verständigung,

---

1 Zum methodischen Vorgehen siehe auch den Beitrag „Interkulturelle Spurensuche – methodische Wege zur Analyse deutsch-französischer Biografien" in diesem Band, den ich gemeinsam mit Birte Egloff und Barbara Friebertshäuser verfasst habe. Meine Dissertation unter dem Arbeitstitel „Zum Umgang mit Heterogenität in der Internationalen Jugendarbeit – (berufs-)biografische Ressourcen und Reflexionen von Teamer/inne/n im Kontext des deutsch-französischen Jugendaustauschs" wird von Prof. Dr. Barbara Friebertshäuser am Fachbereich Erziehungswissenschaften der Goethe-Universität Frankfurt betreut.

Europäisierung, Globalisierung sowie transnationaler Migration stattfinden und darüber hinaus „zum konstruktiven Umgang mit Differenzen und zur Reflexion des eigenen Denkens und Handelns auf dem Hintergrund erlebter Differenz zu Anderen" führen kann (Thimmel, 2005, S. 361). Für die Akteurinnen und Akteure, die sich im Feld der Internationalen Jugendarbeit bewegen, ist dieser programmatisch und diskursiv geprägte Fokus auf ‚(national-)kulturelle Differenzen' entsprechend handlungsrelevant. Dies spiegelt sich nicht nur in praxis- sowie theoriebezogenen Ansätzen, welche sich mit Aspekten interkulturellen Lernens auseinandersetzen,[2] sondern auch in Wahrnehmungs- und Deutungsperspektiven im Rahmen unseres deutsch-französischen Forschungsprojekts „Interkulturelle Momente in der Biografie und der Kontext des DFJW" wider (vgl. hierzu auch Egloff & Stock, 2010).

Die Vorstrukturierung des Feldes durch die Differenzlinie ‚(National-)Kultur' gilt es für mich als Forscherin folglich in mehrfacher Hinsicht zu reflektieren. Zum einen hat sie für die Institution DFJW als konkretisierte deutsch-französische Dimension einen zentralen Stellenwert und ist als solche in die geförderten Programme – inklusive unseres Forschungsprojekts – quasi institutionell eingeschrieben. Zum anderen wirkt sie sich auf der Akteursebene in unterschiedliche Richtungen aus und ist sowohl für die im Rahmen des Projekts interviewten Teamer/innen, die an verschiedenen Begegnungen des DFJW teilgenommen bzw. mitgewirkt haben und ihre entsprechenden (berufs-)biografischen Erfahrungen und Sichtweisen schildern, als auch für uns als Forscher/innen bedeutsam (vgl. hierzu auch Royon-Weigelt sowie Hess & Herzhoff in diesem Band).

Auch wenn die individuellen Bedeutungsdimensionen und Verarbeitungsprozesse sehr unterschiedlich sind und Implikationen im Allgemeinen selbstverständlich erscheinen mögen, gilt es für mich aus reflexiver Forschungsperspektive prinzipiell und explizit festzuhalten, dass mein Zugang zum Feld, meine Wahrnehmungs- und Deutungsperspektiven sowie meine Interaktionen im Forschungsprozess durch die institutionell fokussierte und markierte Differenzlinie ‚(National-)Kultur' und die entsprechende ‚Ordnung des Diskurses' (Foucault, 1991) beeinflusst und zugleich mit den diesbezüglichen Wahrnehmungs- und Deutungsperspektiven anderer Akteure im Feld verflochten sind.

Somit wird bereits deutlich, dass ich, obwohl in der qualitativen Forschung das Prinzip der Offenheit maßgeblich ist (vgl. hierzu Stock, Egloff & Friebertshäuser in diesem Band), über ein bestimmtes alltagsweltlich sowie wissenschaftlich geprägtes Vorverständnis des Feldes verfüge. Im Sinne einer ‚reflektierten Offenheit' ist es mir wichtig, dieses Vorverständnis auch über die bereits genannten Aspekte hinaus offenzulegen und mithin meine Präkonzepte, d.h. mein Vorwissen, meine Voreinstellungen, Haltungen und Erwartungen, die sich in Auseinandersetzung mit dem Feld entwickelt haben, zu explizieren – nicht zuletzt, um sie für die Verstehens- und Erkenntnisprozesse im Rahmen meiner Forschung zu nutzen (vgl. hierzu Breuer, 2010, S. 26ff.).

---

2   Zur systematischen, diskursanalytischen Rekonstruktion der Geschichte, Praxis und Konzepte des Interkulturellen Lernens in der Internationalen Jugendarbeit vgl. Thimmel, 2001.

Diversitätsbewusste Perspektiven – Reflexion des Feldzugangs II

Meine eigenen (berufs-)biografischen Erfahrungen – insbesondere meine praktische und theoretische Auseinandersetzung mit Konzepten interkultureller Pädagogik und ihrer Fokussierung von Lernprozessen entlang einer wie auch immer gearteten ‚Kultur der Anderen' – haben mich dafür sensibilisiert, dass die starke Betonung ‚kultureller Unterschiede' kulturalistische und essentialistische Fallen birgt sowie Gefahren der Reifizierung ethnischer, nationaler oder anders konnotierter ‚kultureller Differenzen'. Zudem können sie zur Vernachlässigung anderer relevanter Heterogenitätsdimensionen führen. Diese Bedenken, die nicht zuletzt durch aktuelle migrationspädagogische und rassismuskritische Perspektiven und Positionen wahrnehmbarer werden (vgl. u.a. Mecheril, 2010; Scharathow & Leiprecht, 2009; Holbach & Burk in diesem Band), haben sowohl in der pädagogischen Praxis als auch im wissenschaftlichen Diskursfeld der Internationalen Jugendarbeit unlängst zu der Entwicklung so genannter *diversitätsbewusster* Ansätze geführt, welche „zu allererst als kritisch gegenüber kulturalisierenden oder ethnisierenden Festschreibungen zu beschreiben" sind (Eisele et al., 2008, S. 16). Damit weisen sie auf besondere Herausforderungen für Akteure und Akteurinnen in der Internationalen Jugendarbeit hin und knüpfen an jüngst formulierte professionelle Anforderungen im Fachdiskurs an:

> „Fachkräfte der internationalen Jugendarbeit müssen sich dadurch auszeichnen, dass sie wissen und begründen können, wie sie mit Menschen aus unterschiedlichen kulturellen Herkunftskontexten, mit unterschiedlichen Wertvorstellungen, Normen und mit unterschiedlichen Lebensentwürfen professionell umgehen. Dabei sind sie sich der Gefahr der Kulturalisierung sozialer Tatbestände bewusst" (Thimmel & Friesenhahn, 2005, S. 187f.).

Diversitätsbewusste Perspektiven stellen demgemäß die Tendenz in Frage, sowohl individuelle Verhaltensweisen als auch gesellschaftliche Verhältnisse ausschließlich und simplifizierend über die Dimension ‚Kultur' zu erklären, und sie machen darauf aufmerksam, dass es im Hinblick auf einen adäquaten Umgang mit Heterogenität in der Internationalen Jugendarbeit über ‚(national-)kulturelle' Unterschiede hinaus auch andere, individuell und sozial bedeutsame, Differenzaspekte und gesellschaftliche Ungleichheitsverhältnisse wahrzunehmen und in ihren Interdependenzen und spezifischen Kontexten zu reflektieren gilt. Heterogenität kann dementsprechend in der Internationalen Jugendarbeit wie auch in anderen pädagogischen Handlungsfeldern als „Normalfall" (Lutz & Leiprecht, 2003) betrachtet werden. Allerdings entfaltet sie sich im breiten Spektrum verschiedener Träger und Maßnahmen mit unterschiedlichen jugendpädagogischen und -politischen Zielsetzungen kontextabhängig und bringt durch die Pluralisierung von Lebenslagen und -orientierungen sowie aufgrund wachsender Bildungsanforderungen im Zuge gesellschaftlicher Veränderungen feldspezifische Herausforderungen mit sich. Ein diversitätsbewusster Perspektivwechsel erscheint demnach in mehrfacher Hinsicht sinnvoll.

Mit dem Wechsel der Perspektive soll allerdings nicht die Bedeutung von Kultur per se in Frage gestellt werden; vielmehr wird auf Probleme, die mit der Fokussierung ‚(national-)kultureller Differenzen' einhergehen, aufmerksam gemacht und für ein ausdifferenziertes, erweitertes Kulturverständnis plädiert. So sind ausgehend von der Kritik an einem homogenisierenden, statischen und essentialisierenden Kulturverständnis (vgl. hierzu u.a. Reindlmeier, 2006) nunmehr dynamische, flexible und veränderbare Konzepte von Kultur sowie mehrdimensionale Perspektiven gefragt, um zu berücksichtigen, dass individuelle und kollektive Zugehörigkeiten nicht eindeutig zu bestimmen sind und zudem in ihrer subjektiven und gesellschaftlichen Bedeutung variieren (vgl. Eisele et al., 2008, S. 13ff. sowie Hormel & Scherr, 2005, S. 205).

Statt auf eindeutige Zugehörigkeiten beziehen sich diversitätsorientierte Konzepte also auf „ein komplexes und differenziertes Verständnis sozial bedeutsamer Unterschiede", welche „nicht nur als Ausdruck bzw. Folge von ethnischen, religiösen und nationalen Kulturen verstanden" werden, sondern vielmehr als „bedeutsame Bezugspunkte für individuelle und soziale Identitätskonstruktionen und Lebensstile sowie möglicher Anlass für Konflikte und Diskriminierungen" (vgl. ebd.). Hierzu gehören neben der klassischen Trias *race*, *class* und *gender* auch andere Differenz- bzw. Zugehörigkeitsdimensionen wie z.B. Religion, sexuelle Orientierung, Alter, psychische und physische Gesundheit/Behinderung, Sprache, regionale oder sozialräumliche Bezüge.

Während mit Begriffen wie „natio-ethno-kulturelle (Mehrfach-)Zugehörigkeit" (Mecheril, 2003) oder „third space" und „Hybridität" (im Anschluss an Bhabha, 2000; vgl. u.a. Wulf, 2011, S. 24f.) auf den Konstruktcharakter vermeintlich naturhafter, unveränderlicher Kategorien wie Ethnizität, ‚Rasse' oder Kultur verwiesen wird und mithin Mehrdeutigkeiten bzw. Uneindeutigkeiten sowie Ambivalenzen ins Zentrum des fachlichen Diskurses um ‚kulturelle Differenzen' gerückt werden, kommen mit dem Ansatz der „Intersektionalität" vielfältige Zugehörigkeiten und Differenzlinien in ihren Beziehungen und Überschneidungen bzw. -kreuzungen (*intersections*) in den Blick. Grundlegend für diese Analyseperspektive, die sich im Kontext feministischer Debatten um die Anerkennung von Differenzen zwischen Frauen entwickelt hat (vgl. hierzu u.a. Lutz, Herrera Vivar & Supik, 2010), ist die Feststellung, dass jeder Mensch an verschiedenen Schnittpunkten sich durchkreuzender Differenzlinien bzw. -kategorien sozial positioniert wird und entlang dieser sowohl Zugehörigkeiten und Identitäten als auch Abgrenzungen und Alteritäten entwickelt. Dementsprechend erscheint es „notwendig und möglich […], Gender, Ethnizität, Klasse, sexuelle Orientierung, Nationalität usw. in ihrem Zusammenspiel und in Bezug auf die Gleichzeitigkeit ihrer Wirkung zu untersuchen" und insbesondere in pädagogischer Perspektive wichtig, auf „das Verhältnis der Individuen zu ihrer Geschichte und ihren Zugehörigkeiten zu verschiedenen Kategorien und Schnittpunkten" sowie auf „die *Eigenbewegung* der Individuen in den mit diesen

Kategorien und Schnittpunkten verbundenen gesellschaftlichen Räumen der Möglichkeiten und Behinderungen" zu achten (Lutz & Leiprecht, 2003, S. 120f.; Herv. im Original). Somit gilt es auch in dieser mehrdimensionalen Perspektive „Positionierungen und Positionen von Individuen als ambivalent, vielfach und gleichzeitig zu begreifen", zugleich – historisierend – „deren Beweglichkeit in und durch sich ständig verändernde Verhältnisse von Macht und Unterdrückung aufzuzeigen" (Winkelmann, 2006, S. 93) und letztlich Verschiedenheit sowohl als individuelles als auch als strukturelles Merkmal wahrzunehmen sowie die einseitige Fokussierung auf einzelne, als ‚wesenhaft' konstruierte Differenzen aufzugeben (vgl. ebd.).

Diese Ausführungen sollen als heuristische Skizze dienen und verdeutlichen, dass ich durch meinen Zugang zum Feld eine bestimmte ‚theoretische Sensibilität' mitbringe. Diese reflektiert zum einen den Fokus ‚(national-)kultureller Differenzen' im Feld der Internationalen Jugendarbeit in verschiedenen möglichen Bedeutungsdimensionen und ist zum anderen durch die Tendenz geprägt, diesen Fokus um diversitätsbewusste Perspektiven zu erweitern. Mit dieser Hintergrundfolie begebe ich mich im Rahmen des Forschungsprojekts auf biografische Spurensuche nach Wahrnehmungs- und Deutungsmustern von Teamer/inne/n, die im Kontext des deutsch-französischen Jugendaustauschs Erfahrungen gesammelt haben, und frage danach, welche Bedeutung ihre (berufs-)biografischen Erfahrungen für die Wahrnehmung und den Umgang mit Heterogenität bzw. für die (Weiter-)Entwicklung diversitätsbewusster Perspektiven im Feld der Internationalen Jugendarbeit haben. Dementsprechend betrachte ich Biografien in einer bestimmten Untersuchungsrichtung, die ich im Folgenden erläutern werde.

(Berufs-)Biografische Reflexionen zum Umgang mit Heterogenität

Mein spezielles Forschungsinteresse im Rahmen des Projekts bewegt sich an der Schnittstelle zwischen Biografie- und Professionsforschung und widmet sich dem Phänomen der biografischen (Selbst-)Reflexion im Hinblick auf den Umgang mit Heterogenität als zentralem Bestandteil von Professionalität in pädagogischen Handlungsfeldern.

Da es im Feld der Internationalen Jugendarbeit viele berufliche Quereinsteiger/innen gibt und Teamer/innen keine streng formalisierte Ausbildung durchlaufen, sondern vielmehr über unterschiedliche lebensgeschichtliche und institutionelle Kontexte mit dem Deutsch-Französischen Jugendwerk in Kontakt kommen und sich über verschiedene Wege professionelles Wissen aneignen,[3] gehe ich davon

---

3 Obwohl seit geraumer Zeit formale und inhaltliche Ausbildungsstandards für Grundausbildungen zur Leitung internationaler Jugendbegegnungen mit entsprechender Zertifizierung existieren, die durch Vereine und Verbände sowie DFJW gemeinsam festgelegt wurden (vgl. https://www.dfjw-zertifikat.org/de/jugendleiter/ausbildungsstandards), sind diese Standards explizit „nicht gleichzusetzen mit einer Vereinheitlichung der verschiedenen Aus- und Fortbildungen", sondern „als gemeinsamer

aus, dass ihre (berufs-)biografischen und kontextspezifischen Erfahrungen maßgeblichen Einfluss haben auf die Art und Weise, wie sie Heterogenität wahrnehmen. Diese Erfahrungen – so eine weitere Vorannahme – weisen neben expliziten, auch implizite Wissensbestände auf, die nicht oder nur schwer explizierbar sind und Handlungen unbewusst beeinflussen bzw. leiten können. Hierzu zählen auch „Differenzerfahrungen aufgrund von Begegnungen in sozialen Situationen in institutionellen Kontexten, die in der Wahrnehmung zu sozialen Zugehörigkeiten verarbeitet werden" (Schlüter, 2004, S. 10), die sich u.a. als biografisches Wissen ablagern und auf sozialisierte Relevanzstrukturen (zurück-)verweisen. Sie können als Produkt von Lern- und Bildungsprozessen über entsprechende Deutungsmuster in Form von biografischen Ressourcen und Reflexionen auf Grundlage lebensgeschichtlicher Erzählungen rekonstruiert werden und haben als solche Einfluss auf die individuelle Wahrnehmung von spezifischen Situationen sowie die Entwicklung von Selbst- und Weltbildern (vgl. Bartmann & Tiefel, 2008).

Für die Entwicklung diversitätsbewusster Perspektiven erachte ich demzufolge nicht nur theoretische und fachliche Wissensbestände als relevant, sondern eben auch jene erfahrungsbezogenen und handlungsorientierenden biografischen Ressourcen und Reflexionen von Teamer/inne/n, die gewiss sehr unterschiedlich ausgeprägt sind. Indem ich die (berufs-)biografischen Erfahrungen und somit die ‚Eigenbewegungen' und die ‚Positionierungen' von Teamer/inne/n im Feld der Internationalen Jugendarbeit in den Mittelpunkt stelle, untersuche ich, wie sich Wahrnehmungs-, Deutungs- und Orientierungsmuster in diesem Feld (berufs-)biografisch konstituieren und welche Heterogenitätsdimensionen vor dem Hintergrund individueller lebensgeschichtlicher Erfahrungen und sozialisierter Relevanzstrukturen in den Interviews reflektiert werden. Damit rekurriere ich auf Befunde der Professionsforschung, welche die Bedeutung biografischer Erfahrungen für professionelle Wahrnehmung und professionelles Handeln hervorheben, vor allem in pädagogischen Handlungsfeldern, in denen keine festen Berufsbilder vermittelt werden und in denen der berufliche Sozialisationsprozess zugleich ein biografisch zu erarbeitendes Handlungsmuster darstellt (vgl. Daigler, 2008, S. 242).

Die Betrachtung biografischer Reflexionen von Teamer/inne/n erscheint mir ebenso sinnvoll vor dem Hintergrund, dass diversitätsbewusste Ansätze „besonderen Wert auf eine reflexive Auseinandersetzung mit den *eigenen* Identitätskonstruktionen legen, anstatt sich auf das Lernen über ‚die Anderen' zu konzentrieren" (Eisele et al., 2008, S. 13; Herv. im Original). Insofern wird auch in dieser Hinsicht ‚biografische Arbeit' bei den pädagogischen Akteur/inn/en der Internationalen Jugendarbeit als zentral gesehen (ebd, S. 43):

> „Die eigene Haltung sollte ausgehen und begleitet sein von einer Selbstreflexion sowohl auf professioneller wie auch auf persönlicher Ebene und in der alltäglichen Arbeit immer wieder bewusst hinterfragt werden; denn auch professionell Handelnde stehen in ihrer Wahrnehmung und

qualitativer, formaler und inhaltlicher Rahmen, innerhalb dessen die Vielfalt der Ansätze erhalten bleibt" (vgl. https://www.dfjw-zertifikat.org/de/home/grundprinzipien) [30.3.2012].

Interpretation, in ihrem Handeln, Denken und Fühlen selbstverständlich nicht außerhalb von gesellschaftlichen Verhältnissen, verbreiteten sozialen Konstruktionen und ihrer Wirkmächtigkeit oder den eigenen Zugehörigkeiten und Identitätsaspekten."

Während mein Forschungsinteresse von Anfang an dem zuvor beschriebenen Perspektivwechsel in der Internationalen Jugendarbeit galt, habe ich die Entscheidung, (berufs-)biografische Reflexionen von Teamer/inne/n in den Fokus meiner Untersuchungen zu rücken, erst auf Grundlage meiner Erfahrungen im Feld getroffen – im Zuge der ersten Interviewdurchführungen, der Auseinandersetzung mit dem erhobenen Interviewmaterial sowie etlicher Diskussionsprozesse im Forschungszusammenhang mit Suchbewegungen in unterschiedliche Richtungen, die auch die Beschäftigung mit weiterführender Literatur implizierten. Dieser Prozess spiegelt den „iterativ-zyklischen Charakter" von Forschung im Sinne der Grounded-Theory-Methodologie wider, „der mit dem hermeneutischen Gedanken der Spiralförmigkeit der Erkenntnisentwicklung korrespondiert" und das „fortwährende Hin- und Her-Pendeln" zwischen Phasen der Datenerhebung, Datenauswertung (Kodieren) und Theoriebildung beschreibt (Breuer, 2010, S. 55).

Meine bisherigen Fokussierungen im Auswertungsprozess sind also auch mit meinen persönlichen Annäherungs- und Distanzierungsprozessen sowie Re- und Interaktionen im Feld verknüpft, welche durch die zuvor explizierten ‚diskursiven Formationen' (Foucault, 1991) und Präkonzepte geprägt sind. Sie gehen nicht zuletzt auf meine Beobachtung besonderer Merkmale der Interviews mit den Teamer/inne/n des DFJW zurück, die ich im Folgenden unter Berücksichtigung von spezifischen Interaktionseffekten in den Blick nehmen werde.

(Re-)Präsentationen im Projektkontext – Reflexionen von Interaktionseffekten

Nachfolgend möchte ich einige Aspekte beleuchten, die mir in forschungsethischer und -praktischer Hinsicht im Rahmen einer reflexiven und diversitätsbewussten Untersuchungsperspektive wichtig erscheinen (vgl. auch Stock, Egloff & Friebertshäuser in diesem Band). Damit weise ich zugleich auf besondere Herausforderungen hin, die sich mir als Forscherin in einem größeren Projektzusammenhang und im Verhältnis zu den Beforschten, den Teamer/inne/n, in diesem Feld stellen. Diese Überlegungen stehen im Zusammenhang mit meinem theoretischen Vorverständnis, das ich zuvor skizziert habe.

Die Tatsache, dass wir in unserem Forschungsprojekt Interviews mit Teamer/inne/n geführt haben, lässt sich forschungspraktisch folgendermaßen begründen. Zum einen war die Kontaktaufnahme zu dieser Gruppe über die Adressvermittlung des DFJW erleichtert und erschien in Anbetracht unserer Kenntnisse darüber, dass viele Teamer/innen aufgrund vormaliger Teilnahme an Austauschprogrammen als solche aktiv werden, besonders erkenntnisreich für unser Vorhaben, die biografischen Wirkungen deutsch-französischer Begegnungen zu erforschen. Zum anderen erwarteten wir über diese Gruppe, im Sinne des Schneeball-Prinzips, weitere Kontakte zu ehemaligen Teilnehmenden. Somit wurden die von uns interviewten Teamer/innen sowohl als Personen mit ihren individuellen Biografien als auch in ihrer Funktion als Teamer/in und der damit verknüpften Rolle als Feldexpertin mit ‚Gatekeeper'-Eigenschaft wahrgenommen und angesprochen.

Obwohl wir im Vorlauf der Interviews (über ein schriftliches Informationsschreiben) sowie in den Eingangssequenzen der jeweiligen Interviews (in denen wir unser Vorhaben inhaltlich und methodisch erläuterten) betont haben, dass uns die jeweils individuellen biografischen Erfahrungen interessieren, hat sich der doppelte Deutungshorizont im Spannungsfeld Person vs. Berufsrolle(n) auf den Forschungsprozess ausgewirkt. Dies wird unter anderem deutlich durch den Blick auf die Art und Weise, wie sich die Teamer/innen präsentiert haben. So ist auffällig, dass einige Interviews mit Teamer/inne/n sowohl Passagen umfassen, in denen sie in gewisser professioneller Distanz die Bedeutung deutsch-französischer Begegnungen für ihre eigene Biografie reflektieren, als auch solche, in denen sie quasi aus Expertensicht ihre Erlebnisse im Hinblick auf mögliche und konkrete biografische Wirkungen der Austauschprogramme für Jugendliche schildern. Hinsichtlich der Sprachmodi biografischer Selbstpräsentation gibt es neben narrativen Sequenzen, konkretisierende und abstrahierende Beschreibungen sowie einige argumentative (erklärende, rechtfertigende oder bilanzierende) Präsentationen von Erfahrungen, die sich themenbezogen, bedingt durch die jeweiligen situativen und kommunikativen Bedingungen, unterschiedlich entfalten.[4]

Bemerkenswert ist dabei, dass die Teamer/innen häufig auf pädagogische Konzepte ‚Interkulturellen Lernens' sowie entsprechende fachliche Diskurse Bezug nehmen und sich zu ihnen positionieren. Auf diesen Punkt werde ich später noch einmal genauer eingehen. Zunächst möchte ich festhalten, dass es augenscheinlich ist, dass sich Teamer/innen nicht nur als Privatperson, sondern auch in ihrem beruflichen Kontext präsentiert haben. Wie sie jeweils ihre eigene (berufs-)biografischen Erfahrungen geschildert und in ihren Erzählungen, Beschreibungen und Argumentationen persönliche Sichtweisen offenbart haben, ist abhängig von spezifischen Interaktionen im Vorfeld der Interviews, den damit erzeugten Erwartungen auf Seiten der Teamer/innen, ihren individuellen Relevanzsetzungen, Darstellungsinteressen und -möglichkeiten sowie den Dynamiken im Interview selbst. Auch wenn diese Aspekte im Rahmen dieses Artikels nur ansatzweise analysiert werden können, gilt es für mich in forschungsethischer Hinsicht prinzipiell zu berücksichtigen, dass wir die Teamer/innen durch die Interviews in unterschiedlicher Weise auch in ihrem

---

4 Zu den unterschiedlichen Formen biografischer Selbstpräsentation vgl. auch den Beitrag von Mutuale & Egloff in diesem Band.

beruflichen Selbstverständnis angesprochen und entsprechende (Re-)Präsentationen und Positionierungen mit hervorgerufen haben.⁵

Festhalten möchte ich ebenso, dass unsere Interviewpartner/innen mit dem damit eröffneten Spannungsfeld bezüglicher ihrer Rolle(n) im Forschungskontext unterschiedlich umgegangen sind. Exemplarisch werde ich dies an zwei Eingangssequenzen und ausgewählten Passagen aus Interviews verdeutlichen. Sie zeigen, wie unterschiedlich unser Erzählimpuls aufgegriffen wurde, welche Interaktionseffekte im Hinblick auf die Eröffnung des Erzählrahmens sowie den weiteren Interviewverlauf berücksichtigt werden können.⁶

„Es ist einfach problematisch, [...] wenn wir übers Interkulturelle reden"

Das erste Beispiel inklusive vorangestelltem Zitat stammt aus dem Interview mit Teamerin Lena,⁷ die zum Zeitpunkt des Interviews Mitte 30 war, im Anschluss an ihr Lehramtsstudium promovierte und als wissenschaftliche Mitarbeiterin an einer deutschen Hochschule tätig wurde. Den Kontakt zum DFJW etablierte sie während ihres Studiums im Fach Französisch, das sie motivierte, an einer Fortbildung zum Gruppendolmetschen teilzunehmen und im Anschluss daran deutsch-französische Tandem-Sprachkurse (mit) zu leiten.

Geführt wurde das Interview von einer Studentin der Pädagogischen Hochschule Karlsruhe, die im Postskriptum festhielt, dass es Lena – obwohl ihr die Methode bekannt war – schwer fiel, sich auf die Form des biografisch-narrativen Interviews einzulassen, dass sie „nicht über ihr Privatleben" sprach und „nur Informationen über ihr Studium und ihre Kontakte zum DFJW preis" gab. Weiterhin notierte sie:

> „Das Interview fand in Lenas Büro statt. Lena kam zu spät, weil sie vorher eine Veranstaltung an ihrer Hochschule gab. Aus diesem Grund wirkte sie ein wenig gestresst. Es fiel Lena sehr schwer, sich zu entspannen und frei und locker zu erzählen. Ihre Erzählung stockte immer wieder, so dass ich das Gespräch durch weitere Fragen antreiben musste. Ich musste dabei improvisieren, da ich darauf nicht vorbereitet war."

Während in diesen Notizen einerseits ein gewisses Unbehagen der Interviewerin über den Interviewverlauf und den darin angesprochen Themen aufscheint (was ihre diesbezügliche Erwartung bzw. Enttäuschung impliziert), wird andererseits deutlich, dass das konkrete Interviewsetting (Büro, Verspätung) ebenso wie die Beziehungsstrukturen und -dynamiken zwischen Interviewerin und Teamerin

---

5 Im Rahmen meiner Dissertation werde ich entsprechende Interaktionseffekte in den jeweiligen Fallanalysen und -interpretationen soweit wie möglich einbeziehen.
6 In dem Beitrag „Interkulturelle Spurensuche – methodische Wege zur Analyse deutsch-französischer Biografien" weisen wir darauf hin, dass der Erzählimpuls teilweise sehr unterschiedlich ausgestaltet wurde. Hier argumentiere ich, dass unabhängig vom Inhalt der Erzählaufforderung unterschiedliche Bedeutungshorizonte unseres Forschungsvorhabens existierten. Ich greife deshalb auf Beispiele zurück, in denen der Erzählimpuls ziemlich ‚standardgetreu' gegeben wurde.
7 Alle verwendeten Namen der Teamer/innen sind Pseudonyme, die wir zum Zwecke der Anonymisierung der Interviews frei erfunden haben.

(erwartungsvolle Studierende/gestresste Hochschullehrerin/Gespräch, das angetrieben werden muss) im Hinblick auf die Analyse aufschlussreich sein könnten. Eine entsprechend angespannte Grundstimmung ist in der Eingangssequenz zumindest ‚spürbar':

I: Also Lena, Sie haben ja auch an Programmen des Deutsch-Französischen Jugendwerkes teilgenommen und vielleicht könnten Sie jetzt einmal erzählen, wie es überhaupt dazu kam und welche speziellen Erfahrungen Sie dabei gemacht haben.
Lena: Okay. Geht es jetzt praktisch, wenn Sie von Programmen vom Deutsch-Französischen Jugendwerk reden, geht es dann darum was ich als Teilnehmerin mitgemacht habe oder auch was ich als Leiterin mitgemacht habe?
I: Beides.
Lena: Beides, okay. Also erst einmal vielleicht an was ich teilgenommen habe. Ich versuche das jetzt zu rekonstruieren, ich habe da mich nicht darauf vorbereitet […].

Die Interviewerin benutzt in der Erzählaufforderung einige Füllwörter, was nicht ungewöhnlich ist, bei genauer Betrachtung allerdings – insbesondere vor dem Hintergrund der Kontextinformationen – eine Lesart zulässt, nach welcher sie zu Beginn etwas ungeduldig erscheint. „Also Lena" markiert einen deutlichen Anfang des Interviews und ruft die Teamerin persönlich mit Namen zur Aufmerksamkeit auf. Die Worte „vielleicht könnten Sie jetzt" implizieren eine weitere, wenn auch abgeschwächte, vorsichtig anmutende Aufforderung, nun endlich zu beginnen. Vermutlich gab es im Vorfeld des Interviews bzw. unmittelbar vor der Aufnahme bereits einen Austausch über Lenas berufliche Aktivitäten, da die Interviewerin mit den Wörtern „auch" und „überhaupt" sowie der Präzisierung „speziellen Erfahrungen" außerdem den Bezugsrahmen des Interviews genauer zu definieren scheint.

Nichtsdestotrotz bzw. möglicherweise auch aufgrund einer gewissen Abwehrreaktion lässt sich Lena auf die Erzählaufforderung zunächst nicht ein. Zwar signalisiert sie mit dem Wort „okay" generell Zustimmung zum Auftakt des Interviews, ihre Reaktion auf den Erzählimpuls ist allerdings eine Rückfrage dahingehend, ob ihre Erfahrungen als Teilnehmerin von Programmen des DFJW im Zentrum stehen oder auch jene als Leiterin. An dieser Stelle wird deutlich, dass sie sich in einer Doppelrolle adressiert fühlt und dass sie klären will, ob „es *dann* darum" geht, „was ich als Teilnehmerin mitgemacht habe *oder auch* was ich als Leiterin mitgemacht habe". Nachdem sie das kurze Signal „beides" empfängt, entscheidet sie „erst einmal vielleicht" von ihren Erfahrungen als Teilnehmerin zu berichten. Dabei ist auffällig, was und wie sie vorab erklärt: „Ich versuche das jetzt zu rekonstruieren, ich habe da mich nicht darauf vorbereitet." Während bereits in der Rückfrage zur Rollenklärung Lenas Erwartungshaltung anklingt, in ihrer Rolle als Leiterin und somit als Professionelle interviewt zu werden, tritt diese über die rechtfertigende Argumentation, sie habe sich nicht auf den Part als Teilnehmerin vorbereitet, klar zu Tage. Ihre Perspektive der Selbstpräsentation aus professioneller Distanz spiegelt sich ebenso in der Darstellungsweise, also dadurch, dass sie ihre Erfahrungen als Teilnehmerin ‚rekonstruiert', d.h. in Folge auch tatsächlich Ereignisse tendenziell entlang bestimmter kognitiver Schemata darstellt, eher in einem sachlichen Stil berichtet und nicht in einen erinnernden Erzählmodus kommt. Auch wenn die Interviewerin sehr bemüht ist, diese Distanz zu durchbrechen, indem sie etwa nach konkreten Erlebnissen fragt, positioniert sich Lena im Laufe des Interviews immer wieder als Expertin und bleibt somit in der Berufsrolle ‚verhaftet'.

So benennt sie an zwei Stellen des auffallend kurzen Interviews von knapp 25 Minuten selbst ihre Schwierigkeiten, von persönlichen Erfahrungen im Kontext deutsch-französischer Begegnungen zu erzählen und erklärt dies bereits nach viereinhalb Minuten der Gesprächsaufzeichnung folgendermaßen:

> „Gut, also ich meine, wenn man sich mit interkultureller Begegnung oder interkulturellem Lernen auskennt, dann weiß man, dass jede Form von Begegnung natürlich etwas auslöst. Also und genau, natürlich hat das Spuren hinterlassen, natürlich gibt es, habe ich so etwas erlebt wie den dritten Ort oder habe sozusagen, ja, mich verändert in der Begegnung und habe nicht nur jetzt die französische Kultur kennen gelernt oder eben meine eigene reflektiert, sondern habe letztendlich, genau auch in dieser Begegnung für mich etwas Neues entwickelt und entdeckt, mich als Persönlichkeit natürlich auch anders wahrgenommen, auch in der Sprache. Es ist einfach problematisch, wenn Sie, wenn wir übers Interkulturelle reden, weil ich da natürlich einen sehr großen theoretischen Hintergrund (lacht) habe und es dann schwierig ist, Ihnen da noch unbefangen Auskunft zu geben."

Mit dieser Form der Argumentation, die von einem hohen Abstraktionsgrad gekennzeichnet ist, reagiert Lena nicht nur selbstreflexiv auf die Schwierigkeit, „unbefangen" zu erzählen, sondern zugleich kritisch-reflektierend mit einem belehrenden Impetus auf die folgende Nachfrage der Interviewerin: „Also kann man schon davon ausgehen, dass diese Programme gewisse interkulturelle Spuren bei Ihnen hinterlassen haben?"

Von einem allgemeinen (Lehr-/Lern-)Konzept ausgehend (jede Begegnung löst „natürlich" etwas aus, hinterlässt „natürlich" Spuren), präsentiert Lena eigene Erfahrungsdimensionen auf abstrakter Ebene („Ich habe so etwas erlebt wie den dritten Ort oder habe sozusagen, ja, mich verändert in der Begegnung"). So nimmt sie zwar auf persönliche Erfahrungen Bezug, konkretisiert diese jedoch nicht, weil – wie sie an anderer Stelle konstatiert – „ich sozusagen selber sofort eben meinen Reflexionsfilter darüber lege durch das theoretische Wissen". Was genau sie als „problematisch" empfindet, bleibt an dieser Stelle offen bzw. deutet sich nur in Nuancen an – in Verbindung mit der Aufforderung, „übers Interkulturelle" zu reden. Durch die Art und Weise, wie sie die Frage aufgreift, ist zu vermuten, dass damit eine kritische Haltung gegenüber kulturalisierenden Festschreibungen impliziert ist, etwa durch die Formulierung, dass sie „*nicht nur* jetzt die französische *Kultur* kennen gelernt oder [...] eigene reflektiert", „sondern [...] *letztendlich* [...] etwas Neues entwickelt und entdeckt" habe oder durch die Referenz auf „den dritten Ort", der auf ein postessentialistisches Kulturverständnis in Anlehnung an das Konzept ‚third space' von Homi Bhabha (2000) verweisen könnte. Im weiteren Verlauf des Interviews wird deutlich, dass Lena auf das Problem der Verstärkung von Stereotypen durch ‚(national-)kulturelle' Zuschreibungen bzw. der Reifizierung ‚(national-)kultureller' Differenzen rekurriert und ihre diesbezüglichen Reflexionen auch mit (berufs-)biografischen Erfahrungen im Kontext des DFJW in Zusammenhang bringt. So berichtet sie später von eigenen Erfahrungen in der Arbeit mit Zeitschriften-Collagen, bei der „man dann irgendwas ausschneidet, so typisch deutsch, typisch französisch", und Reflexionsanlässen im Nachhinein (Gespräche mit einer Freundin und Auswertungstreffen des DFJW), die ihr bewusst gemacht haben, „dass diese Art von Aktivitäten eigentlich schwierig sind", weil „die Leute im Grunde nur das reproduzieren, was sie schon vorher gedacht haben, es dann noch bildlich festhalten und man es nur schwierig schafft, es dann wirklich aufzubrechen und produktiv zu nutzen".

Durch die Analyse der Argumentationen möchte ich darauf aufmerksam machen, dass ein Zugang zur Erfahrungsebene auch ohne narrative Darstellungen von Erfahrungen möglich ist und dass argumentative Darstellungen mit (berufs-)biografischen Reflexionen verbunden sind (vgl. hierzu Bartmann & Kunze, 2008). Diese werden, wie lebensgeschichtliche Erzählungen im Allgemeinen, entsprechend der jeweils gegenwärtigen Relevanzsetzungen der Interviewten artikuliert und sind beeinflusst von situativen und kommunikativen Bedingungen. In diesem Fall präsentiert sich Lena nicht nur als Teamerin in einem Forschungsprojekt des DFJW, das ‚Interkulturelle Momente in der Biografie' untersucht, sondern auch als junge Wissenschaftlerin gegenüber einer Studentin in einem konkreten Interviewsetting. Aus den Interpretationen wird deutlich, dass bestimmte Interaktionseffekte zwischen Interviewerin und Lena zu verzeichnen sind, die nicht nur mit Status und Rollenerwartungen zusammenhängen, sondern auch mit den im Forschungsprojektkontext antizipierten Themen im Deutungshorizont beider. Sie führen in der Gesamtkonstellation dazu, dass sich Lena mit ihren (berufs-)biografischen Reflexionen kritisch-distanziert positioniert (sowohl formal als auch inhaltlich) und ihre Erfahrungen vorrangig als professionelle Sichtweisen in Form von Argumentationen (re-)präsentiert.

„Also, das Interkulturelle ist mir so eingeübt worden: Situationen deuten, Unterschiede wahrnehmen, Konflikte schon bevor sie entstehen zu entdecken [...]"

Die Art und Weise der (berufs-)biografischen Selbstpräsentation von Teamer/inne/n im Rahmen unseres Forschungsprojekts ist nicht nur beeinflusst durch interaktive Aushandlungs- und Verständigungsprozesse im Vorfeld und im Verlauf der Interviews sowie durch das konkrete Setting. Vielmehr hängt die Bereitschaft bzw. Neigung zum Erzählen persönlicher Lebensgeschichte(n) auch mit den jeweils unterschiedlich gelagerten subjektiven Erwartungshaltungen sowie erfahrungsbasierten Deutungshorizonten im Hinblick auf das Interview zusammen. Dies möchte ich nun anhand der Eingangssequenz des Interviews mit Marie verdeutlichen, der auch das vorangestellte Zitat entnommen ist.

Marie ist zum Interviewzeitpunkt Ende 50 und als freiberufliche Dolmetscherin und Politikerin tätig. Sie wurde ebenso von einer Studentin der Pädagogischen Hochschule Karlsruhe interviewt. Jedoch präsentierte sie sich dieser gegenüber ganz anders als Lena der Kommilitonin. Sie „zeigte von Anfang an eine sehr große Offenheit und war damit einverstanden, das Interview bei sich zu Hause abzuhalten", wie dem dokumentierten Postskriptum zu entnehmen ist. Inwiefern Interaktionseffekte diesbezüglich eine Rolle spielen, ist im Einzelnen nicht rekonstruierbar; eine grundsätzliche Sympathie gegenüber der Interviewerin und gegenüber der Methode des narrativen Interviews kann allerdings konstatiert werden. Dies wird durch konkrete Äußerungen von Marie im Interview deutlich und spiegelt sich zugleich in den Notizen der Interviewerin wider. So ist vermerkt, dass sich beide sofort darauf einigten, sich zu duzen. Zusammenfassend hält die Interviewerin fest:

> „Ich war positiv beeindruckt von Maries Offenheit. Sie hat sehr viel erzählt und auch auf persönliche Fragen mit einer hohen Bereitschaft geantwortet. Wir haben uns persönlich sehr gut verstanden, was wohl für einen positiven Ablauf gesorgt hat."

Dass ihre Bereitschaft, Persönliches zu erzählen jedoch auch mit einem – im Vergleich zu Lena – anders antizipierten Deutungshorizont bezüglich ihrer Selbstpräsentation sowie mit vielfältigeren lebensweltlichen Erfahrungsbezügen im Kontext des DFJW verknüpft ist, kann über die Art und Weise, wie Marie auf den Erzählimpuls reagiert, verdeutlicht werden:

I: Also, du hast ja bei verschiedenen Programmen des DFJW teilgenommen,
Marie: Ja.
I: und die Frage wäre jetzt, wie du dazu gekommen bist und welche Erfahrungen du damit gemacht hast?
Marie: Ja, das ist natürlich sehr offen (beide lachen). Ja, also ich habe mir gestern Abend nur zwei Gedanken gemacht und überlegt, ob das DFJW wirklich mein Leben geprägt hat. Und ich kam auf tausend Dinge, die es geprägt hat.

Narrationsstrukturell betrachtet beginnt auch Marie nicht sofort mit einer Erzählung im Sinne der formalen Textsortenbestimmung. Vielmehr kommentiert sie zunächst die Eingangsfrage als „sehr offen" (vermutlich in Bezug auf die zuvor kommunizierten Ablauf des Interviews) und setzt sich dann quasi über den Erzählimpuls hinweg mit einer Erklärung, dass sie sich am Abend zuvor Gedanken im Hinblick auf das Interview gemacht habe, sowie einer metaphorischen Zusammenfassung und Bilanzierung ihrer diesbezüglichen Überlegungen: „Und ich kam auf tausend Dinge, die es geprägt hat." Damit nimmt sie zum einen Bezug auf den von ihr antizipierten Deutungshorizont des Forschungsprojekts und spannt zum anderen einen Rahmen für ihre weitere Erzählung. Bemerkenswert ist nicht nur, dass sie auf den Erzählimpuls nicht eingeht und stattdessen einen alternativen Erzählrahmen mit eigenen Relevanzsetzungen aufmacht, sondern auch, wie sie sich inhaltsbezogen in dieser argumentativen Darstellung zum Forschungsvorhaben positioniert und somit ihren damit verknüpften Deutungshorizont offenbart. Die Beschäftigung mit der Frage „ob das DFJW wirklich *mein Leben* geprägt hat", lässt darauf schließen, dass sich Marie – konträr zu Lena – bereits im Vorfeld als Person mit der Gesamtheit ihrer lebensgeschichtlichen Erfahrungen angesprochen fühlt und dementsprechend die biografischen Wirkungen der Austausch- und Begegnungsprogramme des DFJW auf *ihr Leben* ins Zentrum ihrer Vor-Überlegungen stellt. Der Zusatz „wirklich" könnte darauf hin deuten, dass sie eine implizite Annahme im Projektkontext hinterfragt, der zufolge die Programme in jedem Fall biografische Spuren bei den Beteiligten hinterlassen. Ungeachtet dessen fällt Maries Bilanz eindeutig aus: „mein Grundleben ist geprägt worden durch den Einfluss des DFJW", stellt sie bekräftigend fest, nachdem sie zunächst berichts- und lebenslaufförmig, also eher beschreibend und argumentierend zentrale biografische Passagen in privater und beruflicher Hinsicht als produzierte „Fakten" im DFJW-Kontext präsentiert. Somit bringt sie sowohl ihr Privatleben (Ehe und Kinder) als auch ihr Studium und ihren Beruf in einen kausalen Zusammenhang mit dem DFJW und hebt einleitend seine grundlegende Bedeutung für ihre Biografie hervor. Narrativ entfaltet sie die unterschiedlichen lebensweltlichen Bezüge erst im Zuge weiterer einleitender Bilanzierungen, über welche zudem erkennbar wird, dass sich ihre Vor-Überlegungen auch auf die im Forschungsprojekt avisierte interkulturelle Dimension von Erfahrungen bzw. die im Projekttitel und Informationsschreiben bezeichneten ‚Interkulturelle Momente in der Biografie' beziehen. So konstatiert sie im Anschluss an die Nennung der lebenslaufbezogenen Fakten:

> „Also, es hat schon sehr viel, sehr viel beeinflusst, grundlegend. Aber, was es noch mehr beeinflusst hat, ist natürlich inhaltlich. Also erstens, bin ich permanent in der deutsch-französischen Situation. Und durch das, was ich beim DFJW gelernt habe, kann ich vielleicht besser einschätzen, was läuft, besser als Kolleginnen zum Beispiel, die nur das Dolmetscher-Studium gemacht haben. […]
>
> Also, das Interkulturelle ist mir so eingeübt worden: Situationen deuten, Unterschiede wahrnehmen, Konflikte schon bevor sie entstehen zu entdecken. Das ist schon eine besondere Sensibilität, die ich durch das DFJW so erlernt habe. Also, das ist natürlich ein Plus und hilft mir auch jetzt in meinem politischen Leben. Eigentlich ist mein Leben mindestens ein bikulturelles Leben."

Ohne an dieser Stelle detailliert auf Maries (berufs-)biografischen Reflexionen eingehen zu können, möchte ich festhalten, dass diese ganz anders gelagert sind als bei Lena und somit auf unterschiedliche Dimensionen der biografischen Einbettung von Erfahrungen im Kontext des DFJW sowie entsprechend divergierender Deutungshorizonte von Teamerinnen in unserem Projektkontext aufmerksam machen.

So wird aus Maries Stegreiferzählung nicht nur deutlich, dass sie ihren Erfahrungen im Kontext des DFJW eine hohe biografische Relevanz auf mehreren Ebenen zuschreibt, sondern auch, dass die Beschäftigung mit ‚(national-)kulturellen' Differenzen sowohl in privater als auch in beruflicher Hinsicht eine große Rolle für sie spielt. Im Unterschied zu Lena, die sich mit ihren (berufs-)biografischen Reflexionen kritisch-distanziert präsentiert, nimmt Marie aufgrund ihres persönlichen Erfahrungs- und Deutungshorizonts unmittelbar sowie affirmativ Bezug auf „das Interkulturelle" und konkretisiert ihre diesbezüglichen Alltagstheorien im weiteren Verlauf des Interviews (vgl. hierzu Holbach & Burk in diesem Band). Bemerkenswert ist, dass es in ihrem Fall keiner spezifischen Nachfrage im konkreten Interviewsetting bedarf, um die interkulturelle Dimension in Verbindung mit der „deutsch-französischen Situation" zum Thema zu machen. Dies verweist auf die subjektiv bedeutsame und diskursiv (re-)produzierte Verknüpfung von Nationalität und Kultur und macht auf die Wirkmächtigkeit sowie das Reifizierungsproblem der im Feld vordergründig markierten Differenz ‚(National-)Kultur' aufmerksam, welches nicht zuletzt mit den im Projektkontext gemachten (Differenz-)Setzungen zusammenhängt.

Zwischenresümee zu (Re-)Präsentationen im Projektkontext

Im Projektzusammenhang erscheint es aufschlussreich, (Re-)Präsentationen auf der persönlichen Identitätsebene nicht nur von jenen (berufs-)biografischen Reflexionen zu unterscheiden, die aus professioneller Distanz präsentiert werden, sondern die jeweiligen Positionen und (Re-)Präsentationen der Teamer/innen unter Berücksichtigung interaktiver Effekte als performative Praxen zu interpretieren, welche auf symbolische Repräsentationen sowie Strukturen im Feld (hier speziell der Forschungs- und Praxiskontext des DFJW) rekurrieren.[8] Entsprechend einer reflexiven Untersuchungsrichtung gelten Repräsentationen als sozial konstruiert und vermittelt und können nur im Kontext verstanden werden. Insofern galt es mit den vorangegangenen Beispielen und Interpretationen auch ein Spektrum von Positionierungen der interviewten Teamerinnen zu veranschaulichen und diese situationsspezifisch mit Blick auf die diskursiven Rahmungen, die subjektiven Standorte sowie individuellen Relevanzsetzungen zu beleuchten.

So gesehen überrascht es nicht, dass die von uns interviewten Teamer/innen häufig, implizit oder explizit, auf pädagogische Konzepte ‚Interkulturellen Lernens' sowie entsprechende fachliche Diskurse Bezug nehmen und sich mit ihren subjektiven Theorien und individuellen Präkonzepten zu ihnen positionieren. Das von uns präsentierte Forschungsvorhaben ruft entsprechende Assoziationen und argumentative Darstellungen von Erfahrungswissen hervor. Außerdem evoziert der von uns gewählte Erzählimpuls nicht das Erzählen einer chronologischen Lebensgeschichte;

---

8 Ein entsprechend differenzierender Interpretationsansatz erscheint mir insbesondere auch aus forschungsethischen Gründen erforderlich, u.a. mit Blick auf die von Bianca Burk und Rachel Holbach herausgestellten stereotypisierenden und kulturalisierenden alltagstheoretischen Deutungen von Marie.

vielmehr eröffnet er den Rahmen für unterschiedliche (berufs-)biografische Reflexionen, die je nach biografischer Einbettung und Bedeutungshorizont der Erfahrungen im Kontext des DFJW sprachlich-formal sowie thematisch unterschiedlich entfaltet werden. Professionelle Distanz und explizite Bezugnahmen auf theoretische Konzepte sind vor allem festzustellen bei jenen Teamer/inne/n, deren Engagement im deutsch-französischen Austausch sich über ausbildungs-, studien- oder berufsbezogene Kontexte ergab, also nicht aufgrund vorangegangener Erfahrungen im Kontext des DFJW bestimmt war. Die Erzählung persönlicher Lebensgeschichte(n) wurde mit unserem Erzählimpuls eher generiert, wenn das DFJW auch in anderen Lebensphasen biografische Erfahrungen der Teamer/innen geprägt hat. Darüber hinaus spielt der persönliche Identifikationsgrad mit ihrer beruflichen Tätigkeit im deutsch-französischen Kontext sowie mit der Institution DFJW eine Rolle.

Nicht zuletzt sind die Sprachmodi und thematischen Fokussierungen in den Interviews auch maßgeblich durch die Nachfragen der Interviewer/innen vor dem Hintergrund jeweils eigener feldspezifischer und methodischer Erfahrungen, individueller Präkonzepte und Forschungsinteressen beeinflusst.

Auch wenn diese allgemeinen Befunde nicht überraschen mögen, gilt es diese im Sinne einer reflexiven Wissenschaft bei der Auswertung und Ergebnispräsentation in forschungspraktischer- und ethischer Perspektive mit zu beleuchten. Insbesondere im Rahmen meiner Untersuchungen erscheint es folgerichtig, die (berufs-)biografischen Reflexionen von Teamer/inne/n zu kontextualisieren, auf ihre heterogenen Zugänge und Positionierungen aufmerksam zu machen, ihre (Re-)Präsentationen im Forschungszusammenhang zu relationieren und die Bedeutung ihrer Erfahrungen im Kontext des DFJW im Hinblick auf die Wahrnehmung und den Umgang mit Heterogenität nicht zu verabsolutieren. Auf der Suche nach diversitätsbewussten Perspektiven im Feld der Internationalen Jugendarbeit geht es mir nicht zuletzt um die Bewusstmachung, dass die Überwindung stereotyper alltagstheoretischer Deutungsmuster voraussetzungsvoll ist und Reflexion auf mehreren Ebenen erfordert.

In den exemplarischen Eingangssequenzen wird offensichtlich, dass sich die (berufs-)biografischen Reflexionen der Teamerinnen ebenso wie unser Forschungsprojekt primär an den ‚(national)kulturellen' Differenzmarkierungen im Feld orientieren – mit unterschiedlichen Tendenzen bzw. individuellen Relevanzsetzungen. Der Rückgriff auf homogenisierende und kulturalisierende Erklärungsmuster für eigene Biografiekonstruktionen ist dabei ebenso zu verzeichnen wie die Weigerung, ‚(national-)kulturelle' Differenzen konkreter zu benennen bzw. in ihrer (berufs-)biografischen Relevanz narrativ zu entfalten. Beides verweist auf die Reifizierungsproblematik in unserem Forschungskontext sowie auf ein feldspezifisches Differenz-Dilemma, das für die Wahrnehmung von und den Umgang mit Heterogenität in der Internationalen Jugendarbeit bedeutsam ist.

Auch wenn die professionellen Anforderungen hinsichtlich diversitätsbewusster Perspektiven hoch und (selbst-)reflexive Auseinandersetzungen mit Differenzerfahrungen ohne vereinheitlichende oder abstrahierende Tendenzen schwierig erscheinen, gehe ich davon aus, dass Teamer/innen, die Erfahrungen im Kontext des DFJW Erfahrungen gesammelt haben, gleichwohl vielfältige und kreative Formen der Auseinandersetzung mit diesbezüglichen Herausforderungen entwickeln. Dies möchte ich abschließend an einer Interviewpassage verdeutlichen, in der die von mir interviewte Teamerin Anne nach 90-minütigem Gespräch auf meine Nachfrage, welche Unterschiede in internationalen Begegnungen abseits ‚(national-)kultureller' Differenzen bedeutsam sind, mit einer klaren Haltung im Hinblick auf die Wahrnehmung von Heterogenität positioniert und diese in Beziehung setzt zu ihrer eigenen Biografie.

„Also [...] das größte Problem ist weniger diese sogenannte kulturelle Herkunft. [...] Der große Unterschied ist ja diese soziale Frage."

Anne, zum Zeitpunkt des Interviews 50 Jahre alt, hat nach dem Studium der Germanistik, das sie in Frankreich begann und in Deutschland fortsetzte, ab Mitte der 1980er Jahre bis zum Jahr 2000 in einer deutschen Weiterbildungseinrichtung mit internationaler und politischer Bildungsprogrammatik gearbeitet, war dann einige Jahre bei einem französischen Träger angestellt und ist anschließend als Projektberaterin und Dolmetscherin selbständig tätig geworden. Sie hat in diesen Zusammenhängen diverse Austauschprojekte geleitet, die vom DFJW finanziert wurden, unter anderem Kurzzeitmaßnahmen für bildungsbenachteiligte Jugendliche, Langzeitmaßnahmen zur sprachlichen und beruflichen Fortbildung junger Arbeitsloser sowie themenbezogene bi- und trinationale Seminare. Darüber hinaus hat sie selbst an verschiedenen Fortbildungsmaßnahmen und dem Fachkräfteaustausch im Kontext des DFJW teilgenommen.

All diese Stationen präsentiert sie sukzessive beschreibend und narrativ gleich zu Beginn des Interviews, das bei ihr zu Hause stattfand und mir ziemlich imponierte. So hielt ich in meinem Postskriptum fest, dass es „sehr interessant" war, da Anne „viele institutionelle und gesellschaftliche Zusammenhänge reflektierte" und insgesamt „einen sehr intellektuellen und politisch engagierten Eindruck" vermittelte, „der nicht zuletzt durch die vielen Bücherregale verstärkt wurde, die v.a. historische und philosophische Literatur umfassten". Obwohl sie auf mich „zunächst etwas misstrauisch/schroff" wirkte, erlebte ich das Gespräch als „sehr offen", nicht zuletzt weil sie mir ein paar sensible Informationen anvertraute.

Unsere Interaktionen entsprechen grundsätzlich eher einem respektvollen Lern-/Lehrverhältnis (Anne erzählt mir ihre Geschichte und erklärt mir ihre Weltsicht, ich höre begeistert zu und frage neugierig nach), münden gegen Ende des Interviews dann aber mehr in eine Art Expertinnendiskurs, in dem ich auch mein persönliches Forschungsinteresse offenlege. Die nachfolgende Passage ist in diesem Kontext zu interpretieren, spiegelt aber auch (berufs-)biografische Reflexionen von Anne wider, die sie zuvor in Erzählungen über ihre Erfahrungen im Kontext der vom DFJW finanzierten Maßnahmen sowie in der Schulzeit darlegt. Dabei betrachtet sie die verschiedenen Maßnahmen sowohl als „Teil" ihres Lebens als auch hinsichtlich ihrer biografischen Bedeutung für die teilnehmenden Jugendlichen. Während diese unterschiedlichen Erzählpassagen auch hin und wieder mit argumentativen Darstellungsweisen verknüpft sind, in denen Anne sich als Expertin positioniert bzw. ein pädagogisches Vermittlungsanliegen transportiert, präsentiert sie ihre (berufs-)biografischen Reflexionen, angeregt durch meine Nachfrage nach „Unterschieden, die bedeutsam werden in den verschiedenen Begegnungen", in einer dichten und impulsiven Argumentation:

> „Also für mich, also das größte Problem ist weniger diese so genannte kulturelle Herkunft. Also, weil ich halte das für einen fatalen Diskurs der letzten Jahre. Also wirklich! Ich könnte an die Decke gehen und ne? Und […] – ich benutze diese Wörter selber, ich bin sehr skeptisch. Pff. Also, ich bin (.) eine Anhängerin vom Patchwork, ne? Also eher vom rhizomartigen und […], diese vermeintliche kulturelle Identität. Also, es fängt schon mit mir an, […] Was bin ich, ne? Komme aus, komme aus einer bürgerlichen Familie proletarischer Herkunft ä h (.), also ich werde sozial definiert, ich habe an verschiedenen Orten gelebt, an sozialen Orten gelebt, ich bin eine Frau, ich bin eine Europäerin, ich bin Intellektuelle, ich bin (.), also ich bin eine Migrantin hier, ne? Also, musste auch, also (.) – mein Gang zur Ausländerbehörde, also, ne? Also, das ist so, ich bin so expatriiert, wie die Franzosen sagen. Also ich spreche zwei Sprachen und vermittle in zwei Sprachen – ich bin, ich bin all das, ne? Ich bin das und ich bin das auch, was ich damit mache. Ich bin nicht da so fremd gelenkt von (.), weiß nicht, meiner nationalen Identität als Französin – das ist absoluter Quatsch! Und das ist, was mir auch wichtig ist also zu vermitteln, also in diesen Seminaren. Also nicht so, indem ich das so propagiere, aber – also, dass man – also die, der große Unterschied ist ja diese soziale Frage. Also ist nicht diese kulturelle."

Über diese argumentative Passage und bezugnehmend auf meine vorangegangen Ausführungen lässt sich bei Anne ein zentrales Deutungsmuster im Hinblick auf die Wahrnehmung von und den Umgang mit Heterogenität wie folgt herausarbeiten.

In emphatischer und empörter Abgrenzung zu jenen Akteur/inn/en (diese bleiben unbenannt), welche „diese so genannte kulturelle Herkunft" bzw. „diese vermeintliche kulturelle Identität" ins Zentrum der Auseinandersetzung rücken, bilanziert sie: „Ich halte das für einen fatalen Diskurs der letzten Jahre". Stattdessen erklärt sie, der „große Unterschied" sei „die soziale Frage", „nicht diese kulturelle". Mit diesen Formen der Argumentation positioniert sich Anne, die ihren Zugang zum Feld der Internationalen Jugendarbeit über die politische Bildungsarbeit erhalten hat, als „sehr skeptisch" gegenüber den (Re-)Präsentationen, die mit dem Fokus auf ‚(national)kulturelle Differenzen' verknüpft sind. Sie präsentiert sich als eine „Anhängerin vom Patchwork" und verdeutlicht über die Darstellung vielfältiger eigener Zugehörigkeitsdimensionen, sie selbst sei nicht von ihrer „nationalen Identität als Französin" („fremd") „gelenkt". Indem sie ihre familiären und sozialen

Herkunftskontexte (bürgerlich-proletarisch), ihre Geschlechtszugehörigkeit sowie unterschiedliche lokale und regionale Bezüge benennt, sich als ‚Intellektuelle' und ‚Europäerin' definiert, zugleich in Deutschland als Migrantin und in Frankreich als ‚expatriiert' positioniert sowie die Bedeutung ihrer Zweisprachigkeit für persönliche und berufliche Identität anbringt, betrachtet sie nicht nur unterschiedliche eigene identitäre Anteile, sondern verweist mithin auf einen aktiven und kritischen Umgang mit Selbst- und Fremdzuschreibungsprozessen.

Somit macht sie sich erstens selbst zum Ausgangspunkt, um Betrachtungsweisen, welche ‚(National-)Kultur' als dominierenden Unterschied zwischen Menschen wahrnehmen, zu hinterfragen und auf andere relevante Heterogenitätsmerkmale hinzuweisen. Zweitens verweist sie mit der Zusammenfassung „ich bin all das" und „ich bin das auch, was ich damit mache" – im Sinne des Patchwork – auf den Prozess- und Konstruktionscharakter von Identitätsbildung sowie einen subjektbezogenen, aktiven Part bei der identitären Bedeutungszuschreibung und Verknüpfungsarbeit. Darüber hinaus rekurriert sie mit dem Begriff „*rhizomartig*" auf das postmoderne Konzept eines vielseitig verwurzelten, verflochtenen und flexiblen Rhizoms nach Gilles Deleuze & Felix Guattari (1977), welches sich gegen ein essentialisierendes und dichotomisierendes Identitäts-, Wurzel- bzw. Herkunftsdenken wendet (vgl. hierzu auch den Beitrag von Schaepelynck in diesem Band).

Ihre Ausführungen auf der Identitätsebene lassen sich je nach Lesart auch als konstruktivistisch-integrierendes Selbstkonzept verstehen bzw. als dekonstruktivistische Subjektivierungsstrategie zur Abwehr der wirkmächtigen Norm ‚(National-)Kultur' sowie der damit verbundenen deterministischen und essentialisierenden Wahrnehmungs- und Deutungsmuster. Die Annahme, die ‚(national)kulturelle' Herkunft würde ihr Handeln steuern, negiert sie vehement mit ‚das ist absoluter Quatsch'. Diese ablehnende Haltung auf persönlicher Identitätsebene spiegelt die einleitend zitierte Expertinnenmeinung: „Ich halte das für einen fatalen Diskurs", die auf den hegemonialen fachlichen, medialen und alltagstheoretischen Diskurs rekurriert und sich gegen kulturalisierende Betrachtungsweisen wendet. Im Zuge des narrationsstrukturellen Gestaltschließungszwangs wiederholt und verstärkt sie damit auf der Repräsentationsebene ihre eigene normative (Expertinnen-)Position und legt ihr Vermittlungsanliegen als Teamerin offen. Als politische Bildnerin rückt sie ‚die soziale Frage' ins Zentrum. Dies wird auch im Verlauf des Interviews immer wieder dadurch deutlich, dass sie ihre Erzählungen in den historisch-politischen Kontext einbettet und Bezug nimmt auf institutionelle Zusammenhänge sowie sozio-ökonomische Verhältnisse. Damit wendet sie sich vor ihrem Erfahrungs- und Deutungshintergrund implizit auch gegen eine Praxis interkultureller Pädagogik, welche „diese soziale Frage" – d.h. Klassenverhältnisse, die sich über den unterschiedlichen Zugang zu sozialen, kulturellen und materiellen Ressourcen, (Aus-)Bildung und Arbeit manifestieren – durch die Beschäftigung mit kulturellen Differenzen aus dem Blick verliert und andere Heterogenitätsdimensionen sowie Ungleichheitsstrukturen übersieht bzw. verdeckt.

Ich habe diese Passage vorerst unter dem Code ‚Patchwork statt Kulturalisierung' zusammengefasst und diesen als meine Artikelüberschrift verwendet, da damit ein zentrales (berufs-)biografisch konstituiertes Wahrnehmungs-, Deutungs- und Orientierungsmuster im Hinblick auf den Umgang mit Heterogenität bezeichnet werden kann, mit welchem sich Anne im Vergleich bzw. Kontrast zu Maries affirmativer und Lenas kritisch-distanzierter Haltung im Hinblick auf die Bedeutungszuschreibung ‚(national-)kultureller' Differenzen für ihre eigene Biografie als konstruktiv-integrativ präsentiert. Die Tatsache, dass, wie und warum sie darüber hinaus vor dem Hintergrund individueller lebensgeschichtlicher Erfahrungen und sozialisierter Relevanzstrukturen im Feld insbesondere die soziale Dimension reflektiert und sich sowohl als Person als auch als Expertin skeptisch und ablehnend gegenüber kulturalisierenden Diskursen positioniert, soll Gegenstand weiterer Analysen sein.

Die hier präsentierten Ausschnitte und Interpretationen können im Kontext des heterogenen Lern-, Praxis- und Forschungsfeldes der Internationalen Jugendarbeit sowie aufgrund der Vielfalt von Positionierungen und (Re-)Präsentationen nichts anderes als exemplarisch sein. Sie zeigen neben den Schwierigkeiten auch die Potentiale auf, die mit einem reflexiven biografischen Ansatz in diversitätsbewusster Perspektive verbunden sind. Diese liegen nicht zuletzt darin, dass internationale Begegnungen einen besonderen Rahmen bieten, Erfahrungen (mit) zu teilen, Wissen auszutauschen und (berufs-)biografische Lern- und Bildungsprozesse zu entfalten – auch jenseits der Fokussierung und Reifizierung ‚(national-)kultureller Differenzen'. Hinsichtlich der Herausforderungen im Umgang mit Heterogenität in der Internationalen Jugendarbeit im Kontext zunehmend diversifizierter und individualisierter Gesellschaften erscheint das Patchwork-Konzept jedenfalls als eine interessante Möglichkeit kulturalisierende Blickwinkel zu erweitern.

Literatur

Bartmann, S. & Kunze, K. (2008). Biographisierungsleistungen in Form von Argumentationen als Zugang zur (Re-)Konstruktion von Erfahrung. In H. v. Felden (Hrsg.), *Perspektiven erziehungswissenschaftlicher Biographieforschung* (S. 177–192). Wiesbaden: VS Verlag für Sozialwissenschaften.
Bartmann, S. & Tiefel, S. (2008). ‚Biographische Ressource' und ‚Biographische Reflexion': zwei sich ergänzende Heuristiken zur erziehungswissenschaftlich orientierten Analyse individueller Erinnerungs- bzw. Biographiearbeit. In M. Dörr, H. v. Felden, R. Kleinau, H. Macha & W. Marotzki (Hrsg.), *Erinnerung – Reflexion – Geschichte. Erinnerung aus psychoanalytischer und biographietheoretischer Perspektive* (S. 123–140). Wiesbaden: VS Verlag für Sozialwissenschaften.
Bhabha, H. K. (2000). *Die Verortung der Kultur*. Tübingen: Stauffenburg Verlag.
Breuer, F. (2010). *Reflexive Grounded Theory. Eine Einführung für die Forschungspraxis*. Wiesbaden: VS Verlag für Sozialwissenschaften.

Daigler, C. (2008). *Biografie und sozialpädagogische Profession. Eine Studie zur Entwicklung beruflicher Selbstverständnisse am Beispiel der Arbeit mit Mädchen und jungen Frauen.* Weinheim und München: Juventa.

Deleuze, G. & Guattari, F. (1977). *Rhizom.* Berlin: Merve.

Egloff, B. & Stock, E. (2010). Von (un)sichtbaren Spuren und Standorten. Methodologische Reflexionen über ein deutsch-französisches Biographieforschungsprojekt. [Récits de vie: au-delà des frontières]. *Synergies – Pays Germanophones, 3,* 27–49.

Eisele, E., Scharathow, W. & Winkelmann, A. (2008*). ver-vielfältig-ungen. Diversitätsbewusste Perspektiven für Theorie und Praxis internationaler Jugendarbeit. Weimarer Beiträge zur politischen und kulturellen Jugendbildung 4.* Weimar: Glaux.

Foucault, M. (1991). *Die Ordnung des Diskurses.* Frankfurt/M.: Fischer Taschenbuch Verlag.

Hormel, U. & Scherr, A. (2005). *Bildung für die Einwanderungsgesellschaft. Perspektiven der Auseinandersetzung mit struktureller, institutioneller und interaktioneller Diskriminierung.* Bonn: Bundeszentrale für politische Bildung.

Lutz, H., Herrera Vivar, M. T. & Supik, L. (2010). Fokus Intersektionalität – Eine Einleitung. In Dies. (Hrsg.), *Fokus Intersektionalität. Bewegungen und Verortungen eines vielschichtigen Konzepts* (S. 9–30). Wiesbaden: VS Verlag für Sozialwissenschaften.

Lutz, H. & Leiprecht, R. (2003). Heterogenität als Normalfall. Eine Herausforderung für die Lehrerbildung. In J. Helmchen, H. Lutz & G. Schmidt (Hrsg.), *Pluralismus unausweichlich? Blickwechsel zwischen Vergleichender und Interkultureller Pädagogik* (S. 115–128). Münster: Waxmann.

Mecheril, P. (2003). *Prekäre Verhältnisse. Über natio-ethno-kulturelle (Mehrfach-)Zugehörigkeit.* Münster: Waxmann.

Mecheril, P. (Hrsg.) (2010). *Migrationspädagogik.* Weinheim: Beltz.

Reindlmeier, K. (2006). „Alles Kultur?" – Der ‚kulturelle Blick' in der internationalen Jugendarbeit. In G. Elverich, A. Kalpaka & K. Reindlmeier (Hrsg.), *Spurensicherung – Reflexion von Bildungsarbeit in der Einwanderungsgesellschaft* (S. 235–261). Frankfurt a. M.: IKO – Verlag für Interkulturelle Kommunikation.

Scharathow, W. & Leiprecht, R. (Hrsg.) (2009). *Rassismuskritik Bd. 2. Rassismuskritische Bildungsarbeit.* Schwalbach/Ts.: Wochenschau-Verlag.

Scherr, A. (2001). Interkulturelle Bildung als Befähigung zum reflexiven Umgang mit kulturellen Einbettungen. *Neue Praxis, 31,* 347–357.

Schlüter, A. (2004). Zwischen lebenslangem Lernen und Erfahrungsbildung. In A. Schlüter & I. Schell-Kiehl (Hrsg.), *Erfahrung mit Biographien. Tagungsdokumentation der Duisburger Tagungen zum Thema „Erfahrungen mit Biographien"* (S. 7–20). Bielefeld: W. Bertelsmann Verlag.

Thimmel, A. (2001). *Pädagogik der interkulturellen Jugendarbeit. Geschichte, Praxis und Konzepte des interkulturellen Lernens.* Schwalbach/Ts.: Wochenschau-Verlag.

Thimmel, A. (2005). Internationale Schülerbegegnungs- und Austauschprojekte und interkulturelles Lernen. In R. Leiprecht & A. Kerber (Hrsg.), *Schule in der Einwanderungsgesellschaft. Ein Handbuch* (S. 346–366). Schwalbach/Ts.:Wochenschau-Verlag.

Thimmel, A. (2012). Migration und Jugendarbeit. Konzepte, Diskurse, Praxen. In M. Matzner (Hrsg.), *Handbuch Migration und Bildung* (S. 365–381). Weinheim: Beltz.

Thimmel, A. & Friesenhahn, G. J. (2005). Mobilität, Interkulturalität und internationale Jugendarbeit in der Einwanderungsgesellschaft. In Internationaler Jugendaustausch- und Besucherdienst der Bundesrepublik Deutschland (IJAB) e.V. (Hrsg.), *Jugendmobilität in Europa* (S. 170–191). Bonn.

Winkelmann, A. (2006). *Internationale Jugendarbeit in der Einwanderungsgesellschaft. Auf dem Weg zu einer theoretischen Fundierung.* Schwalbach/Ts.: Wochenschau Verlag.

Wulf, C. (2011). Bildung für eine europäische Bürgerschaft: eine interkulturelle Aufgabe. In C. Delory-Momberger, G. Gebauer, M. Krüger-Potratz, C. Montandon & C. Wulf (Hrsg.), *Europäische Bürgerschaft in Bewegung* (S. 13–26). Münster: Waxmann.

Das interkulturelle Moment in der Biografie des Pädagogen Günter Schmid
Valentin Schaepelynck

> „Grundgerüst für den Aufbau Europas war anfangs die Kohle- und Stahlwirtschaft, später kamen allgemeinere wirtschaftliche Fragen hinzu – die Wirklichkeit in den Schulen des Nachbarlandes dagegen ist den Europäer/inne/n weitgehend unbekannt. Zwar führen die vergleichenden Erziehungswissenschaften Systemvergleiche durch. Doch die Beschreibung von Strukturen verrät wenig über Denkweisen und Erfahrungen in der erzieherischen Praxis."
>
> (Hess, 2007, S. XI–XII)

Der Lebensweg des Pädagogen und langjährigen Schulleiters Günter Schmid beinhaltet ein interkulturelles Moment mit ganz spezifischen Ausprägungen. Sein Bildungsweg war schon bald durch die Begegnung verschiedener kultureller Räume geprägt. Dadurch erhielt er wichtige Impulse für seine theoretische und praktische Arbeit, insbesondere für die Gründung der Sir-Karl-Popper-Schule, einen „Schulversuch für Hochbegabte"[1] an einem öffentlichen Gymnasium in Wien. Sein pädagogisches Konzept ist auf „begabte" Kinder ausgerichtet und hinterfragt die Normativität eines schulisch vorgegebenen Lerntempos sowie insgesamt die Normativität von Erziehungsmythen, bei denen die Lernziele nach den Vorstellungen der Erwachsenen definiert werden und die bis heute die Grundlage vieler pädagogischer Ansätze in Europa bilden. Remi Hess hat Günter Schmids Lebensgeschichte (*histoire de vie*) auf der Grundlage einer narrativen Erzählung verfasst (vgl. Schmid, 2011). Den Rahmen zu dieser Erzählung bildete das von der EU finanzierte Entwicklungs- und Forschungsprojekt eVOCATIOn zur begabungsfördernden Lehrperson und Schule, an dem fünfzehn Partner aus sechs europäischen Ländern teilnahmen.[2] Mein Text stützt sich auf die Ergebnisse und Daten dieses Forschungsprojekts sowie auf die von Remi Hess und Gabriele Weigand darin entwickelten Konzepte und Perspektiven. Auf dieser Grundlage schlage ich eine Lesart vor, bei der stets reflektiert werden soll, wie diese Erzählung entstanden ist – nämlich im Rahmen einer Gesprächsform, die einen interaktiven Dialog anstrebt. Bei der vorliegenden Analyse von Erzählung und Dialog möchte ich keinesfalls Anspruch auf Vollständigkeit erheben, sondern vielmehr erste Impulse für weiterführende Analysen geben.

---

1 Vgl. https://www.popperschule.at/philosophie/statement-direktor.html [31.01.2013].
2 Vgl. http://www.ewib.de/evocation-projekt/ [31.01.2013].

Das „Moment" als Konzept in der Biografieforschung

Um das interkulturelle Moment einer Biografie zu untersuchen, muss zunächst der Begriff des Moments geklärt werden. Remi Hess hat dieses Konzept auf der Grundlage von Henri Lefebvres Arbeiten (vgl. Hess, 2009a) erschlossen und es für die Erziehungswissenschaft spezifisch weiterentwickelt. Hess versteht das Moment als etwas, durch das sich „das Subjekt auf anthropologischer Ebene als Einzelnes[3] konstituiert" (Hess, 2009a, S. 21ff.). Mithilfe dieses Konzepts ist es möglich, die Vielfalt unserer Erfahrungen zu erfassen und zu untersuchen, wie sie zeitliche Kontinuität entfalten und zu strukturierenden Formen unseres Denkens, Erlebens und Handelns werden. Darüber hinaus lassen sich auf diese Weise auch die dazugehörigen Bezugsgemeinschaften erfassen und analysieren. Das Moment verweist auf die Formen und Rhythmen, mit denen wir den heraklitischen Fluss unseres Erlebens strukturieren. Remi Hess zum Beispiel ist Universitätsprofessor, aber er malt auch und tanzt Tango. Bei allen drei Beschäftigungen, die er regelmäßig pflegt, bildet sich jeweils ein eigenes Moment heraus, das Moment der Wissenschaft, der Kunst, des Tango. Indem er zu jedem Moment ein eigenes Tagebuch führt, kann er die Weiterentwicklung der drei Momente verfolgen, sie durch das Schreiben vergegenständlichen, ohne dabei den unvollendeten und nicht zu vollendenden Prozess der Selbst-Bildung anzuhalten oder zu verdinglichen (vgl. Hess, 2009b; 2012).

In Bezug auf Lebensgeschichten kann das Konzept des Moments genutzt werden, um wichtige Tendenzen in einer Biografie herauszuarbeiten und zugleich die Vielschichtigkeit des Erlebten zu erfassen. Man könnte in diesem Konzept gewisse Ähnlichkeiten zu Ernst Cassirers (1990) symbolischen Formen erkennen wollen. Diese sind ebenfalls ein Modell für die Art und Weise, wie der menschliche Geist durch die Produktion von Bedeutungen sich äußert und verschiedene Formen des Transzendentalen hervorbringt – Formen, auf deren Grundlage Denken und Handeln erst möglich werden. Ein neukantianisches Verständnis, wie es Cassirers Begriff der symbolischen Formen zugrunde liegt, würde jedoch das Alltägliche, Experimentelle, Versatzstückhafte des hauptsächlich aus zufälligen Begegnungen und objektiven Zufällen[4] gefertigten Transzendentalen verkennen – das Konzept des Moments hingegen bezieht diese Eigenschaften mit ein. Ferner ist *das* Moment nicht dafür bestimmt, *den* (zeitlichen) Moment t einer chronologischen Erzählung zu ermitteln. Es geht also nicht um das, was wir mit dem Ausruf „Das war ein großer Moment!" würdigen, sondern vielmehr um die verschiedenen Aspekte der Subjekt-Bildung, um eine *Bildung* im wahrsten Sinne des Wortes, das heißt um einen Prozess des Werdenden – und nicht des Gewesenen.

---

[3] „Einzelnes" im Sinne der Hegelschen Begriffslehre, die das Allgemeine, das Besondere und das Einzelne unterscheidet (vgl. hierzu auch die Beiträge von Weigand, Hess & Dobel sowie von Mutuale in diesem Band; Anm. d. Ü.).

[4] Der objektive Zufall (*hasard objectif*) ist das Zusammentreffen der Bedürfnisse oder Wünsche eines Menschen mit Ereignissen in der Außenwelt, die diesen Bedürfnissen oder Wünschen entsprechen. André Breton prägte den Begriff des objektiven Zufalls für den Surrealismus (vgl. Breton, 1981; Anm. d. Ü.).

Das Moment ist im Rahmen dieser Untersuchung somit weder als transzendental noch als vergangene Episode zu verstehen, sondern eher als Prozess, als konstruiertes und weiter zu konstruierendes, sich in Vergangenheit und Zukunft ausdehnendes Kontinuum. Wenn also ein interkulturelles Moment in einer bestimmten Biografie herausgearbeitet werden soll, geht es letztlich darum, das Kontinuum derjenigen Formen interkultureller Erfahrung zu erfassen, die in die Bildung des betreffenden Subjekts mit einfließen. Der Aspekt der Bildung ist bei einer solchen Untersuchung somit von zentraler Bedeutung. Wenn ich mich also in diesem Beitrag mit den Momenten im Leben eines Pädagogen und Schulleiters auseinandersetze, handelt es sich dabei in diesem Sinne um eine Auseinandersetzung mit der Bildung eines Ausbilders und Gestalters einer Institution.

Günter Schmid – Spielarten des Interkulturellen

In Günter Schmids Biografie umfasst das interkulturelle Moment verschiedene Bedeutungen und tritt in verschiedenen Spielarten auf: Zum einen verfügt Schmid über die Erfahrung einer gewissermaßen „deutschsprachigen" Interkulturalität, die sich unmittelbar nach dem Zweiten Weltkrieg innerhalb des deutschen Sprachraums gebildet hat, als die innereuropäischen Grenzen noch nicht endgültig feststanden. Zum anderen tritt durch den Besuch des *Lycée Français* in Wien die Beziehung zwischen der deutschsprachigen und der französischen Kultur in sein Leben. Hinzu kommen seine Reisen nach Großbritannien und in die USA, auf denen er seine Kenntnisse über die angelsächsische Kultur vertieft – eine Dimension, die er während seiner gesamten Laufbahn als Englischlehrer weiterentwickelt hat – und nicht zuletzt seine Beteiligung an Projekten auf europäischer Ebene, bei denen er sich der vergleichenden Untersuchung von Bildungserfahrungen in Europa widmet.

Natürlich ist es schwierig, die Identität dieser verschiedenen Ebenen oder allgemeiner ihr Bestimmungsverhältnis zueinander zu ermitteln – womöglich sind allein „Familienähnlichkeiten" (Wittgenstein, 2001) vorhanden. Dennoch werde ich versuchen, diese Ebenen unter dem Aspekt eines gemeinsamen Kontinuums, einer Nachhaltigkeit zu betrachten. Hierzu werde ich näher auf die oben erwähnten Spielarten eingehen und mich mit der Frage befassen, inwiefern das interkulturelle Moment in einem Prozess pädagogischen Denkens Perspektiven eröffnet, die – jenseits einer vergleichenden Erziehungswissenschaft, die sich auf Schulstrukturen und Schulformen konzentriert – dazu beitragen können, pädagogische Erfahrungen, Erlebnisse und Konzepte auf einer offiziellen aber auch informellen Ebene zu konfrontieren und miteinander auszutauschen. In diesem Sinne betrachte ich die Begegnung von Günter Schmid und Remi Hess als eine Episode des interkulturellen Moments in der hier behandelten Biografie: sie ist eine interaktive Begegnung, ein Dialog zwischen zwei Pädagogen – einem Österreicher und einem Franzosen.

Alles begann in einem gewissen Chaos

Die Betrachtung von Kulturen als Beziehungsgeflecht verdankt dem Schriftsteller und Dichter Édouard Glissant wichtige Grundlagen. Glissant versteht Kulturen nicht als Substanzen, sondern als nicht zu vollendende Kreolisierungsprozesse. „Feste Identitäten werden für das Empfindungsvermögen des heutigen, mitten in einer Chaos-Welt[5] stehenden, in kreolisierten Gesellschaften lebenden Menschen zu einer starken Belastung. Die Identität als Beziehung bzw. die ‚Identität als Rhizom',[6] wie Gilles Deleuze sie nannte, scheint für diese Situation besser geeignet" (Glissant, 2005b). Deshalb „müssen wir", so Glissant, „ein anderes Verständnis von Identität, von unserer Beziehung zum Anderen entwickeln", „eine unbeständige, wandelbare, schöpferische, fragile Persönlichkeit als Schnittstelle des Selbst mit Anderen ausbilden", eine „Identität als Beziehung" (Glissant, 2005b). Dies gelte insbesondere in einem Europa, das sich zu einem „Archipel" wandelt, sich „kreolisiert", das „viele, sehr vielschichtige, einander beeinflussende und einander durchdringende Sprachen und Literaturen besitzt" (Glissant, 2005b; vgl. auch Glissant, 2009). Glissant sieht Kultur somit als einen nicht zu vollendenden Kreolisierungsvorgang. Von diesem Kulturverständnis ausgehend möchte ich mich damit beschäftigen, inwiefern im Gespräch zwischen Günter Schmid und Remi Hess ein eigenes interkulturelles Moment entsteht, das in seiner Form auf die oben beschriebene, als Rhizom verstandene Identität verweist.

Was Günter Schmid seinem Gesprächspartner über die ersten Momente seines Lebens berichtet, muss – dies wird sehr schnell deutlich – im Kontext der verworrenen Situation von Grenzen und Identitäten im Europa unmittelbar nach dem Zweiten Weltkrieg betrachtet werden. Günter Schmid kam am 19. Januar 1944 in Wien zur Welt. Sein Vater war zu diesem Zeitpunkt noch in russischer Gefangenschaft. Erst vier Jahre später, und zwar zu Weihnachten, genau am 24. Dezember 1948, sah er ihn zum ersten Mal. Der abgemagerte, ungepflegte Mann – von dem man sich unschwer vorstellen kann, dass er von der Gefangenschaft gezeichnet war – machte ihm zunächst einmal etwas Angst.

Remi Hess macht darauf aufmerksam, dass Günter Schmids Familie sudetische Wurzeln hat. Die Sudeten waren eigentlich Deutsche. Durch die Umwälzungen in Europa stand Günter Schmids Vater jedoch plötzlich als Staatenloser da und konnte sich deshalb nur mit Mühe und Not wieder eine Existenz in der österreichischen

---

[5] Glissant versteht unter dem von ihm eingeführten Begriff der Chaos-Welt „den Zusammenprall, die Verflechtung, die Abstoßungen und Anziehungen, die Übereinstimmungen und Gegensätze, die Konflikte zwischen den Kulturen der Völker im heutigen Welt-Ganzen […] Es handelt sich um die Mischung der Kulturen, in der das Welt-Ganze sich heute verwirklicht, und die nicht einfach ein *melting pot* ist" (Glissant, 2005a, S. 75; Anm. d. Ü.).

[6] Glissant stellt das Konzept der Identität als Rhizom dem europäisch und westlich geprägten Identitätsbegriff entgegen, demgemäß „eine Identität aus einer einzigen Wurzel stammen müsse, die den Anderen ausschließt". Nach der „Auffassung von der Identität als einem Rhizom, einem Wurzelgeflecht" hingegen „speist sich [Identität] nicht mehr aus einer einzigen Wurzel, sondern ihre Wurzel vernetzt sich in der Begegnung mit anderen" (Glissant, 2005a, S. 19; vgl. auch das dazugehörige Glossar von Beate Thill, S. 78f.; Anm. d. Ü.).

Gesellschaft aufbauen. Er war Grundschullehrer von Beruf, doch sein Abschluss wurde nach dem Krieg in Wien nicht mehr anerkannt. Erst nachdem er sich mehrere Jahre mit den Behörden herumgeschlagen hatte, erhielt er die österreichische Staatsbürgerschaft zurück und konnte in einer Erziehungseinrichtung für jugendliche Straftäter arbeiten. Seine Geschichte ist ein charakteristisches Beispiel für viele Erzählungen, auf die wir uns heute, in Zeiten des Identitätswahns, besinnen sollten. Nationale Identität war – selbst innerhalb des deutschsprachigen Kulturraums – in Günter Schmids Kindheit eine komplexe Angelegenheit, die nichts Selbstverständliches an sich hatte. Darüber hinaus hatte seine Familie nach Wien fliehen müssen. Dies war gewiss ein Grund mehr, dem Sohn eine gute Schulbildung ermöglichen zu wollen, was sie – wie die meisten Familien – als einen wesentlichen Faktor in der Sozialisierung eines Kindes verstand.

Auf dem *Lycée Français* in Wien

Im ersten Schuljahr war Günter Schmid Klassenbester. Doch sein Vater wünschte sich für ihn „etwas besseres" als die nächstgelegene Schule und meldete seinen siebenjährigen Sohn im Wiener *Lycée Français* an. Die Schule genoss einen ausgezeichneten Ruf und kostete die Eltern jeden Monat die Hälfte ihrer Einkünfte.

Der Wechsel fand mitten im Schuljahr statt und Günter Schmid hatte als Neuankömmling große Schwierigkeiten, dem Unterricht zu folgen, weil in der Schule ausschließlich Französisch gesprochen wurde und er kein Wort verstand. Er berichtet Remi Hess von einem Diktat an seinem ersten Tag in der französischen Schule:

> „Gleich am ersten Tag wurde ein Diktat geschrieben. Ich konnte nicht schreiben. Die Lehrerin hat mich zwei Wörter, die ich falsch geschrieben hatte, abschreiben lassen: *poussin* [Küken] und *brebis* [Schaf]. Die beiden Wörter musste ich fünfzig Mal schreiben. Nach ein paar Wochen habe ich mich schließlich eingelebt. Innerhalb eines Jahres habe ich es sogar zum Klassenbesten geschafft, denn der Unterrichtsstoff an sich war für mich bloße Wiederholung – ich hatte ja die erste Klasse schon in der österreichischen Schule durchlaufen. Mir wurde vorgeschlagen, das nächste Schuljahr zu überspringen. Trotz dieser Schwierigkeit blieb ich immer Klassenbester"[7] (Schmid, 2011, S. 4).

Günter Schmids Bericht lässt sich entnehmen, dass diese erste, sehr frühe Begegnung mit der französischen Sprache vor dem Hintergrund der von den Eltern erwünschten herausragenden Schullaufbahn stattfand. Aufgrund der elterlichen Ambitionen erlebte das Kind seine ersten Schuljahre in zwei Sprachen und lernte die

---

7   Das Interview wurde auf Französisch geführt und die Veröffentlichung der Lebensgeschichte (vgl. Schmid, 2011) liegt bisher nur auf Französisch vor. Günter Schmids Aussagen sind daher hier ins Deutsche übersetzt (Anm. d. Ü.).

dazugehörigen Bedeutungs- und Bezugsgemeinschaften kennen. Diese erste Begegnung wird jedoch jäh unterbrochen:

> „Nach der Grundschule – das war eine schwerwiegende Entscheidung – haben meine Eltern mich wieder auf ein österreichisches Gymnasium geschickt: Zu diesem Zeitpunkt sprach ich Französisch wie Deutsch. Es war nahezu eine Zweitsprache für mich. Man hatte mir vorausgesagt, dass ich sie nie vergessen würde. Heute muss ich feststellen, dass doch sehr viel davon eingeschlafen ist. Wenn ich allerdings mehrere Tage spreche, kommt die Sprache meiner Kindertage recht schnell wieder hoch" (ebd.).

Allerdings schafft diese Unterbrechung wiederum eine Gelegenheit, neue Sprachen zu entdecken:

> „Ich kam auf ein sehr gutes österreichisches Gymnasium. Das Akademische Gymnasium konnte auf eine 400-jährige Tradition zurückblicken. Dort ging ich acht Jahre zur Schule. Als Fremdsprache nahm ich Englisch, da ich bereits Französisch sprach. Auf dem Gymnasium lernte ich acht Jahre Englisch, sechs Jahre Latein und vier Jahre Griechisch. Die Matura habe ich mit Bestnoten bestanden. Als Hauptfächer hatte ich Englisch, Mathematik und Geschichte gewählt" (ebd.).

Hier ist eine humanistische Bildung erkennbar, bei der auf die Vermittlung neuer und – nicht zuletzt – auch alter Sprachen Wert gelegt wird. Und dies in der Nachkriegszeit, in der doch – wie der große Sprach- und Übersetzungstheoretiker George Steiner mit dem ihm bisweilen eigenen Pathos betonte – die große klassische Kultur und Bildung gerade ihre Wirkungslosigkeit gegen die Barbarei nicht allein des Krieges, sondern auch des Faschismus und des nationalsozialistischen Vernichtungsapparats unter Beweis gestellt hatten (vgl. Steiner, 1969), und manche meinten, es sei unmöglich, je wieder ein Gedicht zu schreiben. In dieser Zeit entwickelten sich zudem die Naturwissenschaften und technologischen Wissenschaften weiter und dominierten zunehmend die Geisteswissenschaften und die literarische Kultur.

Das interkulturelle Moment in Günter Schmids Biografie ist – das schließe ich aus seiner Schulerfahrung – tief in diesen verschiedenen Sprachwelten verwurzelt. Sie haben ihn sein ganzes Leben lang begleitet. Allerdings sieht sich Günter Schmid nicht als typischen Geisteswissenschaftler: Er betont mehrfach, dass die Linguistik ihn schon immer fasziniert hat, die Literatur hingegen weniger. Dieser mathematisch-naturwissenschaftliche Geist zeigte sich erstmals in den Jahren am österreichischen Gymnasium, als Günter Schmid zwar einerseits Englisch und Geschichte, andererseits aber auch Mathematik als Hauptfächer wählte.

Studienbeginn und Wanderjahre

Das Moment des Studiums stellte den 18-jährigen Günter Schmid vor eine Entscheidung. Er schwankte zwischen verschiedenen Möglichkeiten: Einerseits interessierte er sich für Pädagogik, andererseits für eine internationale Karriere im diplomatischen Dienst. Die Lehrtätigkeit seines Vaters hatte ihn ebenso beeinflusst wie die vielen Reisen, die er seit Ende des 16. Lebensjahrs in den Schulferien unternehmen konnte – meistens nach Großbritannien, aber auch nach Frankreich und in die USA. Am liebsten hätte er sich in alle Richtungen gleichzeitig orientiert, doch schließlich entschied er sich für ein Lehramtsstudium. Hier musste er allerdings auch wieder wählen:

> „Ich bin zur Universität gefahren, um mich für ein Lehramtsstudium einzuschreiben. Eines hatte ich noch nicht entschieden: Welche Fächer? Ich mochte Mathe und Chemie. Das war eine Perspektive, aber Sprachen mochte ich genauso. Noch in der Straßenbahn zur Universität wusste ich nicht genau, für welches Fach ich mich einschreiben wollte. Ich schwankte zwischen Latein in Kombination mit Englisch und Mathe in Kombination mit Chemie. Man musste damals zwei Fächer miteinander kombinieren, aber es herrschte eine strikte Trennung zwischen Geisteswissenschaften und Naturwissenschaften. Ich hätte gerne Mathe und Englisch genommen, was heute im Gegensatz zu damals möglich wäre. Ich habe dann Latein/Englisch studiert" (Schmid, 2011, S. 4).

Die Reisen waren es, die ihn letztlich dazu angeregt und bewegt haben, sich für die Pädagogik zu entscheiden:

> „Ich habe 1963 meine Ferien als Betreuer in einem Ferienlager in der Vendée verbracht, vier Wochen lang. Ein Jahr später, 1964, war ich in den USA noch einmal in einem sechswöchigen Ferienlager. Danach waren meine Zweifel verflogen. Ich war mir sicher, dass ich mein Glück in der Arbeit mit Jugendlichen finden würde" (ebd., S. 5).

Und auch das Studium bot ihm die Gelegenheit, seinem Interesse am Reisen und an internationalen Kontexten weiter nachzugehen:

> „Im Alter von 18 bis 25 Jahren habe ich im Winter immer sechs bis acht Wochen als Skilehrer in Tirol gearbeitet. Dabei habe ich viele unterschiedliche Menschen kennen gelernt: Franzosen, Deutsche, Briten, Niederländer. Das hat mir den Einstieg in internationale Kontexte erleichtert" (ebd.).

Es wird deutlich, dass Günter Schmids Studienzeit ein Moment interkulturellen Lernens war, und zwar nicht nur auf einer akademischen Ebene, sondern auch im Rahmen seiner sportpädagogischen Tätigkeit mit Menschen aus vielen verschiedenen Ländern, denen er mit großer Aufgeschlossenheit begegnete. Zudem fällt auf, dass Günter Schmid beim Erzählen seiner Lebensgeschichte Schule, Universität und Reisen ohne hierarchische Abstufung als gleichwertige Lernerfahrungen darstellt. In diesem Sinne entsteht das interkulturelle Moment seiner Biografie aus Erfahrungen in ganz verschiedenen Kontexten – Schule, Sport und Institutionen zählen ebenso dazu wie seine Liebesbeziehungen:

> „Das Studentenleben hat mir wahnsinnig Spaß gemacht. Ich hatte eine feste Beziehung mit einer Französin. Sie war aus Paris – ich hatte sie in Tirol kennen gelernt. Wir waren zwei Jahre lang liiert. Sie zog nach Wien und arbeitete dort als Grundschullehrerin am *Lycée Français*. Ich habe mit ihr mehrmals Urlaub in Frankreich gemacht. 1966/67 habe ich im Alltag meistens Französisch gesprochen. So ist das Französisch meiner Kindheit wieder gekommen" (ebd.).

Interkulturelle Kontexte spielten somit in Günter Schmids Schulzeit und im Studium eine wichtige Rolle. Sie waren in all seinen Lebensbereichen präsent: in der Geschichte und im familiären Umfeld seiner Kindheit, im deutschsprachigen Raum – in dem die Grenzen im Wandel der Geschichte immer wieder verschoben wurden –, in den Jahren am *Lycée Français*, wo Günter Schmid sehr früh so intensiv Französisch lernte, dass er es zumindest einen Teil seiner Schulzeit auf muttersprachlichem Niveau beherrschte; auf seinen Reisen in die USA, bei seinem interkulturell prägenden einjährigen Englandaufenthalt im Rahmen seiner Promotion, wo er zudem eine englische Freundin hatte – und nicht zuletzt durch die Beziehung mit einer Französin, eine Liebesbeziehung, in der er die „Zweitsprache" seiner Kindheit wiederfand und die das Paar auf gemeinsame Reisen nach Frankreich führte.

Auf diese Weise bildete Günter Schmid allmählich und *rhizomatisch* seine Identität: Durch Reisen und Begegnungen, innerhalb und außerhalb von Schule bzw. Universität. Wie zuvor bereits angemerkt, ist das interkulturelle Moment nicht etwas Transzendentales ohne Versatzstücke, ohne Abenteuer, ohne all die gewagten, von unserem Begehren geleiteten Experimente, auf die wir uns im Studium, auf Reisen oder in der Liebe bisweilen einlassen. Dies lässt sich insbesondere an Günter Schmids Jugendjahren beobachten: Das interkulturelle Moment ist ein wichtiger Aspekt seiner Erziehung und Bildung, der in seiner Lebensgeschichte nicht unbeachtet bleiben oder als nebensächlich abgetan werden darf, auch wenn durchaus einige andere Aspekte seiner Biografie Gegenstand einer eigenen Untersuchung sein könnten.

Die Anfänge eines pädagogischen Rhizoms

Es ist im Rahmen dieses Beitrags nicht möglich, sämtliche Fragen zur Konstruktion des interkulturellen Moments in Günter Schmids Lebensgeschichte, in erschöpfendem Umfang zu behandeln. Vorangehend habe ich erörtert, inwiefern das interkulturelle Moment für Günter Schmids Schulzeit und Studium besonders wichtig war.

Nun möchte ich anhand einiger Beispiele diskutieren, inwiefern dieses Moment in seiner pädagogischen Laufbahn eine wesentliche Rolle gespielt hat.

Natürlich liegt der Gedanke nahe, dass Fremdsprachenlehrer/innen allein schon aus beruflichem Interesse einen Bezug zu interkulturellen Kontexten aufbauen. Günter Schmid allerdings betont, dass er zwar über ein literaturgeschichtliches Thema promoviert hat, sein eigentliches Interesse aber eher sprachwissenschaftlichen Fragestellungen gilt. Daraus lässt sich schließen, dass weniger ein Interesse für fremdsprachige Literatur oder Landeskunde, sondern eher seine pädagogische Begeisterung ihn dazu motiviert, sich interkulturellen Kontexten zu öffnen.

Auf die Richtigkeit dieser Annahme weist auch eine Begegnung hin, die in Schmids Bericht eine wichtige Rolle erhält – und zwar die Begegnung mit Frau Schuster, einer für den Bereich Fremdsprachen zuständigen Inspektorin des Wiener Stadtschulrats:

> „Die erste Zusammenarbeit mit ihr war ein Seminar für Gymnasiallehrerinnen und -lehrer, das zur Zeitungslektüre im Unterricht anregen sollte. Es war ihr wichtig, dass wir methodisch fundiert an die Pressetexte herangehen. Da sie einen US-amerikanischen Spezialisten (einen ehemaligen Botschafter in Wien und Herausgeber des *Time Magazine*) als Seminarreferenten gewinnen konnte, bat sie mich, sie bei der Organisation des Seminars im Amerika-Haus in Wien zu unterstützen. Ich war gerade selbst auf der Suche nach pädagogischen Neuerungen. 1982 habe ich dann mit der Inspektorin dieses erste gemeinsame Projekt organisiert. Circa 70 Personen nahmen an dem mehrtägigen Seminar teil. So entdeckte ich mein Organisationstalent […]. So konnte ich zum ersten Mal in meiner Laufbahn einen echten Beitrag zur Erweiterung des pädagogischen Angebots an Wiener Gymnasien leisten" (ebd., S. 8).

Frau Schuster spielt ein Jahr später wieder eine Rolle, 1983, auch diesmal im Bereich der Fremdsprachendidaktik:

> „Frau Schuster wollte in Österreich die CALL-Methode (*Computer assisted Language Learning*: Computergestützter Fremdsprachenunterricht) einführen. Diese neue pädagogische Technik wurde in Großbritannien und den USA entwickelt. Eine Expertengruppe hatte die Bewegung dort ins Leben gerufen. Anfang der 1980er Jahre hatte das angefangen. Die Experten entwickelten Programme, die das Erlernen von Fremdsprachen verbessern sollten. IBM hatte gerade den ersten *„personal computer"* (PC) eingeführt. In Großbritannien gab es den BBC, einen Computer ohne Festplatte, nur mit Disketten. Etwa zur selben Zeit kam auch der erste Apple auf den Markt. Die Technik steckte noch in den Kinderschuhen. Doch in sprachdidaktischer Hinsicht musste ich mich fragen: Was passiert im Kopf eines Schülers, wenn er eine Sprache lernt? Welche Bedingungen braucht er, um Zugang zu einer Sprache zu finden? An welcher Methode soll ich mich orientieren? Welche Technologie soll ich nutzen, um diesen Prozess zu verbessern? So kam ich zum ersten Mal mit

pädagogischer Methodologie in Berührung und setzte mich mit didaktischen Fragestellungen auseinander" (ebd., S. 8f.).

Diese Erfahrungen, so Schmid, gaben ihm Gelegenheit, ein tieferes Verständnis für das Phänomen Lernen zu entwickeln. Die damals neuen Technologien, die in der Sprachdidaktik aufkamen, waren für ihn ein Anlass, sich mit den kognitiven Mechanismen auseinanderzusetzen, die das Erschließen einer Fremdsprache begünstigen bzw. überhaupt ermöglichen. Hierbei hielt er auch jenseits des österreichischen Kontextes Ausschau nach neuen Methoden. Diese Aufgeschlossenheit halte ich in diesem Zusammenhang für besonders erwähnenswert. Einige Zeit später arbeitete Günter Schmid mit Lehrer/inne/n aus anderen Ländern und anderen Bildungssystemen zusammen, und zwar als er sich selbst an der Entwicklung von computergestütztem Fremdsprachenunterricht beteiligte. Er war durchaus offen für diese Form transnationaler Interkulturalität, fühlte sich jedoch gleichzeitig zerrissen und nahm die Arbeit als „Spagat" zwischen verschiedenen Berufs*kulturen* wahr:

> „Im Zuge der Zusammenarbeit mit einem schwedischen Professor von der Universität Kopenhagen (Arne Zettersten), habe ich auch begonnen, ein Buch über CALL zu schreiben. Doch ich habe es, wie meinen ersten Versuch – eine Englischgrammatik – nie zu Ende gebracht. Es fehlte mir einfach die Zeit, die Sache durchzuziehen. Denn in all diesen Jahren befand ich mich in einem Spagat zwischen verschiedenen Berufen: Ich war in drei Tätigkeiten aktiv – als Gymnasiallehrer, als Hochschuldozent und in der so genannten Schulentwicklung. So habe ich 1990 für eine Publikation zum Einsatz von Informatik in anderen Schulfächern Beiträge zum Englisch- und Lateinunterricht geschrieben. Ich war verantwortlicher Herausgeber der *Pädagogischen Reihe*, die sich aktuellen Fragen widmete und noch weitere 18 Jahre lang erschien" (ebd., S. 9f.).

Das an Spannungen und schöpferischer Dissoziation reiche interkulturelle Moment hat somit einen unmittelbaren Einfluss auf die Forschungstätigkeit des Pädagogen. Denn auf seinen Reisen holt er sich neue Impulse für seine konzeptuelle Arbeit. Gilles Deleuze hat häufig betont, dass die Reisen von Hochschulprofessor/inn/en uninteressant seien, weil sie bei ihren Fahrten um den Globus nur vor den immer gleichen Türen immer gleicher Konferenzsäle Station machten (Deleuze, 1993). Es gelingt ihnen nicht, diese Reisen als Anregung für ihr Denken, ihre Forschung zu nutzen. Manche können diese Klippe mithilfe eines Tagebuchs umschiffen (vgl. Hess, 2003). Andere, wie Günter Schmid, scheinen aus ihren Dienstreisen und internationalen Begegnungen eben jene Dynamik, jene Unruhe zu schöpfen, die ihre Arbeit und Forschung vorantreibt:

> „Die erste internationale Konferenz, auf die ich als österreichischer Vertreter geschickt wurde, war die *Session internationale de formation à l'enseignement des droits de l'homme: école internationale de Paix (EIP)* [Internationale Fortbildungstagung für die Vermittlung der Menschenrechte

im Unterricht: Internationale Friedensschule] in Genf 1984. Auf dieser Tagung vertrat ich Österreich und mir wurde bewusst, dass Schulentwicklung nur möglich war, wenn wir auch die internationale Ebene mit einbinden. [...] Außerdem habe ich 1986 einen Verein gegründet. Er hieß CALL Austria. Als Vereinsvorsitzender habe ich eine Zeitschrift herausgegeben (*CALL Austria Newsletter*), die quartalsweise zwischen April 1988 und Juli 1992 mit insgesamt 18 Heften erschien. Dann habe ich noch zwei mit Spezialisten besetzte, internationale Kolloquien in Wien organisiert, und zwar 1988 und 1990. 1991 habe ich ein Symposium zum Thema *Man and the Media* in Trägerschaft der *Association internationale de linguistique appliquée (AILA)* [Internationaler Dachverband für angewandte Linguistik] veranstaltet. Es kamen etwa hundert Teilnehmerinnen und Teilnehmer aus sehr vielen verschiedenen Ländern. Hierfür erhielt ich von der Stadt Wien eine Auszeichnung. Dieser Kongress war zudem auch mein erstes internationales Projekt in meiner neuen Funktion als Schulleiter. Zeitgleich habe ich in diesen Jahren auch Vorträge an der Universität Graz, an der Universität Debrecen (in Ungarn) und am Goethe-Institut in London gehalten. Dann erhielt ich einen zweijährigen Lehrauftrag an der Universität Salzburg, um zu vermitteln, wie Computer unterstützend im Lateinunterricht eingesetzt werden können" (Schmid, 2011, S. 10).

Eine besonders wichtige Station für seine Tätigkeit in internationalen Kontexten war die Konferenz des Europäischen Rats zum Thema „*Using information and communication technologies in modern language teaching/learning*" im Jahr 1991 in Paris, zu der Günter Schmid – der zu diesem Zeitpunkt seit neun Monaten das Amt des Schulleiters am Wiener Gymnasium ausübte – als österreichischer Vertreter geschickt wurde:

„Das Thema: Weiterentwicklung der Pädagogik mit technologischen Mitteln. Das war eine wahrhaft internationale und interkulturelle Begegnung – und gleichzeitig die Kombination aller meiner bisherigen Aktivitäten. Bei der Fortsetzungsveranstaltung, die drei Jahre später, 1994, in Dänemark stattfand, war ich im Bereich der Schulentwicklung kein Unbekannter mehr. Nicht nur in Österreich, sondern international. In Maastricht habe ich 1998 zusammen mit zwei weiteren Kollegen Österreich auf einer europäischen Schulleiterkonferenz (*European School Headmasters' Association – ESHA*) vertreten. Dank dieser Umstände konnte ich aus einer Position der Stärke heraus agieren" (ebd., S. 13).

Ich werde an dieser Stelle nicht sämtliche Beiträge anführen, mit denen Günter Schmid im Rahmen zahlreicher internationaler Begegnungen immer wieder aufs Neue eine interkulturell orientierte Erörterung pädagogischer Fragen angestoßen und das in den engen Grenzen eines Landes, eines Schulsystems verhaftete Denken vieler Pädagog/inn/en herausgefordert hat. Seine Laufbahn erinnert uns daran, dass auf europäischer Ebene Innovation im Bereich des Lernens allmählich und in Rhizomen entsteht, dass sie aus heterogenen Kontexten heraus aufgebaut wird. Diesbezüglich ist anzumerken, dass die von den Institutionen bisher nicht angemessen reflektierte Dominanz des Englischen als Code[8] – nicht als Sprache, was hier unter Berufung auf Édouard Glissant klar unterschieden werden muss – noch einer Auseinandersetzung bedarf, wobei der demagogische Sprachprotektionismus derer, die laut aufschreien, wenn sie *„week-end"* statt *„fin de semaine"*[9] hören, allerdings nicht zum Zuge kommen sollte.

Pädagogische Rhizome und morphische Resonanzen

Das interkulturelle Moment in Günter Schmids Biografie ist nicht allein auf sein Engagement in europäischen Kontexten beschränkt: Anhand der Konstruktion seiner Lebensgeschichte lassen sich auch „morphische Resonanzen" (Hess, 2011, S. 60) zwischen pädagogischen Traditionen und Geschichten herausarbeiten. So sieht sich Remi Hess durch diesen Lebensweg, den er protokolliert hat, zu einer vergleichenden Betrachtung seiner Lebenserfahrung und der seines Gesprächspartners veranlasst. Er merkt an, dass Günter Schmids Geschichte morphische Resonanzen mit seiner eigenen Biografie aufweist:

> „Mich zwingt Günters Lebensgeschichte beim Zuhören dazu, mich auf mein eigenes Leben als Pädagoge zu besinnen. Inwiefern bringt das, was er erzählt, in mir etwas zum Schwingen? Inwiefern sagen mir seine Erfahrungen etwas, obwohl sie in anderen Kontexten stattfanden (er ist Schulleiter, ich bin Dozent, er lebt in Österreich, ich in Frankreich)? […] Ich habe bereits versucht, mithilfe des Begriffs der morphischen Resonanzen zu beschreiben, inwiefern Günters Leben mich etwas angeht, inwiefern es in mir etwas zum Schwingen bringt. Das, was er sagt, klingt als Echo auf andere Erfahrungen nach. Bei einem pädagogischen Aus-

---

8   Édouard Glissant unterscheidet zwischen Sprache, Ausdrucksweise und Code: „Die Vielsprachigkeit macht es notwendig, zwischen der Sprache, die wir sprechen, und der Ausdrucksweise zu unterscheiden, welche das Verhältnis zu den Worten bezeichnet, das in der Literatur und der Dichtung aufgebaut wird […]. [D]ie Verteidigung der Sprache [ist] unumgänglich, weil wir uns mit dieser Verteidigung gegen die Vereinheitlichungen wehren, die beispielsweise nach der universellen Verbreitung eines vereinfachten Englisch einträte. Meine Meinung ist, wenn diese Standardisierung je auf der Welt Wirklichkeit wird, wäre davon nicht nur die französische, italienische oder kreolische Sprache bedroht, sondern zuallererst die englische Sprache selbst. Denn sie wäre nicht mehr eine Sprache mit all ihren dunklen und schwachen Seiten, mit ihren Triumphen, ihrem Schwung, ihrer Kraft, ihren Rückzugsräumen und Vielfältigkeiten, sie wäre nicht mehr differenziert nach der Sprache des Bauern, des Schriftstellers, des Hafenarbeiters etc. All das würde verschwinden, sie hörte auf zu leben und würde zu einem internationalen Code, einem Esperanto herabgewürdigt" (Glissant, 2005a, S. 32; Anm. d. Ü.).
9   In Frankreich sorgt ein Gesetz *(loi no. 94-665 du 4 août 1994 relative à l'emploi de la langue française („loi Toubon"))* für die Förderung französischer Alternativen zu Anglizismen. Die Verwendung dieser Alternativen ist im öffentlichen Dienst verpflichtend. Einige Vokabeln haben sich im Sprachgebrauch gänzlich durchgesetzt (z.B. *ordinateur* für *computer*), andere weniger, wie *fin de semaine* (Wochenende) im oben angeführten Beispiel (Anm. d. Ü.).

tausch, wie wir ihn jetzt mit dem *evocation*-Programm gestalten, geht es darum, die Voraussetzungen für diese Arbeit – für den Prozess des verstehenden Zuhörens – zu ermöglichen. Durch diese Form des Zuhörens wird die Erfahrung der Anderen zu einem Faktor, der in die Konstruktion meiner eigenen Erfahrung mit einfließt" (ebd., S. 60).

In gewisser Hinsicht sind bei den Lebenswegen der beiden Gesprächspartner sowohl Berührungspunkte als auch krasse Gegensätze zu beobachten. Remi Hess erlebte ein Schulsystem, das ihn mehrmals eine Klasse wiederholen ließ, Günter Schmid dagegen war ein mustergültiger Schüler, der durch die Institution Schule stets Bestätigung erfahren hat.

„Diese Bruchstücke aus meiner Biografie erwähne ich nur, weil ich zeigen will, dass Günter und ich vollkommen gegensätzliche Erfahrungen mit der Schule gemacht haben. Er hatte eine durchweg gute, eine glänzende Schullaufbahn. Das ist einer der Aspekte, die unsere Biografien voneinander unterscheiden, auch wenn hinsichtlich unserer sozialen Herkunft altersbedingte Ähnlichkeiten vorliegen: Unsere Eltern hatten aufgrund ihrer Kriegserfahrung nicht das Glück, das studieren zu können, was sie gewollt hätten. Deshalb wollten sie uns mit allen Mitteln fördern" (ebd., S. 53).

Doch es geht nicht allein um biografische Gegensätze und Ähnlichkeiten:

„Andererseits zeigt meine sehr schmerzhafte Schulerfahrung auch, dass Günter Schmid mit seiner Position Recht hat: Es muss etwas für individuellere Unterrichts- und Bildungskonzepte getan werden. Die Schulen müssen das Potenzial jedes Schülers, jeder Schülerin erschließen, damit nicht länger ganze Gruppen von Schülerinnen und Schülern zum Scheitern verurteilt sind, nur weil sie dem Durchschnittsprofil – auf dessen Bedürfnisse der Unterricht zugeschnitten ist – nicht so ganz entsprechen" (ebd.).

Diese Gegenüberstellung zweier pädagogischer Erfahrungswelten kommt nicht von ungefähr. Sie ist Teil einer allgemeinen Auseinandersetzung mit pädagogischen Fragen – ein Pädagoge denkt darüber nach, inwiefern seine eigene Schulerfahrung Argumente für die konzeptionelle Arbeit eines Kollegen liefert, Biografie und Theorie überschneiden sich im Zentrum eines dialogisch angelegten Interviews. Und tatsächlich fallen Remi Hess mehrere Aspekte auf, die bei ihm Resonanzen hervorrufen: Er selbst ist vor allem mit der institutionellen Pädagogik vertraut. Diese Strömung beschäftigt sich insbesondere mit Lernverhalten, das von der Schulnorm abweicht, und entwickelt hierfür Modelle selbstbestimmten Lernens. Günter Schmid hat die Sir-Karl-Popper-Schule geleitet, einen Schulversuch für Schüler/innen, denen das Label „hochbegabt" zugeschrieben wurde. Denn ob „hochbegabte" oder „schwache" Schüler/innen – letztlich handelt es sich bei beiden um Label und

Leidenswege, um das Abweichen von schulischen Normen und um Institutionen, in denen bestimmten Kindern und Jugendlichen regelmäßig eine falsche Behandlung widerfährt. Wer zu schnell lernt, wird in der Schule schließlich ebenso falsch behandelt wie diejenigen, die (vermeintlich) nicht mitkommen. Andererseits untergraben „Hochbegabte" die durch die Erwachsenenwelt fest etablierte Aufteilung und Ordnung, die in der Pädagogik herrscht. Auch sie weichen von der Schulnorm ab und entlarven damit ihrerseits den von Georges Lapassade (1963) kritisierten Mythos des erwachsenen Menschen, dessen Funktion als Bezugsgröße für pädagogische Ziele nur durch Mystifizierung zu rechtfertigen sei. „Hochbegabte" stellen durch ihr Lernverhalten die Gültigkeit des schulisch vorgegebenen Lerntempos infrage. Vor diesem Hintergrund bietet sich eine neue Auseinandersetzung mit den Monografien von Fernand Oury & Aïda Vasquez (1967) und Raymond Fonvieille (1998) an – eventuell in Verbindung mit einem Exkurs zu Henri Lefebvres *rythmanalyses* (1992), die in einem schulischen Kontext ebenfalls neue Erkenntnisse zeitigen könnten.

Günter Schmid betont, wie wichtig seine Begegnung mit Gabriele Weigand für die Ausgestaltung seiner Begabtenpädagogik war. Weigand, die sich in ihrer Dissertation mit der *pédagogie institutionnelle* in Frankreich (vgl. Weigand, 1983; 2007) beschäftigt und im Anschluss daran eng mit Remi Hess zusammengearbeitet hat, liefert nicht nur einen wichtigen Beitrag zum Aufbau eines deutsch-französischen Moments der institutionellen Analyse. Sie fand bei ihrer Begegnung mit Günter Schmid und der Sir Karl Popper-Schule Verbindungen sowohl zu ihrem institutionellen Forschungsfeld als auch zu ihrem pädagogischen Ansatz, der die Person in den Mittelpunkt stellt.

Die Arbeit an Günter Schmids Lebensgeschichte und die Konstruktion des interkulturellen Moments in seiner Biografie müssen somit in einem Zusammenhang betrachtet werden: Das Vorhaben, seine Lebensgeschichte aufzuschreiben, hat zu einer konkreten Begegnung geführt und ist folglich an diesem Moment beteiligt. Zwischen Remi Hess, Gabriele Weigand und Günter Schmid ist durch die Begegnung auf der Ebene ihrer konzeptionellen Arbeit eine dialogische Interaktion gewachsen, die darauf hinweist, dass sich hier ein Rhizom gebildet hat, ein Wurzelgeflecht der pädagogischen Identitäten und des kritischen Hinterfragens vorgegebener schulischer Normen.

Wenn Schmid feststellt, dass „das, was wir im deutschen Sprachraum Begabungsförderung nennen, sich zu einer weit verbreiteten Ideologie, fast zu einer Mode, entwickelt hat" und dass „sich die Schulen in Österreich zur Imagepflege Begabungsförderung auf die Fahnen schreiben", setzt er hinzu, dass „in vielen Schulen das Konzept anders verstanden wird" als bei seinem Schulversuch: „[…] dort wird es als Methode verwendet, als Technik. Wir verstehen es eher als eine Haltung jedes Lehrers, jeder Lehrerin – auf Grundlage einer Philosophie, die den Menschen ganzheitlich anerkennt" (Schmid, 2011, S. 21). Remi Hess und Gabriele Weigand stimmen hier mit ihm überein: Sie erteilen einer Pädagogik ebenfalls eine Absage, die den Menschen nicht ganzheitlich betrachtet und übersieht, dass jeder und jede über

Begabungen verfügt, die es zu wecken gilt, erteilen sie eine Absage. Es geht nicht um Labels – sondern allein darum, sich immer wieder aufs Neue auf die pädagogische Herausforderung einzulassen.

Das interkulturelle Moment lässt sich also als Knotenpunkt betrachten, an den Günter Schmids facettenreicher Lebensweg ebenso wie seine konzeptionelle Arbeit vielfach anknüpfen. Die Besonderheit besteht in diesem Fall darin, dass dieses Moment sich größtenteils aus morphischen Resonanzen zusammensetzt, dass es diese Resonanzen selbst hervorbringen kann und dass darüber hinaus das narrative Interview aufgrund seiner Methode einen fruchtbaren Boden für das Entstehen solcher Resonanzen bietet.

Aus dem Französischen von Katja Roloff

Literatur

Breton, A. (1981). *Das Weite suchen. Reden und Essays.* Frankfurt/M.: Europäische Verlagsanstalt.
Cassirer, E. (1990). *Versuch über den Menschen: Einführung in eine Philosophie der Kultur.* Frankfurt/M.: S. Fischer.
Deleuze, G. (1993). *Unterhandlungen: 1972–1990.* Frankfurt/M.: Suhrkamp.
Fonvieille, R. (1998). *Naissance de la pédagogie autogestionnaire.* Paris: Anthropos.
Glissant, É. (2005a). *Kultur und Identität. Ansätze zu einer Poetik der Vielheit.* Heidelberg: Wunderhorn.
Glissant, É. (2005b). *Entretien avec Frédéric Joignot.* Le Monde, 2. http://fredericjoignot.blogspirit.com/archive/2005/01/21/edouard-glissant.html [31.01.2013].
Glissant, É. (2009). *Philosophie de la relation.* Paris: Gallimard.
Hess, R. (2003). *Voyage à Rio. Sur les traces de René Lourau.* Paris: Téraèdre.
Hess, R. (2007). Écouter Gabriele Weigand. In G. Weigand, *La passion pédagogique. Récit de vie recueilli et présenté par Remi Hess* (S. XI–XXXVI). Paris: Economica/Anthropos.
Hess, R. (2009a). *Henri Lefebvre et la pensée du possible, Théorie des moments et construction de la personne.* Paris: Economica/Anthropos.
Hess, R. (2009b). *Die Praxis des Tagebuchs: Beobachtung – Dokumentation – Reflexion.* Münster: Waxmann.
Hess, R. (2011). Commentaire: écouter Günter Schmid. In G. Schmid, *Pédagogie de l'enfant doué. Une histoire de vie pédagogique, recueillie et commentée par Remi Hess* (S. 50–67). Sainte-Gemme: Presses Universitaires de Sainte-Gemme.
Hess, R. (2012). *La pratique du journal, l'enquête au quotidien.* Paris: Téraèdre.
Lapassade, G. (1963). *L'entrée dans la vie. Essai sur l'inachèvement de l'homme.* Paris: Minuit.
Lefebvre, H. (1992). *Eléments de rythmanalyse: introduction à la connaissance des rythmes.* Paris: Syllepse.
Oury, F. & Vasquez, A. (1967). *Vers une pédagogie institutionnelle.* Paris: Maspero.
Schmid, G. (2011). *Pédagogie de l'enfant doué. Une histoire de vie pédagogique, recueillie et commentée par Remi Hess.* Sainte Gemme: Presses Universitaires de Sainte Gemme.
Steiner, G. (1969). *Sprache und Schweigen. Essays über Sprache, Literatur und das Unmenschliche.* Frankfurt a. M.: Suhrkamp.
Weigand, G. (1983). *Erziehung trotz Institutionen? Die pédagogie institutionnelle in Frankreich.* Würzburg: Königshausen und Neumann.

Weigand, G. (2007). *La passion pédagogique. Récit de vie recueilli et présenté par Remi Hess.* Paris: Economica/Anthropos.

Wittgenstein, L. (2001). *Philosophische Untersuchungen. Kritisch-genetische Edition.* Darmstadt: Wissenschaftliche Buchgesellschaft.

Von den Gründervätern zu den Kindern des DFJW
Deutsch-französische Begegnungen und ihre Wirkung auf den Verlauf von Biografien am Beispiel von vier Lebensgeschichten
Raphaela Starringer

Seit meiner Schulzeit sind deutsch-französische Begegnungen ein prägender Bestandteil meines Lebens. Meine erste Begegnung mit Frankreich, Franzosen und Französinnen erlebte ich mit 13. In der französischen Partnerstadt meiner Heimatstadt konnte ich eine wunderbare Woche bei einer französischen Gastfamilie verbringen. In dieser einen Woche zogen mich die französische Sprache, die französische Kultur und die Herzlichkeit der Franzosen und Französinnen in ihren Bann. Wie sich später herausstellte, war dies die erste vieler weiterer deutsch-französischer Begegnungen, die meinen Lebensweg bis heute entscheidend beeinflussen. Die Entdeckung des Nachbarlandes hatte mich so fasziniert, dass ich mich bei meiner Rückkehr entschied, Französisch als Fremdsprache in der Schule zu wählen und schließlich in der elften Klasse für ein Jahr nach Besançon zu gehen. Danach fühlte ich mich noch enger mit Frankreich, den Franzosen und Französinnen verbunden. Die Sprache begeisterte mich so sehr, dass ich die Schule mit einem *Abi-Bac* – einer Kombination aus deutschem Abitur und französischem *Baccalauréat* – abschloss. Nach der Schule war für mich klar, dass ich Französisch studieren wollte. Um meine Sprachkenntnisse und mein Wissen über die französische Kultur auch außerhalb eines akademischen Rahmens zu vertiefen, machte ich beim *Bureau International de Liaison et de Documentation (BILD)*[1] eine Ausbildung zur Gruppenleiterin, um Sommerlager für deutsche und französische Jugendliche zu betreuen. Schließlich entschied ich mich, im Rahmen des Erasmus-Programms[2] ein Jahr an der Universität Caen zu studieren. Bei meiner Rückkehr wurde ich auf das Forschungsprojekt „Interkulturelle Momente in der Biografie und der Kontext des DFJW" aufmerksam und mein Interesse für die wissenschaftliche Auseinandersetzung mit deutsch-französischen Begegnungen war geweckt. Ich bekam Gelegenheit, mich und meinen

---

1 Das BILD war eine der ersten Organisationen, die sich bereits 1945 für die Annäherung und Versöhnung Frankreichs und Deutschlands engagierten. Seit seiner Gründung veranstaltet das BILD Begegnungen für junge Franzosen, Französinnen und Deutsche und unterstützt sie dabei, die Sprache des Partnerlandes zu lernen. Auf diese Weise leistet die Organisation seit über 65 Jahren einen Beitrag für die Verständigung der beiden Länder und den Aufbau Europas. Mittlerweile arbeitet das BILD als Partner mit dem DFJW zusammen. Seine Schwesterorganisation in Deutschland ist die *Gesellschaft für übernationale Zusammenarbeit e.V.* (GÜZ) (http://bild-documents.org/; [31.01.2013]).
2 ERASMUS (**EuR**opean **A**ction **S**cheme for the **M**obility of **U**niversity **S**tudents) ist ein 1987 von der Europäischen Union ins Leben gerufene Programm, das den Austausch von Hochschulen und Mobilität von Studierenden und Dozent/inn/en zum Ziel hat.

bisherigen Lebensweg vorzustellen und wurde daraufhin in die Forschungsgruppe aufgenommen. Gegen Ende meines Studiums entschied ich mich, meine Master-Arbeit im Rahmen des Forschungsprojekts zu schreiben. Aus meinem Interesse, deutsch-französische Begegnungen aus verschiedenen Blickwinkeln zu betrachten, entstand die Idee einer generationsübergreifenden Studie, bei der deutsch-französische Begegnungen und ihre Wirkung auf den Verlauf von Biografien in verschiedenen historischen Kontexten untersucht werden sollten.

In diesem Beitrag werde ich die im Rahmen meiner Master-Arbeit entstandene generationsübergreifende Studie vorstellen. Hierfür werde ich zunächst meine Fragestellung, Zielsetzung und Methode erläutern. Darauf folgt eine kurze Beschreibung der deutsch-französischen Begegnungen im Leben unserer vier Interviewpartner/innen. Abschließend werde ich die Ergebnisse der Studie zusammenfassen und anhand der Theorie der Momente (vgl. Weigand, Hess & Dobel in diesem Band) diskutieren.

Fragestellung, Zielsetzung und Methode

Wie hat die Nachkriegsgeneration deutsch-französische Begegnungen erlebt? Wie nimmt die heutige Generation solche Begegnungen wahr? Haben sie eine nachhaltige Wirkung auf den Verlauf von Biografien oder sind sie einfach nur so etwas wie Bojen im Meer des Alltags? Entfalten sie in verschiedenen historischen Kontexten eine jeweils unterschiedliche Wirkung auf Biografien? Um diese Fragen zu beantworten, habe ich die Lebensgeschichten[3] von vier Personen ausgewählt. Die Auswahl der vier Interviewpartner/innen erfolgte nach verschiedenen Kriterien. So sollten zwei von ihnen der Generation angehören, die den Zweiten Weltkrieg miterlebt hatte. Aus diesem Grund entschied ich mich für Stéphane Hessel und Alfred Grosser. Zum Zeitpunkt des Interviews waren beide etwa 90 Jahre alt. Beide sind als Deutsche zur Welt gekommen und als Kinder nach Frankreich emigriert. Sie haben die Gräuel des Zweiten Weltkriegs miterlebt und sich später für die Völkerverständigung und den Aufbau Europas engagiert, um eine Welt zu schaffen, in der etwas so unfassbar Schreckliches nie wieder geschehen kann. Neben Stéphane Hessel und Alfred Grosser habe ich zwei Frauen der heutigen Generation ausgewählt: Petra und Irène.[4] Sie waren zum Zeitpunkt des Interviews zwischen 30 und 40 Jahre alt. Anders als bei den beiden Männern fand ihre Sozialisierung in einer Zeit statt, in der es ganz selbstverständlich schien, dass zwischen Frankreich und Deutschland Frieden herrscht. Irène und Petra sind mit vielen deutsch-französischen

---
3   Den Begriff der Lebensgeschichte verwende ich im Sinne von Pineau und Le Grand: „Die Lebensgeschichte wird hier als Erforschung und Konstruktion von Sinn auf der Grundlage persönlicher, vergänglicher Fakten definiert. Sie entsteht in einem Prozess, in dem Erfahrung zum Ausdruck gebracht wird" (Le Grand & Pineau, 2007, S. 3).
4   Da Stéphane Hessel und Alfred Grosser einem großen Publikum bekannt sind, wurden ihre Lebensberichte nicht anonymisiert. Die Lebensberichte der beiden Frauen – beides keine Personen des öffentlichen Lebens – wurden dagegen anonymisiert und ihre Namen geändert.

Begegnungen im Rahmen von Austauschprogrammen des DFJW und des BILD aufgewachsen. Abgesehen von ihrer Zugehörigkeit zur heutigen Generation waren zwei weitere Kriterien für die Auswahl der beiden Frauen ausschlaggebend: ihre Staatsbürgerschaft und die Verschiedenheit ihrer Perspektiven auf deutsch-französische Begegnungen. Irène ist Französin und hat an deutsch-französischen Begegnungen teilgenommen. Petra ist Deutsche. Sie organisiert und betreut als Gruppenleiterin deutsch-französische Begegnungen für das BILD. Das Interview mit Irène stammt aus der Datenbank des Forschungsprojekts. Die drei weiteren Interviews wurden von mir durchgeführt, zwei davon gemeinsam mit Augustin Mutuale.[5]

Die Interviews wurden nach dem im Forschungsprojekt verwendeten Modell des narrativen Interviews von Schütze (1987)[6] geführt. Das narrative Interview hat zum Ziel, dem/der Interviewpartner/in einen Rahmen zu bieten, in der sie/er einen möglichst vollständigen Lebensbericht[7] abgibt. Hierfür soll ein Erzählanstoß den/die Interviewpartner/in dazu anregen, unter einem bestimmten Aspekt von seinem/ihrem Erleben zu berichten (vgl. ebd., S. 238). Im Rahmen unseres Forschungsprojekts wird zur Wahrung der Kohärenz in der Regel immer folgender Erzählanstoß gegeben: „Welche Erlebnisse und Erinnerungen verbinden Sie mit Ihren deutsch-französischen Erfahrungen?"[8] Wenn der/die Interviewpartner/in ausdrücklich zu verstehen gibt, dass sein/ihr Bericht abgeschlossen ist, stellt der/die Interviewende gezielt Fragen, um bestimmte Aspekte des Berichts zu vertiefen (vgl. ebd., 239).

Für das Interview mit Petra, das im April 2011 in München stattfand, wurde der standardisierte Erzählanstoß des Forschungsprojekts verwendet. Für Stéphane Hessel und Alfred Grosser, beide Personen des öffentlichen Lebens, haben wir den Erzählanstoß abgeändert, um ihn persönlicher zu gestalten: „Wenn Sie an deutsch-französischen Erlebnisse zurückdenken, welche Erfahrungen – schöne oder weniger schöne – und welche Erinnerungen verbinden Sie damit? Und wie haben diese Erfahrungen Ihr Leben beeinflusst?"[9]

Die Interviews habe ich gemäß der „Narrationsstrukturanalyse" von Schütze (1983) analysiert; eine genaue Beschreibung der einzelnen Analyseschritte findet sich bei Schütze (1983) und Delory-Momberger (2005) (vgl. auch Stock, Egloff & Friebertshäuser in diesem Band).

---

5   Die Interviews wurden auch mit einer Kamera aufgenommen.
6   In der französischen Forschungsliteratur als „*entretien narratif*" insbesondere rezipiert durch Delory-Momberger (2004, S. 231).
7   Der Begriff des Lebensberichts wird in dieser Studie gemäß Delory-Mombergers Definition (2005, S. 60ff.) verwendet: Der Lebensbericht folgt nicht dem Anspruch, den tatsächlichen und objektiven Ablauf des Erlebten darzustellen. Vielmehr handelt es sich um die durch die erzählende Person rekonstruierte Geschichte, wie sie ihm/ihr in seinem/ihrem Verhältnis zur erzählten Vergangenheit angemessen erscheint. Der Lebensbericht entsteht in der Zeit und im Raum seines Erzählt-Werdens und ist somit beweglich, vorübergehend und lebendig.
8   Auf Französisch lautet der Erzählanstoß: „Quelles sont les expériences et les souvenirs, en rapport avec votre expérience et votre vécu franco-allemand?"
9   Die Fragen wurden auf Französisch gestellt: „Quelles sont vos expériences, belles et moins belles, et les souvenirs, qui vous reviennent dans votre mémoire en rapport avec votre vécu franco-allemand et comment ces expériences ont influencé votre vie?"

Stéphane Hessel und Alfred Grosser: Die „Gründerväter"

Bevor ich näher auf die Biografien von Stéphane Hessel und Alfred Grosser eingehe, werde ich kurz den jeweiligen Ablauf und die Umstände der Interviews schildern, um ein leichteres Verständnis der Lebensberichte zu gewährleisten und sie zu kontextualisieren.

Das Interview mit Stéphane Hessel führten wir im Februar 2011 in seiner Wohnung in Paris durch. Er hatte erst fünf Monate zuvor (2010) sein Buch *Indignez-vous!*[10] in Frankreich (dt. *Empört Euch!*) veröffentlicht und war dadurch im Alter von 93 Jahren eine gefragte Persönlichkeit mit hoher Medienpräsenz. Am Tag des Interviews waren bereits über eine Million Exemplare verkauft worden, eine deutsche Übersetzung war gerade erschienen. Sein Buch hatte nicht nur in Frankreich eine Moraldebatte ausgelöst, sondern auch in anderen Ländern, so in den USA, Japan, in der Türkei, in Brasilien und Deutschland (vgl. Aeschimann, 2010, S. 2f.; Rühle, 2011, S. 11). Dieser Hintergrund hatte einen entscheidenden Einfluss auf das Interview. So griff Stéphane Hessel in unserem Gespräch viele Passagen aus *Indignez-vous!* auf. Darüber hinaus standen uns nur 45 Minuten Interviewzeit zur Verfügung, weil Stéphane Hessel in Verbindung mit der Buchveröffentlichung an diesem Tag noch vier weitere Termine wahrnehmen musste. Trotz des auf ihm lastenden Zeitdrucks haben wir Stéphane Hessel als einen ruhigen, freundlichen Menschen kennen gelernt. Sein Blick und seine Haltung strahlten eine ungebrochene Warmherzigkeit aus. Er schien mit Interviewsituationen sehr vertraut zu sein, sprach frei und unterstrich seine Aussagen mit Gesten. Bevor wir uns von ihm verabschiedeten, machten wir gemeinsam mit ihm ein Foto.

Das Interview mit Alfred Grosser führten wir einen Monat später, im März 2011. Er empfing uns freundlich und gut gelaunt in seinem Büro in Paris. Als wir Platz genommen hatten, erzählte er uns, dass er sich sehr freue, weil er gerade die Übersetzung seines Buchs *Die Freude und der Tod. Eine Lebensbilanz.* abgeschlossen hatte. Dann begannen wir gleich mit dem Interview. Die Atmosphäre war locker und beim Erzählen schob Alfred Grosser hier und da einen Witz ein, der uns alle lauthals zum Lachen brachte. Nach dem 80-minütigen Gespräch machten wir gemeinsam mit ihm ein Foto und bedankten uns für seine Teilnahme an der Untersuchung.

Zwischen Stéphane Hessels und Alfred Grossers Lebensberichten lassen sich zahlreiche Parallelen ziehen. Beide haben jüdische Wurzeln und kamen in den

---

10 In diesem etwa 20-seitigen Buch prangert Stéphane Hessel die Verschärfung der Ungleichheiten an, den sich verschlechternden Zustand unseres Planeten, die Diktatur der Finanzmärkte, die skandalöse Behandlung von Menschen ohne Aufenthaltsgenehmigung und von Migrant/inn/en, die Übel der Wettbewerbsgesellschaft sowie den Ausverkauf des Widerstands und seiner Errungenschaften, wie Renten und Sozialversicherung. Er ruft zu einem „friedlichen Aufstand" auf (Hessel, 2011, S. 21) und möchte dazu anregen, sich in der Welt von heute zu empören, sich zu vernetzen und für mehr Demokratie zu engagieren.

1920er Jahren in Deutschland zur Welt. Sie emigrierten im Alter von sieben bzw. acht Jahren mit ihren Familien nach Paris. Alfred Grosser erzählt:[11]

> A. Grosser: Meine deutsch-französischen Erfahrungen beginnen damit, dass ich Einwanderer war, Einwandererkind, im Dezember '33, ich bin hier in Saint-Germain-en-Laye zur Schule gegangen, und zwar ab dem 5. Januar '34, und war sehr bald schon in die französische Gesellschaft integriert […].

Wir erfahren im Laufe des Gesprächs, dass Alfred Grosser emigrierte, um dem Nationalsozialismus zu entkommen. Bei Stéphane Hessel sind die Gründe der Emigration nicht genau bekannt. Beide lernten die Französinnen und Franzosen, ihr Leben, ihre Kultur und ihre Sprache in der Kindheit kennen. Obwohl sie Deutschland verlassen haben, bleiben das Land und seine Kultur auch in ihrem neuen Leben in Frankreich präsent, und zwar durch ihre Familien, die deutsche Staatsangehörigkeit und durch ihre Kindheitserinnerungen.

> S. Hessel: Meine Erinnerungen von mir als kleiner Junge in Berlin sind vor allem mit dem Zoo verbunden, der Zoologische Garten, da gab es Menschenaffen, Orang-Utans, einen Löwen […]

Etwas später erzählt er im Interview:

> Meine Mutter, die Deutsche ist, und zwar mit sehr großer Leidenschaft, die erst mit 96 starb, war jemand, der mir sehr nahe stand. Sie trug die deutsche Kultur in sich.

Stéphane Hessel und Alfred Grosser gaben noch als junge Männer 1937 offiziell ihre deutsche Staatsbürgerschaft auf, um die französische anzunehmen: „Wir wurden sehr bald, und zwar '37, eingebürgert" (A. Grosser). Als das nationalsozialistische Regime an die Macht kam, waren sie mit einem ihnen feindlich gesinnten Deutschland konfrontiert. Alfred Grosser wurde (wahrscheinlich weil er bei Kriegsausbruch erst 16 Jahre alt war) nicht in die Armee eingezogen, konnte fliehen und im Untergrund leben. Doch er hat mehrere Verwandte, die in das unerbittliche Räderwerk des Nationalsozialismus gerieten:

> A. Grosser: Meine Schwester starb '41 an den Folgen unserer Flucht vor der deutschen Armee – wir waren auf dem Fahrrad geflohen. Im August '44 erfuhr ich in Marseille, dass mein Onkel und meine Tante nach Auschwitz deportiert worden waren.

Stéphane Hessel kämpfte zunächst als junger Soldat gegen sein Geburtsland, dann engagierte er sich in der Résistance unter Charles de Gaulle. Als Widerstandskämpfer

---

11 Die Interviews mit Stéphane Hessel und Alfred Grosser wurden hauptsächlich auf Französisch geführt, die Aussagen sind hier ins Deutsche übersetzt (Anm. d.Ü.).

wurde er „von der Gestapo verhaftet", ins KZ Buchenwald deportiert und zum Tode verurteilt. Er betont, dass er „durch einen Deutschen gerettet" wurde – dank der verdeckten Hilfe Eugen Kogons überlebte er das Konzentrationslager.[12] Trotz der Schrecken des Krieges lehnen Stéphane Hessel und Alfred Grosser bis heute den Gedanken einer Kollektivschuld der Deutschen ab. Sofort nach dem Krieg gelangten sie zu der Überzeugung, dass man sich für den Wiederaufbau Deutschlands und die Annäherung an Frankreich engagieren müsse. Alfred Grosser stellt hierzu fest: „Ich war für die Zukunft Deutschlands mit verantwortlich". In diesem Zusammenhang spricht Stéphane Hessel bereits vom Aufbau Europas:

S. Hessel: Ich dachte damals [1945], wir müssen Europa aufbauen. Wir Franzosen und Deutsche und auch Andere können uns gemeinsam als Partner für den Aufbau Europas stark machen.

In einem gemeinsamen Bestreben verbunden und gut ausgebildet – Stéphane Hessel studierte an der Elitehochschule *École Nationale Supérieure* (*ENS*) und Alfred Grosser hatte die *Agrégation* in Germanistik und damit die Berechtigung zur Lehre in der Oberstufe und an Hochschulen erworben –, engagierten sich beide sofort nach der Befreiung Frankreichs für die Versöhnung. Dieses Engagement sollten sie ihr ganzes Leben lang weiterführen. Stéphane Hessel erhält eine Stelle bei der UNO, wirkt an der Ausarbeitung der Allgemeinen Erklärung der Menschenrechte mit, wird dann Attaché im französischen Außenministerium und arbeitet später im Entwicklungsprogramm der Vereinten Nationen. Auf diese Weise bringt er sich in den Aufbau einer friedlicheren Welt ein. Während Stéphane Hessel sich auf internationaler Ebene engagiert, wirkt Alfred Grosser in einem binationalen Rahmen zwischen Frankreich und Deutschland an der Annäherung der beiden Länder mit: „Von da an [1945] habe ich mich für die deutsch-französischen Beziehungen eingesetzt und das tue ich bis heute". Zur langen Liste seines Engagements gehören die Gründung verschiedener Institutionen mit der Zielsetzung, deutsche Jugendliche wieder an die Demokratie heranzuführen (das *Comité d'échange avec l'Allemange nouvelle*, das *Centre d'information et de recherche sur l'Allemagne contemporaine* (*Cirac*), das *Jugendinstitut in Gauting*), von ihm organisierte deutsch-französische Austauschprogramme, die Förderung des gegenseitigen Kennenlernens Deutschlands und Frankreichs ebenso wie Beiträge in deutschen und französischen Medien. Mit seinen Aktivitäten bereitete er den Boden für den Aufbau der Europäischen Union und ebnete den Weg für die Gründung des DFJW im Jahr 1963, das als Institution „unser Engagement weiterführt".[13] Zum Zeitpunkt des Interviews – im Alter von 93 bzw. 87 Jahren – leben Stéphane Hessel und Alfred Grosser mit ihren französischen

---

12 Der Soziologe Eugen Kogon lebte von 1903 bis 1987. Als Gegner der Nationalsozialisten war er von 1939 bis 1945 Häftling im KZ Buchenwald. Er verfasste das 1946 erschienene Standardwerk „Der SS-Staat. Das System der deutschen Konzentrationslager", die erste systematische Darstellung und Analyse des nationalsozialistischen Terrorsytems.
13 Alfred Grossers Aussage wurde von Albrecht (2002) und Bock (2008) wissenschaftlich nachgewiesen.

Familien in Paris. Als Personen des öffentlichen Lebens kämpfen sie immer noch leidenschaftlich für die persönlichen Überzeugungen, denen sie ihr ganzes Leben gewidmet haben. Es ist für sie eine Herzensangelegenheit, dass die Völker friedlich und solidarisch zusammenleben und dass die Europäische Union auch weiterhin mit Frankreich und Deutschland als treibender Kraft ihre Entwicklung als Gemeinschaft der Nationen fortführt. Sie wissen, dass sie am Ende ihres Lebens stehen – deshalb möchten sie ihre Werte an die junge Generation weitergeben und rufen öffentlich dazu auf, sich für eine menschlichere Welt zu engagieren: „Empört Euch, damit sich etwas ändert!"

Irène und Petra: Die „Kinder des DFJW"

Wie haben Irène und Petra im Vergleich zu Stéphane Hessel und Alfred Grosser ihre deutsch-französischen Begegnungen erlebt? Irène hat seit ihrer frühen Kindheit viele deutsch-französische Erfahrungen gesammelt:

Irène: [...] meine Kindheit war stark geprägt von sehr intensiven Begegnungen mit Deutschen, mit Deutschland, mit dem Land. [...] mein Vater arbeitete nämlich beim DFJW und hat mich sehr früh schon zu DFJW-Begegnungen mitgenommen.[14]

Irène nahm als Fünf- und als Siebenjährige an DFJW-Begegnungen teil. Mit 13 fuhr sie zum ersten Mal im Rahmen eines Schulaustauschs nach Deutschland. Begeistert erzählt sie: „[...] da habe ich mich so richtig in Deutschland verliebt". Petra erlebte mit 16 Jahren zum ersten Mal eine deutsch-französische Begegnung, und zwar einen Schulaustausch, den sie als ihren „erste[n], sehr positive[n] Eindruck [...] mit Frankreich" bewertet. Für beide war der Schulaustausch also eine sehr positive Erfahrung, die ihnen das jeweilige Nachbarland näher gebracht hat. Irène berichtet darüber hinaus begeistert von den deutsch-französischen Begegnungen in Ligoure bei Limoges.[15] Sie kommentiert: „[...] die Erfahrungen [dort waren] so prägend, dass sie bis heute eine wesentliche Orientierung in meinem Leben darstellen". Darüber hinaus erzählt sie von einer deutsch-französischen Begegnungsstätte in Bendorf bei Frankfurt, die sie sieben Mal besucht hat: Es war für sie „das Paradies, einfach toll". Nach dem *Baccalauréat* ging Irène zum ersten Mal für längere Zeit nach Deutschland, um am *Centre Juridique Franco-Allemand* in Saarbrücken

---

14 Das Interview mit Irène fand auf Französisch statt, ihre Aussagen sind hier ins Deutsche übersetzt (Anm. d. Ü.).
15 Bei diesen deutsch-französischen Begegnungen handelte es sich um die bereits in der Einleitung erwähnten „experimentellen Programme", die von Irènes Vater organisiert und durchgeführt wurden (vgl. Hess, 1999, S. 76ff.). Die Begegnungen hatten jeweils wechselnde Themen, vor allem standen jedoch die Begegnung in der Gruppe und die Beziehung zwischen den Teilnehmenden im Zentrum. Die Teilnehmenden gestalteten das jeweilige Programm aktiv mit, wodurch jede Begegnung ihre eigene Dynamik entwickelte. Allerdings kam es bei der gemeinsamen Programmgestaltung auch häufig zu interkulturellen Konflikten und Missverständnissen (vgl. Weigand, 2007, S. 79ff.).

zu studieren. Es sollte ihr einziger langer Deutschlandaufenthalt sein. In den zwei Studienjahren stand sie „am Rande einer Depression" – das Jurastudium war sehr anspruchsvoll und sie hatte Angst durchzufallen. Außerdem fühlte sie sich in dieser Phase nicht wohl in ihrer Haut und hatte Heimweh. Schließlich kehrte sie nach Frankreich zurück: „Ich sah alles etwas nüchterner, schwärmte nicht mehr so für Deutschland wie mit 18". Sie war froh, wieder in ihrem Land zu sein.

Petra hat eine ganz ähnliche Entwicklung durchlebt. Auch sie ging nach ihrem Abitur zum ersten Mal für längere Zeit ins Nachbarland, um sechs Monate als Aupair in Paris zu arbeiten. Auch für sie sollte es der einzige lange Frankreichaufenthalt werden und auch sie erlebte ihn als desillusionierend, da sich das Verhältnis zu ihrem Gastvater konfliktreich gestaltete. Es handelte sich dabei, wie sie erklärt, um „[…] dieses Negativ-Dings mit deutsch-französischer Kultur trifft aufeinander". Als sie nach Deutschland zurückkehrte, wollte sie mit Französisch nichts mehr zu tun haben. Trotzdem wandte sie sich kurz darauf wieder dem Land zu und absolvierte beim BILD eine Ausbildung zur Gruppenleiterin für deutsch-französische Begegnungen. Sie bewertet dies als „eine sehr, sehr angenehme Erfahrung" und berichtet, dass sie dort zum ersten Mal etwas über die „Theorie von interkultureller Kommunikation" erfuhr. Dadurch konnte sie Begegnungen abstrakt betrachten, die Probleme, auf die sie bei ihrem Aufenthalt in Paris gestoßen war, verarbeiten und sich auf diese Weise mit Frankreich versöhnen. Bei Irène war es anders. Sie hatte keine Gelegenheit, ihre Erfahrungen in Saarbrücken zu verarbeiten. Kurz nach ihrer Rückkehr lernte sie ihren späteren Ehemann kennen und engagierte sich stark in ihrem Beruf – zwei Verbindlichkeiten ohne besonderen Deutschlandbezug. Dennoch ist die deutsche Kultur für sie heute nach wie vor stark präsent. Ihre beiden besten Freundinnen aus der Zeit in Saarbrücken leben in Deutschland, wodurch sie ihre Verbindung dorthin bis heute pflegt. Das liegt ihr sehr am Herzen und nach eigener Aussage möchte sie „prinzipiell wieder eine Beziehung [zum Land] aufbauen". Petra hat ihrerseits durch das *BILD* nach wie vor eine sehr intensive Beziehung zu Frankreich. Heute gestaltet sie dort selbst deutsch-französische Begegnungen.

Im Vergleich der beiden Biografien wird deutlich, dass beide Frauen insgesamt viele deutsch-französische Begegnungen aus unterschiedlichen Perspektiven erlebt haben. Irène ist französische Staatsbürgerin und kennt deutsch-französische Kontexte vor allem aus ihrer Perspektive als Teilnehmerin von Begegnungen und als Studentin. Petra ist deutsche Staatsbürgerin und hat deutsch-französische Begegnungen nicht nur aus der Sicht der Teilnehmerin erlebt, sondern vor allem als Vermittlerin und Gruppenleiterin. Die beiden Frauen haben sowohl positive als auch negative Erinnerungen an ihre deutsch-französischen Begegnungen, doch die positiven Erinnerungen überwiegen letztlich bei beiden.

Verschiedene interkulturelle Momente

Um Stéphane Hessels und Alfred Grossers Begegnungen im Vergleich mit Irènes und Petras Begegnungen zu analysieren und auszuwerten, orientiere ich mich an der Theorie der Momente (vgl. hierzu Weigand, Hess & Dobel in diesem Band). Die geschilderten deutsch-französischen Begegnungen sind für die Konstruktion eines Moments nach Hess' Definition von zentraler Bedeutung:

> „Das Moment lässt sich als inneres, durch das Subjekt auf Grundlage seiner Erfahrung konstruiertes Raum-Zeit-Gefüge definieren. Dieses Gefüge kennzeichnet bestimmte Bereiche im Dasein eines Subjekts, lässt sie hervorstechen und befähigt das Subjekt dadurch, jede neue Situation in einer ihm eigenen Konfiguration von Habitus, Affekten und Beziehungen wiederzuerkennen, die Situation zu durchleben und sich anzueignen" (Hess in: Delory-Momberger, 2004, S. 262f.).

Anders gesagt: Momente sind strukturierende Elemente des Lebens und Denkens eines Menschen. Sie lassen sich eindeutig von ihrer Umgebung unterscheiden und kennzeichnen sich durch Wiederholung. Jede Wiederholung eines Moments weist zwar Veränderungen auf, doch bestimmte Elemente kehren in jeder Variante wieder und lassen das Moment erkennbar werden. Von dieser Definition ausgehend sind verschiedene Momente vorstellbar: das Moment der Arbeit, das Moment der Familie, das Moment des Sports, das Moment der Schule, das Moment der Reise usw. Die vorliegende Studie befasst sich mit einem interkulturellen Moment. Darüber hinaus muss im spezifischen Kontext dieser Untersuchung zwischen einem öffentlichen und einem privaten interkulturellen Moment unterschieden werden. Die Adjektive „öffentlich" und „privat" bezeichnen in diesem Zusammenhang verschiedene Aspekte des interkulturellen Moments. Und zwar unterstreichen sie die Mikro- und Makroebene, auf denen die Interviewten jeweils ihre deutsch-französischen Begegnungen beschrieben haben. Diese verschiedenen Aspekte hängen vor allem mit den unterschiedlichen Erzählperspektiven zusammen. Während Irène und Petra auf der Ebene individueller Interaktionen von ihren deutsch-französischen Begegnungen berichteten, verorteten Stéphane Hessel und Alfred Grosser ihre Begegnungen in einem größeren Kontext, der auch eine politische Ebene umfasste. Dass ihre Berichte einen anderen Fokus besitzen als die Berichte der beiden Frauen, ist durch mehrere Faktoren bedingt. Zum einen fiel Stéphane Hessels und Alfred Grossers biografische Rückschau auf Grund ihres hohen Alters weit umfangreicher aus als die der beiden Frauen. Als Zeitzeugen eines großen Teils des 20. Jahrhunderts stellen die beiden Männer ihre deutsch-französischen Begegnungen in den Kontext der historischen Ereignisse. Darüber hinaus ist der Fokus, mit dem sie von ihren Begegnungen erzählten, durch ihre gesellschaftliche Stellung bedingt. Stéphane Hessel und Alfred Grosser engagieren sich in der Öffentlichkeit und interagieren daher auf zwei Ebenen: als Privatperson und als Person des öffentlichen Lebens. Im Rahmen des Interviews haben sie sich auf dieser zweiten Ebene geäußert und sind nicht näher auf ihr Privatleben eingegangen. Irène und Petra dagegen stehen nicht in der Öffentlichkeit. Ihre Interviews fanden in einem privaten Rahmen statt. Da sie zudem auf einen kürzeren Lebensweg zurückschauen, hatten sie Raum und Gelegenheit, individuelle Interaktionen im Rahmen ihrer deutsch-französischen Begegnungen sehr detailliert zu erörtern.

Durch die verschiedenen Erzählperspektiven und den sich jeweils daraus ergebenden Fokus war es notwendig, den hermeneutischen Analyseansatz entsprechend anzupassen, um die Wirkung der beschriebenen deutsch-französischen Begegnungen auf die untersuchten Biografien herausarbeiten zu können. Bei Irène und Petra ließ sich diese Wirkung aus den alltäglichen Begebenheiten ihres Lebens schließen. Stéphane Hessel und Alfred Grosser erzählten weniger aus ihrem Privatleben. Die Wirkung ihrer deutsch-französischen Begegnungen ließ sich daher eher aus Aussagen herleiten, in denen ihre persönliche Überzeugung zum Ausdruck kam. Bei Irène und Petra waren Wirkungen in verschiedenen Lebensbereichen – Familie, Wissen, Bildung, Beruf, Lebensstil, Weltbild und Persönlichkeit – erkennbar. Bei Stéphane Hessel und Alfred Grosser dagegen wurden im Zuge der Analyse Wirkungen in Hinblick auf ihre Identität, ihre Weltanschauung und ihr Engagement offenbar. Angesichts der besonderen Perspektive dieser beiden Interviewpartner ist zu betonen, dass diese Untersuchung in Bezug auf die ermittelten Wirkungen weder Anspruch auf Vollständigkeit erhebt noch darauf, dass sie im Hinblick auf die Biografien der Interviewpartner als die wichtigsten Wirkungen deutsch-französischer Begegnungen bewertet werden können.

Unter Berücksichtigung der verschiedenen Erzählperspektiven und des sich jeweils daraus ergebenden Fokus, der eine Betrachtung unter zwei verschiedenen Aspekten des interkulturellen Moments erforderlich machte, ließ sich im Zuge der Analyse feststellen, dass sämtliche deutsch-französischen Begegnungen, die das Leben der vier Interviewpartner/innen nachhaltig beeinflusst haben, in Kindheit und Jugend stattfanden. Jedoch unterscheiden sich die Begegnungen in ihrem Charakter. Stéphane Hessels und Alfred Grossers Begegnungen waren existenzieller Ordnung, sie waren bedingt durch ihre Immigration, ihre Staatsangehörigkeit und die prekäre Situation, in die sie von Krieg und Holocaust gedrängt wurden. Irènes und Petras Begegnungen waren nicht existenziell, sondern spielten sich im Kontext deutsch-französischer Jugendarbeit und des Kennenlernens der Nachbarkultur ab – überwiegend im Rahmen von Austauschprogrammen ihrer Schulen, Universitäten, des DFJW bzw. seiner Partnerorganisation BILD und einer Au-pair-Organisation. Die Unterschiede im Hinblick auf den Charakter der Begegnungen sind darauf zurückzuführen, dass Stéphane Hessel und Alfred Grosser in einer anderen Zeit sozialisiert wurden als Irène und Petra. Hier wird die historische Dimension des interkulturellen Moments offenbar: Es unterliegt dem Wandel der Zeiten und muss deshalb in seinem historischen Kontext analysiert werden. Bei allen Unterschieden zwischen den vier Interviewpartner/inne/n ist jedoch auch zu beobachten, dass sich die verschiedenen historischen Kontexte ihrer Sozialisierung gegenseitig ergänzen. Wie lässt sich das erklären? Stéphane Hessel und Alfred Grosser wurden in einer

Zeit sozialisiert, in der ein feindseliges Klima zwischen den Nationen herrschte und eine friedliche Staatengemeinschaft bloß ein Traum einiger weniger Personen war. Sie haben beide ihre frühe Kindheit in einem vom Ersten Weltkrieg geschwächten Deutschland verbracht, das Frankreich gegenüber feindlich gesinnt war und zunehmend antisemitisch wurde. Sie mussten erfahren, wie das nationalsozialistische Regime die Macht ergriff und seine Vernichtungspolitik gegen all diejenigen richtete, die nicht seinen Vorstellungen entsprachen. Zudem erlebten die beiden Männer den Zweiten Weltkrieg mit und wurden so zu Zeugen des gegenseitigen Mordens zwischen Franzosen, Deutschen und Bürgern anderer Länder. In diesem Krieg wurde Stéphane Hessel ins KZ Buchenwald deportiert, weil er sich in der Résistance engagierte. Alfred Grosser wurde wegen seiner jüdischen Wurzeln von den Nationalsozialisten verfolgt, konnte jedoch mit seiner Schwester nach Südfrankreich fliehen. Sie starb an den Folgen ihrer Flucht. Sowohl das feindselige Klima der Zeit als auch die deutsch-französischen Begegnungen auf individueller und politischer Ebene prägten die beiden Männer grundlegend und weckten in ihnen die Vision einer friedlichen Welt: die Vision einer Welt, in der Staaten miteinander kooperieren, statt miteinander zu konkurrieren, in der die Nationen solidarisch und friedlich miteinander leben, statt einander zu bekämpfen und in der jedem Menschen eine würdige Behandlung zuteil wird. Angetrieben durch ihren unerschütterlichen Optimismus arbeiteten die beiden Männer an der Verwirklichung dieser Vision. Alfred Grosser engagierte sich auf deutsch-französischer Ebene, Stéphane Hessel war auf internationaler Ebene aktiv. Mit ihrem Engagement waren sie Wegbereiter der Europäischen Union. Sie beide haben zu einem gesellschaftlichen Wandel beigetragen, haben an der nachhaltigen Veränderung eines feindseligen Klimas mitgewirkt, sodass eine Ära beginnen konnte, in der Frieden und das gegenseitige Kennenlernen der Länder in der Europäischen Union nun selbstverständlich erscheinen. Innerhalb der Europäischen Union konnten sie ihre Vision verwirklichen. Doch sie wissen, dass in der globalisierten Welt heute neue Herausforderungen zu meistern sind. Deshalb regen sie junge Menschen dazu an, Europäer/innen zu sein und sich für eine Welt einzusetzen, in der allen ein würdigeres Leben möglich ist. Sie vertrauen der Macht jedes Individuums, Veränderung herbeizuführen, weil sie selbst erlebt haben, dass Veränderung möglich ist. Mit ihrem Engagement und mit dem, was sie geschaffen haben, sind sie selbst das beste Beispiel für dieses Vertrauen und sind deshalb auch Hoffnungsträger. Sie verspüren die Notwendigkeit, ihren Kampfgeist und ihr Vertrauen an die junge Generation weiterzugeben, an diejenigen, die die Welt von morgen schaffen.

Irène und Petra wuchsen in der Zeit auf, die Stéphane Hessel und Alfred Grosser als „Gründerväter" mitgestaltet haben. Die beiden Frauen wurden in einem Umfeld sozialisiert, in dem der Frieden zwischen Frankreich und Deutschland selbstverständlich wirkte. Es war undenkbar geworden, dass die beiden Länder noch einmal gegeneinander in den Krieg ziehen könnten. Die „Kinder des DFJW" sind mit deutsch-französischen Austauschprogrammen groß geworden und entwickelten ein reges Interesse für das Nachbarland. Sie haben die Kultur des anderen Landes von klein auf kennen gelernt und halten es für normal, dass sie und alle anderen Franzosen, Französinnen und Deutsche Europäer/innen sind. Sie denken europäisch, engagieren sich aus diesem Geiste heraus für das DFJW und das BILD – Organisationen, die das gegenseitige Kennenlernen Frankreichs und Deutschlands fördern – und geben ihren deutsch-französischen Erfahrungsschatz an ihr Umfeld weiter. Mit ihrem Engagement schaffen sie keine neue Welt, wie Stéphane Hessel und Alfred Grosser – aber sie konsolidieren die Errungenschaften, die die beiden Männer mitgestaltet haben. Denn diese neue Welt – die friedliche Gemeinschaft der europäischen Staaten – beruht auf der Offenheit von Menschen wie Petra und Irène. In dieser Hinsicht ergänzt sich das Engagement der vier Interviewpartner/innen: Mit ihrer politischen Arbeit haben die beiden Männer am Entstehen eines friedlichen Europas mitgewirkt, das jedoch nur durch Menschen wie Irène und Petra, durch ihren Einsatz auf individueller Ebene Bestand haben kann. Die beiden Frauen sind zwar keine Kämpfernaturen mit einer umfassenden Vision für die Zukunft Europas, doch sie verkörpern die Einstellung, die Stéphane Hessel und Alfred Grosser vor Augen hatten. Durch ihre deutsch-französischen Begegnungen haben sie Sensibilität für ihre Mitmenschen, für die Anderen entwickelt – eine notwendige Bedingung für das gegenseitige Kennenlernen der Länder und nicht zuletzt für den Frieden. In dieser Hinsicht muss auch die Bedeutung von Institutionen wie derjenigen des DFJW und des BILD betont und gewürdigt werden: Sie organisieren Begegnungen für deutsche und französische Jugendliche und leisten dadurch einen Beitrag zur Bildung junger Menschen, die auf diese Weise an das anknüpfen können, was Stéphane Hessel und Alfred Grosser begonnen haben.

Diese Kontinuität stellt auch den Rahmen dar, in dem ich die beiden Männer als „Gründerväter" der deutsch-französischen Freundschaft und die beiden Frauen als „Kinder des DFJW" bezeichne. Es ist mir an dieser Stelle wichtig darauf hinzuweisen, dass diese Kategorisierung nicht homogen ist und Überschneidungen aufweist. Der Begriff „Gründervater" beruht darauf, dass Stéphane Hessel und Alfred Grosser älter sind, mehr Erfahrung haben und deutsch-französische Begegnungen in einem breiteren Kontext betrachten, unter anderem weil sie mit den offiziellen Zusammenhängen aus nächster Nähe vertraut sind und sie die deutsch-französische Geschichte mitgestaltet haben. Die „Kinder des DFJW" dagegen sind jünger und nehmen Begegnungen in einem engeren, auf das Privatleben beschränkten Kontext wahr. Sie kennen die Geschichte beider Länder, haben aber nicht an historischen Ereignissen mitgewirkt. Die beiden Kategorien sind also durch diese Differenzierung gerechtfertigt. Allerdings gibt es insofern Überschneidungen, als Stéphane Hessel und Alfred Grosser stellenweise auch als Kinder wahrzunehmen sind. Als zum Beispiel Stéphane Hessel auf Deutsch über Glück spricht, erklärt er, was er von seiner Mutter darüber gelernt hat. Hier erzählt er auf einer sehr privaten Ebene:

S. Hessel: Ein glücklicher Mensch kann auch andere Menschen glücklich machen, das ist, was mir meine Mutter beigebracht hat, und es hat mir in meinem Leben immer wieder geholfen. Wenn ich irgendwie traurig war über etwas, sagte ich mir nein, eigentlich hast du ja Glück und das Glück das musst du tragen und übertragen.

Dasselbe lässt sich bei Alfred Grosser beobachten, als er sich (auf Französisch) voller Wertschätzung über seine Mutter und seine Ehefrau äußert:

A. Grosser: Sie [die Mutter, R.S.] war diejenige, die mir immer Mut gemacht hat. Was wirklich bemerkenswert war. […] Sie war also ein vollkommener Mensch und meine Frau ist auch ein vollkommener Mensch (lacht). Aber wir sind ohnehin ein anormales Paar. Wir sind bald schon 52 Jahre verheiratet und immer noch in den Flitterwochen (lacht).

Aus den hier angeführten Gründen sollen die beiden verwendeten Kategorien nicht als absolut verstanden werden. Sie sollen eher den analytischen Rahmen stellen, in dem sich bestimmte Aspekte aus der komplexen Realität der vier verschiedenen Lebenswege herausarbeiten lassen.

Fazit

Bei den vier Interviewpartner/inne/n konnten diverse Wirkungen auf ihre jeweiligen Biografien unter Berücksichtigung der spezifischen Kontexte ermittelt werden. Es liegen also aussagekräftige Ergebnisse vor, die jedoch ausgewertet und im Rahmen einer kritischen und differenzierten, retrospektiven Reflexion eingeordnet werden müssen. So unterlag die Studie eindeutig diversen Einschränkungen. Zum einen besteht insgesamt bei qualitativen Studien die Einschränkung, dass sich auf Grundlage der Ergebnisse keine allgemeingültigen Aussagen treffen lassen. Die festgestellten Wirkungen sind durch die spezifischen Biografien der vier Interviewpartner/innen bedingt. Sie können jedoch durchaus als Ausgangspunkt für eine weiterführende Analyse mit einer größeren Anzahl von Interviewpartner/inne/n dienen. Eine weitere Einschränkung bei dieser Untersuchung entstand durch die Zeitbegrenzung der Interviews. Die Interviewpartner/innen konnten nicht näher auf ihre deutsch-französischen Begegnungen und deren biografiebezogene Wirkung eingehen. Stattdessen kamen durch den zeitlich begrenzten Rahmen kurze und vereinfachte biografische Erzählungen zustande. Um zu einem umfassenden Einblick in die Bedeutung deutsch-französischer Begegnungen im Leben der vier Personen zu gelangen, wäre die Durchführung mehrerer Interviewsitzungen von Vorteil gewesen. Dies wäre vor allem den biografischen Erzählungen von Stéphane Hessel und Alfred Grosser zugute gekommen. Sie sind doppelt so alt wie Irène und Petra und haben somit entsprechend viele Erlebnisse zu erzählen.

Eine große Herausforderung bestand in der uneinheitlichen Durchführung der Interviews, mit verschiedenen bzw. unterschiedlich vielen Interviewenden und mit unterschiedlichen Erzählanstößen. Außerdem basierte das Gespräch mit Irène nicht auf der Methode des narrativen Interviews. Durch die Unterschiede in der Durchführung gestaltete sich der Vergleich der Interviews schwierig. Darüber hinaus mussten bei der Analyse der biografischen Erzählungen von Stéphane Hessel und Alfred Grosser zusätzlich ihre Eigenschaft als Personen des öffentlichen Lebens und die damit einhergehenden Besonderheiten berücksichtigt werden. Hier stellt sich die Frage, ob ein persönlicherer Rahmen bei den Interviews dazu beigetragen hätte, dass die Männer mehr Details aus ihrem Privatleben offenbaren. Dies hätte weiterreichende Schlussfolgerungen zu den Wirkungen von deutsch-französischen Begegnungen ermöglicht. Ein persönlicherer Rahmen ließe sich schaffen, indem das Interview von nur einer Person und ohne Kamera geführt wird und keine weiteren Personen anwesend sind. Zusätzlich könnte die hauptsächliche Verwendung der Muttersprache der Interviewpartner – hier also Deutsch – in privatere Kontexte führen. Darüber hinaus wäre es günstig gewesen, Fragen zum privaten Erleben zu stellen, was die biografischen Erzählungen auf eine persönlichere Ebene gelenkt hätten. Die Frage über Glück hingegen war ein Impuls in die richtige Richtung, durch den kurze Exkurse in das private Erleben der Interviewpartner zustande kamen. Auch die über das Interviewmaterial hinausreichende Auseinandersetzung mit Stéphane Hessels und Alfred Grossers Biografien hat sich als gewinnbringend erwiesen. Um ihre Erlebnisse und ihre persönlichen Überzeugungen besser verstehen und einordnen zu können, habe ich zahlreiche Artikel, Interviews und Bücher über sie studiert. Zudem bin ich den historischen Spuren der beiden Männer gefolgt. So besuchte ich das KZ Buchenwald, in das Stéphane Hessel deportiert und wo er zum Tode verurteilt worden war. Der Besuch an diesem schrecklichen Ort wurde zu einer intensiven, prägenden Erfahrung. Außerdem fuhr ich zum Jugendinstitut in Gauting bei München, an dessen Gründung Alfred Grosser von 1950 bis 1951 beteiligt war. Heute, 60 Jahre später, steht das Institut auch weiterhin im Dienste der politischen Bildung, der pädagogischen Ausbildung und der Jugendarbeit und vermittelt die Werte, für die sich Alfred Grosser engagiert. Dies war ein weiterer Aspekt, der meine Aufmerksamkeit auf die generationsübergreifende Bedeutung seiner Errungenschaften lenkte. Die vertiefende Auseinandersetzung mit Stéphane Hessels und Alfred Grossers Biografien hat mir das Verständnis ihrer biografischen Erzählungen und heutigen persönlichen Überzeugungen erleichtert und es ermöglicht, Lücken zu schließen, die auf Grund der nicht ausreichend umfangreichen Interviews offen geblieben waren.

Abschließend sei angemerkt, dass diese Studie nicht allein durch die zahlreichen deutsch-französischen Begegnungen meiner eigenen Biografie anregt wurde und somit als eine Wirkung dieser Begegnungen gelten kann, sondern dass sie sich letztlich selbst zu einer deutsch-französische Begegnung entwickelt hat – genauer gesagt, zu einer deutsch-französische Wissenschaftsbegegnung. So beinhaltete die Forschungsarbeit die eingehende Beschäftigung mit vier Personen, die sowohl zu Frankreich als auch zu Deutschland ein enges Verhältnis haben. Außerdem waren für die Interviews mit Stéphane Hessel und Alfred Grosser zwei Reisen nach Paris erforderlich. Und nicht zuletzt stärkte diese Untersuchung die enge

Zusammenarbeit mit meinem Kollegen Augustin Mutuale, mit dem ich die Interviews mit den beiden Männern durchgeführt habe, ebenso wie die Zusammenarbeit mit der deutsch-französischen Forschungsgruppe. Aus dieser deutsch-französischen Begegnung auf wissenschaftlicher Ebene habe ich letzlich auch persönlich sehr viel lernen dürfen, wofür ich der Forschungsgruppe aufrichtig danken möchte.

Aus dem Französischen von Katja Roloff

Literatur

Aeschimann, É. (2010). ,Indignez-vous' les uns les autres. Libération 30.12.2010, 2-3.
Albrecht, C. (2002). Das Comité français d'échanges avec l'Allemagne nouvelle als Wegbereiter des deutsch-französischen Jugendwerks. *Lendemains 107/108*, 177-189.
Bock, H. M. (2008). Les racines de l'OFAJ dans la société civile. In H. M. Bock, C. Defrance & G. Krebs (Hrsg.), *Les jeunes dans les relations transnationales. L'Office Franco-Allemand pour la Jeunesse 1963-2008* (S. 15-38). Paris: Presses Sorbonne.
Delory-Momberger, C. (2004). *Les histoires de vie. De l'invention de soi au projet de formation.* Paris: Anthropos.
Delory-Momberger, C. (2005). *Histoire de vie et Recherche biographique en éducation.* Paris: Anthropos.
Hess, R. (1999). Les chemins de la recherche interculturelle. In R. Hess & C. Wulf (Hrsg.), *Parcours, passages et paradoxes de l'interculturel* (S. 59-90). Paris: Anthropos.
Hessel, S. (2010*). Indignez-vous!* Montpellier: Indigène Éditions.
Hessel, S. (2011). *Empört Euch!* Berlin: Ullstein.
Le Grand, J.-L. & Pineau, G. (2007). *Les histoires de vie.* Paris: Presses Universitaires de France.
Rühle, A. (2011). *Das unzufriedenste Volk der Welt.* Süddeutsche Zeitung 12.01.2011, 11.
Schütze, F. (1983). Biographieforschung und narratives Interview. *Neue Praxis. Kritische Zeitschrift für Sozialarbeit und Sozialpädagogik 13*, 283-293.
Schütze, F. (1987). *Das narrative Interview in Interaktionsfeldstudien I.* Studienbrief der Fernuniversität Hagen.

Teil III
Reflexionen

Resonanzen, Assonanzen, Konsonanzen
Reflektiertes Involviert-Sein als Analyseinstrument
Anna Royon-Weigelt

Das Involviert-Sein von Wissenschaftler/inne/n in Bezug auf ihre Forschung wird in den Sozialwissenschaften bis heute vielfach diskutiert. Mit großem Interesse entdeckte ich gegensätzliche Diskurse zu diesem Thema, als ich selbst nach 15 Jahren Berufstätigkeit außerhalb des akademischen Feldes ein Promotionsvorhaben anging. Im Zuge der methodologischen Überlegungen, die jeder Forschungsarbeit vorausgehen, erschien es mir interessant zu erörtern, inwiefern ich als Wissenschaftlerin involviert bin – bei der Definition des eigentlichen Forschungsthemas und im Sinne einer „Resonanz", die die Interviewten bei mir als Interviewerin erzeugen: Etwas, das mitschwingt, eine persönlichen Reaktion, die manchmal die Formulierung einer Frage beeinflussen kann, assoziativ aufkommende Bilder, Implizites, das implizit bleibt oder nicht, Unausgesprochenes, das die Gesprächspartner/innen miteinander teilen oder nicht usw.

Musik und Akustik bieten meines Erachtens interessante Analogien für die Analyse eines Interviews, da das Zuhören und das, was es hervorruft, hier im Fokus stehen. Mit der *Resonanz*, an die ich im Zusammenhang mit dem Involviert-Sein denke, ist vor allem auch „Verbundenheit" gemeint – das Gefühl, Erlebnisse der befragten Person in den eigenen Erfahrungen wiederzuerkennen und ihre Emotionen zu teilen, seien es Lachen, Traurigkeit oder andere Empfindungen.[1] Eine *Assonanz* beschreibt eher eine Situation, in der ein Wort oder eine geschilderte Situation bei mir andere Assoziationen weckt als bei der interviewten Person und mich überrascht, mein Verstehen oder Zuhören stärker fordert. Eine *Dissonanz* entspricht Situationen, in denen ein Bericht in mir Widerstand hervorruft und im Gegensatz zu meinen Vorstellungen oder Werten steht. Eine *Konsonanz* wiederum bezeichnet solche Bereiche im Bericht, die zwischen Gesprächspartner/in und Wissenschaftler/in implizit bleiben, nicht offen thematisiert werden. So viel zu den Bezeichnungen, mit denen ich die während des Interviews erlebten „Momente" des Involviert-Seins benennen möchte. Es kann meines Erachtens interessant sein, die biografischen Interviews unter diesem Aspekt zu betrachten und auf diese Weise einzelne Momente analytisch nachzuvollziehen. Sie sind auch beim Lesen der Transkription präsent. Dabei ist zu berücksichtigen, dass beim Nachlesen des transkribierten Textes schnell

---

[1] Das Konzept der Resonanz verwenden auch Augustin Mutuale und Birte Egloff in ihrem Artikel „Grundlagen einer qualitativen Ausbildung für biografische Interviews", allerdings eher aus soziologischer Perspektive. Im Rahmen des vorliegenden Beitrags bezieht sich der Begriff „Resonanz" eher auf den Raum des Interviews selbst, auf das, was bei den Forschenden während des Interviews gleichsam angesprochen wird und mitschwingt (vgl. hierzu auch die diesbezüglichen Fragen von Martin Herzhoff und Odile Hess in ihrem Beitrag „Entwicklung einer Arbeit im Tandem").

auch stärker konstruierte Interpretationen und Verknüpfungen gebildet werden. Trotz dieser Analysearbeit ist es wahrscheinlich, dass einige Aspekte meines Involviert-Seins sich meinem Blick entziehen – blinde Flecken, für die der Blick einer/s Dritten auf Interview und Involviert-Sein notwendig wäre.

Wie ich mein Involviert-Sein reflektiere, werde ich anhand eines der ersten für mein Dissertationsvorhaben durchgeführten Interviews beleuchten. Das Ziel meiner zweistufigen Analyse besteht darin, die Aspekte – oder zumindest bestimmte Aspekte – des Involviert-Seins bei meinem Forschungsvorhaben zu „entfalten", und zwar im Sinne von René Lourau (1997): Es sollen Spielarten des Involviert-Seins, oder anders, als klangliches Bild formuliert, Resonanzen, Assonanzen, Konsonanzen herausgearbeitet werden. Zunächst werde ich einige Überlegungen zum Definitionsprozess meines derzeitigen Forschungsfeldes vorstellen. Anschließend soll eine Analyse so etwas wie ein Echo ausgewählter Passagen eines biografischen Interviews vernehmbar machen, um mögliche Überlegungen zum Involviert-Sein aufzuzeigen.

Das Forschungsvorhaben und sein Entstehen

Mit 15 Jahren Berufserfahrung in verschiedenen Branchen fasste ich 2010 den Entschluss, mich parallel und ergänzend zu meiner Berufstätigkeit auf eine der Reflexion und dem Schreiben gewidmete Arbeit einzulassen. Bei diesem Vorhaben unterstützte mich Remi Hess, Professor am Institut für Pädagogik der Université Catholique de Paris, den ich seit 20 Jahren kenne. So wurde ich in die Forschungsgruppe des DFJW zum Thema „Interkulturelle Momente in Biografien" aufgenommen und begann meine Dissertation im Rahmen eines deutsch-französischen Promotionsverfahrens bei Remi Hess und Gabriele Weigand, Professorin für Erziehungswissenschaften an der Pädagogischen Hochschule Karlsruhe. Die vorliegende Publikation zum Einfluss von Austauschprogrammen auf die Biografien ihrer Teilnehmer/innen, die zum 50-jährigen Jubiläum des DFJW erscheint, veranlasst mich zur Erörterung meines Involviert-Seins als Wissenschaftlerin bei Interviews, die ich im Rahmen meiner Dissertation mit verschiedenen Gesprächspartner/inne/n durchgeführt habe.

Die Forschungsgruppe, die zwei Jahre zuvor gebildet worden war, hatte sich dafür entschieden, auf Grundlage offener biografischer Interviews zu arbeiten. Zwar variieren die von den Wissenschaftler/inne/n angewandten Methoden leicht und die Verwendung einer streng vereinheitlichten Methode wurde innerhalb der Forschungsgruppe nicht verlangt, doch es reizte mich, die Daten für meine Forschung durch biografische Interviews zu gewinnen und ich entschied mich für dieses Verfahren, noch bevor ich das eigentliche Thema der Untersuchung klar definiert hatte. Die Vorgehensweise bei biografischen Interviews ist meiner Berufspraxis sehr ähnlich: Ich bin als Coach und Trainerin für Erwachsene im Bereich der beruflichen Mobilität und Orientierung tätig. In dieser Funktion arbeite ich mit Menschen verschiedenen Alters und aus verschiedenen Umfeldern. Mit dem Coaching begleite ich Menschen bei Prozessen ihres Berufslebens: Berufseinstieg, Karriereentwicklung, berufliche Mobilität im Ausland, Neuorientierung usw. Hierfür stelle ich ihnen viele, im Wesentlichen offene Fragen.

In meiner beruflichen Praxis erstelle ich insbesondere Kompetenzbilanzen. Diese gestalte ich wie die Erarbeitung einer Biografie, bei der Menschen ihre Erfahrungen und ihren Werdegang schildern. Ich lasse meine Klient/inn/en erzählen – wobei es in diesem Rahmen hauptsächlich um die beruflichen Aspekte ihres Werdegangs geht. Dabei widme ich mich ihnen mit dem Ansatz des „aktiven" Zuhörens nach Carls Rogers. Der Bericht liefert mir Informationen zur Biografie, dient aber auch dazu, so weit wie möglich zu verstehen, wie sich die Denkprozesse meiner Klient/inn/en verhalten, was genau sie zu einer bestimmten Entscheidung bewegt hat, welche Überzeugungen und Vorstellungen ihren Anschauungen über das Berufsleben zugrunde liegen usw.

Coaching ist eine Form der Intervention, ein Begleitprozess, bei dem die Lösung eines Problems erarbeitet werden soll. Es werden Ziele angestrebt, die ein/e Klient/in zuvor mit dem/der Coach definiert hat. Zudem wird das Gespräch nicht transkribiert und kann somit nicht nachgelesen werden. Schematisch verkürzt heißt das: Mit dem Bericht wird „in Echtzeit" gearbeitet, die Fragen, die ich stelle, dienen dazu, in gewisser Weise Probleme einzugrenzen und Ressourcen zu ermitteln, sie unterstützen den Klienten/die Klientin dabei, zumindest im Prinzip eigene Lösungen herauszuarbeiten. Hierin besteht ein grundlegender Unterschied zur Forschungssituation. Wenn ein/e Wissenschaftler/in eine Lebensgeschichte zu Protokoll nimmt, macht er/sie es sich prinzipiell nicht zur Aufgabe, den Bericht zu lenken. Er/sie beabsichtigt auch nicht, der befragten Person eine andere Sichtweise nahezubringen oder sie zu ermutigen, nach dem Interview etwas Bestimmtes zu unternehmen.

Für meine Forschungsarbeit muss ich also eine andere Rolle einnehmen und den klinischen, zielorientierten Aspekt des Coachinggesprächs beiseite lassen. Dennoch behalte ich den offenen Ansatz meiner Berufspraxis beim Forschungsinterview bei, da er explizit der Methode entspricht, auf die sich meine Forschungsgruppe geeinigt hat.

Eingangs hatte ich mich also dafür entschieden, zunächst einige Interviews durchzuführen – mit Menschen, die ich für interessant hielt und denen ich gerne zuhören wollte. Dies sollte zum einen eine Übung sein, um den Unterschied zwischen den beiden Situationen in der Praxis zu erleben. Zum anderen wollte ich mir einen Eindruck davon verschaffen, was bei einem Forschungsinterview entstehen kann. Ich habe bei der Suche nach der genauen Definition meines Forschungsthemas in gewisser Weise dem Forschungsfeld vertraut und rechnete damit, dass sich aus meinen Überlegungen und aus der Fülle möglicher Ansätze ein Thema herauskristallisieren würde.

Ganz allgemein interessiere ich mich für die Erfahrung beruflicher Mobilität hochqualifizierter Menschen in Europa. Sowohl auf europäischer als auch auf internationaler Ebene liegen bisher nur wenige quantitative und qualitative Studien zu diesem Thema vor (vgl. Smith & Favell, 2009). Die Untersuchung eines noch wenig erforschten Bereiches ist meiner Ansicht nach von epistemologischem Interesse und kann „etwas" bisher kaum Sichtbares zutage fördern (vgl. ebd., S. 61). Sicherlich entspricht meine Ausrichtung auf dieses Thema dem diffusen Bedürfnis, in gewisser Weise Menschen „Gerechtigkeit widerfahren zu lassen", die in der Forschung kaum berücksichtigt werden, wahrscheinlich, weil davon ausgegangen wird, dass sie in einer vermeintlichen Normalität „aufgehen" und dass kein klar identifizierbares und potenziell politisch oder emotional polarisierendes oder mobilisierendes „Problem" vorliegt (im Gegensatz zu bestimmten Gruppen, wie zum Beispiel Asylantragsteller/innen oder aus sozial benachteiligten Verhältnissen stammende Menschen, die im öffentlichen Diskurs häufig über ihr „Problem" definiert werden). Während meines Jura- und Rechtssoziologiestudiums widmete ich meine DEA-Abschlussarbeit [DEA = Diplôme d'études approfondies; entspricht in etwa dem Master] der 1993 durchgeführten Reform des Asylrechts in Frankreich und Deutschland. Ein Aspekt des Involviert-Seins im Zusammenhang mit diesem Thema geht mir beim Schreiben dieser Zeilen auf, und zwar im Bezug auf meine ersten Berufspläne: Am Ende meines Jurastudiums habe ich mich zweimal auf das Auswahlverfahren für die Richterinnenlaufbahn in Frankreich vorbereitet, obwohl ich mehr und mehr daran zweifelte, dieses Amt ausüben zu können. Meine Bedenken kreisten vor allem um den ethischen Konflikt, in dem ich mich befände, wenn ich kraft meines Amtes ein in meinen Augen ungerechtes Gesetz anwenden (und zum Beispiel Menschen zu Gefängnis oder anderen Strafen verurteilen) müsste. Ein Amt anzutreten und mich bedingungslos dem Gesetz zu verpflichten, bedeutete für mich damals, das kritische Denken einzustellen. Aus diesem Grund entschied ich mich schließlich mitten im zweiten Vorbereitungsjahr gegen diese Laufbahn und ging nach Deutschland, um nach neuen Horizonten zu suchen, auf die ich später in diesem Artikel eingehen werde. Die Idee von Recht und Gerechtigkeit, oder genauer: der Wert der „Billigkeit" bzw. „Fairness" ist für mich weiterhin sowohl auf beruflicher als auch privater Ebene sehr präsent und beeinflusst wahrscheinlich mein Interesse für das noch sehr allgemein umrissene Feld, das ich erforschen möchte. So viel zu einem ersten Aspekt des Involviert-Seins bei der Auswahl des Sujets/Objekts meiner Forschung.

Allmählich kristallisiert sich ein Thema heraus. Doch meinem Eindruck nach vollzieht sich diese Kristallisierung eher entlang den Linien meines persönlichen Involviert-Seins, als aus dem Forschungsfeld selbst zu schöpfen. Die Liste meiner potenziellen Interviewpartner/innen besteht hauptsächlich aus hochqualifizierten Frauen im Alter von etwa 30 bis 45 Jahren, die berufliche Mobilität erlebt haben oder gerade erleben. Diese Kriterien treffen auch auf mich selbst zu. Obwohl ich eingangs meine Untersuchungen auf einen deutsch-französischen Kontext beschränkt hatte, habe ich dennoch begonnen, auch polnische Frauen zu interviewen, „probehalber", weil mich ihre Biografie interessierte. „Ganz zufällig" ergab sich das eine oder andere Interview. Oder ich nutzte eine „günstige Gelegenheit", um ein Interview zu erbeten. Zur polnischen Sprache und Gesellschaft habe ich aufgrund meiner Wurzeln Zugang, meine Mutter ist Polin. Außerdem arbeite ich regelmäßig in Polen.

Schließlich hat mich die Idee, Biografien von Frauen im Weimarer Dreieck[2] zu untersuchen, begeistert, vor allem, weil ich mich in diesem kulturellen Raum „zuhause" fühle und weil die darin herrschenden Dynamiken auf verschiedenen Ebenen interessant sind. Die Erweiterung meines Samples auf polnische Biografien rückte das deutsch-französische Tandem in einen neuen Bezugsrahmen, brachte eine neue Bedeutungsebene, andere Sichtweisen und Aspekte, vielleicht auch Dissonanzen ins Spiel. Dies war aus meiner Sicht das „notwendige dritte Element" im Dreieck, das auch meiner kulturellen Zugehörigkeit entspricht: Ich bin in Leipzig geboren. Meine Mutter ist Polin, mein Vater Franzose. Zu meinen drei Herkunftsländern habe ich stets engen Kontakt gehalten. Geht es also darum, mein Thema (meinen Weg, meine Stimme in der Forschung?) zu finden, indem ich Frauen eine Stimme verleihe, deren soziale und kulturelle Wurzeln sowie deren von Mobilität geprägte berufliche Erfahrungen sich, jedenfalls in gewissem Maße, mit meinen decken?

Es war zunächst nicht angenehm, mir schlagartig meines Involviert-Seins in Bezug auf mein Forschungsthema bewusst zu werden. Ich hatte das Gefühl, „auf frischer Tat ertappt", der Subjektivität überführt worden zu sein. „Involviert-Sein" hatte für mich in dieser Hinsicht immer noch einen geradezu strafrechtlichen Beigeschmack, im Sinne der Beteiligung an einer Straftat.[3] Gleichzeitig erschien es mir künstlich und willkürlich, ein Forschungsthema zu suchen, das (scheinbar) dem, was mich auf Anhieb interessierte, diametral entgegengesetzt war oder zumindest keinen Bezug zu meiner Subjektivität aufzuweisen schien. Ich hätte sicherlich einige andere Forschungsthemen finden können, die mich interessierten und mir trotzdem weniger „nahe" standen. Doch bei all diesen Themen hätte man „gefährliche Liebschaften" im Zeichen der Subjektivität aufdecken können. Mich für ein Forschungsthema zu entscheiden, das mich absolut nicht interessierte, erschien mir kontraproduktiv und erinnerte mich an die schmerzhafte Erfahrung eines ersten Dissertationsvorhabens mehrere Jahre zuvor in Deutschland. Damals hatte ich mehr oder weniger meinen Doktorvater das Thema festlegen lassen, da ich davon ausging, dass er besser als ich wissen müsste, was von wissenschaftlichem Interesse sei. Drei Jahre lang hatte ich mich abgemüht, darin einen Sinn zu finden. Dann gab ich auf, erklärte das Unternehmen für gescheitert und war in Hinblick auf die Sprache, in der ich schreiben und mich verständlich machen konnte, sowie hinsichtlich meiner beruflichen Identität usw. stark verunsichert. Hinter meiner Motivation für die Arbeit an meiner laufenden Dissertation steht auch diese erste gescheiterte Erfahrung, die ich umformulieren möchte, bewusster, selbstbestimmter erleben möchte,

---

2 Als das so genannte Weimarer Dreieck wird das Komitee zur Förderung der deutsch-französisch-polnischen Zusammenarbeit bezeichnet, das 1991 in Weimar von den damals jeweils zuständigen Außenministern gegründet wurde. Ziel des Komitees ist die Zusammenarbeit und Abstimmung der drei Länder hinsichtlich wichtiger europäischer Fragen.

3 Angesichts der Heftigkeit der Wissenschaftsdebatte zum Involviert-Sein und zur Objektivität von Wissenschaftler/inne/n als Garant der Wissenschaftlichkeit ihrer Arbeit ist diese Kontroverse meiner Einschätzung nach nicht frei von einer gewissen moralischen, ja, moralisierenden Dimension.

mit mehr Forschungsgeist und zugleich freier in Bezug auf das Gesamtsystem, in dem sich meine Untersuchung bewegt.

Nach einer intensiven Auseinandersetzung mit der qualitativen Sozialforschung (vgl. u.a. Delory-Momberger, 2004; Flick, 2004; Demazière & Dubar, 2009; Lemdani Belkaid, 2004) und dem biografischen Ansatz (Bertaux, 2006) konnte ich die Tatsache, dass ich zutiefst in mein Forschungsfeld involviert war, akzeptieren und in meinem Involviert-Sein einen eigenständigen Belang sehen. Das Involviert-Sein von Wissenschaftler/inne/n in Bezug auf ihren Forschungsgegenstand wandelte sich zu einem vollwertigen Thema, das zu Beobachtung und Reflexion veranlasst. Und schließlich hat mir das Forschungsfeld auch mein Thema aufgezeigt – ohne auf Distanz, ohne außen vor zu liegen: Vielmehr räumt es meinem Involviert-Sein im Bezug auf die Definition meines Forschungsthemas einen eigenen Platz ein und eröffnet so eine zusätzliche Dimension, die es zu untersuchen gilt. Auf subjektiver Ebene kann ich dadurch, dass ich meiner Subjektivität gegenüber eine reflektierende, nicht defensive Haltung einnehme, berücksichtigen, in welchem Maße ich Teil des Feldes bin und das Feld Teil von mir ist. Auf institutioneller Ebene kann ich dadurch, dass ich die Dimension des Involviert-Seins in der Forschung erkenne und akzeptiere, meine Arbeit im Verhältnis zu den verschiedenen Strömungen der Sozialwissenschaften verorten und auf diese Weise meine Bezugsgruppe definieren. Und schließlich verweist mein Forschungsfeld auch auf die epistemologische Dimension des Involviert-Seins von Wissenschaftler/inne/n nicht allein in den Geisteswissenschaften, sondern allgemein.

Stücke für zwei Stimmen – Interview und Echo

Im Folgenden möchte ich erörtern, welche Resonanzen, Assonanzen, Dissonanzen und Konsonanzen eines der biografischen Interviews während seiner Durchführung und beim Lesen der Transkription bei mir erzeugt hat.

Ich habe eines meiner ersten „Sondierungsinterviews" im Rahmen meiner Untersuchung mit M. geführt, einer 35-jährigen Französin, deren Mann aus den neuen Bundesländern stammt. Sie lebt seit einigen Jahren in Berlin und seit 1998 in Deutschland. Momentan bekleidet sie eine mit hoher Verantwortung verbundene Position in einem deutschen Think-Tank. Kennengelernt habe ich sie über unsere Töchter, die zwei Jahre lang denselben Kindergarten besuchten. Das Interview fand nach einem Mittagessen in der Sonne in ihrem Büro statt. Die Atmosphäre war entspannt. Das Gespräch dauerte anderthalb Stunden und wurde auf Französisch geführt.

Am Anfang des Interviews weckt eine „Assonanz" meine Aufmerksamkeit. Hier die betreffende Passage:

A: Wie gesagt, ich äh, würde zunächst gern einige wirklich rein formelle Fragen stellen, und dann äh, übergehen zu, also, tiefer einsteigen, verschiedene Themen ergründen.
M: (lacht)
A: Ähm, würdest du mir dein Geburtsdatum oder deinen Jahrgang verraten?
M: Ja, ... ter Februar 75.
A: Okay. Dein Geburtsort?
M: Im Jura, in Dole, also in Frankreich.
A: Ah ja, Okay.
M: Jura. Grenzregion.
A: Also, an der ...
M: Eine Kleinstadt.
A: Und woher stammt Deine Familie? Wo liegen deine kulturellen oder sprachlichen Wurzeln?
M: Also, ähm, meine Familie stammt, äh ja, geografisch gesehen aus dem Jura, allesamt aus dem Jura, meine vier Großeltern wohnen in ein und demselben Dorf, alle meine Onkel und Tanten wohnen in diesem Dorf, meine Cousins und Cousinen, das heißt also: anscheinend hat keiner die Region verlassen, ja. Der Name D., der stammt aus M., einem kleinen Dorf in der Franche-Comté. Ja und die sind tatsächlich alle sehr heimatverbunden, ähm.
A: Hm
M: Also, meine Eltern haben sich in der Grundschule kennengelernt, naja
A: Aha!
M: Ja, das erklärt ein bisschen, glaube ich, das Bedürfnis, das Weite zu suchen
A: Ah ja.

M. ist im Jura geboren und diese Information löst bei mir nichts Besonderes aus. Diese Erfahrung teile ich nicht mit ihr, ich weiß nicht, was es bedeutet, im Jura geboren worden zu sein. Außerdem hat das Interview gerade erst angefangen und ich bin noch nicht „drin". Doch als sie diese Region als „Grenzregion" beschreibt, reagiere ich sofort: Ich verstehe „Grenz-..." als etwas „Offenes" und erwidere „Also, an der ..." und breche ab. Wenn ich aber meinen Satz beendet hätte, dann hätte ich gesagt: „Also, an der Kontaktfläche ...". Sie verengt meinen Horizont allerdings sehr bald mit einem Bild, das mir den Wind aus den Segeln nimmt: „Kleinstadt". Ihr Ton ist auch ein wenig trocken, sie spricht im Telegrammstil, als würde sie eine Landschaft grob mit Zeichenkohle skizzieren. Für mich sind Grenzregionen mit einer sehr starken subjektiven Vorstellungswelt aufgeladen, weil ich darin die materielle Verwirklichung meiner multiplen kulturellen Identität sehe. Die Tatsache, dass es Grenzregionen „gibt", in denen Länder und Kulturen einander berühren, beweist mir, dass ich mit dieser Vielheit existieren kann, während meine Erfahrungen in der französischen Schule mit der Verneinung einer kulturellen Mehrfachzugehörigkeit verbunden sind. Ich hege also eine ziemlich idealisierende Vorstellung von Grenzregionen. Ich hatte mehrfach Gelegenheit, eine andere Wirklichkeit zu erleben (im Saarland während meines DEUG-Studiums [DEUG = Diplôme d'études universitaires générales, zweijähriges Grundstudium] und in Frankfurt (Oder) Ende der 1990er Jahre). Dennoch bleibt das Bild einer idyllischen Region, in der ich mich mit meinen „Ichs" zusammenfinde, auf emotionaler Ebene sehr präsent.

Ich frage M. direkt nach ihrer Herkunft (explizit nach den Wurzeln ihrer Familie sowie nach ihren kulturellen und sprachlichen Wurzeln). Ich lenke sie, entgegen der Vorgabe (offenes Interview), rechtfertige dies jedoch mit der Tatsache, dass wir uns noch im einführenden Teil befinden, auf der Suche nach Anhaltspunkten – auf einem Gebiet, auf dem sie mir nicht sofort folgt. Sie verharrt bei der geografischen Herkunft und verbindet diesen Bezug sehr schnell mit ihrem Stammbaum, spricht von ihrer Familie und ihren Vorfahren, die alle aus demselben Dorf kommen, selbst ihr Name stammt von einem Dorf. Die Verengung Grenzregion – Kleinstadt – kleines Dorf – die Grundschule, in der sich ihre Eltern kennen gelernt haben, setzt sich fort. Zwischen dieser Verengung und ihrem Bedürfnis „das Weite zu suchen" stellt M. eine kausale Verbindung her. Die Verwurzelung, die starke Verbundenheit mit dem Herkunftsort ist hier mit Einschränkung, Unterdrückung konnotiert.

Beim erneuten Lesen des Interviews bemerke ich, dass ich die Frage nach den Wurzeln der Familie ganz sicher nicht zufällig gleich am Anfang gestellt habe. Sie hängt mit meiner eigenen Familienerfahrung zusammen: Meine Eltern sind verschiedener Herkunft, sie sind mobil (sie haben sich in Ostdeutschland kennen gelernt, meine Mutter hat an mehreren Orten studiert, wir sind oft auf ihre Initiative hin umgezogen). Sie sind *die* Quelle des Exotischen, sind Wurzeln im Anderswo, sind Öffnung hin zu anderen Welten und Weg zu diesen Welten. Meine Mutter hat in Frankreich mit Akzent gesprochen, mein Vater hat in Polen mit Akzent gesprochen. Dazu kommt, dass sie – sicherlich aus Interesse und Sympathie für die Ökologiebewegung in Deutschland – in meiner Kindheit eine Zeit lang sehr umwelt- und gesundheitsbewusst lebten, was meine Schwester und mich stark prägte. Deshalb hatten wir als Kinder in der Schule einen etwas sonderbaren Status. Als ich M.s Antwort entnehme, dass in ihren geografischen Wurzeln keinerlei Kontakt zum Ausland und auch kein besonderer Kontakt zu Deutschland angelegt ist, werde ich stutzig und es ist mein erster Reflex, mit der Frage nach den sozialen und familiären Wurzeln in Erfahrung bringen zu wollen, wo sich das Interkulturelle, das Andere verborgen hält. An dieser Stelle finde ich es nicht (es kommt später und ich kann einen Zusammenhang herstellen, eine Hypothese bilden, die ich eventuell in meiner Dissertation verwerten kann). Auf jeden Fall wird das von mir verinnerlichte Modell (der Bezug zum Ausland muss von den Eltern kommen, das heißt, im Ausland zu leben und gleichzeitig „normale" französische Eltern zu haben ist nahezu unvereinbar, auf jeden Fall sonderbar) hinterfragt. Da ich das Leben in Frankreich immer mit einem gewissen Befremden verbinde, lebe ich in dem Gefühl, dass mein Wesen nur im Anderswo „Normalität" finden kann, ich habe eine gewisse Sehnsucht nach dem Anderswo, als könnte ich dort endlich ich selbst sein und es fällt mir zunächst schwer zu verstehen, dass ein Mensch das Bedürfnis haben kann, aus seiner „Normalität", seiner Zugehörigkeit auszubrechen. Ich habe das Gefühl, weiter nach einem Zusammenhang suchen zu müssen (ich verspüre die Notwendigkeit, einen solchen herzustellen, einen Grund zu finden, eine konkrete Ursache kultureller

Mobilität, als wäre dies unentbehrlich). Dieses Modell hängt wahrscheinlich auch damit zusammen, dass meine Eltern Mobilität immer sehr positiv bewertet haben, insbesondere meine Mutter. In diesem Sinne bedeutet mein Umzug ins Ausland (jedenfalls in ein Land, das meine Eltern sehr schätzen) für mich keinen Bruch, sondern eher Kontinuität. Ich habe Frankreich verlassen, aber nicht meine Familie, in Polen jedenfalls lebte meine Familie mütterlicherseits. Außerdem habe ich in den Ferien vor und während meines Studiums fast immer in Deutschland gejobbt. Eine interkulturelle Erfahrung, die mich stark gefordert hat und die ich als wirklich verstörend erlebte, war die letzte Klasse der Oberstufe, die ich an einer französischen Schule in Großbritannien, in London absolvierte. Mein Englisch war absolut mittelmäßig, „Mittel"-mäßig in dem Sinne, dass ich es wie ein Werkzeug verwenden konnte, zum Handeln – nicht zum Denken, Nachdenken, Träumen. In London fühlte ich mich unwohl, nicht allein wegen des Kulturschocks, sondern auch, weil ich in der französischen Schule auf Gleichaltrige traf, die aus elitären, großbürgerlichen Kreisen stammten (reiche libanesische Familien im Exil, alte englische Familien, Industrielle, „Söhne und Töchter von ..."). Das war auch nicht meine Welt. Die Schüler/innen, die ein Stipendium erhielten, wurden als Gruppe wahrgenommen, als „die Stipendiaten" – so wurden sie auch genannt. Ich spürte eine klare, bewusste, höfliche, aber kategorische Distanznahme seitens der meisten anderen Schüler/innen, deren Eltern das Schulgeld voll zahlten. Ich hatte oft das Gefühl, „ins Fettnäpfchen zu treten", ohne die geringste Ahnung zu haben, gegen welche Regel ich verstoßen haben könnte. In diesem Sinne befand ich mich am Rand einer Welt, zu der ich nicht gehörte, sowohl in Bezug auf die britische, Londoner Kultur, als auch in Hinblick auf die Klassenkultur der meisten Mitschüler/innen. Diese Form der dort wirkenden symbolischen Gewalt blieb meines Wissens selbst unter den Stipendiat/inn/en – und vielleicht besonders unter ihnen – ein Tabu.

Resonanz – Wieder-Erkennen – Erkenntnis[4]

M: Zum Studium, ach nein, eigentlich wollte ich (2) hier merk ich auch wieder, ganz klassisch eigentlich, dass ich ein <u>schrecklich banales</u> Profil habe, furchtbar, + darüber zu reden * (sie lacht). Nee, eigentlich wollte ich, mh, also eigentlich wollte ich *Science Po* [Politikwissenschaften], studieren.
A: mh
M: Das war mein großer Traum, am *IEP* [*Institut d'études politiques* – renommierte Hochschule für Politikwissenschaften] studieren, aber naja, gut. (.) Also, in der *prépa* [zweijähriges Propädeutikum] wollte ich mich ja eigentlich auf die Aufnahmeprüfung vorbereiten, aber dann habe ich mich in die Philosophie verliebt.
A: mh
M: In (.) ja, in der *prépa*

---

4 Transkriptionsregeln: (.) = sehr kurze Pause, (3) = Pause in Sekunden, (betont) = betont gesprochen, (lacht) = para- oder nonverbaler Akt, + steht von der entsprechenden Stelle, * markiert das Ende, [] = Anm. d.Ü.

A: ja ...
M: hatten wir einen Dozenten, der war wirklich etwas Besonderes, und da hab ich mir gesagt, nee, das *IEP*, das wär eine Dummheit, das kann ich nicht machen, 2 Stunden Philo pro Woche, da, also wirklich, da verblöde ich doch. Deswegen muss ich in diese Richtung, da geht es um das wahre Leben, um echte Fragen, das ist geistig wahnsinnig anregend. (2) Ja, Politikwissenschaften, das wollte ich nämlich studieren, weil ich Journalistin werden wollte und (2) na ja, das war was ganz anderes, und in der *khâgne* [studentisches Argot[5] für das zweite Jahr im Propädeutikum], war der Dozent dann auch noch genialer als der in der *hypo-khâgne* [studentisches Argot für das erste Jahr im Propädeutikum],
A: mh
M: und da konnte ich einfach nicht mehr anders, ich musste, ich musste Philosophie studieren. Also habe ich mich ein bisschen umgeschaut, wer gute politische Philosophie in Frankreich lehrt, und so habe ich dann, äh, Alain Renaut gefunden, ja, der, äh, der ist Kant-Spezialist und äh und ist offen, ist sehr offen für äh, Fragen der, der politischen Philosophie, arbeitet nicht nur zu den großen Klassikern, das auch, aber nicht nur, er interessiert sich sehr für Fragen – , also für die kanadischen und amerikanischen Autoren, die heute wirklich prägend sind für die – die echte politische Philosophie. Ja äh
A: Rawls etc. ...
M: Ja, genau! Genau, Rawls, genau die Richtung. Also na ja, ich denke, dass die echten Fragestellungen heutzutage in dem, in dem Bereich liegen. Gut, also er hat versucht, das mit den, mit den Klassikern, mit den Klassikern zu verbinden, also Kant, Locke, Hobbes äh, (3) Rousseau und das war, das war eine wirklich spannende Mischung. Ja und so ... nachdem ich mir seine Bücher angesehen hatte, habe ich mich bei ihm vorgestellt und (2) und, ja, er hat dann meine (.) *maîtr* ... Abschlussarbeit für die *maîtrise* [mit dem ehemaligen Magister vergleichbarer Hochschulabschluss] für das DEA [Abschluss ein Jahr nach der *maîtrise*] und meine Dissertation betreut
A: Dann auch die Dissertation
M: Und jedes Mal über Fragestellungen, die wir, ja, die wir gemeinsam entwickelt haben, und er war immer super-offen, äh, er war wirklich, ja, immer großartig, hat eigentlich immer meine, meine Vorhaben unterstützt.

Als M. die angelsächsischen Philosophen anspricht, macht es bei mir „Klick", ich werde hellhörig. Während meines einjährigen Aufenthalts in London hatte ich das Glück, mich sehr gut mit unserer Philosophielehrerin zu verstehen. In ihrem Unterricht behandelte sie insbesondere das Konzept der Gerechtigkeit und brachte uns Kant und vor allem John Rawls nahe. Als M. mir von den angelsächsischen Philosophen und ihrer guten Beziehung zu ihren Philosophiedozenten erzählt, höre ich ihr mit gesteigerter Aufmerksamkeit zu und spüre eine Resonanz, hier scheint sich ein Zusammenhang aufzutun. Ich kann mich nur schwer zurückhalten und lasse probehalber einen Namen fallen, um zu überprüfen, ob ich sie richtig verstanden habe. Mein Vorgriff zeigt eine doppelte Wirkung: M. pflichtet mir nicht nur bei, sondern tut dies auch mit sichtbarem Enthusiasmus und in einem gutheißenden

---

5 Eine von der Standardsprache abweichende und sich abgrenzende Sprache einer spezifischen Gruppe, die als eine Art „Geheimsprache" gelten kann.

Ton, als schenkte sie mir Wertschätzung. Mein inneres Ich ist ein wenig erleichtert und sagt sich: „Uff! Ich bin der Sache gewachsen". Das Interview kann weitergehen.

Im Nachhinein fällt mir auf, dass ich diesem Interview doch mit einer gewissen Angst begegnet bin. Denn ich habe mich dafür entschieden, meinem spontanen Impuls zu gehorchen und in das Interview einzugreifen, in der Hoffnung, mir auf der Wissensebene Anerkennung zu verschaffen, zu zeigen, „dass wir uns etwas zu sagen haben". Von der distanzierten Haltung einer Wissenschaftlerin bin ich also weit entfernt. Bei diesem Interview ist die Forschung nicht der einzige Belang, in einem gewissen Maße spielt auch mein Bedürfnis nach Anerkennung eine Rolle. M., auf die ich bei unseren kurzen Begegnungen im Kindergarten, beim Abholen unserer Töchter bestimmte Vorstellungen projiziert habe, hat als Französin in einer deutschen Institution Karriere gemacht (das Interview findet in ihrem Büro statt). M. ist promoviert – ich befinde mich, nach einem ersten Fehlversuch, erst ganz am Anfang. Ich habe anscheinend begonnen, ein übersteigertes Bild von ihr aufzubauen. Außerdem verbinde ich ihre Art zu reden und ihre Körpersprache (ruhig, distanziert, anfangs eher kühl) mit einer mir gegenüber „höheren" sozialen Zugehörigkeit (was nicht ihrer Herkunft und Erstsozialisierung entspricht). Diese Erfahrung erinnert mich erneut unangenehm an meinen Lebensabschnitt in London, wo ich eine gewisse Verachtung seitens meiner Mitschüler/innen aus großbürgerlichen oder adligen Kreisen spürte oder zu spüren glaubte (und so ging es vielen Stipendiat/inn/en). Bei der Philosophie hingegen, auf der Ebene der Erkenntnis, finden wir eine gemeinsame Basis und ich werde an-/erkannt.

„Das wahre Leben"

M: Es ist richtig schwierig, wenn ich zurück ins Jura fahre, da ein Gespräch zustande zu bringen, äh, ein richtiges Gespräch zustande zu bringen, wir haben, wir haben uns nichts mehr zu sagen.
A: mh
M: Aber mit jemandem, den ich vor einer Viertelstunde noch nicht kannte, äh, der in demselben Um- ... in derselben Sphäre lebt, der reist, der, der vor 4 Jahren in Russland gelebt hat und in 4 Jahren ähm, was weiß ich, in Kalifornien leben wird,
A: mmh
M: jetzt rede ich Quatsch,
A: mh
M: aber na ja, in der Richtung, der weiß, was Umziehen bedeutet, der weiß, wie es ist, ja, zwischen mehreren Sprachen hin- und her zu wechseln, mehrmals am Tag, letzten Endes habe ich mit so jemandem, ist es viel einfacher, äh, der Kontext ist viel einfacher
A: Mmh
M: also, ich weiß, vielleicht klingt das arrogant, aber, ähm, das ist mir wirklich aufgefallen, und gleichzeitig finde ich das schade
A: mmh

M: nicht wahr, das ist – ich habe manchmal den Eindruck, dass ich ein bisschen ähm, fast eher, dass ich ausgeschlossen werde von
A: Ah ja
M: dieser Gruppe, (2) eher, als dass ich sie ausschließe.
A: aha. Mmmh.
M: Es ist …
A: ja … mmh
M: ein bisschen so, als hätte (2) ich die Gruppe verlassen. Ja, eigentlich auch verraten
A: ah ja. Mhmm
M: also, nicht, dass mir das was ausmacht
A: ja (Lachen)
M: ich leide nicht darunter
A: hahaha (7) Das stimmt, man steckt dann in einer ganz anderen Wirklichkeit, und die prägt einen auch, also, die Identität entwickelt sich auch mit den Erfahrungen (2) und
M: (2) Ja, sowieso. Die Identität ähm, (2) naja. Ich glaube (.) die Frage der Identität, das habe ich vor 10 Jahren vielleicht noch nicht so stark reflektiert, deshalb ist es schwer, da einen Vergleich zu ziehen, aber (3) jetzt habe ich ganz eindeutig das Gefühl, also ich, (.) wenn ich in Frankreich bin, fühle ich mich häufig ein bisschen deutsch, deutsch, ja.
A: mhmhmh
M: Oder (2) ich habe das Gefühl, dass etwas, (2) nicht stimmt. Aber wenn ich in Berlin bin, fühle ich mich auch französisch.
A: Mhmhmh
M: Also, ähm (2) nein. Es gibt da so ein (.) fast eine Zerrissenheit, bei der man manchmal, ich habe mit verschiedenen Leuten darüber gesprochen, die, die das auch festgestellt haben, wir haben uns gesagt: „man müsste im Grunde eine Welt zwischen beidem, zwischen beidem erfinden"
A: dazwischen
M: genau, dazwischen
A: dazwischen, ja
M: ja, ja, genau … die – die das alles ein bisschen miteinander vereint, auch im Alltag, da komme ich um vor Sehnsucht nach *tartelettes au citron* + [Zitronentörtchen auf französische Art] wenn ich in Berlin bin
A: (Lachen)
M: und* (..) und (..) ähm, naja, was weiß ich, deutsches Bier, das ist vielleicht kein gutes Beispiel, das kommt nicht besonders seriös rüber, ähm, aber ja, es gibt da schon ein paar Dinge in der Richtung.

M. spricht innerhalb weniger Minuten zwei Themen an, die auch ich miteinander assoziiere und die für mich eine besondere Resonanz besitzen: Das „von einer Welt in die andere wechseln" und die damit einhergehende *Entfremdung***[6] – man wird einander fremd – und das Gefühl, ausgeschlossen zu werden – wo gehöre ich dazu? Wie kann ich mich definieren? Gehöre ich zu einer Gruppe? Wenn ja, zu welcher? M. spricht von dem Gefühl des Verrats im Zusammenhang damit, dass sie

---

6   Die mit ** gekennzeichneten Begriffe werden im Original auf Deutsch angeführt (Anm. d. Ü.).

ihre „Welt" verlassen hat. Sie erzählt überwiegend von ihrer Familie, doch ich erkenne darüber hinaus eine soziale Ebene, zum Beispiel wenn sie von „Arroganz" spricht. Ich kann nachvollziehen, was sie an dieser Stelle sagt. Ich teile dieses Gefühl, wenn auch auf einer anderen Ebene. Später im Interview spricht M. auch von einem „schrecklich banalen Profil" und erklärt, dass sie durch ihren Schritt ins Ausland der Banalität entkommen ist.

Das Gefühl des „Verrats" habe ich jedoch weniger meinen Eltern gegenüber, die mich ja immer ermuntert haben, ins Ausland zu gehen. Verlassen habe ich mit meinem Weggang aus Frankreich vielmehr die Schule, die ständige Angst, die mir während meiner gesamten Schulzeit im Nacken saß. Hinter mir gelassen habe ich auch das Gefühl zu ersticken, für mich keinen Raum zu finden, in dem ich das leben kann, was ebenso Teil von mir ist, nämlich meine anderen kulturellen Zugehörigkeiten. Ich habe Frankreich verlassen, weil ich dort das erdrückende Gefühl hatte, mich von anderen definieren lassen zu müssen, fremdbestimmt zu sein, und mich dieser *Fremdbestimmung*** fügen zu müssen, um existieren zu können, um Anerkennung zu finden. Zum einen trieb mich der Wunsch nach sozialem Aufstieg, den meine Eltern für mich hegten, zum anderen das Gefühl, nur dann soziale Akzeptanz zu finden, wenn ich einen entscheidenden Teil meiner selbst verschwieg (eine Erfahrung, die mich von der Schule bis zur Universität begleitete). Den Schritt ins Ausland habe ich als unabdingbare Voraussetzung für den Weg zur Selbstständigkeit, zur Selbstbestimmung empfunden, auch wenn dieser Schritt mit bestimmten Risiken verbunden war. Diese erschienen mir jedoch angesichts meiner Sprachkenntnisse und der Vorteile, die ich mir erhoffte, überschaubar.

M. verwendet einen stark aufgeladenen Begriff – das Wort „Zerrissenheit" – in Bezug auf die Erfahrung, ihre ursprüngliche Zugehörigkeit „aufgegeben" zu haben und in Hinblick auf ihr Leben zwischen zwei Kulturen. Wenige Sekunden später erzählt sie von ihrer Sehnsucht nach französischen Zitronentörtchen. Vom Wechsel des sozialen Umfelds kommen wir auf den Wechsel von einem Land ins andere zu sprechen, von einer Kultur – einer Landeskultur – zur anderen. Ich bin selbst ein wenig erleichtert, als sie das Interview auf eine offensichtlich trivialere Ebene lenkt, über Törtchen und deutsches Bier redet. Auf diese Weise können wir beide wieder Abstand schaffen zu dem, was zu stark, zu emotional, schmerzhaft sein kann. Zerrissenheit birgt stets auch eine Wunde. Bei mir macht sie sich immer wieder in verschiedenen Kontexten bemerkbar. Dieses Gefühl beinhaltet die vorstellbare Möglichkeit der „Rückkehr", die Sehnsucht nach den Familienmitgliedern, von denen ich getrennt bin und gleichzeitig die Tatsache, dass ich mich ständig nach meiner Zugehörigkeit frage. Phasen der Ausgeglichenheit, in denen diese Frage für mich nicht wichtig ist, wechseln sich mit Phasen der Selbstsuche, der Identitätsfindung ab (auf beruflicher, sozialer, familiärer Ebene usw.). In einem zyklischen Rhythmus versuche ich, meine Identität „auf den neuesten Stand" zu bringen. Dieser Prozess kostet mich sehr viel Energie. Ein Tagebuch hilft mir sehr dabei, das Erlebte zu erschreiben, es im Lichte meiner jüngsten Erfahrungen zu erörtern, es in meine Biografie einzubinden, ihm Sinn zu geben.

Auf diesem Terrain wagen wir uns nicht weiter vor und belassen es bei einem augenzwinkernden kulinarischen Geständnis über Törtchen. Allerdings habe ich im Nachhinein den Eindruck, dass wir beide Frankreich verlassen haben, um dem zu entkommen, was M. Banalität nennt und wohinter sich ein gewisser Sozialdeterminismus verbergen könnte. Ich für meinen Teil hätte mir ein Klima gewünscht, in dem ich mit den verschiedenen Bestandteilen meiner Kultur und Persönlichkeit akzeptiert und anerkannt werde, wenn ich von mir erzähle (ich spreche akzentfrei Französisch, scheine nicht aus dem Rahmen zu fallen, bin aber nicht „nur" normal). Für M. lag der Ausstieg aus der Banalität/Normalität, „das wahre Leben", wie sie es an einer anderen Stelle im Interview formuliert, auch woanders. Das Thema der Normalität/Originalität kehrt im Interview auch im Zusammenhang mit dem deutsch-französischen Promotionsverfahren wieder (und in Bezug auf die gegensätzlichen Erwartungen, die in der französischen bzw. in der deutschen Universitätskultur an Doktorand/inn/en gestellt werden) und insbesondere in Hinblick auf die Sozialisierung im Kindergarten.

Fazit

Die ausgewählten Passagen sind nur einige Beispiele für verschiedene Momente im Interview, in denen die angesprochenen Themen bei mir eine empfindliche Saite berührt haben. Das Interview birgt eine Reihe von Themen, die unter dem Gesichtspunkt meines Involviert-Seins erörtert werden können. Diese Resonanzen, Dissonanzen oder Assonanzen bildeten die Aspekte, anhand derer ich meine eigene Biografie reflektiert und Aufschluss über meine eigenen Erfahrungen, Handlungsweisen und Sichtweisen erhalten habe. Diese Auseinandersetzung fand manchmal während des Interviews statt, manchmal später, beim Lesen der Transkription, und schließlich beim Verfassen des vorliegenden Artikels.

In Hinblick auf meine Forschung halte ich diese Art der Betrachtung von Interviews für unabdingbar. Nur so kann ich bei jedem Interview herausarbeiten, welche möglichen Aspekte des Involviert-Seins bei der Durchführung eventuell mit eingeflossen sind, so zum Beispiel bei spontan formulierten Fragen. Dies hat nicht zum Ziel, eine Subjektivität anzuprangern, die angesichts der Auswahl meines Forschungsthemas und meiner Interviewpartner/innen schwer zu leugnen ist. Vielmehr geht es darum, meine eigene Subjektivität aktiv in mein Forschungsfeld einzubeziehen und zu berücksichtigen – nicht nur als Analysegegenstand, sondern auch als zusätzliches Analysewerkzeug.

Aus dem Französischen von Katja Roloff

Literatur

Bertaux, D. (2006). *Le récit de vie.* Paris: Armand Colin.

Delory-Momberger, C. (2004). *Les histoires de vie. De l'invention de soi au projet de formation.* Paris: Economica/Anthropos.

Demazière, P. & Dubar, C. (2009). *Analyser les entretiens biographiques – l'exemple des récits d'insertion.* Laval: Presse de l'Université Laval.

Flick, U. (2004). *Qualitative Sozialforschung. Eine Einführung.* Reinbek: Rowohlt.

Lemdani Belkaid, M. (2004). *Transhumer entre les cultures. Récit et travail autobiographique.* Paris: L'Harmattan.

Lourau, R. (1997). *Implication Transduction.* Paris: Economica/Anthropos.

Smith, M.P. & Favell, A. (Hrsg.) (2009). *The human face of global mobility. International highly skilled migration in Europe, North America and the Asia-Pacific.* New Brunswick: Transaction Publishers.

Grundlagen einer qualitativen Ausbildung für biografische Interviews[1]

Augustin Mutuale und Birte Egloff

Das diskursive Verfassen des Selbst für Andere

In diesem Text möchten wir Aspekte vorstellen, die nicht offenkundig sichtbar sind und bei der Vermittlung von Interviewmethoden nicht unbedingt behandelt werden. Häufig lernt man, wie Interviews durchgeführt werden, seltener jedoch, wie man dabei *sein* soll. Mit diesem Text werden wir auf einer allgemeinen Ebene versuchen, die lebendige Qualität von Präsenz in Worte zu fassen. Wir werden nicht nur über Techniken sprechen, sondern auch darüber, welche grundlegenden Haltungen bei der Interaktion erforderlich sind, damit Vertrauen entsteht und das Gegenüber sich öffnet. Darüber hinaus werden wir näher auf die Beziehungsdynamik in verschiedenen Momenten eines Lebensberichts eingehen und ihre verschiedenen Aspekte einzeln erörtern.

Biografische Interviews finden zwischen Erzähler/inne/n und Adressat/inn/en der Erzählungen statt. Die Erzähler/innen werden als Expert/inn/en ihres Lebens betrachtet und sind Hauptverfasser/innen ihres Berichts. Biografische Interviews sind im übertragenen Sinne so etwas wie eine Forschungsreise in die Zeitwelt der Anderen, eine *Terra incognita*, auf der Forscher/innen sich von immer neuen Wegen überraschen lassen. Das Erlebte (frz. *le vécu*; vgl. Hess, 2009) wird auf diese Weise zum Begriffenen (frz. *le conçu*; vgl. ebd.), bringt bisher unerforschtes Land zum Sprechen, erschließt es mit Worten. Die Adressat/inn/en der Erzählung können darum bitten, dass über ein spezifisches Thema berichtet wird, zum Beispiel über die Entwicklung intellektueller Tätigkeit oder über soziales Engagement. Das Ziel von narrativen biografischen Interviews besteht darin, zu einer fruchtbaren Kenntnis über Andere zu gelangen, zu einem Verständnis ihres Werdegangs in Form einer *Erzählung*. Wie konstruieren Andere durch ihr Darüber-Sprechen das, was sie geworden sind, wie verleihen sie ihm Sinn?[2]

Die Erzählung Anderer führt aus der Unkenntnis über sie heraus, hin zu einem Kennenlernen. Sie führt weg vom bruchstückhaften Wissen oder Halbwissen über

---

[1] Det Text ist eine Weiterentwicklung von Mutuale & Egloff, 2010.

[2] „Die Erzählung schreibt den *Charakteren* unseres Lebens Rollen zu, definiert zwischen ihnen Positionen und Werte; die Erzählung konstruiert zwischen Umständen, Ereignissen und Handlungen Kausal-, Modal- und Final*beziehungen*; sie setzt die Linien unserer *Fabeln* zwischen zwei Pole, zwischen einen Anfang und ein Ende, lässt sie auf einen Abschluss zustreben; sie verwandelt die Abfolge der Ereignisse zu zweckgerichteten Verkettungen; sie komponiert eine bedeutungstragende Gesamtheit, in der jedem Ereignis gemäß seinem Beitrag zur Vollendung der erzählten Geschichte ein Platz zukommt" (Delory-Momberger, 2003, S. 11).

Andere, weg von einem künstlichen, eindimensionalen Bild, von einer klinisch sauberen, verkrusteten oder statischen Vorstellung, die von der Unkenntnis ihrer leibhaftigen Gegenwart, ihres schöpferischen Zeugnisses herrühren. Jean Lacroix (1981, S. 25) schreibt hierzu:

> „[...] Kennen bedeutet Anerkennen, nicht Konstruieren, es bedeutet, dem Anderen sein einzigartiges Anderssein zu lassen, also das, was in ihm selbst ist und ihn als solches von mir unterscheidet. Das Kennenlernen führt von der Feststellung hin zum Verständnis."

Durch den Lebensbericht erhalten wir Einblicke in einzigartige Geschichten, die sich in der subjektiven Welt der Erzählenden abspielen. Manche der erzählten biografischen Fakten „treten aus der Masse an Gefühlen und Augenblicken hervor, als erhellten sie eine lange Wegstrecke der Zeit" (Hess, 2009, S. 26), die der Mensch auf der Welt verbringt. Wenn Leben erzählt wird, so ist dies auch eine Anerkennung der Kategorie des Existierenden. Darüber hinaus gibt es neben der allgemeinen Geschichte eine einzelne, einzigartige Geschichte, die nicht auf die Grundfabel eines Gliedes in der Kette zurückgeführt werden kann, sondern vielmehr auf die Tatsache, dass – und die Art und Weise wie – wir diese Welt als zeitlich bedingte Wesen bewohnen, im Spannungsfeld zwischen Freiheit, Notwendigkeit und Ereignis. Hier widmet sich die Betrachtung einer individuellen Ebene: Jedes Individuum wird in eine Welt geboren, die es sich ebenso wenig ausgesucht hat wie das Geburtsdatum, den Geburtsort oder auch die Muttersprache. Darüber hinaus verfügt jedes Individuum über eine Identität, anhand derer seine Artgenossen es wahrnehmen und verstehen können. Zugleich unterscheidet diese Identität das Individuum quantitativ von anderen Kreisen. Ich bin eher der Bruder meines Bruders, als der eines Anderen, über den ich nichts weiß.

Als Individuen innerhalb der uns vorausgehenden Menschengemeinschaft sind wir im Wesentlichen aus Beziehungen gewirkt.[3] Unsere Welt ist ein Sprach-Raum-Zeitgefüge, in dem die Identitätsbildung jedes Individuums immer auf den/die Andere/n bezogen ist.

Das Individuum ist das Ergebnis einer oder vieler Begegnungen. Jedes Individuum trägt immer etwas von den Anderen in sich und ist durch die Formen der Aufnahme, der Ablehnung, der Konfrontation, des Aufeinanderprallens, des Austauschs usw. in Raum und Zeit bestimmt.

In einer Welt, die von den Medien – vor allem durch das Fernsehen – auf die Größe eines Fußballfelds reduziert wurde und bei der man entweder Spieler/in

---

3 „Das Wesen jedes Individuums besteht nicht allein darin, in Beziehung zu Anderen zu leben, auch nicht allein darin, gemäß der durchweg paradoxen Formulierung ‚in absoluter Relation zum Absoluten' zu existieren, sondern schlicht darin, in Beziehung, in Relation zu stehen (Forhold). Dass diese Beziehung gespannt ist, dass sie nur im Modus der Vieldeutigkeit und der Differenz denkbar ist (und dies auf vielen Ebenen und von den verschiedensten Standpunkten aus), lässt sich nicht bestreiten. Doch die positive Existenz der Beziehung ist unhintergehbar und lässt sich auf kein vorgängiges Prinzip zurückführen" (Clair, 1993, S. 214).

oder Zuschauer/in – meistens aber Zuschauer/in – sein kann, ist die Frage nach der Identität weiterhin hochaktuell.

Das Individuum ist vor allem Sohn oder Tochter, Vater oder Mutter, Angestellte/r eines Unternehmens, Freiwillige/r in einem Verein, Einwohner/in eines Dorfes,[4] Bürger/in eines Landes. Vor dem Hintergrund dieser Zugehörigkeiten kann das gleiche tragische Ereignis verschiedene Bedeutungen annehmen, je nachdem, wo es in der Geografie unseres Geistes oder unserer Identität verortet ist: Geht es um meinen Bruder oder den Bruder meines Bruders oder um den Feind meines Bruders? Manche Fremde sind uns fremder als andere.

Ein Unfall kann für mich eine schlichte Notiz in der Zeitung, Anlass zur Sorge oder auch ein persönliches Drama sein. Die *Zeitungsnotiz* berührt die Neugier und den Geist. In der Geografie meiner Identität bin ich vom Geschehen weit entfernt – vielleicht zehn, vielleicht auch 10.000 Kilometer. Das Ereignis ist schlichtweg geistig anregend, mein Denken labt sich an Neuigkeiten. Ein solches Ereignis ist an sich ein Nicht-Ereignis, da es mein Leben nicht im Innersten erschüttert. Es findet außerhalb meines Lebens statt und wird auch nicht Teil davon. Es sorgt nicht dafür, dass ich mich Anderem öffne. Das *besorgniserregende Ereignis* dagegen zieht mich ein wenig mehr in sich hinein als die Zeitungsnotiz. Es lockt mich aus der Reserve, hin zu den Anderen, lässt mich, soweit möglich, an ihrem Unglück Anteil nehmen. Zwar wird ein besorgniserregendes Ereignis vor allem durch die Vernunft und aus der Distanz wahrgenommen, doch es fordert uns zum Handeln auf und führt damit zu einer Annäherung zwischen Identitäten. Das *dramatische Ereignis* geht uns „unter die Haut". Es ist ein persönliches Drama, das mich in mir selbst gefangen hält, weil es einen Schock verursacht, bei dem die Vernunft von der Absurdität des Ereignisses gleichsam in Geiselhaft genommen wird. Das kann zum Beispiel der Tod eines geliebten Wesens sein. In diesem Fall leide vor allem ich. Ich leide meinetwegen. Meiner Liebe wegen. Auch wenn zum Beispiel ein Verwandter bei einem Unfall verletzt wird und dadurch lebenslänglich gelähmt ist: Der Schmerz, diesen Menschen leiden zu sehen, ist auch in diesem Fall mein Schmerz. Er erschüttert mich in meinem Innersten. Alles, was für den Anderen getan wird, wird für mich getan, weil meine Identität mit der des Anderen verschmolzen ist.

Mithilfe des Lebensberichts können wir zu Erkenntnissen über das psychische Verhalten eines Existierenden gelangen. Erzähler/innen berichten von

---

4 Roissy, petit village de l'Ile de France,
Souvenir de mon enfance.
Tu es maintenant devenu ce beau pays,
Dont on peut être fier aujourd'hui.
Pourtant, il nous reste encore l'âme d'antan,
Ressentie, par beaucoup de nos cheveux blancs.
[Rossy, kleines Dorf der Ile de France,
Andenken meiner Kindertage.
Dies schöne Land bist du geworden,
Das heute uns mit Stolz erfüllt.
Doch bleibt von einstens die Seele,
Die manches unsrer weißen Haare spürt.]
(Bernard, 2003, S. 23).

verschiedenen Ereignissen (vgl. Mounier, 1961), mit denen sie beim Ausüben ihrer Freiheit in Raum und Zeit konfrontiert waren. Es stellt sich heraus, dass diese Ereignisse in ihrer psychischen Geografie entweder Zeitungsnotizen sind – oder Katastrophen, und zwar im Sinne der ursprünglichen Bedeutung aus dem Altgriechischen: ‚Umkehr, Wendung'. Auf eine solche Wendung, die schmerzhaft oder glücklich sein kann, muss die betroffene Person reagieren: Auf diese Weise formt das Ereignis die spezifische Identität der Person mit.[5]

Doch diese Erkenntnis, dieses Kennenlernen bedeutet, sich darauf einzulassen, immer wieder aufs neue nach dem/der Anderen zu forschen, zugleich aber hinzunehmen, dass ein Anteil des Rätsels mit jedem gelüfteten Schleier nur tiefer ins Rätselhafte hinein rückt – wie von Emmanuel Lochac[6] beschrieben: „Je mehr ich über mein Geheimnis sage, desto tiefer gerate ich ins Geheimnisvolle hinein". Die kontinuierliche Suche, das Forschen nach Lösungen gelten dem Rätsel. Oder das Rätsel ist bleibt unbewusst.

Wir sprechen in diesem Zusammenhang nicht von diversen Rätseln, sondern von dem *einen* Rätsel, das qualitativ – nicht quantitativ – das Abenteuer des In-Beziehung-Seienden ausmacht, und zwar sowohl bei der Deutung der eigenen Vergangenheit und des eigenen, bewussten Auf-der-Welt-Seins – hier und heute – als auch in der zukünftigen Person, als die wir uns entwerfen. Eine narrative Praxis erhält dadurch performative Wirksamkeit, dass wir beim Sprechen nicht mehr nur einen Bezug zu unserem Leben herstellen, sondern eine *Beziehung* zu unserem Leben aufbauen. Ein Bericht, der einen Bezug zum Leben herstellt, ist eine Wegbeschreibung, die über das Leben berichtet wie über einen Gegenstand, den wir einem Gegenüber erklären, demonstrieren oder den wir demontieren. Eine *Beziehung* hingegen ist eine fortschreitende Entwicklung, die durch die explizierende Ausführung und Resonanz den Weg zur inneren Sammlung bereitet, als öffneten wir uns für uns selbst oder als führe uns unser Selbst in alle Glieder und bereite den Weg für ein erhelltes Verständnis unserer selbst, für das Neue.[7]

Biografische Verfahren in der Kontroverse

Bei Lebensberichten, die auf einem spezifischen Erzählauftrag beruhen, stellt gerade die Bezugnahme auf diesen Auftrag eine Falle dar. Die Erzähler/innen laufen Gefahr, sich so sehr auf die Beantwortung der Frage einzuschießen, dass sie nicht mehr als ein sich zuhörendes Subjekt sprechen, sondern als ein sich unter dem

---

5 „Identität ist eine geschichtenförmige Konstruktion, die als Selbsterzählung einer Person präsentiert wird" (Marotzki, 2006, S. 65).
6 Emmanuel Lochac (1886–1956) war ein französisch-ukrainischer Schriftsteller.
7 „Das Subjekt ist weit davon entfernt, sich unmittelbar in einem Cogito, das so unbezwingbar wie die Leere wäre, zu begreifen – es kann sich allein vermittels seiner Werke und durch die Entzifferung der darin geborgenen Zeichen seines Selbst erspüren. Der Lebensbericht gehört zu den kulturellen Formen, durch die das Subjekt diese Selbst-Erfahrung versuchen und seinem Leben einen Sinn verleihen kann, so minimal und säkularisiert dieser auch sein mag" (Fabre, 2004, S. XVI).

Blick des/der Forscher/in zergliederndes Untersuchungsobjekt – unabhängig davon, ob sie selbst die Forschung durchführen oder Andere. Dabei kann ein in sich geschlossener – dadurch aber auf sich selbst beschränkter – Bericht entstehen, bei dem Eigenlob oder Rechtfertigungen ebenso zu Verzerrungen führen können wie die von vorherbestimmten Schemata verfälschten Vorstellungen über die eigene Person und den/die Andere/n. Ein solcher Bericht mag die Illusion von Offenheit erzeugen, ist letztlich aber stark festgelegt, weil er sich allein auf den darzulegenden Gegenstand beschränkt.

Pierre Bourdieu kritisiert vor allem ein manchen soziologischen Forschungsansätzen zugrunde liegendes Verständnis des Subjekts als sprechenden Forschungsgegenstand, der die Wahrheit über sich selbst sowie eine vorherbestimmte individuelle und autonome Existenz besitzt – dies aber sei eine biografische Illusion (vgl. Bourdieu, 1998). Philippe Lejeune (1980, S. 29ff.) gibt zu bedenken, dass autobiografische Ansätze die Illusion eines vollständigen, sich in seinem „Ich" vollkommen autonom wähnenden Subjekts erzeugen könnten. Mit dieser Illusion würde vernachlässigt, dass das Individuum Weisungen bzw. Loyalitätspflichten untersteht, die sich der Wahrnehmung entziehen. Diese Kritiken sind nicht von der Hand zu weisen. Es drängt sich aber der Einwand auf, dass die Soziologie den Standpunkt des Subjekts – und damit die Gefahr der Subjektivität – nicht abschaffen kann. Das Subjekt ist sowohl ein soziales Wesen als auch ein einzigartiges Individuum, ein unvollendetes (vgl. Lapassade, 1977), in einem stetigen Konstruktionsprozess befindliches Wesen, die gleichzeitige Gegenwart eines Heute und eines Zukunftsentwurfs.

Der Lebensbericht ist eine Beschreibung sozialer Gegebenheiten (sowohl physischer als auch psychischer Ordnung), die in der Entwicklung eines Subjekts nachklingen, dessen Existenz stets im Kontext einer Gemeinschaft eingebettet ist. Diese Beschreibung wird in der Struktur einer Fabel verfasst, die den Aufbau einer klaren Sinnkonstruktion ermöglichen soll.[8] Der Lebensbericht ist darüber hinaus ein hermeneutisches Verfahren mit dem Ziel, unseren eigenen Bezug zu unserer Praxis zu verstehen. Schleiermachers Hermeneutik ist eine allgemeine Theorie des Verstehens durch die ausführliche Untersuchung und Nachbildung der Werkgenese (vgl. Schleiermacher, 1959). Bei einer Narration, die die Selbsterzählung über das Entstehen der eigenen Selbstpraxis zum Gegenstand hat, untersuchen die Erzähler/innen diejenigen Ereignisse und Entscheidungen, in denen ihre Praxis wurzelt, und zwar indem sie diese als Fabel komponieren. Anhand des Lebensberichts können wir die Genese und den einzigartigen Prozess der Identitätskonstruktion bei der Person (in ihrer Eigenschaft als praktizierender Mensch) herausarbeiten, untersuchen und interpretieren. Dabei gibt es nicht zwangsläufig nur eine einzige, sondern häufig auch mehrere Genesen. Dies ist zum Beispiel im Buch Genesis der Fall. Die Schöpfungsgeschichte wird hier in zwei Fassungen erzählt, die unterschiedliche Auslegungen zulassen und die Paul Ricoeur als zwei verschiedene Erzählungen betrachtet (vgl. Ricoeur & Lacocque, 1998). Guy Berger wiederum betrachtet den Lebensbericht

---

8 „[...] Die Fabelkomposition ist der Vorgang, der aus einer bloßen Abfolge eine Konfiguration macht" (Ricoeur 1988, S. 106).

als Prozess des Durcharbeitens (im Sinne des psychoanalytischen Begriffs) – er ist eine beständige Erinnerungsarbeit, bei der immer wieder neue, die Erzählung verändernde Assoziationen und Perspektiven aufkommen. Man kann sich das wie bei einem Fotoapparat auf einer Gleitschiene vorstellen: Von keinem der so entstandenen Fotos lässt sich behaupten, es sei echter als die anderen. Das Objekt wurde nur aus unterschiedlichen Entfernungen fotografiert, neue Perspektiven wurden erprobt. Ebenso gibt es in einem Lebensbericht unterschiedliche Interaktionen, Schwerpunkte und Problematiken. Diese Erinnerungsarbeit endet nie, zum einen, weil Biografisierung ein kontinuierlicher Prozess ist und zum anderen, weil keine Analyseperspektive einer Wahrheit entspricht, mit der die Erzählung abgeschlossen wäre. In der großen Geschichte ebenso wie im Lebensbericht ist ein Teil stets der Vorstellungswelt und der Interpretation geschuldet. Zudem wird die Erzählung immer ein wenig auf das zurechtgeschnitten, was dargelegt werden soll.[9] Mit einem Lebensbericht versucht die erzählende Person, das Rätsel dieser Lebensgeschichte, diesen komplexen Teil in ihr, neu zu formulieren und ihm auf den Grund zu gehen. Er gibt dem Wirklichen seine ganze Dichte zurück. Das Bemühen, das Rätsel zu lösen, kann zu Abweichungen von belegten historischen Fakten führen. Der/die Erzähler/in ist dann nicht von den Fakten, sondern vom Rätsel des Moments vereinnahmt. Es gibt insofern einen Erzählauftrag, als die Erzähler/innen oder diejenigen, die den Auftrag erteilen (u.U. auch die Erzähler/innen selbst), davon ausgehen, dass sie etwas über die Genese und die Entwicklung ihrer Praxis, die Ursprünge und ihre sich im Laufe der Zeit enthüllende Identität als praktizierender Mensch zu sagen haben.

Der Lebensbericht als Bildungsinstrument

Lebensberichte produzieren Wissen. Sie führen – im Rahmen ihrer Grenzen und Möglichkeiten – zu neuen Erkenntnissen über Vergangenheit und Zukunft.

Darüber hinaus kann ein Lebensbericht sogar eine therapeutische Wirkung im klinischen Sinne entfalten: Wir können uns von leidvollen Erfahrungen aus der Vergangenheit befreien und wieder mit uns selbst in Einklang kommen, indem wir darüber sprechen. Insofern kann das Sprechen heilsam für die Seele sein. In seinem Lebensbericht spricht etwa der Bürgermeister von Roissy, André Toulouse,[10] – der während der Gespräche noch nicht wusste, wohin das biografische Interview ihn führen würde – abschließend über die positive Wirkung dieser Methode:

---

9 „Während ich nach den wichtigsten Berührungspunkten zwischen dem Lauf der Welt und dem Lauf meines Lebens suche, entdecke ich manche, die auf der Hand liegen, aber auch andere, die subtiler sind" (Hessel, 2012, S. 9).
10 Die Interviews mit André Toulouse wurden von Augustin Mutuale und Caroline Aichele, zum damaligen Zeitpunkt Studentin der Pädagogischen Hochschule Karlsruhe, im Rahmen unseres Projekts geführt. Sie fanden auf Französisch statt. Da es sich beim Bürgermeister von Roissy – ebenso wie bei Alfred Grosser und Stéphane Hessel – um eine Person des öffentlichen Lebens handelt, wurde sein Lebensbericht nicht nur nicht anonymisiert, sondern sogar unter seinem eigenen Namen veröffentlicht (vgl. Toulouse, 2010).

> „Sie und ihre Studentin haben mich zum Reden gebracht, obwohl ich sonst mit niemandem je über mein Privatleben gesprochen habe. Das hatte ich tief in mir vergraben. Das ging niemanden was an. Ich bin mir sicher: Ohne diese Interviews hätte ich wohl kaum mit meinen Geschwistern offen über alles gesprochen. Ich fühle mich wie nach einer Therapie, weil ich meine Gefühle zum Ausdruck bringen konnte und das, das hat sie befreit. Das hat allen gut getan. Ich habe jetzt verstanden, dass man Dinge, die einem wehtun, nicht für sich behalten darf ..." (Toulouse, 2010, S. 129).

Über die Entdeckungen, die Menschen beim Erzählen machen können, schreibt Isabelle Laplante (2009):

> „Wenn man sich mit einem anderen Menschen auf ein narratives Gespräch einlässt, begibt man sich gleichsam auf eine Reise auf vielen unbekannten Pfaden mit zahlreichen Kreuzungen und Gabelungen, an denen man sich für einen Weg entscheiden muss, ohne jedoch zu wissen, wohin er führt. Mit jedem Schritt kann sich ein neuer Weg auftun, können sich neue Möglichkeiten ergeben. Man durchquert unbekannte Landschaften, unerforschte Gebiete. Was wird man hier entdecken? Glücklicherweise haben wir gute Karten, an denen wir uns bei der Erforschung dieser Terra incognita orientieren können, und unsere Klienten sind zugleich ortskundige Führer."

In Hinblick auf unsere Lebens- und Identitätspraxis ist unser biografisch-narratives Verfahren jedoch eher ein Bildungsprozess. Inwiefern führt mich der Lebensbericht durch neue, für meine Praxis sinnstiftende Perspektiven zu neuen Erkenntnissen über meine Identität als praktizierender Mensch, inwiefern erneuert oder verändert er sie? Unser Verfahren ist nicht darauf beschränkt, einen Menschen von sich, seinem Dorf, seinen Leidenschaften o.ä. erzählen zu lassen. Es geht darum, mehr über die Praxis zu erfahren: Welchen Sinn verleiht der/die Erzähler/in durch das auf diese Praxis bezogene Über-sich-Sprechen heute seinem/ihrem Beruf, seiner/ihrer Aufgabe? Er bzw. sie soll sich durch den Lebensbericht ausführlich – und durchaus auch im Bereich wenig naheliegender Zusammenhänge – mit seiner/ihrer Praxis auseinandersetzen können, um sich voll zu entfalten.

Der Lebensbericht schildert die Brüche, Kursabweichungen und Zufälle, die sich in die Geschichte eines Subjekts eingeschrieben und ihr damit dem Schicksal gegenüber Subjektivität oder Besonderheit verliehen haben. Hier offenbart sich das zeitlich bedingte „Ich" als Frucht der Notwendigkeit und des Zufalls, ebenso jedoch als Freiheit und Zukunft.[11] Der Lebensbericht aktualisiert nicht allein die Vergangenheit: Durch ein Vorhaben, das sich aus der Gegenwart zur Zukunft hin öffnet, rekonstruieren Erzähler/innen ihre Vergangenheit, erschließen ihren Sinn und

---

11 „Jung gewesen, dann älter geworden zu sein und dann schließlich zu sterben, ist eine recht mäßige Existenz; denn dies Verdienst hat das Tier auch. Aber die Momente des Lebens in der Gleichzeitigkeit zu vereinen, das ist gerade die Aufgabe" (Kierkegaard, 1989, S. 52).

besinnen sich auf die Flügel, mit denen sie flügge geworden und bis zum heutigen Tag geflogen sind. Wenn wir den Lebensbericht als Bildungsinstrument verstehen (vgl. Hof, 1995), so gehen wir davon aus, dass er als solches dafür geeignet ist, am Prozess der Subjektkonstruktion sowie an einem Identitätswandel mitzuwirken, und zwar indem das Subjekt für seinen Werdegang – von seinen Ursprüngen bis heute und bis in die Zukunft hinein – Lesarten findet oder ihm Worte verleiht und auf diese Weise ein Selbst-Verständnis und ein Verständnis seiner Praxis entwickelt (vgl. Delory-Momberger, 2004). Der Lebensbericht wird dann zu einem Bildungsprozess, wenn die Erzählenden darin ihre einzigartige Geschichte praxisbezogen erforschen und verstehen können. Indem sie die Komplexität entwirren oder indem sie entziffern, wie sich soziale Aspekte über längere Zeiträume hinweg abzeichnen, erschließen sie einen Sinn. Es gelingt dem Subjekt, seine Identität als ein im Moment einer spezifischen Praxis existierendes Subjekt genauer zu lesen und zu begreifen (vgl. Weigand & Hess, 2009, S. 225ff.).

Hinter dem Bildungsgedanken steht die Verbesserungsfähigkeit des Menschen, nicht unbedingt im Sinne von Perfektion, sondern im Sinne eines Strebens nach Harmonie, nach Bewegung und Engagement, das sich in seiner Richtigkeit und seiner Fruchtbarkeit zeigt und zu erkennen gibt. Schöpferische Freude erleben wir in einer Harmonie, die durch die Zusammenkunft von Leichtigkeit und Gemessenheit, Lachen und Ernst entsteht. Diese Harmonie befreit das Subjekt vom Wettbewerbsdenken, das es im ständigen Profitstreben gefangen hält. Sie ermöglicht ein qualitativ orientiertes Denken, das sich durch Selbst-Verständnis und das Verständnis der eigenen Praxis – welches das Subjekt sich mit dem Ziel eines schöpferischen Engagements schrittweise aneignet – auf eine Praxis zubewegt, in der das Subjekt mit sich in Einklang steht.

Im Rahmen einer Ausbildung, eines Bildungsprozesses, führt der Lebensbericht zu neuen Erkenntnissen über den praktizierenden Menschen und zugleich zur Entwicklung einer Theorie des praktizierenden Menschen. Er thematisiert eine Freiheit, die im Spannungsfeld der Zwänge und Grenzen des Berufs steht: Wie habe ich meine Identität als praktizierender Mensch konstruiert? Das Erzählen im Rahmen eines (Aus-)Bildungsprozesses hilft uns, den Prozess der Identitätskonstruktion des praktizierenden Menschen zu verstehen, aber auch, inwiefern sich dieser Mensch in dieser Identität (an-)erkennt. Welche Darstellungen, welche Vorstellungen kann ich beobachten und wie haben diese mich – in meiner Praxis und als praktizierenden Menschen – weitergebracht?

Im Rahmen des (Aus-)Bildungsprozesses können Erzähler/innen mithilfe des Lebensberichts lernen, ihren institutionellen Standpunkt gegenüber den Anforderungen und Zwängen, die sich aus den in ihrer Praxis herrschenden Vorstellungen ergeben, besser zu reflektieren und die Motivationen und Werte, die ihre genealogische Identitätskonstruktion als praktizierende Menschen ausmachen, genauer zu verstehen. Das Individuum kann mithilfe des Lebensberichts die Feldlinien seiner Biografie herausarbeiten. Darüber hinaus kann es Entfremdungen und innere Konflikte als Ursachen von Erschöpfung und inneren Anspannungen aufspüren und den gesellschaftlichen und persönlichen Widersprüchen, die im Innern der eigenen Person wirken, genauer auf den Grund gehen. Dies gelingt, indem wir uns beim Erarbeiten des Lebensberichts Schritt für Schritt alle Faktoren vergegenwärtigen, die für unsere Selbst-Konstruktion als praktizierende Menschen entscheidend sind. Der Lebensbericht ist eine historische Rekonstruktion der Fundamente einer persönlichen Geschichte. Er gehorcht bis zu einem gewissen Grad den Regeln der Kohärenz und folgt einer narrativen Struktur. Auf dieser Grundlage wird anhand der erzählten Ereignisse der allgemeine Sinn eines persönlichen Erfahrungsprozesses herausgearbeitet. Im Lebensbericht offenbart sich ein Subjekt, das sich die Welt vergegenwärtigt und auf sie einwirkt, um die eigene Geschichte zu verfassen. Hierbei schafft es auch auf einer sozialen Ebene neue Möglichkeiten.[12]

So ist der Lebensbericht des Bürgermeisters von Roissy zum Beispiel stark von einer Haltung zum europäischen Aufbau geprägt, in der schwankende, unzureichende Gewissheiten ebenso vorkommen wie nervenaufreibende, beunruhigende Ungewissheiten – aber auch das grundlegende Streben, den kommenden Generationen die Möglichkeit eines besseren und sinnerfüllten Lebens zu hinterlassen. Eine Meinung kann jeder haben. Der Lebensbericht aber erforscht die Vergangenheit, befragt die Gegenwart und beschwört die Zukunft herauf. Er ist das Zeugnis einer bewegten Menschheit.

Qualitative Grundlagen für die Vermittlung biografischer Verfahren

Ein biografisches Interview kann mit einem spezifischen Auftrag erfolgen: Es werden Informationen über ein bestimmtes Engagement oder Moment im Leben der Interviewten erfragt. Diese äußern sich dann zu den entsprechenden Ereignissen in der Vergangenheit und erklären sie. Solche Interviews sind zumeist kurz und lassen sich in einer zweistündigen Sitzung abwickeln. In anderen Fällen stellt der Erzählauftrag für die Interviewten die Gelegenheit dar, die Geschichte ihres langjährigen Engagements zusammenzutragen. Da solche Lebensberichte mehr Zeit benötigen, finden mehrere Sitzungen statt, die über mehrere Wochen oder Monate verteilt sein können.

So haben wir zum Beispiel den Lebensbericht über das interkulturelle Engagement des Bürgermeisters von Roissy innerhalb von neun Sitzungen begleitet. Die Sitzungen waren über mehrere Monate verteilt. Dieses Vorgehen kann die Haltung von Interviewten und Interviewer/innen zueinander dergestalt verändern, dass die Gespräche zu einem Moment dualen Austauschs werden (vgl. Delory-Momberger,

---

12 „Die fachliche Vermittlung des autobiografischen Erzählens sollte – aus der Sicht der klinischen Soziologie – ein Bewusstsein dafür schaffen, dass der Lebensbericht auch als soziales Band fungiert. Sie sollte aufzeigen, inwiefern jede einzelne Geschichte durch das Erzählen zu einer universellen Geschichte wird, aus der Andere wiederum die Fähigkeit schöpfen können, sich selbst zu wandeln, zu handeln und gerne zu leben" (Orofiamma, 2002).

2003, S. 33). Vor diesem Hintergrund sollen die qualitativen Aspekte bei der Auslegung von Lebensberichten erörtert werden.[13]

In einem Lebensbericht können wir drei Bewegungen beobachten: die *explikative Ausführung*, die *explizierende Ausführung* und die *Resonanz*. Es ließe sich noch eine vierte hinzufügen, die jedoch eher die Fortsetzung oder Wiederaufnahme der dritten Bewegung darstellt: das *Engagement*.

Diese Bewegungen lassen sich nicht mit methodischen Fähigkeiten gleichsetzen. Vielmehr geht es hierbei um die Qualität der Präsenz und Vergegenwärtigung des Gegenübers im eigenen psychischen Raum sowie um die Faktoren Distanz oder Vertraulichkeit, die den Übergang von einer Bewegung zur anderen in Gang setzen können. Im Vordergrund stehen so genannte Grundhaltungen und weniger die Methoden, die bei den jeweiligen Bewegungen zum Einsatz kommen. Es geht um eine phänomenologische Betrachtung der agierenden Präsenz. Die beschriebenen Bewegungen stehen weder in einer chronologischen noch in einer linearen Ordnung. Die Interviewten können somit von der Meditation zur explizierenden Ausführung, aber durchaus auch zur explikativen Ausführung übergehen. Dies hängt jeweils davon ab, wie sie kommunizieren, welche Haltung sie einnehmen möchten bzw. sich auferlegen. Darüber hinaus ist zu berücksichtigen, dass Interviewte sich ihrem Gegenüber und auch sich selbst gegenüber mehr öffnen, je mehr Vertrauen im Laufe der Gespräche entsteht. Unter dieser Bedingung lassen sie sich auch eher von den verschiedenen Bewegungen mitreißen.[14]

Wir werden im Folgenden diese Bewegungen näher skizzieren und dabei zur Illustration auf unser Datenmaterial, hauptsächlich – aber nicht ausschließlich – auf das Interview mit dem Bürgermeister von Roissy, zurückgreifen.

Die explikative Ausführung

Bei der explikativen Ausführung herrscht die an Nietzsche orientierte Haltung, ein gut konstruierter Gedankengang äußere sich durch klare Formulierungen. Diese Bewegung tritt häufig am Anfang eines Interviews oder im Laufe der ersten Gesprächstermine auf. Die Interviewten neigen dann häufig zu einem Vorlesungsstil und achten darauf, ihren Bericht klar und linear zu gestalten. Sie sind mit dem, was sie referieren, schon seit langem vertraut, kennen Anfang und Ende. Mit ihrem Bericht demonstrieren sie ihr Wissen über sich selbst. Sie haben die Situation bereits in Gedanken durchgespielt. Auf die Frage der Interviewer/innen liefern

---

13 In der Literatur zu Lebensgeschichten sind (zumindest im deutschsprachigen Raum) kaum ähnliche Analysen zu finden. Eine Ausnahme bildet ein Artikel von Alexander Bogner und Wolfgang Menz (2002): Die Autoren unterscheiden verschiedene Typen von Interaktionen zwischen Erzähler/in und Adressat/in (z.B. Zuhörer/innen als Komplizi/inn/en oder als Autorität). Dabei beziehen sie sich jedoch nicht auf biografische Interviews, sondern auf Experteninterviews.
14 Fritz Schütze (1982) nennt dieses Phänomen die „Zugzwänge des Erzählens": Sie zwingen die Interviewten, bestimmte Aspekte ihres Lebens genauer auszuführen, selbst, wenn sie das eigentlich nicht vorhatten.

sie eine Lösung, aber keine Antwort.[15] Es ist wie bei einem Theaterstück, bei dem die Darsteller/innen je nach Vorstellung mal mehr, mal weniger in Form sind. Der Ablauf des Berichts ist vollständig von der Vernunft gesteuert, die Vernunft erzählt ihre „Erzählung". Bei der explikativen Ausführung sprechen die Interviewten „über" sich.

Wir möchten dies zunächst am Fall von Marie[16] zeigen. Das Interview mit ihr beginnt folgendermaßen:

I: Also, du hast ja bei verschiedenen Programmen des DFJW teilgenommen,
Marie: Ja.
I: Und die Frage wäre jetzt, ähm wie du dazu gekommen bist und welche Erfahrungen du damit gemacht hast?
Marie: Ja, is' natürlich sehr offen (beide lachen). Ja, also ich hab nur zwei Gedanken mir gestern Abend gemacht und überlegt, ob das DFJW mein Leben wirklich geprägt hat.
I: Mhm.
Marie: Und ich kam auf tausend Dinge, die es geprägt hat.

Zunächst ist festzuhalten, dass die Interviewerin die in der Forschungsgruppe verabredete Erzählaufforderung verwendet (vgl. den Beitrag von Stock, Egloff & Friebertshäuser in diesem Band), die zwar Bezug auf die deutsch-französischen Begegnungen nimmt, jedoch so offen formuliert ist, dass eine bestimmte Antwort nicht erwartet wird, sondern Raum für die Relevanzsetzungen der Erzählerin gegeben ist. Marie kommentiert diese Erzählaufforderung, indem sie dieser tatsächlich eine Offenheit bescheinigt („is' natürlich sehr offen"), dann aber mit ihrer Aussage „ich hab nur zwei Gedanken mir gestern Abend gemacht" einräumt, dass sie nicht gedenkt, auf die Frage offen zu reagieren, sondern eine vorbereitete Antwort zu bringen. Sie signalisiert damit, dass sie sich mit der Forschungsfrage, dem Interview und dessen Anliegen bereits vorab beschäftigt hat, somit vorbereitet ist und vermutlich eine reflektierte statt einer spontanen Antwort geben wird. Ihre Antwort „ich kam auf tausend Dinge" entspricht dabei nicht der Frage, sondern lässt sich als Bilanzierung interpretieren, in der sie das Ergebnis ihrer Erzählung bereits vorweg nimmt, noch bevor sie überhaupt angefangen hat zu erzählen. Zugleich zeigt sie, dass ihr die Forschungsfrage sehr klar ist, die sich nämlich auf die interkulturellen Spuren in ihrer Biografie bezieht (und darauf wäre ihre Äußerung die passende Antwort). Sie demonstriert damit, dass wir es mit einer reflektierten Person zu tun haben, die in der Lage ist, über ihr Leben nachzudenken und sich sogar bereits einige Gedanken dazu gemacht hat. Sie macht zudem deutlich, dass sie wichtig für das Projekt ist, da sie tatsächlich etwas über biografische Spuren sagen kann. Sie signalisiert damit

---

15 Wir unterscheiden hier zwischen Lösung und Antwort. Die Lösung ist ein Gesetz. Sie ist definitiv und wird nicht hinterfragt. Die Lösung ist eine allgemeine und notwendige Wahrheit. Die Antwort dagegen ist gleichsam eine Tür, die sich hier und heute öffnet. Sie wird als fragmentarisch und relativ akzeptiert.
16 Es handelt sich um dieselbe Marie, die auch in den Beiträgen von Holbach & Burk, Friebertshäuser & Weigand sowie Stock zu Wort kommt.

aber auch, dass sie vermutlich eine „vorgefilterte", offizielle Version bringen wird, die vermeintlich gerne von den Interviewern gehört werden möchte oder den gängigen Vorstellungen, die das Team an die Befragte hat (oder von denen zumindest Marie glaubt, dass sie diese haben), entspricht. Marie präsentiert sich hier in einer vorgegebenen, an bestimmten Normen orientierten Rolle. Ihr Einstieg in das Interview ist eine Selbsterklärung, die an eine Exposition eines Theaterstücks erinnert. Diese „offizielle" Version ihrer Geschichte hält Marie bis etwa Zeile 142 durch. Erst an dieser Stelle geht die Selbstdarstellung in eine Erzählung über, die auch im weiteren Verlauf Brüche und „Ungereimtheiten" erkennen lässt. Ab diesem Zeitpunkt im Interview werden die „Zugzwänge des Erzählens" wirksam.

Dieses Verhalten lässt sich auch bei biografischen Interviews beobachten, die sich in ein oder zwei Sitzungen mit einem bestimmten Thema befassen. Dies ist nicht unbedingt auf ein Kalkül seitens der Interviewten zurückzuführen und kann ganz verschiedene Gründe haben – wenn die Interviewten zum Beispiel den Erzählauftrag kennen, sich auf das Interview vorbereitet haben, wenn das Vertrauen zwischen den Gesprächspartner/inne/n noch aufgebaut werden muss und außerdem das Interview mit einer Person des öffentlichen Lebens[17] geführt wird. Kurze biografische Interviews erfolgen häufig in explikativen Ausführungen.

Die Anfangspassage aus dem Interview mit Stéphane Hessel kann uns hier als weiteres Beispiel dienen. Er wurde von den beiden Projektmitarbeitern Raphaela Starringer und Augustin Mutuale für unser Projekt interviewt (vgl. hierzu auch den Beitrag von Raphaela Starringer in diesem Band). Kurz zuvor hatte der 95-Jährige, der in Deutschland geboren wurde, den größten Teil seines Lebens jedoch in Frankreich verbracht hat und auch die französische Staatsbürgerschaft besitzt, sein Essay „Empört euch!" veröffentlicht, das zum Bestseller wurde (vgl. Hessel, 2011). Zum Zeitpunkt des Interviews war er daher gerade als Gesprächspartner sehr gefragt. Einige Jahre zuvor hatte er bereits seine Autobiografie unter dem Titel „Danse avec le siècle" (Hessel, 1997; dt. „Tanz mit dem Jahrhundert", 2002) veröffentlicht. Stéphane Hessel kämpfte in der Résistance, überlebte das Konzentrationslager Buchenwald und war nach dem Krieg maßgeblich an der Erarbeitung der UN-Charta der Menschenrechte beteiligt. Als „Ambassadeur de France" reiste er um die Welt, um in Konflikten zu vermitteln und Entkolonialisierungs- und Demokratieprozesse voranzutreiben. Stéphane Hessel ist eine Person des öffentlichen Lebens, damit unterscheidet er sich von den meisten unserer Interviewpartner/innen. Zudem war davon auszugehen, dass er nicht zum ersten Mal über sein Leben Auskunft gibt und vermutlich eher eine sehr reflektierte biografische Erzählung präsentieren würde, auch wenn er sich zunächst auf unsere „Interviewregeln" einzulassen schien, wie sich an der ersten Interviewsequenz erkennen lässt:

---

17 Wie z.B. bei unseren Inteviews mit Stéphane Hessel, Alfred Grosser und Angela Spizig.

Das Interview[18] mit ihm beginnt folgendermaßen:
S: Stéphane
I 1: Raphaela
I 2: Augustin
I 1: auch Deutsch sprechen
S: Wie Sie wollen
I 1: Wie Sie möchten
S: Aber versteht er auch Deutsch?
I 2: Non non. [Nein nein.]
S: Non, alors on va parler français. Ça vaut mieux. [Nein, na, dann sprechen wir auf Französisch. Das ist besser.]
I 2: Oui, mais vous pouvez parler allemand quand vous sentez parler allemand. Moi j'ai [Ja, aber Sie können auf Deutsch sprechen, wenn Ihnen danach ist. Ich habe –]
S: [Non, non] Non, on veut surtout qu'on se comprenne tous les trois. [Nein, wir wollen ja vor allem, dass wir uns alle drei verstehen.]
I 2: Oui, ok, mhm. [Ja, Okay, mhm.]
S: Bien. [Gut.]
I 1: Voilà. Alors, donc, mhm, mon, disons, moi je suis pas journaliste, on vient de ce projet de recherche ensemble [So. Also, ja, mhm, ich, also, ich bin keine Journalistin, wir gehören beide zu diesem Forschungsprojekt]
S: Oui. [Ja.]
I 1: Qui est un projet ähm biographique [ein ähm Biografieprojekt]
S: Ah oui. [Ah ja.]
I 1: Qui s'intéresse à des moments des rencontres interculturels franco-allemands [zu Momenten interkultureller Begegnungen in deutsch-französischen Kontexten]
S: D'accord. [Aha.]
I 1: Dans la vie de quelqu'un [im Leben eines Menschen]
S: Oui. [Ja.]
I 1: Et à quel point ça a eu une influence sur la vie de quelqu'un. [Und inwiefern davon das Leben eines Menschen beeinflusst wird.]
S: Voilà. [Genau.]
I 1: Alors ähm, oui, moi, je me vois aussi un petit peu dans ce contexte, disons dans la promotion de la, promotion de la compréhension des peuples [Also, ähm, ja, ich, ich sehe mich auch ein wenig in diesem Kontext, also, im Engagement, im Engagement für die Völkerverständigung]
S: C'est ça. [Richtig.]
I 1: Voilà. Parce que j'ai fait un Abi-Bac, puis j'ai passé une année en France dans l'école, j'ai passé une année universitaire à l'école. Moi je m'engage aussi auprès des Jeunes Européens [Ja. Weil ich nämlich ein Abi-Bac gemacht habe und dann war ich noch ein Jahr in Frankreich in der Schule, ich habe während des Studiums ein Jahr an der Schule verbracht. Ich bin auch in der europäischen Jugendarbeit aktiv]
S: Très bien. Et vous êtes née en Allemagne. [Sehr gut. Und Sie sind in Deutschland geboren.]
I 1: Oui, je suis née en Allemagne. [Ja, ich bin in Deutschland geboren.]
S: Où ça ? [Wo denn?]

---

18   Da in diesem Interview sowohl Deutsch als auch Französisch gesprochen wird, sind die französischsprachigen Äußerungen hier abgedruckt und mit einer Übersetzung versehen (Anm. d. Ü.).

I 1: À Munich. [In München.]
S: À Munich. Donc vous avez une enfance bavaroise et puis une connaissance de la France par toutes sortes d'échanges. [In München. Das heißt, Sie haben Ihre Kindheit in Bayern verbracht und kennen Frankreich durch diverse Austauschprogramme.]
I 1: Voilà. [Genau.]
S: Très bien. [Sehr gut.]
I 1: D'accord. Alors, [Gut. Also,]
S: Alors vos questions. [Also, Ihre Fragen.]
I 1: La question. Nous ähm on aimerait bien mener un entretien, que je vous pose une question maintenant, une question d'introduction, disons, et nous vous laissons toute votre place, tout, on a tout le temps, ähm, et nous, on ne va pas interrompre, ähm, comment dire, intervenir. [Die Frage. Wir, ähm, würden gerne ein Interview machen, ich stelle Ihnen jetzt eine Frage, eine einleitende Frage sozusagen, und wir lassen Ihnen so viel Raum, wie Sie brauchen, wir haben unbegrenzt Zeit, ähm, und wir werden nicht unterbrechen, ähm, wie sagt man, eingreifen.]
S: Oui, vous vouliez que je parle. [Ja, Sie möchten, dass ich rede.]
I 1: Voilà. Seulement. [Ganz genau. Nur.]
S: Et que je vous raconte mes relations Allemagne-France. [Und dass ich Ihnen von meinen Beziehungen zwischen Deutschland und Frankreich erzähle.]
I 1: Voilà. Alors la question. [Ganz genau. Also, die Frage.]
S: Oui. [Ja.]
I 1: Ce serait : Quelles sont vos expériences belles et moins belles et les souvenirs, qui vous reviennent dans votre mémoire en rapport avec, avec votre vécu franco-allemand et comment ces expériences ont influencé votre vie. [Die Frage wäre: Wenn Sie an Ihre deutsch-französischen Erlebnisse zurückdenken, welche Erfahrungen – schöne oder weniger schöne – und welche Erinnerungen verbinden Sie damit? Und wie haben diese Erfahrungen Ihr Leben beeinflusst?]
S: Très bien. Alors, je suis né à Berlin en 1917, et j'ai passé les premières sept années de ma vie comme un petit Berlinois. [Sehr gut. Also, ich wurde 1917 in Berlin geboren und habe die ersten sieben Jahre meines Lebens als kleiner Berliner verbracht.]
I 2: (lacht)
S: J'ai donc quelque part en moi le côté impertinent des petits Berlinois. Ils sont pas tout à fait comme les autres. Les petits Munichois, c'est pas tout à fait la même chose. [Ich trage also irgendwo die Unverschämtheit der kleinen Berliner in mir. Die sind nämlich ein klein bisschen anders. Die kleinen Münchener – das ist nicht ganz dasselbe.]
I 2: (lacht)

Das Interview beginnt damit, dass der Interviewte und die beiden Interviewer einander vorstellen, wobei Stéphane Hessel die Initiative ergreift und seinen Vornamen nennt, was dann wiederum von den beiden Interviewern aufgegriffen wird: Auch sie stellen sich mit Vornamen vor. Hessel offenbart sich mit diesem Einstieg als professioneller und routinierter Gesprächspartner, der schon unzählige Interviews in seinem Leben gegeben hat. Mit dieser Geste gelingt es ihm, eine gewisse Nähe und Vertrautheit zwischen sich und den Interviewern herzustellen, den Interviewern ihre zu vermutende Anspannung zu nehmen und so insgesamt eine angenehme

Gesprächssituation zu schaffen. Sodann wird die Frage der Sprache während des Interviews geklärt.[19]

Im weiteren Verlauf dieser Eingangssequenz gibt sich die Interviewerin große Mühe, den Gesprächspartner über den Kontext und den Ablauf des Interviews zu informieren. So erklärt sie zunächst in jeweils kurzen und klaren Sätzen den Projektzusammenhang, ihre eigenen deutsch-französischen Bezüge sowie den geplanten Ablauf des Interviews, bei dem es nach einer Eingangsfrage vor allem um das Erzählen und nicht um ein Abarbeiten vorbereiteter Fragen geht. Stéphane Hessel ratifiziert alle Erklärungen mit kurzen Kommentaren (z.B. „Bien", „Oui", „D'accord", „Voilà", „C'est ca", „Vous vouliez que je parle") und scheint beinahe ungeduldig auf die Erzählaufforderung zu warten, die dann auch – von der Interviewerin mit den Worten „Voilà la question" eingeleitet – kommt. Es folgt nun eine routinierte Geschichte, so wie sie Stéphane Hessel vermutlich bereits schon öfter erzählt hat, die bestimmten Lebensdaten (hier: Geburt und Kindheit in Berlin) bzw. einem bestimmten Muster folgt und sich auch in dieser Reihenfolge in seiner Autobiografie wiederfindet. Dennoch gelingt es ihm, der konkreten Interviewsituation etwas Einzigartiges zu verleihen, indem er eine Information, die er zuvor von der Interviewerin bekommen hat – dass sie nämlich in München geboren ist –, in seinen ersten Sätzen aufgreift, auf charmante Weise in seine Erzählung mit einflicht und damit die Interviewerin zum Lachen bringt („J'ai donc quelque part en moi le côté impertinent des petits Berlinois. Ils sont pas tout à fait comme les autres. Les petits Munichois, c'est pas tout à fait la même chose." [Ich trage also irgendwo die Unverschämtheit der kleinen Berliner in mir. Die sind nämlich ein klein bisschen anders. Die kleinen Münchener – das ist nicht ganz dasselbe]).

Stéphane Hessel signalisiert hier, dass er das Interview im Griff hat und sehr genau weiß, was er sagen will und was nicht – und dies unabhängig von der Art und Weise, wie die Interviewerin das Interview führen wird. Und so ist kaum zu erwarten, dass er sich an irgendeiner Stelle den Erzählzwängen beugen wird oder seine Ausführungen etwas anderes als „offizieller" Art sein werden oder in anderer Form als der „explikativen Ausführung" präsentiert werden.

Die explikative Rede erfolgt meistens in Beschreibungen. Wenn wir den Interviewten eine Frage stellen, antworten sie nicht auf *die* Frage, sondern auf *ihre* Frage. Sie erzählen das, was sich klar äußern lässt. Aus diesem Grund kann es manchmal auch vorkommen, dass sie antworten, sie hätten zu einer bestimmten Frage keine Erklärung. Dahinter steht letztlich, dass sie sich mit dieser Frage noch nicht auseinandergesetzt haben. Die Frage befindet sich dann noch nicht in der Welt des Erzählens, des Sprechens, sondern vielleicht noch in der Welt des Tuns, der Praktiken, zu denen das Subjekt noch keine Theorie entwickelt hat. Wenn eine Frage auf eine Blockade stößt, kann dies ein Indikator für eine ausweichende Haltung sein. Wenn wir

---

19 Das Thema „Sprache" wäre noch einmal einen eigenen Artikel wert, kann hier aber nicht vertiefend dargestellt werden. Wir können jedoch festhalten, dass in einigen unserer deutsch-französischen Interviews Sprachwechsel inmitten der Erzählungen zu finden sind, die nur auf den ersten Blick formaler Art sind. Gérald Schlemminger und Rachel Holbach erörtern in ihrem Beitrag diese Sprachwechsel in ihrer Bedeutung ausführlicher.

eine Antwort formulieren, gehen wir das Risiko ein, uns durch unsere Erklärung vor dem/der Anderen selbst zu erklären: Dann lässt sich das Denken auf das Risiko ein, das eigene Mäandern zu offenbaren.

Die explizierende Ausführung

Die Interviewten haben anfangs eine gewisse Distanz zu ihrer Erzählung. Doch manchmal stolpern sie über ein Ereignis, das sich der Vernunft sperrt oder auch ihren Forschungsdrang weckt. Gleichsam aus dem Konzept gebracht, versucht die Vernunft dann, diese bisher unentdeckt gebliebene, dunkle Ecke nach dem Zufallsprinzip hier und da auszuleuchten, um ihr auf den Grund zu gehen. Die explizierende Ausführung bezieht die Interviewer/innen mit ein, bereits ihre Gegenwart lässt in diesem Prozess immer neue Fragen aufkommen. Die Interviewten erklären nun um des Erklärens willen, beginnen zu forschen, tasten sich vor.

Es ist nicht ganz einfach, aus dem Datenmaterial hierfür konkrete Textpassagen zu benennen, da es sich eher um eine Bewegung handelt, die gewissermaßen „zwischen den Zeilen", also auf einer latenten Ebene stattfindet. Dennoch finden wir im Interview mit André Toulouse, dem Bürgermeister von Roissy, eine solche Passage, die sich schon recht bald zu Beginn des Interviews abspielt und in der er einen Aspekt seiner Kindheit thematisiert. Er erzählt darin vom Tod seiner Mutter, die bei der Geburt des jüngsten Bruders, der selbst nur 18 Tage gelebt hat, gestorben ist. Monsieur Toulouse schildert eine Szene, an die er sich nachdrücklich erinnert, in der sich die Tante und der Onkel, die nach dem Tod der Mutter den Säugling vorerst bei sich aufgenommen haben, auf den langen und gefährlichen (es war 1944, mitten im Krieg) Weg zur Familie gemacht haben, um den kleinen, toten Bruder nach Hause zu bringen. Obwohl es ihm strikt verboten gewesen sei, in das Zimmer des Bruders zu gehen, habe er sich heimlich hineingeschlichen, um den kleinen Bruder zu betrachten und sein Gesicht zu streicheln. Während der Schilderung dieser Szene unterbricht er sich im intimsten Moment seiner Erinnerung selbst (er *sieht* die Szene immer noch vor sich), um kritisch zu hinterfragen, in welchem Zusammenhang diese Erinnerung, die ihn regelrecht überkommt, mit dem Interviewanliegen steht. Er sagt:

> „[...] Ich habe das Gesicht meines kleinen Bruders gestreichelt. Er bewegte sich nicht mehr. Er war schön. Ich seh ihn heute noch vor mir, heute noch! Es ist mir etwas unangenehm, dass unser Austausch über dieses DFJW-Projekt sich in diese Richtung entwickelt. Ich verstehe nicht so ganz, welche Relevanz es hat, dass man über sich spricht und vor allem über Dinge, die schmerzhaft sind und die man seit seiner Kindheit im Verborgenen hält ... Ist es wirklich nötig, dass ich weiter über meine Kindheit spreche? Meinen Sie? Na dann, weiter ..." (Toulouse, 2010, S. 3).

Der Erzähler „stolpert" plötzlich und unvorhergesehen über einen Aspekt seines Lebens, den er vermutlich eigentlich gar nicht thematisieren wollte, der aber plötzlich, während des Gesprächs, eine Bedeutung zu erlangen, sich in den Vordergrund zu drängen scheint und den Modus seiner Erzählung von dem der explikativen Ausführung in den der explizierenden Ausführung wechseln lässt.[20]

Möglicherweise ist der Erzähler sich selbst noch nicht darüber im Klaren, worin genau die Bedeutung liegt. Daher scheint er beinahe zu erschrecken, als ihm bewusst wird, was er gerade gesagt hat. Er fährt nicht fort, sondern tritt in diesem Moment quasi aus seiner Geschichte heraus, um das Interview und das Forschungsprojekt selbst aus einer Meta-Perspektive zu betrachten und gewissermaßen in Frage zu stellen. Es handelt sich jedoch nur um einen kurzen Moment der Irritation und er nimmt im Folgenden seinen Erzählfaden wieder auf.

Die Rolle der Interviewer/innen beschränkt sich in dieser Situation nicht mehr darauf, den Hauptakteuren – sprich: den Erzähler/inne/n – in der Inszenierung ihrer Erzählung die Stichwörter für ihren großen Auftritt zuzuspielen. Es kann sogar ein Austausch stattfinden. Die Interviewer/innen können die Interviewten durch ihre Präsenz oder verbale Interaktion unterstützen, einen Abschnitt der Erzählung genauer erörtern, ihm einen neuen Sinn verleihen oder der zutage kommenden Bedeutung eine neue Ausrichtung geben. Wohlwollendes und aktives Zuhören sowie kurzes Nachfragen können diesen Moment des Interviews fruchtbar werden lassen. In einem solchen Moment kann auch im Lebensbericht von Interviewpartner/inne/n, die ihre Biografie bereits mit einer gewissen Routine wiedergeben, etwas ganz Neues entstehen. Ansonsten entstünde Neues lediglich dadurch, dass sie sich mit einem neuen Thema befassen. Bei der explizierenden Ausführung deuten die Interviewten ihr Leben aus einer neuen Perspektive. Dabei findet eine Entdeckung statt; womöglich entsteht sogar Vertrauen. Mit dem Wort „Perspektive" ist hier gemeint, dass die Vernunft bereits Bekanntes aus einem neuen Blickwinkel wahrnimmt. Hierbei finden keine großen Erschütterungen statt, doch durch die neue Betrachtungsweise beginnen die Interviewten, „von" sich zu sprechen.

Die Interviewten möchten sichergehen, dass sie auch wirklich verstanden wurden. Sie erklären um des Erklärens willen. Letztlich geht es darum, die Sache zu vereinfachen und wieder zurück zur explikativen Ausführung zu finden. Wenn die explizierende Ausführung abgeschlossen ist, können die Interviewten die explikative Ausführung wieder fortsetzen. Die Bewegung der explizierenden Ausführung kann aber auch eine Resonanz-Phase auslösen.

---

20 Solche kritischen Ereignisse gehen zumindest in einigen unserer Interviews mit einem Sprachwechsel inmitten der Erzählung einher – zumindest bei Personen, die nahezu zweisprachig sind. Bezogen auf unsere Überlegungen wären solche mit einem Sprachwechsel verbundenen kritischen Ereignisse als Indikatoren zu deuten, die einen bevorstehenden (möglichen) Wechsel des Modus von der explikativen Ausführung zur explizierenden Ausführung ankündigen. Es fällt jedoch auf, dass diese Momente oft nur kurz während des Gesprächs aufscheinen, daher eher flüchtig sind und nicht notwendigerweise zu einem Wechsel des Modus führen: Das Gespräch kann auch durchaus in Form der explikativen Ausführung weiterlaufen.

Die Resonanz

Im Kontext des Lebensberichts kann die Resonanz als der Sprung des Denkens vom Außen ins Innen verstanden werden. Die Interviewten verlassen den Bereich des Vorführens (die explikative Ausführung) sowie der für sich und im Beisein des Anderen abgegebenen Erklärung (die explizierende Ausführung) und beginnen, in der Gegenwart über ihre Gegenwart oder ihre Vergangenheit zu sprechen. Die Vernunft der Interviewten legt das Gewand der – erklärenden, explizierenden – Macht ab, um der Erfahrung des zum Ausdruck kommenden Neuen zu dienen. Die Vernunft akzeptiert, nur noch Dolmetscherin zu sein, aufmerksam zuzuhören, um das Gehörte wiedergeben zu können. Sie ist jedoch keineswegs ausgeschaltet. Die Vernunft spielt eine entscheidende Rolle. Entweder beschließt sie, vor dem, was sie da entdeckt hat und das sie – zudem noch in Anwesenheit der Interviewer/innen – wer-weiß-wohin führen kann, zu fliehen. Oder sie fasst den Entschluss, sich wie Jakob dem Engel zu stellen, bis dieser ihm seinen Namen sagt. Die Interviewten geben sich nicht mehr einem weitschweifenden Redefluss hin. Sie folgen dem Gefühl, das offenbar und verständlich wird, weil sie sich ganz unbefangen selbst zuhören. In der Resonanz wird das Schweigen, in das die Worte vor Schmerz oder Dankbarkeit fallen, endlich hörbar. Der Transkription solcher Situationen sind allerdings Grenzen gesetzt. Ein Bild kann helfen. Es kann jedoch auch nur das Ausatmen von Zigarettenqualm andeuten, nicht aber seinen Geruch, der zu einem ganz bestimmten Zeitpunkt in der Luft hängt. Wir befinden uns nicht in einer Inszenierung, sondern inmitten einer Atmosphäre, die im Laufe der Begegnung aufkommt oder sich einschleicht. Ich spreche „mit" mir (vgl. hierzu auch den Beitrag von Anna Royon-Weigelt in diesem Band). Die Interviewer/innen sind nun nicht mehr ein Gegenüber, das man für sich gewinnen oder überzeugen muss. Sie werden zu Zeug/inn/en eines Dialogs des Selbst mit sich selbst, einer sich beim Zuhören vollziehenden Offenbarung dessen, was bisher geschwiegen hat, weil es hierfür kein Gegenüber mit einem offenen Ohr und Feingefühl gegeben hatte. So kommentierte der Bürgermeister von Roissy zum Abschluss des Interviews:

> „Was bei mir nach der Beantwortung all Ihrer Fragen im Gedächtnis geblieben ist – das kann ich Ihnen sagen und Sie haben es ja auch im Laufe unserer Gespräche feststellen können. Ich bin noch nie so tief in mich vorgedrungen. Noch nie. Ich habe absolut nicht erwartet, dass wir dort landen würden. Sie haben wirklich ein Händchen dafür. Diese Gespräche haben mir sehr gut getan. Ich habe zwischendurch über einiges nachgedacht. Ich habe mehrmals meine Schwester angerufen, um mit ihr darüber zu sprechen. Ich bin eine schwere Last meiner Vergangenheit losgeworden, etwas, das unbewusst an mir genagt hat. […]
>
> Ich habe Ihnen ja am Anfang gesagt, dass ich mich nie jemandem so anvertraut habe und dass ich meine Vergangenheit mit ins Grab nehmen würde. Aber ich spüre, dass ich mich in diesem Bereich stark weiterentwickelt habe. Es war nicht immer einfach – das haben Sie ja auch

gemerkt – bestimmte Dinge auszudrücken, obwohl wir schon eine gewisse Übung darin haben, heikle Angelegenheiten gemeinsam zu bearbeiten. Sie haben mich so weit gebracht! Hut ab. Ich weiß, es gehört zu Ihrem Arbeitsalltag, Menschen zuzuhören und sie zum Sprechen zu bringen. Ich hatte immer Vorbehalte, von mir zu sprechen, die Welt der Vergangenheit, der Gefühle zu betreten. Heute konnte ich ihnen Ausdruck verleihen und das bereue ich nicht" (Toulouse, 2010, S. 130).

Der Bürgermeister zieht zum Ende des Gesprächs eine Bilanz und räumt ein, noch nie so tief in sich selbst vorgedrungen zu sein. Er vermutet, dass die Interviewer dies im Laufe der vielen Gespräche selbst gemerkt haben und zollt ihnen Respekt dafür, dass ihnen gelungen ist, so viel aus ihm „herauszukitzeln". Könnte man dies nun grundsätzlich auch als eine Art Manipulation deuten, so steht für ihn selbst der positive Aspekt klar fest: Er ist während der Gespräche auf etwas in sich selbst gestoßen, die Gespräche haben etwas in ihm anklingen lassen, das ihn insgesamt zu einem besseren Verständnis seiner selbst und letztlich in Einklang mit sich selbst und seiner Geschichte gebracht hat. Er selbst spricht mehrfach von „Therapie", man könnte seine Aussagen auch als eine Art Beichte oder Bekenntnis interpretieren. André Toulouse hat auch eine Erklärung dafür, warum dies so funktioniert: es ist das aufmerksame und geduldige Zuhören des Gegenübers, das die Erzählenden so aus sich herausgehen lässt, eine Erfahrung, die er selbst bereits gemacht hat, die er aber nun auch aus der anderen Perspektive heraus eindrücklich bestätigt sieht:

„Man muss zuhören können. Wenn ich Leute in meinem Büro empfange, sagen mir manche nach ihrem Termin, dass sie sich gut fühlen: ‚Vielen Dank, dass Sie mir zugehört haben, Herr Bürgermeister'. Denn diese Menschen haben Vertrauen zu mir gewonnen und können mir sagen, was sie auf dem Herzen haben. Genau das habe ich bei Ihnen in unseren verschiedenen Gesprächen erlebt, nur anders herum. Es gibt Dinge, die ich noch niemandem gegenüber angesprochen hatte und die ich durch Ihr Zuhören, aber auch durch Ihre Fragen und vor allem durch Ihre Neugier, sagen konnte, obwohl ich doch von Natur aus jemand bin, der sein Privatleben – und erst recht seine Kindheit – für sich behält. In diesem Bereich haben Sie mich eine richtige Therapie durchlaufen lassen, Augustin. Lieber spät als nie!" (ebd., S. 119).

Als Zeug/inn/en dieser „Beichte" müssen Interviewer/innen sich zurückhalten; eine Haltung einnehmen, die wir aufmerksame, einfühlsame Gegenwart nennen. Eine diskrete Haltung, die jedoch weder auf Passivität abzielt noch darauf, dass die Interviewer/innen kaum noch wahrzunehmen sind. Sie schweigen und begleiten das Gesagte einfach als Zuhörer/innen, wie ein Geschenk, dem stumme Anerkennung gebührt. Diese Haltung ist weit entfernt von einer journalistischen Jagd nach der großen Story, die am nächsten Tag durch alle Medien geht.

Durch ein tief im Innern zu vernehmendes Echo gelangen die Interviewten von einer Selbsterkenntnis, die sie durch eine explizierende Ausführung verfeinert und sich neu angeeignet haben, zu einem neuen Sinn ihrer Geschichte, wie zu einem freigelegten Schatz. Durch diese Geschichte können sie ein facettenreiches Selbstverständnis entwickeln. Diese Entdeckung kann mit Schmerz und mit Freude einhergehen. Durch die Resonanz erlebt das Menschenjunge eine neue Geburt und eine neue Deutung seiner Gegenwart auf und in der Welt.

Engagement

Im Zuge der dritten Bewegung – der Resonanz – kann noch eine weitere Bewegung aufkommen. Ein Wiederaufleben? Eine Bewegung des Entzückens oder der Verklärung. Die Seele wird in ihrer Unendlichkeit empfangen. Diese Bewegung können wir im Sinne Kierkegaards als zweite Unmittelbarkeit verstehen. In der ersten Unmittelbarkeit, der explikativen Ausführung, dient die Gegenwart der Interviewer/innen allein dazu, das Erzählte zur Geltung zu bringen, sie bieten den Anlass für eine Darbietung. Die Interviewten vergnügen sich, inszenieren sich vor einem Publikum, dem sie für seine Anwesenheit nicht einmal danken. Man könnte sagen, sie spielen vor Schatten, die Applaus spenden, sonst aber völlig passiv sind. Der Zuschauerraum liegt im Dunkeln, sie haben die Bühne für sich alleine. In der ersten Unmittelbarkeit agieren die Interviewten im Rahmen einer Ästhetik der Formen und Farben, ohne das Erzählte zu verkörpern, ohne sich tiefer darauf einzulassen. Der/die Andere existiert nicht. Sogar das Selbst ist nur ein Trugbild, denn die Interviewten spielen und erzählen, erleben das Erzählte aber nicht. Die erste Unmittelbarkeit entspricht der Haltung von Gelehrten, die in jedem Interview eine Entdeckung in immer denselben Worten schildern, nur hier und da eine neue, auf das Gegenüber Bezug nehmende Anspielung machen und die Betonung variieren. In der zweiten Unmittelbarkeit tritt das große Andere (Gott, Liebe, Freiheit usw.) an die Stelle des bzw. der Anderen, das Unendliche an die Stelle des Endlichen, die Transzendenz an die Stelle der Immanenz. Diese Transzendenz kann, je nach Kultur, ein Wert oder ein höheres Wesen sein. Das Menschenjunge wird in seiner neuen Berufung in der Welt neu geboren. Das „Ich" fürchtet nicht mehr das Urteil der Geschichte, denn es steht nun vor der Unendlichkeit der Transzendenz in sich und vor sich, die ihn kraft ihres Befehls zu seiner Verantwortung als Existierende/r ruft. Das Erzählen des Lebensberichts findet im Augenblick statt. Eine Person empfängt sich selbst im Ruf als Wort, das in die Stille der Unendlichkeit schießt. Aus diesem Ort der Stille ertönt der Befehl, der die Interviewten als Verfechter/innen der Transzendenz zum Aufbruch bewegt. Das Menschenjunge kann in jedem Alter zur Welt kommen – das Alter spielt keine Rolle. Dann, im Augenblick dieser Geburt, tanzt die Zukunft mit dem Möglichen. So kann zum Beispiel ein Bürgermeister, der aus der Politik aussteigen möchte, sich trotzdem entscheiden, für ein neues Mandat zu kandidieren – oder auch Therapeut zu werden. Wie sollen Interviewer/innen sich in einer solchen Situation verhalten? Als privilegierte Zeug/inn/en dieser Entscheidung sollten sie schweigen.

Die explizierende Ausführung ist eine Argumentation, die dadurch veranlasst wird, dass sich die Narration nicht der spontanen Rede der Vernunft beugt. Die Vernunft aber kann sich damit nicht zufrieden geben, beginnt zu forschen und stößt nicht nur auf neue Zusammenhänge, sondern auch auf eine gewisse Resonanz.

Die dritte Bewegung – die Resonanz – verlässt das Gegenüber, um sich ganz auf eine Vergangenheit einzulassen, dort gegenwärtig zu werden, in einer Vergangenheit, die mit Wucht ins Heute rückt. Ihr Gesicht wird spürbar lebendig. Die Vergangenheit ist nicht allein Vergangenheit, denn sie wird nicht nur beständig weitererklärt, wie in der explizierenden Ausführung, sondern auch fortlaufend von uns aufgenommen, zusammengetragen: Auf diese Weise findet sie Aufnahme, wird gegenwärtig im Leben und damit Vergegenwärtigung im Leben auf der Welt. In der Resonanz erfährt der tiefere Sinn der eigenen Geschichte seine Erneuerung. Die vierte Bewegung – das Engagement – kann als Bewegung der Erfüllung betrachtet werden. Der aus dem Ort der Stille emporsteigende Befehl erhält und gibt dem/der Interviewten einen Namen: „der Rächer", zum Beispiel, oder „der Einiger". Das Engagement ist der Ruf, der mich beim Namen ruft. An diesem Ort hören und sehen die Interviewten die Präsenz, statt sie zu spüren. Sie wissen, wer das vollkommen Andere ist, das dem Erstaunen oder der aus der Stille im Donner emporsteigenden Stimme innewohnt. Es ist ein neues Wissen, und zwar kein Wissen der Interviewten über sich selbst, sondern darüber, was sie tun sollen. Kierkegaard schrieb über diesen Ort, die Zukunft werde dort im Augenblick überwunden und Engagement sei dort Entscheidung.

In dieser Bewegung wird deutlich, dass das Interview insgesamt auch ein Ort der Erkenntnis und des Verstehens, mithin ein Ort der Bildung ist – und zwar für denjenigen, der seine Geschichte erzählt. Sehr deutlich kommt dies in folgender Aussage des Bürgermeisters von Roissy zum Tragen:

> „Die Interviews, die Sie mit mir geführt haben, bilden gleichsam ein Puzzle. Manchmal wusste ich nicht, worauf Sie hinaus wollten, aber ich hatte meine Vorahnungen, die sich in den Interviews bestätigt haben. Ich hatte zwar eine schmerzhafte Kindheit und Jugend, doch das habe ich durch meine Erfahrungen als Erwachsener voll und ganz kompensieren können, weil ich das Glück hatte, großartigen Menschen zu begegnen, verschiedene Leidenschaften leben zu können und noch immer diese Begeisterung zu haben, die Lust am gemeinsamen Leben und Streben" (ebd., S. 132).

Ausblicke

Unsere Untersuchung lässt sich auf dem momentanen Stand in verschiedene Richtungen weiterdenken. Auf die Grenzen der Transkription möchten wir nur kurz eingehen. Zum Beispiel hören oder beobachten wir Schweigen, Lachen, Flüstern

– Dinge, die sich nicht wirklich transkribieren lassen, die aber dafür sorgen können, dass die Gesprächspartner/innen sich einer Frage öffnen oder auch verschließen.

In Hinblick auf biografische Interviews mit Erzählauftrag möchten wir im Folgenden die Beziehung zwischen Interviewten und Interviewer/inne/n erörtern. Unsere Ausführungen gelten sowohl für kurze als auch längere biografische Interviews. Jedoch ist einzuräumen, dass ein längeres Interview mehr Möglichkeiten bietet, da Interviewer/innen und Interviewte mehr Zeit haben, Vergangenheit, Gegenwart und Zukunft zu erforschen. Wenn die Gesprächspartner/innen wissen, dass es mehrere Termine geben wird, müssen sie sich nicht hastig in einen überwältigenden Schwall von Informationen stürzen, sondern können sich genug Zeit nehmen, sich „der Latenz und dem Reifeprozess, den eine Bewegung der Rückwendung auf sich erfordert" (Delory-Momberger, 2011, S. 39), zu öffnen. Mit der Zeit kommt die Kommunikation zwischen den Gesprächspartner/inne/n zwangsläufig in Gang, doch nicht immer geht sie in die Tiefe.

Damit ein Lebensbericht interessant wird, sollten der Kontext, der Ort und die Dauer des Gesprächs mit berücksichtigt werden. Der Ort des Gesprächs sollte in Absprache mit den Interviewpartner/inne/n vereinbart werden, wobei es sich empfiehlt, ihnen die Auswahl zu überlassen. Die Dauer eines Gesprächs sollte gleich zu Projektbeginn von den Interviewer/inne/n festgelegt werden, auch wenn die Interviewpartner/innen diesbezüglich Einwände haben könnten. Bei der Vereinbarung der Gesprächsdauer werden die ersten Grundlagen für die Zusammenarbeit geschaffen. In diesem Rahmen können beide Akteur/inn/e/n deutlich machen, von welcher Position aus sie sprechen. Das ist sehr wichtig. Denn wenn zum Beispiel Student/inn/en Dozent/inn/en interviewen, könnten die Dozent/inn/en dazu neigen, den gesamten Ablauf zu bestimmen, so, als seien sie die Interviewer/innen.

Eine gemeinsame Besprechung von Ort und Dauer des Gesprächs kann sowohl für Interviewte als auch für Interviewer/innen einen neuen Rahmen schaffen und dazu beitragen, dass sie ihre gewohnten Handlungsmuster (Entscheidungen treffen bzw. befolgen) verlassen.

Als wir zum Beispiel dem Bürgermeister von Roissy jeweils zweistündige Gesprächstermine vorschlugen, fand er das anfangs etwas lang. Wir haben versucht, ihm den Grund für die geplante Dauer nahezubringen und ihn zudem darauf hingewiesen, dass wir den Termin, je nach Verlauf des Gesprächs, gegebenenfalls auch abkürzen könnten. Er ließ sich darauf ein, bestand jedoch darauf, dass die Gespräche keinesfalls die vorgesehene Dauer überschreiten dürften, um seine anderen beruflichen Termine nicht zu beeinträchtigen. Wenn der Vorschlag und die Planung des Zeitrahmens von den Interviewer/inne/n ausgeht, sind die Rollen klar verteilt und jede/r erhält einen Platz, bei dem der/die Andere berücksichtigt und sein/ihr Platz während der Interviews respektiert wird. Der Gesprächsrahmen bestimmt, wer die Macht hat, Fragen zu stellen oder nicht. Ohne einen etablierten Rahmen besteht immer die Gefahr, dass das Verhältnis zwischen den Gesprächspartner/inne/n nicht ausgewogen ist.

Der Gesprächsrahmen lässt eine Positionierung gegenüber dem/der Anderen zu, die anderenfalls nicht möglich wäre. Beispielsweise war es schwierig, einen klaren Gesprächsrahmen für das Interview mit Stéphane Hessel zu etablieren, was zur Folge hatte, dass wir von ihm vollkommen abhängig waren. Aufgrund dieser Erfahrung achteten wir bei unserem Interview mit Alfred Grosser darauf, den Gesprächsrahmen klarer zu gestalten. Auf diese Weise hatte jeder in der Zeit und im Raum dieses Gesprächs seinen Platz.[21]

Der Gesprächsrahmen ist performativ

Im Rahmen eines biografischen Interviews besteht zwischen den Beteiligten eine Autoritätsbeziehung, wobei mit Autorität dasjenige gemeint ist, was uns zu etwas autorisiert, also befähigt. Für diese Autoritätsbeziehung möchten wir drei performative Kategorien benennen: Legalität, Legitimität und Einfluss. Jean-Luc Marion (1989, S. 237) schreibt diesbezüglich:

> „Performativität setzt eine Mindestqualifikation des Senders voraus, die ihn zur performativen Handlung, die mit der Äußerung verknüpft ist, befähigt: Die Worte „Hiermit sind Sie kraft des Gesetzes rechtmäßig verbundene Eheleute" haben nur aus dem Mund eines Standesbeamten Gültigkeit, der Ausruf „Verkauft!" nur aus dem Mund eines Auktionärs, „Ich liebe Dich" nur, wenn es ein Liebender sagt, der Satz „Im Namen des Gesetztes, Sie sind verhaftet!" nur, wenn ein hierzu befugter Polizist ihn ausspricht."

Performativität setzt somit eine gesetzliche oder natürliche Befähigung voraus.

Eine solche Zuschreibung kann grundsätzlich jede/r erhalten, da sich jede/r Interviewer/in nennen oder narratives Coaching anbieten kann, ohne unbedingt über die theoretischen und methodologischen Kompetenzen zu verfügen, die für das Gelingen eines Interviews erforderlich sind. Diese zugeschriebene Qualifikation nennen wir *Legalität* oder, nach André Rochais und Carl Rogers: *Macht* haben. Macht bezieht ihre Qualifikation von einer dritten Instanz. Diese stattet den Sender mit einer Qualifikation aus, die über dessen Person hinausgeht. Kraft dieser Qualifikation erhält jede von ihm getätigte Äußerung performativen Charakter. Ein/e Bürgermeister/in, Polizist/in oder Minister/in mag fachlich nicht kompetent sein, er bzw. sie bleibt dennoch ein/e gesetzliche/r Vertreter/in und hat als solche/r eine performative Wirkung. Legalität (Macht, Gesetz, Recht) ist bei Jean-Pierre Obin (2001) die statusbedingte Autorität, d.h. die Funktion. Obin nennt dies „die Autorität sein" (*être l'autorité*). Dabei handelt es sich um eine Asymmetrie, die eine Person auf legaler Grundlage mit dem Recht ausstattet, sich Anderen gegenüber in den *imperativen Modus* (vgl. Bernstein, 1973) zu begeben, ihnen zum Beispiel zu befehlen, den Mund zu halten. In einem Interview kann eine solche statusbedingte Asymmetrie

---

21 Die Interviews wurden am 16.02.2011 und am 03.03.2011 von Raphaela Starringer und Augustin Mutuale durchgeführt (vgl. hierzu auch Starringer in diesem Band).

jedoch nicht vollständig aufrechterhalten werden, da die Beziehung zwischen den Gesprächsteilnehmer/inne/n hier allein auf beidseitigem Einverständnis beruht.

Von den drei eingangs genannten performativen Kategorien (Legalität, Legitimität und Einfluss) hat die Legalität somit die geringste performative Wirksamkeit. Doch es ist nicht uninteressant zu beobachten, inwieweit der jeweilige Status die Gesprächspartner/innen zueinander positionieren kann.

Die *Legitimität* bezieht ihre Performativität darüber, wie eine Person ihr Wissen zur Anwendung bringt. Jean-Pierre Obin nennt dies „Autorität erlangen" (*faire autorité*). Hierfür muss die performativ handelnde Person über *Kompetenz*, funktionsgerechte Fähigkeiten oder sachgerechtes *Know-how* verfügen. Ihre Autorität ist in diesem Fall nicht durch ihren Status bedingt (denn eine abgeschlossene Ausbildung ist eine legale, aber nicht unbedingt legitime Qualifikation) – auch wenn es natürlich wünschenswert ist, dass die performativ handelnde Person über beide performativen Qualifikationen verfügt. Performativität beruht auf der Anerkennung der in einer bestimmten Situation zum Vorschein gebrachten Kenntnisse. Es handelt sich um den Experten, den man im Sinne des positionalen Modus (Bernstein) verstehen kann: „Es ist produktiv, wenn das Interview in Ihrem Büro stattfindet. Dann befinden wir uns gleich in der Atmosphäre der Thematik, über die wir sprechen möchten". Die Mindestqualifikation zur *Legitimität* hängt vom Inhalt der Äußerungen einer Person ab. Die Äußerung des Senders erhält durch ihre innere Überzeugungskraft performativen Charakter. Das Gegenüber erkennt die Kompetenzen, die meiner Äußerung performative Wirksamkeit verleihen, an. Diese Form der Autorität bewirkt, dass Sender und Empfänger bereit sind, als Personen in den Hintergrund zu treten und allein als Mittler der Äußerung zu fungieren: Allein aufgrund ihrer inneren Logik besitzt die Äußerung performative Wirksamkeit. Im Vordergrund stehen hier die Rekonstruktion der Methode, die Einrichtung der zur Durchführung von Interviews erforderlichen Werkzeuge und die Analyse der Interviews. Doch in der Interviewpraxis zeigt sich darüber hinaus eine weitere Beziehungsform, die nach unserem Verständnis dafür sorgt, dass das Gegenüber ohne Blockaden zwischen den zuvor beschriebenen Bewegungen (explikative Ausführung, explizierende Ausführung, Resonanz und Engagement) wechseln kann: *Einfluss*.

Einfluss spielt bei Äußerungen eine Rolle, die durch die Reaktion des Empfängers erst performativ wirksam werden. So wird das „Ich liebe Dich" des Liebenden erst durch den geliebten Menschen performativ. Der Einfluss wirkt in einer inneren Instanz, die von Psycholog/inn/en Affektstrom (frz. *courant affectif*) genannt wird. Dies ist auch bei Interaktionen der Fall, bei denen Illusion oder Beherrschung im Spiel sind. Diesen Einfluss nennt Jean-Pierre Obin in einem schöpferischen Sinne „Autorität haben", d.h. Charisma haben. Dies entspricht der Fähigkeit, durch die eigene Präsenz bei einer Begegnung das Entstehen eines Affektstroms zu begünstigen (*savoir-être*). Es handelt sich um eine wohlwollende und authentische Autorität, die sich dadurch auszeichnet, dass eine Person sich selbst ebenso wie ihrem Gegenüber vertraut und sich mit ihrem Wissen und mit ihren Mängeln gleichermaßen auseinandersetzt. Es handelt sich um die Autorität des Autors – im Sinne der Etymologie,

„lat. auctor, autor ‚Förderer, Veranlasser, Urheber', abgeleitet von lat. augere (auctum) ‚vermehren, vergrößern' (vgl. Pfeifer, 2010) –, dieses Veranlassers also, der sich selbst autorisiert und im wahrsten Sinne des Wortes das Gegenüber „vergrößert".

Denn Autorität verleiht einer Person nicht nur die Funktion eines Multiplikators, sie ist auch eine Möglichkeit, sich selbst oder andere zu autorisieren, zu befähigen. Sie steigert das Selbstvertrauen des Gegenübers, sodass er bzw. sie sich in dem, was er bzw. sie ist, entfalten und sich in die Polis wagen kann. Das Register der Legitimität entspricht einer Objektivität, die mit der Wirkmacht der Äußerung zusammenhängt. Im Register des Einflusses dagegen richtet sich der Blick auf den Sender. Zwischen Sender und Empfänger besteht nicht von vornherein eine Einigung. Wenn wir beim Beispiel der Liebeserklärung bleiben: Es steht dem Empfänger frei, die Äußerung des Liebenden performativ umzusetzen. Der Sender richtet sich an den Empfänger und kann, je nachdem, an eine gewisse Kontinuität der Person des Empfängers anknüpfen oder die Äußerung so vorbringen, dass dieser eine performative Handlung ausführen kann.

Um etwas von sich preiszugeben – was ja immer mit einem Risiko verbunden ist –, müssen Interviewte unbedingt das Gefühl haben, dass sie den Interviewer/inne/n vertrauen können, vor allem aber müssen sie sich im tieferen Sinne des Wortes von ihnen aufgenommen fühlen. Diese Erfahrung haben wir zum Beispiel im Laufe unserer Gespräche mit André Toulouse und Michel Cullin machen dürfen. Wenn die Interviewer/innen eine Atmosphäre schaffen, in denen die Interviewten ihnen vertrauen können und sich aufgenommen fühlen, trägt ihre Gegenwart dazu bei, dass die Interviewten mit ihrer Aufmerksamkeit ganz bei sich sind und sich der Meditation öffnen können. Autorität schafft eine Grundlage für die Bewegung der explizierenden Ausführung. Einfluss dagegen lässt die Interviewer/innen aufgrund ihrer spezifischen Qualitäten zu Zeug/inn/en werden, die das Erzählen durch die Gespräche hindurch begleiten. Der Ton wird vertraulich. Die Interviewer/innen beginnen, für das Gehörte Verantwortung zu tragen. Die Interviewten können eine Reise in ihr Inneres zulassen, so weit wie nur möglich, zu den hellen wie zu den dunklen Seiten, weil sie wissen, dass sie in diesem Kontext mit ungebrochener Loyalität rechnen können und dass es ausgeschlossen ist, dass jemand den/die Andere in ein Machtverhältnis zwingt.

Eine Beziehung, die zunächst von einer beurteilenden Haltung oder von Faszination geprägt war, wandelt sich auf diese Weise zur Vertraulichkeit. Wenn wir Vertraute werden, sind wir auch Zeug/inn/en, die für ihr Gegenüber da sind und Verantwortung tragen. Als Interviewer/in muss man darauf achten, diese neue Situation nicht auszunutzen und sich nicht in die Landschaft des Gegenübers hineinzudrängen. Wenn Interviewer/innen entdecken, welchen Einfluss sie haben, dürfen sie keinesfalls ihre Position in der Beziehung ändern. Das ist eine schwierige Übung und es gibt nur einen Weg: Sich selbst beim Reden zuhören und beobachten, um nicht der Jagd nach einer guten Story zu verfallen. Es ist wichtig, schweigen zu lernen und abzuwarten, dass die Interviewten eine Tür, die sie beim Erzählen entdecken, von sich aus öffnen und den Zugang zu ihrem Inneren in dem Maße freigeben, wie sie es können und möchten. Auf diese Weise begeben wir uns beim Zuhören in eine Haltung aufmerksamen, einfühlsamen Respekts. Wir können uns nicht zwingen, mit allem, was die Interviewten sagen, einverstanden zu sein. Aber wir können mit ihnen im Einklang sein, indem wir ihnen jene einfühlsame Aufmerksamkeit widmen, die nicht allein Verständnis, sondern vor allem eine innere Verbundenheit stiftet. Der Lebensbericht wird zu einem vollwertigen Bildungsprozess, wenn er in einer grundlegenden Haltung innerer Verbundenheit und mit Aufnahmebereitschaft für das sichtbar und vernehmbar preisgegebene Heilige des Gegenübers erlebt wird. Die Schriftstellerin und Dichterin Colette Nys-Mazure (2009, S. 155) schreibt:

> „Jedes Leben ist ein Weg, der unter den Vorzeichen des Geschlechts und der Zugehörigkeit zu einem Territorium, einer Zeit und einer Familie steht; vorhersehbare, vor allem aber unvorhersehbare Abenteuer markieren die Route."

Der Lebensbericht kann die Entdeckung dieses Weges ebenso wie die Vergegenwärtigung der vorhersehbaren und unvorhersehbaren Wegmarkierungen unterstützen und begünstigen. Dass die Präsenz der Interviewer/innen bestimmte Qualitäten aufweist, ist hierfür eine ebenso wichtige Grundlage wie die Methode des biografischen Erzählanstoßes und des Nachfragens.

Ein solches authentisches, zu einer inneren Verbundenheit einladendes Wohlwollen, das für Interviewer/innen anzustreben ist, lässt sich mit den Worten Auguste Brunners beschreiben:

> „Für ihn da sein, so wie er ist und nicht wie ich ihn gerne hätte, um ihn voll und ganz zu begreifen, nicht als Exemplar einer Klasse, sondern als solcher, in der Unabhängigkeit seines Ichs und angesichts der Tatsache, dass er ist, was er ist" (zit. n. Lacroix, 1981, S. 25).

Wir möchten hinzufügen: das Gegenüber mit einer durch und durch aufmerksamen und einfühlsamen Gegenwart beim Durcharbeiten und Interpretieren seines menschlichen Abenteuers begleiten.

Aus dem Französischen von Katja Roloff

Literatur

Bernard, E. (2003). Roissy, mon village. In H. Houmaire (Hrsg.), *Roissy-en-France 1900–2000. Mémoire d'un siècle* (S. 23). Roissy-en-France: Roissy Copy.

Bernstein, B. (1973). *Soziale Schicht, Sprache und Kommunikation*. Düsseldorf: Pädagogischer Verl. Schwann.

Bogner, A. & Menz, W. (2002). Das theoriegenerierende Experteninterview. Erkenntnisinteresse, Wissensformen, Interaktion. In A. Bogner, B. Littig & W. Menz (Hrsg.). *Das Experteninterview. Theorie, Methode, Anwendung* (S. 33–70). Opladen: Leske+Budrich.

Bourdieu, P. (1998). Die biographische Illusion. In Ders. (Hrsg.), *Praktische Vernunft. Zur Theorie des Handelns* (S. 75–82). Frankfurt/M.: Suhrkamp.

Clair, A. (1993). *Kierkegaard: Penser Le Singulier*. Paris: Éd. du Cerf.

Delory-Momberger, C. (2003). *Biographie et éducation. Figures de l'individu-projet*. Paris: Anthropos.

Delory-Momberger, C. (2004). *Les histoires de vie. De l'invention de soi au projet de formation*. Paris: Anthropos.

Delory-Momberger, C. (2011). Herausforderungen, Widersprüche und Risiken der „biographischen Gesellschaft". In H. Herzberg & E. Kammler (Hrsg.), *Biographie und Gesellschaft: Überlegungen zu einer Theorie des modernen Selbst* (S. 29–42). Frankfurt/M.: Campus.

Fabre, M. (2004). Penser „le sot projet de se peindre": de l'herméneutique à l'éthique. Vorwort zu: C. Delory-Momberger, *Les histoires de vie. De l'invention de soi au projet de formation*. Paris: Anthropos.

Hess, R. (2009). *Henri Lefebvre et la pensée du possible, théorie des moments et construction de la personne*. Paris: Anthropos.

Hessel, S. (1997). *Danse avec le siècle*. Paris: Éditions du Seuil.

Hessel, S. (2002). *Tanz mit dem Jahrhundert. Erinnerungen*. Hamburg: Arche-Verlag.

Hessel, S. (2011). *Empört Euch!* Berlin: Ullstein.

Hof, C. (1995). *Erzählen in der Erwachsenenbildung. Geschichte – Verfahren – Probleme*. Neuwied: Luchterhand.

Kierkegaard, S. (1989). Abschließende unwissenschaftliche Nachschrift zu den Philosophischen Brocken. Zweiter Teil. In: *Gesammelte Werke, Bd. 16*. Gütersloh: Gütersloher Verlagshaus Mohn.

Lacroix, J. (1981). *Le personnalisme*. Lyon: Chronique sociale.

Lapassade, G. (1977). *L'entrée dans la vie. Essai sur l'inachèvement de l'homme*. Paris: Anthropos.

Laplante, I. (2009). *Pratiques Narratives et Vies Exotiques : la résurrection de la diversité dans la vie quotidienne*. Verfügbar unter: http://www.pratiquesnarratives.com/-Introduction.html [16.11.2012].

Lejeune, P. (1980). *Je est un autre*. Paris: Seuil.

Marion, J.-L. (1989). *L'Idole et la distance*. Paris: Grasset.

Marotzki, W. (2006). Bildungstheorie und Allgemeine Biographieforschung. In H.-H. Krüger & W. Marotzki (Hrsg.), *Handbuch erziehungswissenschaftliche Biographieforschung* (S. 59–70). Wiesbaden: VS-Verlag für Sozialwissenschaften.

Mounier, E. (1961). Révolution personnaliste et communautaire. In *Œuvres de Mounier*, Bd. 1, 1931–1939: Paris: Seuil.

Mutuale, A. & Egloff, B. (2010). Discours sur soi pour l'autre: Le récit de vie comme démarche formative. In A. Toulouse, *De Puymaurin à Roissy-en-France. Enfin Ensemble!* (S. I–XII). Louveciennes: Kaïros.

Nys-Mazure, C. (2009). *Courir sous l'averse*. Paris: Desclée de Brouwer.

Obin, J.-P. (2001). L'autorité dans les relations maître-élèves. „L'exercice de l'autorité au sein du système éducatif. Nouveaux contextes et perspectives", XXIIIème Colloque national de l' A.F.A.E., 16-18 mars 2001, troisième trimestre. *Administration et éducation, 3*,

Orofiamma, R. (2002). Le travail de la narration dans le récit de vie. In C. Niewiadomski & G. d. Villers (Hrsg.), *Souci et soin de soi. Liens et frontières entre histoire de vie, psychologie et psychanalyse*. Paris: L'Harmattan.

Pfeifer, W. (Hrsg.) (2010). *Etymologisches Wörterbuch des Deutschen*. Koblenz: Ed. Kramer.

Ricœur, P. (1988). *Zeit und Erzählung. Bd.: 1. Zeit und historische Erzählung*. München: Fink.

Ricoeur, P. & Lacocque, A. (1998). *Penser la bible*. Paris: Seuil.

Schleiermacher, F. (1959). *Hermeneutik*. Heidelberg: Carl Winter, Universitätsverlag.

Schütze, F. (1982). Narrative Repräsentation kollektiver Schicksalsbetroffenheit. In E. Lämmert (Hsrg.), *Erzählforschung* (S. 568–590). Stuttgart: Metzler.

Toulouse, A. (2010). *De Puymaurin à Roissy-en-France. Enfin ensemble.* Louveciennes: Kaïros.

Weigand, G. & Hess, R. (2009). *La relation pédagogique*. Paris: Anthropos.

„So, jetzt will ich meinen Hass begraben!"
Entwicklung einer Arbeit im Tandem – Erfahrungen aus der Feldforschung

Odile Hess und Martin Herzhoff

Wir kennen beide das Schloss von Ligoure im Limousin durch unsere Teilnahme an experimentellen Seminaren des Deutsch-Französischen Jugendwerks (DFJW). Bei diesen Begegnungen konnte jeder seine Leidenschaften, seine Kreativität einbringen und die gesamte Gruppe daran teilhaben lassen. Anfangs beschränkte sich der Rahmen auf deutsch-französische Teilnehmer/innen, später kamen Italiener/innen und Pol/inn/en dazu. Jedes Jahr wurde ein neues Thema angeboten: „Die Dialektik des Walzers" bildete den Auftakt. Es war wie eine Sommeruniversität mit Tanz, Musik, Gesang und mit Vorträgen über Kulinarisches und Sport. Viele der von uns im Rahmen des Projektes Interviewten finden es bedauerlich, dass diese Seminare eingestellt wurden. Dieser gemeinsam erlebte Freiraum war für sie der Ausgangspunkt ihrer Auseinandersetzung mit interkulturellen Kontexten.

Wir haben uns 25 Jahre nach unserer Teilnahme an diesen Begegnungen wiedergetroffen und der „Geist von Ligoure" erfüllt uns nach wie vor. Obwohl wir beruflich eigentlich nicht in universitären Kontexten arbeiten, haben wir am Projekt zur biografischen Spurensuche im Kontext des DFJW teilgenommen und Feldforschung auf Grundlage von Interviews durchgeführt. In unserem Beitrag möchten wir zunächst unseren Einstieg in das Projekt und unsere Arbeit im Tandem beschreiben. Im Anschluss daran werden wir uns mit dem Forschungsprozess und den Ergebnissen auseinandersetzen.

Unser Einstieg in das Biografie-Projekt

Odiles Tagebuch

Im September 2008 war ich seit einem Monat im Ruhestand. Ich hatte Zeit – was nach 38 Jahren Berufstätigkeit etwas vollkommen Neues war. Als mir Remi vorschlug, der Forschungsgruppe beizutreten, habe ich sofort zugesagt.

Ich glaube, dass ich mich mit den Treffen der Forschungsgruppe und den Interviews weiterentwickelt habe. Im Laufe unseres Treffens in Ligoure (2008), erwachte mein Interesse: Nach 15 Jahren wieder hier zu sein, Martin (mit dem ich seit einigen Monaten wieder in Verbindung stand und einen interkulturellen Austausch pflegte) und Gabi wiederzusehen, mit meinem Bruder zu arbeiten – all diese Aspekte machten diese Begegnung zu einem schönen Erlebnis. Ich hatte keine allzu klaren Vorstellungen von den Zielen oder Ergebnissen dieser vier Tage, aber ich freue mich über die Gespräche mit Gabi, Remi und Kareen während der Autofahrt. Am ersten Tag des Treffens legten wir in der herrlichen Bibliothek von Frédéric Le Play die Ziele für die Forschungsarbeit fest. Das Finanzierungskonzept entwickelten wir am zweiten Tag. Am dritten Tag schließlich erarbeiteten wir die wesentlichen Grundzüge des Projektes.

Ich fühle mich als Beobachterin: In Gesprächen mit Saïda, Benyounès, Augustin und Kareen lerne ich die Gruppe der „*Irraiductibles*" (eine Zeitschrift der institutionellen Analyse) und ihre Ziele kennen. Irmela, die in Begleitung von Martin nach Ligoure gekommen ist, hält einen Vortrag über ihre Doktorarbeit, die sie 1982 über Le Play geschrieben hat (vgl. Gantzer, 1983). Dieses Thema ist das Bindeglied zwischen den Ehemaligen der Ligoure-Seminare und den Neuen. In vielen Momenten wird die Vergangenheit wieder lebendig – zumal auch Béatrice (die Besitzerin des Schlosses) und Anne mit uns gemeinsam essen. Hier und da verstehe ich etwas, wenn Birte, Gérald, Barbara und Gabi Deutsch sprechen. Das „interkulturelle Moment" wird für mich wahrnehmbar und ich finde es großartig, dass wir gemeinsam an einem Forschungsprojekt arbeiten können. Jean Louis gibt mir die Masterarbeit einer Krankenpflegestudentin aus Lausane zu lesen. Sie arbeitet auf einer Intensivstation und nutzt Interviews und Lebensgeschichten als Grundlage für ihre Forschung.

Als ich in den Achtzigerjahren in Ligoure war, lernte ich das Konzept der Transversalität kennen – und ich kann sie erneut stark spüren. Die Mahlzeiten, um die sich Chantal kümmert, unterstützen das Leben in der Gemeinschaft. Ich komme begeistert aus Ligoure zurück und stelle fest, dass sich meine Erfahrungen mit den Lebensgeschichten von Krankenpflegerinnen und deren Aufzeichnung gut für die Interviewarbeit nutzen lassen. Ebenso dienlich ist die Methode, die ich bei Yvonne Kniebiehler (1984; 2008) gelernt habe, auch gut bei der Interviewarbeit nutzen lassen. Aber mir ist nicht so ganz klar, wie ich praktisch an den Interviews mitwirken kann, weil ich ja nicht zweisprachig bin. Doch dann schlägt mir Martin vor, nach Köln zu kommen, um den Karneval zu erleben. Da sage ich gerne zu. Einige Wochen später teilt er mir mit, dass er im *Kölner Stadtanzeiger* einen Artikel über ein altes Ehepaar gelesen hat, das sich schon sein ganzes Leben lang interkulturell engagiert. Er fände es interessant, die beiden zu treffen. So fing es also an.

Martins Tagebuch

2008 besuchte ich das Schloss von Ligoure mit der 80-jährigen Irmela Gantzer, die 1970 über Fréderic Le Play – einen Forscher, Ingenieur, Soziologen und Staatsmann des 19. Jahrhunderts – ihre Doktorarbeit geschrieben hatte. Le Play hatte das Anwesen im Limousin für seinen Sohn Albert gekauft. Dieser sollte dort sein Modell der *Stammesfamilie* umsetzen, das für Fréderic Le Play einen grundlegenden Baustein einer nachhaltig stabilen Gesellschaft darstellte. Als Irmela damals an ihrer Dissertation arbeitete, hatte sie nicht die Gelegenheit, dieses Anwesen kennenzulernen, weil es damals in Privatbesitz war. Eine Nachfahrin von Fréderic Le Play, Béatrice Thomas-Mouzon, die dieses weitläufige Anwesen nicht nutzen konnte, überließ es einem Verein, der dort die Durchführung von ganz unterschiedlichen Begegnungen und Seminaren ermöglicht.

Zur selben Zeit traf sich in diesem Schloss eine Forschungsgruppe des DFJW mit dem Vorhaben, die 50-jährige Arbeit des DFJW auf der Grundlage von Biografiearbeit zu evaluieren. Hierzu sollten ehemalige Programmteilnehmer/innen in Interviews befragt werden. Die Forschungsgrupe traf sich in der Bibliothek des Schlosses, und ich entschloss mich kurzerhand dazu, mich an dem Projekt zu beteiligen.

An einem Abend hielten Irmela und Béatrice einen Vortrag über Fréderic Le Play, sein Leben, die Stammesfamilie, seine Ideen, seine Methodologie. Le Play entwickelte die Monografie-Methode, eine qualitative Methode, die an der gesellschaftlichen Basis ansetzt und auf Feldforschung beruht. In gewisser Hinsicht tritt die Methode unseres Projekts (die Grounded Theory nach Glaser und Strauss[1]) im Bereich der Feldforschung in Le Plays Fußstapfen. Zugleich ergänzt und erweitert sie dieses Verfahren aber durch die Grounded Theory. Für viele Sozialwissenschaftler/innen in unserer Gruppe war es beeindruckend zu hören, wie Irmela von ihrem Studium bei Adorno und Horkheimer in Frankfurt – kurz nach dem Krieg – erzählte.

Unsere Forschung beschäftigt sich mit dem interkulturellen Moment in den Biografien von Menschen, die für das DFJW aktiv waren oder an DFJW-Programmen teilgenommen haben. Als ich die Theorie der Momente (vgl. Delory-Momberger & Hess, 2001) kennenlernte, erschien sie mir selbsterklärend. Als Ingenieur ist mir der Begriff des Moments aus der theoretischen Mechanik vertraut. Hier ist es die Größe, die die Wirkung eines Kräftepaars und den dazugehörigen Richtungssinn beschreibt. Sie errechnet sich als Produkt aus Kraft mal Hebelarm (vgl. Szabó, 1966). Mit dem Bild von Ägyptern, die auf rollenden Baumstämmen den Steinblock für eine Pyramide in Bewegung setzen oder einem Rad, das mit einem bestimmten Drehmoment angetrieben wird, bekomme ich eine sehr anschauliche Vorstellung von dem Begriff: Das Moment als eine Größe, die dem Leben Orientierung gibt. Mich selbst brachte die Entdeckung der Theorie der Momente zu einer eigenen intensiven Biografiearbeit mit meiner Mutter. 2003 machte ich im Urlaub mit ihr eine Reihe von Interviews, die ich auf Grundlage dieser Methode strukturiert habe.

In der Forschungsgruppe bin ich fachfremd, ein Quereinsteiger – weder Student noch Doktorand noch Professor. Bei meiner Arbeit in Köln habe ich zwar auch mit

---

1 Die Grounded Theory nach Glaser & Strauss (1967) sowie in ihrer Weiterentwicklung bei Strauss & Corbin (1996) verfolgt das Ziel der gegenstandsbezogenen Theoriebildung. Das bedeutet, dass Theorien oder Konzepte möglichst systematisch aus den Daten gewonnen werden, statt dass man sie ihnen „überstülpt". Bei diesem Forschungsstil liegt der Fokus auf den verschiedenen gesellschaftlichen Konstruktionen von Wirklichkeit, die Menschen in sozialen Interaktionen im Rahmen institutioneller, historischer und natürlicher Kontextbedingungen erzeugen.
Im französischsprachigen Raum wird die Grounded Theory als „théorisation ancrée" (verankerte Theoriebildung) bezeichnet.

Evaluation zu tun, doch geht es dabei um die Evaluation von Korruption in der Abfallwirtschaft, die in den vergangenen Jahren einige republikweit beachtete Skandale erlebt hat. Hier wird mir klar, wie aktuell die Ideen sind, die Le Play in seinem Buch über die Organisation der Arbeit (vgl. Le Play, 2006) entwickelt hat. Angesichts großer Umwälzungen in Europa deutet Le Play 1871 die Werte Brauchtum, Sitte und Autorität neu. Er bezieht sich in seinem Kampf gegen Korruption auf die Zehn Gebote. Ganz ähnliche Ideen greift derzeit die Katholikenbewegung in Deutschland auf, unter anderem mit der Publikation „Zehn Gebote für die Wirtschaft" (Ockenfels, 2006), die von einer christlichen Arbeitgeberorganisation herausgegeben wurde.

Unsere Arbeit im Tandem

Da wir uns bereits seit langer Zeit kennen (auch wenn es eine Unterbrechung von etwa zehn Jahren gegeben hat), arbeiten wir gut zusammen. Wir haben beide an vielen Begegnungen in Ligoure teilgenommen und liegen einfach auf derselben Wellenlänge: Toleranz und Respekt sind uns wichtig, aber auch Vertrauen und die Lust am Experiment. Unsere Arbeit im Tandem hat nicht nur das Transkribieren der Interviews vereinfacht, sie war auch bei den Vorbereitungen und bei der anschließenden Reflexion hilfreich: Nach den Interviews sprachen wir gemeinsam über unsere Eindrücke und dieser Gedankenaustausch gab uns wichtige Impulse für die Auswertung. Auf diese Weise haben auch wir das „interkulturelle Moment" intensiv miteinander erleben können. Wir stießen erst einige Monate nach Projektbeginn zur Forschungsgruppe dazu. Deshalb hatten wir nicht sofort mitbekommen, dass die offene Methode des narrativen Interviews eingesetzt werden sollte. So entwickelten wir vor den Interviews ein halb-strukturiertes Schema. Nach einem Feedback in der Forschungsgruppe korrigierten wir unsere Vorgehensweise und orientierten uns stärker an der offenen Interviewmethode. Da wir als Fachfremde und Quereinsteiger in dem Projekt eine andere Herangehensweise hatten, experimentierten wir dennoch auch weiterhin mit Verfahren, die ursprünglich in dem Projekt nicht vorgesehen waren. Wir ließen unsere Interviewpartner/innen zum Einstieg erzählen, wie ihre Teilnahme an DFJW-Seminaren ihre Biografie beeinflusst hat. Schnell wurde uns klar, dass wir uns darüber hinaus für bestimmte weiterführende Fragestellungen interessierten, und zwar:
- Welche generationenübergreifenden Wirkungen gibt es?
- Hat der Katholizismus interkulturelle Erfahrungen befördert?
- Welche Wirkung hatte die Teilnahme an experimentellen Begegnungen auf die Interviewten?

Die Interviews lieferten uns nicht nur Informationen darüber, inwiefern das DFJW die betreffenden Biografien beeinflusst hat, sondern auch über die Wirkung anderer Parameter.

So nutzte die Familie G.² zum Beispiel die Ferien, um ihr Französisch zu pflegen. Vor 1960 fuhren sie nach Frankreich in sozial orientierte Familienferienhäuser (*maisons familiales*), um dort den Urlaub gemeinsam mit Französinnen und Franzosen zu verbringen. Alle ihre Kinder sprechen Französisch und zwei ihrer Enkel sind mit Franzosen verheiratet. Das interkulturelle Moment ist generationenübergreifend vertreten.

Anhand der von Barbara Friebertshäuser und Gabriele Weigand beschriebenen Dimension der Liebe als interkulturellem Moment wird deutlich, dass Karla G. stets dafür sorgt, dass ihr Mann von Französisch sprechenden Frauen umgeben ist und damit seiner stürmischen Begeisterung für alles Französische entgegenkommt. Franz Schmitt hatte in französischer Kriegsgefangenschaft die Erfahrung gemacht, dass es ihm das Leben erleichtert, wenn er die Landessprache spricht.

Durch ihr katholisches Umfeld lernten die G.s schließlich interkulturelle Kontexte kennen. Die Kirche als riesige, globalisierte und heilige Organisation eröffnete ihnen – bereits lange vor dem DFJW – ein Feld der Begegnung. Die Rolle des Katholizismus als interkulturelles Sprungbrett wird in mehreren Interviews deutlich, so z.B. bei den G.s, F.s, J.s, H.s und A.s. Franz G. illustriert dies gut in einer Passage seines Gefangenen-Tagebuchs, das uns vorlag und in dem er sich mit dem Lukas-Evangelium auseinandersetzt:

> „Was kann die ewige Herrlichkeit sein und was können wir uns darunter vorstellen. Ich habe an Folgendes gedacht: Das Sinnen und Sehnen unseres ganzen Daseins geht darauf hinaus, das Geheimnis aller Zusammenhänge, das hinter allem und jedem steht, erfassen zu können. Die Einsicht, dass dieses Erkennen im menschlichen Dasein nicht möglich ist, führt zu den furchtbarsten Unordnungen, weil die Menschheit nicht gewillt ist, anstelle der unmöglichen Erkenntnis den Glauben zu setzen."

Auch die Interviews mit Konrad Adenauer und der Familie H. waren in dieser Hinsicht aufschlussreich. Über die verschiedenen Momente der Interviews haben wir beide ein Tagebuch geführt und einige aussagekräftige Passagen daraus möchten wir hier vorstellen.

Martins Tagebuch

Konrad Adenauer³ spricht meiner Einschätzung nach etwa eine halbe Stunde, anschließend tauschen wir unsere Gedanken aus. Die Gesprächsatmosphäre ist warmherzig. Er zeigt Interesse für unser Projekt und macht deutlich, dass er es unterstützt und sich auch für unsere Untersuchung interessiert. Er ist jemand, der in Netzwerken denkt und handelt. Als ich ihm erzähle, dass wir vorhaben, auf den Spuren von Apollinaire nach Bad Honnef zu fahren, nennt er mir gleich mehrere

---

2 *Franz G.* war 1945 in französische Kriegsgefangenschaft gekommen. Das Interview mit ihm und seiner Frau führten wir im Februar 2009 – einen Monat vor seinem Tod.
3 Konrad Adenauer ist der Enkel des gleichnamigen deutschen Bundeskanzlers, der mit Charles de Gaulle den Elysée-Vertrag unterzeichnete. Dieser beinhaltete u.a. die Gründung des DFJW.

Personen in Köln, die sich mit Apollinaire und deutsch-französischen Beziehungen beschäftigen. Er ist auch fasziniert von unserer Idee, zum 50. Jahrestag am 8. Juli 2012 eine gemeinsame Messe in Reims zu feiern. Ich habe den Eindruck, dass er dorthin kommen würde. Ich erläutere ihm, dass es im März in Bad Honnef ein Treffen mit der Forschungsgruppe geben wird. Er ist dort geboren und würde sich freuen, wenn wir uns dort träfen. Er erklärt uns, dass die Nachfahren von Charles de Gaulle, was solche Begegnungen anbelangt, eher zurückhaltend sind. Außerdem erzählt er, dass er den Vorsitz des *Institut Français* übernommen hat und dort verschiedene Aktionen entwickelt.

30. Oktober 2010

Odile und ich kaufen Blumen für Jan und Heike. Wir kaufen auch einen kleinen Strauß für meine Frau, für den die Verkäuferin zwei verschiedene Sorten Blumen miteinander kombiniert. Odile erklärt mir, dass man in Frankreich niemals eine gerade Anzahl von Blumen zusammen steckt. Ich verstehe das Prinzip nicht. Auch die Leute im Laden kennen diesen Brauch nicht. Doch eine der Verkäuferinnen, eine junge Frau, erzählt uns, dass ihr ehemaliger Chef im Internet recherchiert hatte, was es mit diesem aus Frankreich stammenden Brauch auf sich hat. Er fand heraus, „dass man niemals eine gerade Anzahl Blumen kauft", weil das sonst so aussieht, als hätte man sie im Sonderangebot erstanden. Man sieht, dass die Blumenverkäuferin von Roggendorf sehr interkulturell unterwegs ist.

Paul hat mich für die Interviewaufnahme in Dortmund technisch gut ausgerüstet. Während der Fahrt bereiten wir die Interviews vor. Wir besprechen nochmals die Punkte, die wir ändern wollen, um die Methode der Grounded Theory nach Glaser & Strauss bei unserer Arbeit konsequent umzusetzen. Wir haben beschlossen, die Interviews getrennt durchzuführen und lassen noch offen, wer Heike und wer Jan interviewen wird.

Heike empfängt uns vor dem Haus. Ich bin immer noch beeindruckt von der enormen Arbeit, die sie in den Wiederaufbau des Hauses gesteckt hat, zumal ihr Ehemann in dieser Zeit unter der Woche in Bremen gearbeitet hat. Heike stellt uns ihren neuen Mann vor: Rüdiger. Ich bin überrascht über die Art, wie ihr Sohn Jan spricht – darin ähnelt er Gerald, ihrem Ex-Ehemann, sehr. Er spricht sehr langsam und sogar mit diesem leichten Zögern zu Beginn eines Satzes. Sie laden uns zu Kaffee und Kuchen ein, und wir erläutern, wie wir in das Projekt des DFJW eingebunden sind und worin die Ziele der Untersuchung bestehen. Wir erklären auch unsere Interviewmethode und dass wir die Interviews gerne getrennt durchführen möchten, wobei sie gleich selbst entscheiden können, mit wem sie sprechen wollen. Schon vorher hatte ich gespürt, dass Odile gerne Heike als Interviewpartnerin hätte. Letztendlich entscheidet sich auch Heike für diese Kombination und Jan ist vollkommen damit einverstanden, von mir interviewt zu werden. Ich ziehe mich mit ihm ins Büro zurück, Heike und Odile bleiben im Wohnzimmer. Ich habe zwei

Aufnahmegeräte mitgenommen, einen MP3-Player und Pauls Videokamera mit einem Mikrofon.

Nach einer kurzen Einführung beginnt Jan langsam zu erzählen. Zu Beginn ist er ein wenig irritiert, weil ich nichts sage. Aber er kommt schnell in einen Erzählfluss und entspannt sich. Jan hat von der 5. Klasse bis zum Abitur ein bilinguales Gymnasium besucht. Während seines Betriebswirtschaftsstudiums hat er ein Auslandssemester in Clermont-Ferrand verbracht, im Rahmen des Erasmus-Programms. Dort hat er seine Freundin kennengelernt, mit der er heute noch zusammen ist. Sie kommt auch aus Dortmund – als Kinder und Jugendliche haben sie sogar im selben Viertel gewohnt. An seiner Schule hatte Jan viel Englisch-Unterricht. Er konnte beobachten, dass es den Franzosen sehr viel schwerer fiel, diese Sprache zu sprechen. Studiert hat er in Rostock, etwa zehn Jahre nach dem Fall der Mauer, was für ihn interkulturell gesehen eine interessante Erfahrung war. Aktuell ist er dabei, seine Doktorarbeit abzuschließen. Darin befasst er sich mit neuen Möglichkeiten der Kundenbindung.

Ich bekomme einen Schreck, als ich feststelle, dass das Aufnahmegerät nicht funktioniert. Glücklicherweise läuft das Gerät von Heike und Odile gut. Wenn ich das meinem Sohn erzähle – wie peinlich. Als wir nach Köln zurückkommen, amüsiert sich meine Frau über meine Schusseligkeit. Wir setzen unseren Gedankenaustausch über die beiden Interviews fort. Heikes Emotionen waren für Odile deutlich zu spüren. Heikes Erinnerungen an Ligoure sind sehr eng mit ihrem Ex-Mann verknüpft. Wir stellen uns die Frage, ob und inwiefern es das Interview beeinflusst, dass die Interviewerin Ligoure ebenfalls kennt, dort wahrscheinlich ähnliche Erfahrungen gemacht hat wie Heike und dass sie darüber hinaus eine besondere Beziehung zu ihr hat. Andererseits stellen wir fest, dass gemeinsame Erfahrungen dazu beitragen, das für ein Interview nötige Vertrauen herzustellen.

Anhand der Interviews mit Heike und Jan wird mir wieder klar, wie wertvoll die Begegnungen in Ligoure waren. Im Sommer machte ich mich Jahr um Jahr auf den Weg nach Ligoure und schaffte damit Distanz zum Alltag. Es war in gewisser Weise ein *rite de passage*, ein Übergangsritual, wie Victor Turner es in seinem Buch *Das Ritual: Struktur und Anti-Struktur* (2005) beschreibt. Ja, Ligoure war ein Ritual, durch das ich Abstand zum Alltag gewinnen konnte, ähnlich wie bei beruflichen Fortbildungsseminaren, die ja auch gezielt in Distanz zum Arbeitsort durchgeführt werden. Ligoure war wirklich wie eine Sommeruniversität, ein Ort, wo sich Fenster öffneten, wo ich so richtig durchatmen und meiner Kreativität freien Lauf lassen konnte. Dieser Übergang vom Alltag in die Ferien ähnelt sehr der Überfahrt zum anderen Ufer eines Flusses. Darüber hinaus gab es in Ligoure viele interkulturelle Momente, die dieses „Übersetzen" unterstützten und damit einen Raum für Reflexion schufen und wahrscheinlich auch für eine Atmosphäre sorgten, in der man sein Leben noch einmal ganz neu ordnen konnte.

Odiles Tagebuch
29. Oktober 2010

Paul und Martin erwarten mich auf dem Bahnsteig: So ein Glück! Ich kenne zwar den Weg zu unserem Treffpunkt, McDonalds, aber es fühlt sich doch besser an, sie schon hier zu sehen. Wir fahren in ein wohlhabendes Kölner Viertel, in dem Konrad Adenauer lebt. Da wir noch genügend Zeit haben, schlägt Martin vor, dass wir uns noch im Wahlencafé zusammensetzen. Es wurde 1911 gebaut und 1946 im Jugendstil eingerichtet. Ich entscheide mich für einen Kuchen, der aussieht wie ein französischer Castel aus Baiser-Biskuit und Nougatcreme – aber er schmeckt überhaupt nicht so!!! Und ich zwinge mich zu essen. Hier erlebe ich ein interkulturelles Phänomen: Der Anblick des Kuchens ließ mir das Wasser im Mund zusammenlaufen und als ich ihn schließlich esse, stimmen Erwartungen und Geschmack absolut nicht überein.

Martin erklärt mir, wie wir ab jetzt die Interviews führen, nämlich absolut offen: Er wird uns vorstellen, erklären, weshalb wir da sind, dann wird er den Interviewpartner reden lassen. Er zeigt mir den Stammbaum – ich sehe mir das Alter der Familienmitglieder, die Hochzeiten, die Todesfälle an, mache mich mit Konrad Adenauers Familienstruktur vertraut. Im Zug hatte ich die Artikel gelesen, die mir Martin geschickt hatte, damit ich mir einen Überblick über den allgemeinen Kontext unseres Interviewthemas (deutsch-französische Freundschaft nach dem Zweiten Weltkrieg) verschaffen kann.

Wir kommen in ein sehr schönes Büro. Die Sekretärin führt uns in einen repräsentativen Besprechungsraum, wo Paul sein Equipment aufbaut. Dann kommt Konrad Adenauer, setzt sich und wir fangen an. Ich versuche, nicht an einzelnen Vokabeln hängen zu bleiben, sondern grob zu erfassen, worum es geht. Ich verstehe, dass er die internationalen Aspekte seiner Familie erläutert; dass er auf kultureller Ebene Verbindungen nach Frankreich hat: mit dem Elsass (als ich ihm sage, dass meine Familie von dort stammt, spricht er lange über den Mont Saint Odile, über Straßburg, die Weine in Colmar), mit Bayonne, mit Saint-Paul-de-Vence, mit Paris; dass er den Vorsitz des Institut Français übernommen hat und dort verschiedene Aktionen entwickelt.

Er spricht von Guillaume Apollinaire, dann von Proust, seine weiteren Ausführungen verstehe ich nicht. Aber Martin hat für Sonntag eine Exkursion organisiert: „Auf den Spuren von Apollinaire". Dort werde ich mehr erfahren. Dann spricht unser Interviewpartner über genealogische Verbindungen zwischen den Deutschen und Franzosen, die auf Tolbiac[4] zurückgehen. Martin fragt nach der Dimension des Katholizismus. Konrad Adenauer antwortet, dass auch die Protestanten ein Netzwerk haben und dass es ebenso gut funktioniert.

---

4   Tolbiac, die Schlacht von Zülpich, fand im Jahre 496 zwischen den Rhein- und Salfranken auf der einen und den Alemannen auf der anderen Seite statt. Die Franken unter Sigibert von Köln und Chlodwig I. siegten über die Alemannen. In der Folge ließ sich Chlodwig I. taufen, weshalb die Schlacht auch als „Bekehrungsschlacht" bezeichnet wird (vgl. hierzu Geuenich, 1998).

Manchmal schalte ich ab, beobachte seine Hände, die ich sehr schön finde: Welches Instrument er wohl spielt? Sind sie maniküret? Dann betrachte ich ihn: Mit seinen 65 Jahren ist er wirklich ein schöner Mann. Ich bewundere seine Energie und Intelligenz. Dann verstehe ich noch ein paar Punkte: Er sagt, dass er der Älteste in seiner Familie ist, dass er Jura studiert hat, wie sein Vater und sein Großvater, dass er für das Familienarchiv verantwortlich ist, dass sein Stammbaum bis auf Karl den Großen zurückgeht, dass er das Familienvermögen verwaltet. Letztendlich ist das Interview doch sehr interessant für mich, wenngleich ich mich frage, ob meine Anwesenheit überhaupt nötig ist. Mit diesem neuen Interviewansatz genügt eine Person, die die Worte und die Gedankengänge des Interviewten aufnimmt. Das sollte noch mal diskutiert werden.

30. Oktober 2010

Um 15 Uhr sind wir mit Familie H. bei Magda verabredet. Es ist 15 oder 20 Jahre her, dass wir uns das letzte Mal gesehen haben. Heike erkenne ich sofort. Ihr Sohn ist ein sehr schöner junger Mann, 29 Jahre alt. Er schließt derzeit seine Doktorarbeit in Betriebswirtschaft an der Uni Kassel ab. – Wiedersehen mit Heike! Das geht uns beiden richtig nahe. Es ist das Biografie-Projekt, das uns wieder zusammenbringt, vor allem aber der besondere Einsatz von Martin. Ich habe den Eindruck, dass er Berge versetzt. Wie kann es gelingen, nach so vielen Jahren den Kontakt wieder aufleben zu lassen? Und da ist die Verletzung einer Trennung, die noch nicht ganz geheilt zu sein scheint. Remi und Gerald. Sie haben intensiv zusammen gearbeitet, und dann war da der Bruch zwischen den beiden, der schließlich die ganze Familie gespalten hat.

Martin erklärt das Projekt, spricht von den Interviews, die bereits geführt wurden und von der neuen Methode. Heike möchte von mir auf Französisch interviewt werden, Jan und Martin wollen mit der Videokamera arbeiten. Für Heike ist Ligoure bis heute ein zentraler Bezugspunkt im Kontext ihrer interkulturellen deutsch-französischen Momente. Sie erinnert sich nur an gute Momente und hat jetzt seit langem wieder ein Seminar in Ligoure besucht, einen Tanzworkshop, diesmal nur mit deutschen Teilnehmer/innen.

Was für eine Katastrophe! Bei der Interviewaufzeichnung von Martin und Jan ist der Ton ausgefallen!!! Ach, diese Technik!!!

Auf der Rückfahrt im Auto lassen Martin und ich unsere Gedanken schweifen. Wir tauschen uns über unsere Gefühle und Empfindungen aus. Auf der Hinfahrt kam mir die Idee, dass wir in unserem Artikel für das Projekt auch beschreiben sollten, wie wir die Interviews auf emotionaler Ebene erleben. Diese Arbeit eröffnet mir so viele mögliche Ansätze! Die Begegnungen mit den Menschen überraschen mich immer wieder und bringen mich mit allen Gesellschaftsschichten in Kontakt. Ich reise. Durchlebe Emotionen. Die Beziehung zu Martin ist von grundlegendem Vertrauen geprägt und die regelmäßigen Gespäche führen mich zum Dialog zwischen verschiedenen Generationen, zur Kultur, zur Biografie, zum Tagebuchschreiben.

Unsere Betrachtungen

September 2008 und Februar 2011: Dazwischen liegen 30 Monate. Was hat diese Arbeit bei uns ausgelöst?

Zunächst eine Betrachtung über unsere Familien

Im Zuge der Interviews habe wir lange über unsere Familien gesprochen, haben sie verglichen und konnten feststellen, dass es viele Ähnlichkeiten und Gemeinsamkeiten gibt:

Wir kommen beide aus kinderreichen Familien mit vier bzw. fünf Kindern, beide Elternhäuser waren sehr aufgeschlossen und Fremde waren stets willkommen.

Unsere Eltern waren katholisch und haben uns nach den Werten dieser Religion erzogen. Die Geistlichen in unseren Familien wurden als „Autoritäten" geschätzt, sie waren gewissermaßen die grauen Eminenzen unserer Eltern und hatten Einfluss auf wichtige Entscheidungen.

Zudem haben wir beide Vorfahren aus dem jeweils anderen Land, Frankreich bzw. Deutschland. Als wir uns mit ihnen beschäftigten, stellten wir fest, dass unsere Familien von ihnen in gewisser Weise traumatisiert sind. Die mutmaßliche Vergewaltigung einer Deutschen durch einen Franzosen[5] bzw. die Entscheidung für eine andere Staatsbürgerschaft, die zu einer Trennung geführt hatte, haben offensichtlich bewusst oder unbewusst Spuren hinterlassen.

Darüber hinaus gibt es ein tiefgreifendes Moment des Interkulturellen, das beide Familien im Rahmen mehrerer experimenteller DFJW-Begegnungen in Ligoure erlebt haben (vgl. Hess & Wulf, 1999).

Martin

Mein Vater gehörte 1940 als Motorradfahrer der Wehrmacht zur deutschen Besatzung in Frankreich. Ich besitze von ihm ein Fotoalbum und war überrascht, dass es darin nur wenige Kriegsbilder gibt, darunter das der zerstörten Kathedrale in Rouen. Ich fand viele Fotos, die eher wie Urlaubsbilder wirken: junge Männer, die

---

5 Ein Urgroßvater meiner Mutter war Franzose. Sein Name ist nicht bekannt. Es heißt, er sei ein französischer Soldat gewesen und habe angeblich eine junge Deutsche mit der Einladung „Visitez ma tente" in sein Zelt gelockt. Im Nationalsozialismus musste jeder einen Stammbaum erstellen, um nachzuweisen, dass er keine jüdischen Nachkommen hatte – nach der nationalsozialistischen Ideologie sollte „arisches Blut" nicht mit anderem gemischt werden. Der Franzose in unserer Familie stellte in diesem Zusammenhang ein Problem dar, schließlich war er der Erbfeind. Wahrscheinlich wollte sich die Familie von diesem „Schandfleck" distanzieren und erfand deshalb die Geschichte von der Vergewaltigung, die auf diese Weise in die Familienmythologie einging. Meine Mutter sagte dazu immer: Es ist ja letztlich niemand von uns dabei gewesen (M.H.).

im Meer baden oder mit jungen Frauen zusammenstehen und rauchen. Das ist ein Erbe meiner Generation – die Väter waren im Krieg und wollten nicht über ihre Erlebnisse sprechen, auch mein Vater nicht. So gesehen hat mich das Interview mit Franz Schmitt ein wenig mit meinem Vater versöhnt.

Als ich die Rolle wechselte, vom Zuhörer zum Erzähler, als ich meine Geschichte erzählen sollte, sie ins Projekt geben, hat mich das ein wenig an *The Inner Circle* von T.C. Boyle (2005) erinnert. Der Roman beschreibt die Schwierigkeiten, die in einer Forschungsgruppe entstehen, wenn die Rollen getauscht werden. Ich habe also meine Geschichte erzählt, und zwar in Frankfurt. Die Strecke von Köln nach Frankfurt gab mir viel Zeit, davor und auch danach darüber nachzudenken. Noch am Abend beschäftigte mich das Interview, als ich in den Keller ging, um alte Zeugnisse heraus zu kramen. Ich war überrascht, wie schlecht meine Noten in Französisch waren. Mir fiel ein, wie ich zur französischen Sprache gekommen war. Wir hatten damals in der Schule die Möglichkeit zwischen Französisch und Sozialkunde zu wählen. Nach einem Jahr Französisch entschied ich mich für Sozialkunde. Mein Vater war nicht damit einverstanden. Er sprach mit dem Direktor der Schule, der meine Entscheidung unterstützte, konnte sich aber nicht mit ihm einigen. Da wechselte er kurzerhand für mich die Schule, damit ich weiter Französisch lernte (Sozialkunde war für ihn eine brotlose Kunst und schließlich hatte er ja auch Französisch gelernt). Für mich war diese Erfahrung traumatisch. Aus einer mir vertrauten Klasse, in der ich mich wohlfühlte, kam ich in eine fremde Klasse, mit der ich bis zum letzten Tag an dieser Schule nie „warm wurde".

Eine Betrachtung über das Verhältnis zwischen Männern und Frauen – Odile

Wir hatten sehr offene Gespräche über Beziehungen zwischen Männern und Frauen: Als ich zum ersten Mal nach Köln kam und wir en passant den Karneval erlebten, hörte ich jemanden hinter mir Französisch sprechen. Ich sprach den Mann an und fragte ihn, was er hier mache. Er war Koch und wohnte seit zehn Jahren in Köln. Er hatte eine Deutsche geheiratet, aber sie waren geschieden: Die Ehe war an ihren unterschiedlichen Lebensgewohnheiten gescheitert. Er blieb in Deutschland, weil er einen guten Job hatte und die Gründlichkeit der Deutschen mochte. Im Laufe unseres Gesprächs haben wir ihn dann dazu befragt, wie es ist, wenn sich Männer und Frauen in deutsch-französischen Beziehungen Tisch und Bett teilen.

Schließlich eine Betrachtung über den Krieg

Odiles Tagebuch, 7. Juni 2010
Ich berichte Martin, dass ich die Familien F., R. und B. dazu befragt habe, welche Vorstellungen über den Krieg in unseren Familien transportiert wurden. Er erzählt mir daraufhin von der Nacht 1938, als die SS jüdische Geschäfte verwüstete. Er hat schon einmal mit seiner Mutter darüber gesprochen, die ihm entgegnete:

Wir wussten ja nichts von den Konzentrationslagern. Er zeigt mir den Karton seines Onkels, der 1943 in Russland gefallen ist. Darin liegt ein Tagebuch, in dem er aufzeichnete, was er als Sanitäter miterlebt hat. Ich erzähle ihm von meinem Onkel und meinem Vater. Wie ist es unseren Familien in diesem Zusammenhang gelungen, für die Anderen Akzeptanz zu entwickeln? Martin meint, dass einer französischen Familie die Annäherung leichter falle, weil sie zu den Opfern zähle. Einer deutschen Familie falle es schwerer. Er erzählt auch von seinem Vater, der nie über den Krieg gesprochen hat – das hinterlässt einige Fragezeichen. Was hat er dort gemacht? Zu diesem Thema sind aktuell viele Bücher erschienen: *Am Beispiel meines Bruders* von Uwe Timm (2003) oder *Das Falsche Leben, eine Vatersuche* von Ute Scheub (2006).

Diese Bücher wurden von einer Tochter bzw. einem Bruder geschrieben und reflektieren die Rolle ihrer Familien – und insbesondere der Eltern – während des Krieges. Eine offene Auseinandersetzung konnte erst nach dem Tod der Beteiligten stattfinden. Bis dahin lag bleiernes Schweigen über dem Thema, das dennoch niemandem Ruhe ließ. Auch der Roman *Die Andere* von Ursula Hegi (1998) gibt mir wichtige Denkanstöße. Zu Beginn des Projekts war ich überwiegend an den Lebensgeschichten interessiert. Menschen, die viele Sprachen beherrschen, haben mich schon immer fasziniert. Jetzt wird mir zunehmend die Komplexität des Projekts bewusst – die individuellen, sozialen, ökonomischen, politischen Interaktionen, die Notwendigkeit, Dinge in ihren Relationen zu betrachten, genauer zu differenzieren. „Die Deutschen" haben mich persönlich schon immer sehr interessiert. Warum gelingt es mir nicht, diese Sprache zu sprechen? (Schließlich verstehe ich sie.) Aus Loyalität zur Familie? Wie mein Vater, der als Gefangener und Sekretär des Vertrauensmannes seines *Stalags*[6] einen *Dolmetscher*[7] verlangte und dann dessen Verdolmetschung überwachte, weil er selbst gut verstand, aber nicht die Sprache der „Siegermacht" sprechen wollte?

Bei meiner Rückfahrt sitze ich (aus Zufall?) neben G.M., der nach Bordeaux fährt. Dort feiert er mit einem Freund das 50-jährige Bestehen ihrer deutsch-französischen Freundschaft, die durch einen Austausch zwischen Familien von Armeeangehörigen entstanden ist. Er hat festgestellt, dass es bis 1960 durchaus vorkommen konnte, dass die Kinder ihn mit „Hau ab, du dreckiger *Boche*"[8] beschimpften, dass sie dies aber nicht mehr tun, seit sie ihn besser kennen. Er war, wie sein Vater, bei der Armee (ich habe mich nicht getraut zu fragen, welche Rolle sein Vater im Krieg gespielt hat). Er hat die Jahre der französischen Besatzung erlebt. Einige Familien waren sehr hart. Karla G. beschreibt eine ähnliche Erfahrung, die sie bei einem Treffen mit einem französischen Schwesternpaar in Saint Agrève erlebt hat:

---

6 Im Original auf Deutsch, daher hier kursiv. Stalag ist die Abkürzung von „Stammlager" und wurde von den Deutschen im Zweiten Weltkrieg als Bezeichnung für Kriegsgefangenenlager verwendet (Hessische Landeszentrale für politische Bildung, 2012).
7 Im Original auf Deutsch, daher hier kursiv.
8 *Boche* ist eine diffamierende Bezeichnung für Deutsche.

> „Wir hatten einen Kombi und da hatte die Schwester für ihre behinderte Schwester ein Liegebett, damit sie mitfahren konnte. Und wir haben bemerkt, dass die Schwester uns gegenüber sehr reserviert war. Wir haben das auf ihre Krankheit geschoben. Aber als wir uns später verabschiedet haben, hat sie daraus ein – wenn ich davon spreche, geht es mir immer noch ans Herz – hat sie daraus eine richtige Versöhnung zwischen Franzosen und Deutschen gemacht. Die Ursache ihrer Krankheit war der Schmerz, unter dem sie gelitten hatte, als ihr Vater lange Zeit in Deutschland in Kriegsgefangenschaft war. Aber ihre Schwester sagte, dass er als Gefangener gut behandelt wurde. Die Kranke war aber das Lieblingskind ihres Vaters und allein durch die Tatsache, dass die Deutschen ihren Vater gefangengehalten haben, hatte sie eine Aversion gegen alles Deutsche – und die wurde schließlich zu Hass. Als wir uns verabschiedeten, sagte sie: So, jetzt will ich meinen Hass begraben! Ich habe gemerkt, dass es in Deutschland auch Menschen gibt, die so sind wie wir und Frieden wollen. Und dann hat sie uns umarmt und nicht mehr losgelassen. Das war für sie die Erlösung von ihrem Trauma."

Wir haben festgestellt, dass in unseren Familien und in denen unserer Interviewpartner/innen die Kriege bis heute stark nachwirken. Diese Traumata, die Sprachlosigkeit angesichts mancher Entdeckung und der Schmerz sind bei unseren Gesprächen grenzüberschreitend. Uns sind generationenübergreifende, oftmals zunächst unbewusste Wirkungen bewusst geworden, Wirkungen, die dazu führen, dass wir uns für Ereignisse, die weit vor unserer Geburt liegen, verantwortlich fühlen.

Fazit

Die Teilnahme an dem Projekt hat uns ermöglicht, intensiv in der Gegenwart zu leben: Wir konnten uns ganz auf die Begegnungen, den Austausch einlassen, ohne an anderes denken zu müssen, wir konnten einen Denkprozess, eine Entwicklung, eine Projektion vollständig annehmen, ohne im Voraus zu wissen, wohin sie führen.

Was aber sind – abgesehen von diesem sehr positiven Aspekt – die Ergebnisse dieser Untersuchung? Die Seminare des DFJW stellten für die Entwicklung aller von uns Interviewten eine treibende Kraft dar und waren am Konstruktionsprozess ihrer Persönlichkeit beteiligt. In dieser Hinsicht kann, wie Irène feststellte, dieses Begegnungsmodell auch für die interkulturelle Verständigung in anderen Kontexten und für jegliche Nationalitäten von Nutzen sein. Gewiss hätten unsere Ergebnisse bei einer größeren Heterogenität des Samples anders ausgesehen. „Die Angst vor Fremden" ist bei den meisten unserer Mitbürger/innen noch spürbar vorhanden – trotz Globalisierung.

Aus dem Französischen von Katja Roloff

Literatur

Boyle, T. C. (2005). *The Inner Circle*. New York: Viking Penguin.
Delory-Momberger, C. & Hess, R. (2001). *Le Sens de l'Histoire, moments d'une biographie*. Paris: Anthropos.
Gantzer, I. (1983). *Soziallehre und Forschungsmethode bei Fréderic Le Play*. Hanau: Haag+Herchen.
Geuenich, D. (Hrsg.) (1998). Die Franken und die Alemannen bis zur „Schlacht bei Zülpich" (496/97). Berlin & New York: de Gruyter.
Glaser, B. & Strauss, A. (1967). *The discovery of grounded theory: strategies for qualitative research*. New York: Aldine de Gruyter.
Strauss, A. & Corbin, J. (1996). *Grounded Theory. Grundlagen qualitativer Sozialforschung*. Weinheim: Beltz.
Hegi, U. (1998). *Die Andere*. Reinbek: Rowohlt Verlag.
Hess, R. & Wulf, C. (1999). *Grenzgänge*. Frankfurt/M.: Campus.
Hessische Landeszentrale für politische Bildung (2012). *Gedenkstätte und Museum Trutzhain*. Verfügbar unter: http://www.hlz.tu-darmstadt.de/index.php?id=103 [13.12.2012].
Knibiehler, Y. (1984). *Cornettes et blouses blanches. Les infirmières dans la société française 1880–1980*. Paris: Hachette littérature.
Knibiehler, Y. (2008). *Histoires des infirmières en France au XXème siècle*. Paris: Hachette littérature.
Le Play, F. (2006). *L'Organisation du Travail*. Paris: Anthropos.
Ockenfels, W. (2006). *Zehn Gebote für die Wirtschaft*. Köln: Bund Katholischer Unternehmer.
Scheub, U. (2006). *Das Falsche Leben, eine Vatersuche*. München & Zürich: Piper.
Szabó, I. (1966). *Einführung in die Technische Mechanik*. Heidelberg: Springer Verlag.
Timm, U. (2003). *Am Beispiel meines Bruders*. Köln: Kiepenheuer & Witsch.
Turner, V. (2005). *Das Ritual: Struktur und Anti-Struktur*. Frankfurt/M.: Campus.

Gibt es ein Leben ohne Erzählung?
Von menschlicher Erfahrung und ihrer Gestaltwerdung in Erzählungen[1]

Christine Delory-Momberger

In Wilhelm Schapps[2] berühmtem Werk *In Geschichten verstrickt. Zum Sein von Mensch und Ding* (1985) trägt ein Kapitel den bemerkenswerten Titel „Überblick über die Frage, ob es etwas außerhalb von Geschichten geben könnte". Im Kontext von Schapps Werk ist dies eine vollkommen rhetorische Frage, die klar zu verstehen gibt: Nein, natürlich gibt es nichts außerhalb von Geschichten. Für Schapp beginnt – und man könnte weiterführen: endet – alles mit Geschichten. Es ist bekannt, dass kein Zweiter die Entwicklung einer „narrativen Anthropologie" weiter und auf vergleichbar radikale Weise vorangetrieben hat: Mit seiner phänomenologischen Beschreibung des Menschen als dem „in Geschichten Verstrickten" verwirft er nämlich jedwede Psychologie – in seinen Worten: jede „Seelenlehre" – und jede Erkenntnistheorie. Für ihn sind Gefühle, Willensakte, geistige Vorgänge nicht nur ausschließlich in Geschichten begreifbar, sie haben zudem keine andere Wirklichkeit, keine andere Existenz als jene, die sie in den Geschichten besitzen. Er erweitert den Einflussbereich – das Reich – der Geschichten auf sämtliche „Wirklichkeiten", mit denen sich die Naturwissenschaften beschäftigen: Materie und Stofflichkeit tauchen laut Schapp ausschließlich in Geschichten auf (vgl. ebd., S. 165), als brächten diese in gewisser Weise das Wirkliche hervor. Auf die Lesart der Frage „Gibt es ein Leben ohne Erzählung?", die das „Leben" im biologischen Sinne versteht, entgegnet Schapp, die biologische Erforschung der lebendigen Materie ergebe erst im Zusammenhang mit der „Schöpfungsgeschichte" des Menschen als dem „in Geschichten Verstrickten" Sinn. Mit dem allegorischen Verweis auf die Genesis vertritt er die These, dass die Biologen sich für den dritten, vierten und fünften Tag der Schöpfung interessieren – also für die Erschaffung des Lebens in seinen unterschiedlichen Formen –, dass aber ihre ganze Arbeit ihren Sinn aus einem Horizont von Geschichten bezieht, der zum sechsten Tag weist, zur Erschaffung des Menschen, des „in Geschichten Verstrickten" (ebd., S. 194).

---

1   Der Beitrag ist erstmals auf Französisch erschienen in: Delory-Momeberger (2009). *La condition biographique. Essais sur le récit de soi dans la modernité avancée* (S. 25–36). Paris: Téraèdre. Übersetzung und Abdruck mit freundlicher Genehmigung des Verlags.
2   Wilhelm Schapp (1884–1969), Schüler von Wilhelm Dilthey und Edmund Husserl, Philosoph und Jurist, gehörte zum Göttinger Phänomenologenkreis. Als Autor der ersten *Phänomenologie der Wahrnehmung* erforschte er eine phänomenologische Grundlage der Rechtsphilosophie (1930–1932) und widmete sich ab 1950 der Entwicklung einer Geschichtenphänomenologie, aus der sein Werk *In Geschichten verstrickt. Zum Sein von Mensch und Ding* hervorging.

Eine doppelte Verständnisebene

Mit Schapp wird erkennbar, dass unsere Ausgangsfrage eine doppelte Verständnisebene eröffnen kann. Sie ist nämlich zugleich *bio-logisch* und *bio-grafisch* aufzufassen (bei Schapp überlagern diese Ebenen einander). Auf der ersten, biologischen Ebene geht es um die Frage, in welcher Beziehung das eigentliche Prinzip des Lebens, der belebten Materie zur Erzählung steht. Dabei führt diese erste zu zwei weiteren, recht unterschiedlichen Fragen, je nachdem, was unter „es gibt" verstanden wird: Die erste Frage ist ontologischer Ordnung und könnte lauten: *Existiert Leben außerhalb des Erzählten?* Dieser Fragestellung soll hier nicht nachgegangen werden. Sie verdeutlicht jedoch den möglichen Zusammenhang mit einer Ontologie des fleischgewordenen Wortes. Die zweite Frage, zu der dieser Ansatz anregt, scheint sich unmittelbarer zu erschließen: *Können wir das Leben außerhalb von Erzählung begreifen, verstehen, erkennen? Lässt sich das Leben außerhalb bestimmter Diskursformen, insbesondere der Formen des Erzählens, erschließen?* Die Antworten auf Fragen dieser Ordnung finden sich bei den Mythologien, und insbesondere bei den Ätiologien, die die Herkunft der Dinge und Wesen „erzählen" (wie zum Beispiel die Erzählung der Genesis über die Herkunft der Welt und des Menschen). Auf diesem Prinzip des *narrativen Verstehens* hat Wilhelm Dilthey (1942) seine Erkenntnistheorie begründet. Das Verstehen, das in den Geisteswissenschaften – im französischen Sprachraum entsprechend in den „sciences humaines", den *Human*wissenschaften – entwickelt wird, stellt er auf die Grundlage der (Auto-)Biografie.[3] Und auf eben dieses „narrative Verstehen" stützen sich verschiedene kulturwissenschaftliche und pädagogische Ansätze. So bezieht sich Jerôme Bruner (2002) auf die Erzählung als Art und Weise des Denkens und des Verstehens der Welt: Durch die Erzählung lernen wir, die Wirklichkeit zu analysieren, zu organisieren und die Welt, in der wir leben, zu verstehen – und zwar die natürliche ebenso wie die gesellschaftliche Welt.[4]

Dieser letzte Punkt führt zur tatsächlich *bio-grafischen* Dimension der vorliegenden Überlegungen. Das Leben, von dem im Folgenden die Rede ist, ist gleichbedeutend mit der menschlichen Existenz in ihrer Entwicklung und ihrer Besonderheit, beziehungsweise mit dem individuellen Lebensverlauf, um einen soziologischen Begriff anzuführen. Dieser Ansatz grenzt die eingangs gestellte Frage darauf ein, welche Beziehung zwischen der sinnlichen und geistigen Erfahrung menschlichen Lebens und der vom Menschen darüber verfassten Erzählung besteht. Die Frage lässt sich auch anders formulieren: *Können menschliche Individuen ihr Leben außerhalb von Erzählung leben? Kann Leben gelebt werden, ohne dass es erzählt wird? Gibt es menschliches Leben, das nicht in einer Erzählbeziehung zu sich selbst steht?*

---

3 Delory-Momberger (2004) liefert eine Darstellung des historisch-biografischen Ansatzes Diltheys und seiner Wirkung in Deutschland.
4 Zur pädagogischen Umsetzung vgl. auch Bruner (1996).

Wie immer, wenn es um anthropologische Fragen geht, berührt diese Untersuchung zwei Aspekte: Zum einen fragt sie danach, inwiefern ihr Gegenstand für menschliche Erfahrung grundlegend ist, zum anderen erforscht sie die Veränderlichkeit seiner Erscheinungsformen im Wandel von Geschichte und Kulturen.

Die zeitliche Dimension menschlicher Erfahrung und Lebenserzählung

Der Mensch erfährt sein Leben und sich selbst *in der Zeit*. Zeitlichkeit ist eine grundlegende Dimension menschlicher Erfahrung. Der Mensch erlebt seine Existenz als zeitlich beständige Einheit und Identität. Jedoch haben Menschen keine unmittelbare, transparente Beziehung zu dem, was sie erleben, ebenso wenig wie zum Ablauf ihres Lebens. Vielmehr wird diese Beziehung durch die Sprache und ihre symbolischen Formen vermittelt. Um die zeitliche Entfaltung ihres Lebens darzustellen, greifen Menschen auf Wörter und Bilder zurück. Deren Gemeinsamkeit besteht darin, dass sie einen Raum bezeichnen, der sich in der Zeit durchlaufen lässt: Lebens*linie*, Lebens*faden*, Lebens*weg*, Lebens*verlauf*, Lebens*kreis*, Lebens*zyklus*, Lauf*bahn*. Der Mensch *schreibt* das zeitliche Bild seines Daseins in den Raum. Allerdings sind die Bilder, derer er sich bedient, um *den Lauf* seines Lebens (der selbst schon ein Bild ist) zu beschreiben, bereits so vertraut, dass sie ihre symbolische oder auf Analogie beruhende Dimension verloren haben und in Vergessenheit geraten lassen, dass eine solche *Figur*[5] dem menschlichen Dasein allein metaphorisch, auf dem Wege eines *Schreibaktes* verliehen werden kann. Um die aktive Dimension dieser bildhaften Gestaltung zu erschließen, ist es erforderlich, ihre Spur in Zeiten und Epochen zu suchen, in denen sie noch etwas von ihrer ursprünglichen Kraft bewahrt hatte. So schreibt Cicero in einer Rede: „Die Natur hat dem Lauf unseres Lebens (*vitae curriculum*) eine kurze Bahn zugemessen (*cirumscripsit*)".[6] Der *curriculum vitae*, der Lebenslauf, der später, in den modernen Gesellschaften, aus der Verwaltung unseres Lebens nicht mehr wegzudenken ist, dieser Lebenslauf ist in der Rhetorik Ciceros das bereits schwächer nachklingende Echo der kosmologischen Analogie, auf die er zurückgeht: Denn *curriculum vitae*, Lebenslauf, ist in Bezug auf Form und Sinn abgeleitet von *curriculum stellarum*[7] – der Sternenbahn, dem Lauf, den die Gestirne am Himmel vollziehen, dessen Fortschreiten und dessen Zyklen sich mitverfolgen lassen. Somit beinhaltet der Begriff des Lebenslaufs

---

5   Frz. „*figure*" ist ein schillernder Begriff, der unter anderem die Bedeutungen „Gestalt", „Figur", zudem „Bild", „Gleichnis", aber auch „Stilfigur", „rhetorische Figur" trägt. Paul Ricœur (1988) verwendet in seinen Untersuchungen den Begriff im Spannungsfeld dieser Bedeutungen (Anm. d. Ü.).

6   „*Exiguum nobis vitae curriculum natura circumscripsit*", Cicero, *Pro C. Rabirio Perduellionis Reo Oratio Ad Quirites*, 30.

7   Diese Analogie entfaltet ihren vollständigen Sinn in der Kosmologie Platons: Im Timaios, den Cicero ins Lateinische übersetzt hat, ist die Seele jeweils einem Stern zugewiesen. Wenn sie in einem menschlichen Körper eine Laufbahn gemäß den Prinzipien des Guten vollendet hat, kehrt sie in das Haus dieses Sternes zurück.

die Vorstellung, dass das Leben einer bestimmten Bahn folgt und sich somit gleichmäßig voranschreitend in der Zeit abzeichnet.

Der Umstand, dass Zeitlichkeit für menschliche Erfahrung konstitutiv ist, begründet auch den anthropologischen Status von *Erzählung* und ihre Bedeutung in der Anthropologie: „[D]ie Zeit wird in dem Maße zur menschlichen", so Paul Ricœur (1988, S. 13), „wie sie narrativ artikuliert wird; umgekehrt ist die Erzählung in dem Maße bedeutungsvoll, wie sie die Züge der Zeiterfahrung trägt". Und da Wilhelm Schapp bereits angeführt wurde, darf seine berühmte These „Die Geschichte steht für den Mann" nicht fehlen. Ebenso wenig darf ihr Kontext vernachlässigt werden: „Mit jeder Geschichte taucht der darin Verstrickte oder tauchen die darin Verstrickten auf. Die Geschichte steht für den Mann. […] Wir meinen auch, daß der Zugang zu dem Mann, zu dem Menschen, nur über Geschichten, nur über seine Geschichte erfolgt, und daß auch das leibliche Auftauchen des Menschen nur ein Auftauchen seiner Geschichten ist, daß etwa sein Antlitz, sein Gesicht, auch auf eigene Art Geschichten erzählt, und daß der Leib für uns nur insofern Leib ist, als er Geschichten erzählt oder, was dasselbe wäre, Geschichten verdeckt oder zu verdecken versucht" (Schapp, 1985, S. 100). Mithin taucht die Geschichte zeitgleich mit dem Leib auf, *noch bevor sie erzählt wird*. Schapp führt hierzu unter anderem das Beispiel eines Richters an, der die Kenntnisse, die er aus einer Kriminalakte besitzt, mit dem Beschuldigten vergleicht, als er diesem begegnet. Noch bevor ein Wort gesprochen wird, fühlt er sich in dem Eindruck, den ihm die Anzeige vermittelt hat, entweder bestätigt oder widerlegt und wird infolgedessen eine bestimmte *Geschichte* und damit ein bestimmtes *Charakterbild* für wahrscheinlicher halten. Ausgehend von diesen Beobachtungen entwickelt Ricœur die These der „pränarrativen Struktur der [zeitlichen] Erfahrung" (Schapp, 1988, S. 118): „[Es gibt] keine menschliche Erfahrung […], die nicht schon durch Symbolsysteme, unter anderem durch Erzählungen vermittelt wäre […] [Wir haben] keinen anderen Zugang zu den zeitlichen Dramen der Existenz als die Geschichten […], die von anderen oder uns selbst über sie erzählt werden" (ebd., S. 117).

Die Erzählung wiederum bedenkt die rein zeitliche Abfolge mit einem spezifischen Aufbau – einer *Syntax*, die auf Kausallogik basiert. Denn in der Erzählung tragen sich die Ereignisse nicht nur *nacheinander* zu, sie sind außerdem als Ursachen und Wirkungen miteinander verkettet – womit sie ein aristotelisches *post hoc ergo propter hoc* vollziehen, also die Ableitung eines Kausalzusammenhangs aus dem Aufeinanderfolgen von Ereignissen; außerdem streben sie einem Ende zu: Sie bilden also eine *Fabel* mit einem Anfang, einer Entwicklung und einem Schluss. Die Erzählung verwandelt die Ereignisse, Handlungen und Personen des Erlebten in *Episoden*, *Fabeln* und *Charaktere*. Sie ordnet die Ereignisse in der Zeit und setzt sie als Ursachen, Folgen, Ziele miteinander in Beziehung. Damit weist sie dem Zufälligen, dem Unbeabsichtigten, dem Heterogenen einen Platz zu, verleiht ihm einen Sinn. Durch das Erzählen werden Menschen regelrecht zu *Charakteren* ihres Lebens und gestalten die Geschichte dazu. Dieser *Konfigurationsvorgang*, den Ricœur unter dem Begriff der *Fabelkomposition*[8] beschrieben hat, wird in und vermittels der Sprache vollbracht. Die Erzählung dient in ihrer Eigenschaft als Diskursgenre hierfür nicht allein als Mittel, sondern auch als Stätte: Das Leben findet in der Erzählung *statt*, und zwar als *Geschichte*. Das, was dem Erlebten und der Erfahrung der Menschen Gestalt verleiht, sind die Erzählungen, die die Menschen daraus schmieden. Das Narrative ist also mehr als das Symbolsystem, in dem Menschen ihr Daseinsgefühl zum Ausdruck bringen: Das Narrative ist die Stätte, in der das menschliche Dasein *Gestalt annimmt*, in der es in Form einer Geschichte ausgestaltet und erfahren wird.

Das Biografische – eine anthropologische Dimension

Das Erzählen bildet mithin eine grundlegende Fähigkeit der menschlichen Spezies und spielt eine wesentliche Rolle für die Verfasstheit von Erfahrung. Gemäß dem Linguisten Bernard Victorri (2002) ist die Erzählfunktion ursächlich daran beteiligt, dass es zum Entstehen von Sprache gekommen ist und dass die Spezies *Homo sapiens* Organisationsformen menschlicher Gesellschaften entwickelt hat. Bergson betrachtet die von ihm benannte *fabulatorische Funktion* als „ein ganz bestimmtes Vermögen des Geistes, nämlich die Fähigkeit, Persönlichkeiten zu schaffen, deren Geschichte wir uns selbst erzählen" und erkennt in diesem Vermögen eine „Funktion[,] [die] für die Existenz der Individuen wie der Gesellschaft unentbehrlich" ist (1992, S. 152f.). Darüber hinaus hat der Psychologe Pierre Janet (1935; 1936) bereits dargelegt, wie wichtig *Erzählverhalten* für die Entwicklung des Kindes ebenso wie für den erwachsenen Umgang mit interindividuellen und sozialen Beziehungen ist. Erzählverhalten ermöglicht es, sich im Rahmen einer Geschichte in den Anderen hineinzuversetzen, sich seine Gefühle und Beweggründe zu vergegenwärtigen und sein Handeln nachzuvollziehen. Das erzählende Wieder-Geben bietet nämlich den konkreten Rahmen für eine Inszenierung menschlichen Handelns und menschlicher Intentionalität, für eine Pragmatik und Hermeneutik des Menschlichen. Einige zeitgenössische neurowissenschaftliche Studien ordnen Erzählkompetenz als biologische Gegebenheit ein, als Bestandteil der kognitiven Ausstattung des Menschen. Sie vertreten die These, dass das Gehirn über ein „Interpretationsmodul" verfügt, dessen Funktion darin besteht, Ereignissen Sinn zu verleihen, indem sie diese in Erzählungen einbetten und damit in Form von Kausal- und Intentionsketten miteinander verknüpfen (Gazzaniga, 1994; 2008). Andere wiederum vertreten die Hypothese einer narrativen Struktur des Bewusstseins (Dennett, 1993).

---

8   Die Fabelkomposition (*mise en intrigue*) verwandelt eine Vielzahl von Ereignissen oder Zwischenfällen in eine geordnete und als Gesamtheit aufgefasste Geschichte: „[Eine] Geschichte [muss] mehr sein als eine Aufzählung von Ereignissen in einer Reihenfolge; sie muß sie zu einer intelligiblen Totalität gestalten [...]. [D]ie Fabelkomposition ist der Vorgang, der aus einer bloßen Abfolge eine Konfiguration macht" (Ricœur, 1988, S. 106).

Dieses anthropologische Vermögen, durch das die Menschen ihr Leben in den Begriffen einer *narrativen Vernunft* wahrnehmen und anordnen, ist hier als eine für das menschliche Erleben spezifische Grundhaltung zu verstehen: Noch bevor wir schriftliche Spuren von unserem Leben hinterlassen, noch vor jeder mündlichen oder schriftlichen Äußerung über uns selbst, konfigurieren wir unser Leben mental in der Syntax der Erzählung. Die Wahrnehmung und das intellektuelle Verstehen dessen, was wir erlebt haben, vollziehen sich vermittels Darstellungen, die die Ereignisse und Situationen unseres Daseins erzählend verbildlichen. In der Sprache der Erzählung und gemäß dieser narrativen Logik vollzieht sich die Konstruktion, das *Erschreiben* sämtlicher Räume menschlicher Erfahrung: In der Sprache und Logik der Erzählung rufen wir unser vergangenes Leben wieder auf, nehmen wir die kommende Stunde, den kommenden Tag vorweg, entwerfen wir unsere Zukunft. In der Sprache und Logik der Erzählung „erleben" wir die ungewöhnlichsten und seltsamsten Abenteuer ebenso wie vollkommene Alltäglichkeiten und Gewohntes. Wir *biografieren* uns unaufhörlich, das heißt, wir schreiben unsere Erfahrung in klar ausgerichtete, zeitliche Schemata ein, die unsere Gesten, unsere Verhaltensweisen, unsere Handlungen nach einer Logik der narrativen Konfiguration mental ordnen. Dieses *Biografieren* ließe sich als eine Dimension menschlichen Denkens und Handelns definieren, die auf dem Wege einer *praktischen Hermeneutik* die Individuen befähigt, die Situationen und Ereignisse, die sie erleben, unter den Bedingungen ihrer gesellschaftlich-historischen Einschreibungen aufzunehmen, zu strukturieren und zu interpretieren.

Die narrativ-bildhafte Gestaltung stellt zwar nur einen Aspekt[9] des Biografierens dar, dennoch kommt ihr eine besondere Rolle bei dieser komplexen Tätigkeit zu: In ihrer Eigenschaft als Produkt der Sprache ist sie von allen Aspekten am stärksten vergesellschaftlicht, da sie auf dasjenige Zeichensystem zurückgreift, das in der jeweiligen Sozial- und Sprachgemeinschaft am stärksten entwickelt ist, die größtmögliche Teilhabe gewährleistet und sich somit am besten eignet, sämtliche andere Formen des Ausdrucks und der Biografiebildung zu *interpretieren*. Die *Erzählung* scheint die bedeutendste Form dieses „Schreibaktes des Erlebens" zu sein: Biografien, autobiografische Schriften, gesellschaftlich etablierte Darstellungsformen der individuellen Geschichte (*Lebensläufe, Karriereprofile*) und – weit häufiger als die detaillierten Formen erzählerischer Produktion – die vielen, unablässigen Äußerungen der Selbstdarstellung, mit denen wir das Wort ergreifen (*also, ich ...*), und die nichts anderes sind als Fragmente oder Skizzen von Erzählungen, auf deren Grundlage der tägliche zwischenmenschliche Austausch stattfindet. Unabhängig davon, welche Gestalt die tatsächliche Umsetzung solcher Erzählungen in Gesprächssituationen und Sprechakten annimmt, ob sie als ausgearbeitete Erzählung mit komplexer

---

9   Zwar sind die verbalen Gestaltungsformen, insbesondere die narrativ-bildhafte Gestaltung, wesentlich für die Tätigkeit des Biografierens, doch umfasst diese zugleich sämtliche Verhaltensweisen und Zeichen, mit denen die Mitglieder einer Gesellschaft (einer Gemeinschaft, einer sozialen Gruppe, einer Altersschicht usw.) ihr individuelles Wesen konstituieren und zum Ausdruck bringen: Inszenierung des Körpers, Formen des Einschreibens in den physischen und sozialen Raum, ritualisierte Verhaltensweisen, performative Akte.

Syntax oder als in wenigen Worten skizziertes narratives Motiv in Erscheinung tritt, sind diese Erzählungen punktuelle, vorübergehende Äußerungen der inneren Geschichte, die jede/r von sich selbst über sich selbst erzählt, ebenso wie sie Äußerungen der unablässigen Fabelkomposition sind, die die Erfahrung des Einzelnen, mal mehr, mal weniger bewusst und explizit, begleitet und ordnet. Die gewöhnlichsten und ungewöhnlichsten Gesten, Verhaltensweisen und Handlungen des Daseins sind in Gestaltungsformen (Skripten, Szenenfolgen, Drehbüchern, Erzählmustern usw.) eingeschrieben, die sie in einer narrativen Syntax anordnen und verknüpfen. Der Mensch erlebt jeden Augenblick seines Lebens als Moment einer im Ablauf befindlichen Geschichte (*etwas beginnt, nimmt seinen Lauf, endet*), sei es die Geschichte einer Stunde, eines Tages oder eines Lebens.

Folglich kann *biografisches Handeln* nicht mehr allein dem Diskurs, den mündlichen oder schriftlichen Umsetzungsformen eines Wortes, zugeschrieben werden. Es ist vielmehr auf eine Geisteshaltung und ein Verhalten zurückzuführen, auf eine Form des Verstehens und Strukturierens von Erfahrung und Handlung, die in der Beziehung des Menschen zu seinen Erlebnissen und seiner Umwelt stets aktiv ist. Dass auf den Begriff *Biografie* zurückgegriffen wird, um die Gesamtheit der Darstellungen und Konstruktionen zu bezeichnen, in denen Menschen ihr Dasein wahrnehmen, zeigt um so deutlicher, wie sehr dieses narrative Verstehen von Erfahrung zu einem *Schreibakt* gehört, also einer Form des Begreifens und Interpretierens des Erlebten, die eine eigene Dynamik und Syntax, eigene Motive und Figuren besitzt. Dieser Begriff ermöglicht überdies die Berücksichtigung der narrativ-bildhaften Gestaltung in ihrer Eigenschaft als historische und kulturelle Konstruktion, deren Formen im Wandel der Epochen und Gesellschaften variieren. Die französischen Neologismen (*se*) *biographier* – das Erzählen oder Verfassen der (eigenen) Lebensgeschichte oder von Teilen daraus – und *biographisation* (das Biografieren) kennzeichnen den Prozesscharakter biografischen Handelns und verweisen auf sämtliche bewussten oder unbewussten, zielgerichteten oder ziellosen, mentalen, auf der Verhaltensebene stattfindenden oder verbalen Vorgänge, durch die das Individuum unablässig seine Erfahrung und sein Handeln in klar ausgerichtete und abgeschlossene Zeitschemata einschreibt.

Der Raum des *Biografischen* wird dadurch enorm erweitert. Zunächst in seiner zeitlichen Ausdehnung: Er ist nicht länger allein auf die zurückblickende Erinnerung der Vergangenheit beschränkt, sondern umfasst alle Formen narrativer Konfiguration, in denen Menschen sowohl ihre gegenwärtigen Erfahrungen ordnen und interpretieren als auch ihre kurz-, mittel- und langfristige Zukunft entwerfen und regeln. Außerdem erfahren auch die Funktionen des Biografischen eine Erweiterung: Unter diesem Aspekt wird die sozialisierende Dimension biografischen Handelns sichtbar, sein Einwirken darauf, wie Individuen sich selbst in einem Verhältnis des gemeinsamen Erarbeitens von Selbst und Sozialwelt verstehen und strukturieren. Sei es in Bezug auf unmittelbare Zeitlichkeiten – wenn wir beispielsweise nach dem Aufwachen gedanklich unseren Tagesablauf durchgehen – oder die Darstellung weiter Teile unserer Geschichte in einem Lebenslauf oder einem Karriereprofil, sei es in Bezug auf etwas, das wir uns vornehmen, Wünsche oder Träume, die wir für unsere nähere oder fernere Zukunft formulieren – die „Geschichten", die wir über uns selbst erzählen und die wir in manchen Fällen an andere richten, werfen uns nicht auf eine unzugängliche Intimität zurück. Vielmehr wirken sie dahingehend, dass sie unser individuelles Zeit-Raum-Gefüge mit dem sozialen Zeit-Raum-Gefüge in Einklang bringen. Dieser Einklang kann nur deshalb hergestellt werden, weil die narrative Sequenz, die wir aufbauen, in ihren Formen und Inhalten eine Kenntnis der Zusammenhänge, Institutionen und Praktiken birgt, weil sie eine soziale Rationalität, in die wir eingebunden sind, in eine *Fabel* verwebt, weil sie zwischen der sozialen Welt und uns selbst vermittelt.[10] Bei den zahlreichen Gelegenheiten täglichen Erzählens machen wir uns selbst zu (zumindest schildernden) Urheber/inne/n von „Geschichten", wobei wir uns tatsächlich unablässig an der Konstruktion der sozialen Wirklichkeit beteiligen, und zwar, indem wir sie in den mannigfaltigen Motiven und Fabeln, durch die wir mit ihr verbunden sind, durchdeklinieren. In gewisser Weise können wir gar nicht verhindern, dass die Geschichten, die wir über uns selbst erzählen, immer auch Gesellschaftsgeschichten sind.[11]

Historizität der Erzählung, Geschichtlichkeit[12] menschlichen Lebens

Der Aspekt der *Formgebung* durch biografisches Erzählen ist gesellschaftlich-historischen Veränderungen unterworfen: Die Erzählstrukturen und Formen, auf die Individuen zurückgreifen, um ihr Leben zu *biografieren*, gehören ihnen nicht selbst, sie können nicht gänzlich allein darüber entscheiden. Es sind kollektive Formen,

---

10 In dieser Hinsicht ist die Erzählung an der „Konstitution der Gesellschaft" im Sinne Anthony Giddens' beteiligt. Indem sie menschliches Handeln orientiert und strukturiert, fließt die Erzählung in den Prozess der „Routinisierung" ein, durch den gesellschaftliche Institutionen und der jeweilige gesellschaftliche Rahmen reproduziert werden: „Indem ich meinen Alltagsroutinen folge, trage ich zur Reproduktion gesellschaftlicher Institutionen bei, an deren Einrichtung ich in keiner Weise beteiligt war. Sie sind nicht allein die bloße Umgebung meines Handelns, […] da sie wesentlich in das einfließen, was ich als Handlungsträger tue. Auf dieselbe Weise konstituieren und rekonstituieren meine Handlungen die institutionellen Bedingungen der Handlungen anderer, ebenso wie deren Handlungen sich auf die Bedingungen meiner Handlungen auswirken. […] Meine Handlungen sind somit eingebettet in strukturierte Eigenschaften von Institutionen, die in Zeit und Raum weit über mich hinausgehen, und bilden zugleich wesentliche Bestandteile derselben" (Giddens, 1987, S. 11).
11 Damit besteht die soziologische Problematisierung der *biografischen Frage* nicht mehr allein darin, wie in persönlichen Berichten individuelle Subjektivität von dem zu trennen ist, was dann die gesellschaftliche Objektivität wäre, sie besteht nicht mehr nur in der Ermittlung der Gültigkeit biografischen Materials für die Aktualisierung allgemeiner Konstanten und Regeln. Stattdessen besteht sie hauptsächlich in der Beschäftigung mit dem biografischen Fakt selbst, mit der Bestimmung seines Raumes und seiner Funktion im Verhältnis von Individuum und Gesellschaftlichem, in der Erforschung der zahlreichen Dimensionen – der anthropologischen, semiotischen, kognitiven, psychischen, sozialen – mit dem Ziel, die Zusammenhänge und Mechanismen der Produktion und wechselseitigen Konstruktion von Individuum und Gesellschaft besser zu verstehen.
12 Der Begriff der Geschichtlichkeit stammt von Ludwig Binswanger, der sie als eine persönliche, „innere Lebensgeschichte" definiert, die in den Worten ihrer Subjektivität verfasst ist (Binswanger, 1947).

die immer auch die Verhältnisse, in denen Individuen in einer bestimmten Epoche und bestimmten Kultur zur Gemeinschaft und zu sich selbst stehen, reflektieren und konditionieren.[13] Die narrativen Modelle dienen somit als biografische *Muster* für individuelle Konstruktionen. Sie verschaffen den Individuen Schemata und Leitlinien für die Beziehung zu sich selbst sowie für ihre Eingliederung in die Gemeinschaft und begleiten die gesellschaftlichen Entwicklungen in diesem Bereich. Zwei Beispiele – ein Vergleich innerhalb eines größeren Zeitabschnitts, ein anderer innerhalb einer kürzeren Zeitspanne – sollen diese Veränderlichkeit im Wandel der Geschichte hinreichend veranschaulichen.

Mit einem größeren Zeitabschnitt befasst sich Marcel Gauchet (2003, S. 205), der aufzeigt, dass die Ablösung der von ihm benannten *Heteronomie* durch die *Autonomie* den Übergang der westlichen Kultur zur Historizität und somit zur Moderne kennzeichnet. Diese Unterscheidung von *Heteronomie* und *Autonomie* soll hier auf die Formen biografischer Konstruktion übertragen werden. Die Form der *Heteronomie* ist dadurch charakterisiert, dass das Individuum sein Konstitutionsprinzip außerhalb seiner selbst sucht, in vorgefertigten Modellen, die historischen Typen und sozialen Funktionen entsprechen. Dies ist zum Beispiel beim Menschen des Mittelalters der Fall: Seine Suche nach *narrativer Identität* ist nicht auf ein persönliches Ich, nicht auf einzigartige Individualität ausgerichtet. Sie strebt vielmehr nach einer möglichst genauen Deckung mit typisierten, durch die Feudalgesellschaft definierten Figuren – König, Heiliger, Ritter usw. In der Moderne hingegen, die mit der Renaissance ihren Einzug nimmt, deren eigentliche Entwicklung jedoch ab der zweiten Hälfte des 18. Jahrhunderts einsetzt, kommt eine ganz andere, für die Epoche charakteristische Form biografischer Konstruktion auf. Das Individuum schafft sich sein eigenes Konstitutionsgesetz nun eher selbstständig und schöpft die Ressourcen für seine Entwicklung aus seiner eigenen Erfahrung. Die hier beschriebene Form der *Autonomie* spiegelt sich in der *Bildungserzählung* wider, die schrittweise die Entwicklung einer Individualität erzählt und die Erfahrungen des Lebens als Gelegenheiten der Persönlichkeitsbildung darstellt.[14]

Wie ist es heute bestellt? Auf welche Modelle narrativer Konstruktion greifen die Individuen postmoderner Gesellschaften zurück, um ihre Erfahrungen zu biografieren? Innerhalb der kurzen Zeitspanne der letzten vierzig Jahre sind signifikante Entwicklungen erkennbar. Der amerikanische Soziologe Richard Sennett (1998) berichtet, dass Anfang der 1970er Jahre Arbeiter/innen und Angestellte ihre Lebensgeschichte noch in einer durchgängigen, klar ausgerichteten, linearen Struktur

---

13 Es ist Aufgabe der *Biografieforschung*, die Modelle und Bilder des Biografierens, die in einer bestimmten Gesellschaft verfügbar sind, im Zusammenhang mit den dortigen Formen politischer, gesellschaftlicher und wirtschaftlicher Organisation zu untersuchen und so eine *Geschichts- und Kulturanthropologie* der biografischen Formen und Praktiken fruchtbar zu machen. Zu einer Geschichte der kollektiven Formen der Selbsterzählung (*récit de soi*) vgl. Delory-Momberger, 2004.
14 Begründet wurde die Bildungserzählung durch das literarische Modell des deutschen Bildungsromans, insbesondere vertreten durch *Wilhelm Meisters Lehrjahre* von Johann Wolfgang von Goethe (1796). Die Dynamik der Bildungserzählung inspiriert – von Jean-Jacques Rousseaus *Die Bekenntnisse* bis zu Jean-Paul Sartres *Die Wörter* – die gesamte autobiografische Literatur sowie große Teile der Romanproduktion.

erzählten und dass ihre berufliche Tätigkeit hierfür das organisierende und einbettende Motiv stiftete: Sie erzählten *ihre* Geschichte und identifizierten sich damit. Zwanzig Jahre später hatte die Fähigkeit, das Leben in eine einzige Erzählung zu fassen, beträchtlich abgenommen: Anstelle einer einzigen Geschichte, die alle Aspekte des Lebens in ein beherrschendes soziales und berufliches Schema einbettet, lieferten die Befragten vielerlei Geschichtensplitter, zwischen denen sie nur schwer Kontinuität und Beständigkeit herstellen konnten und die ihnen intensive *Biografiearbeit* abverlangte.

Das narrative Modell, das die ersten Interviewteilnehmer/innen von Richard Sennett verwenden, geht noch direkt auf die linear fortschreitende Erzählung zurück, die Ende des 18. Jahrhunderts entstand und bis zur Wende der 1970er Jahre das biografische *Grundmuster* bildete. Dieses Modell entspricht dem Konzept eines Individuums, das einen *Platz* in der Gesellschaft hat und diesen Platz auf dem Wege der Erfahrung finden muss. Zudem spiegelt sich das Modell in einer wirtschaftlichen und sozialen Schichtung wider, in der Positionen und Lebenswege klar gekennzeichnet sind und Individuen ein Gefühl persönlicher Identität in Bezug auf ihre berufliche Laufbahn und Tätigkeit entwickeln. Die in den 1990er Jahren (und später) erhobenen Erzählungen stellen nicht mehr den Einheit und Eingliederung stiftenden Rahmen: Die Befragten finden in ihrer beruflichen Tätigkeit nicht länger das ordnende Motiv ihrer Erzählung und sind veranlasst, die ausbleibende Identifizierung und das fehlende beherrschende Schema durch eine Überaktivierung ihrer biografischen Ressourcen zu kompensieren.

Die biografische Landschaft der postmodernen Gesellschaften weist scheinbar widersprüchliche Perspektiven auf. Einerseits ist für die Spätmoderne eine *Erzählung des Individuums* charakteristisch, die in weiten Teilen die für die Industriemoderne prägenden, großen kollektiven Erzählungen abgelöst hat. Sie ersetzt die Mythen des Fortschritts und des sozialen Glücks durch den Mythos individueller Verwirklichung (vgl. Delory-Momberger, 2009). In den postmodernen Gesellschaften ist jede/r wie nie zuvor gefordert, auf ihre/seine Selbstverwirklichung hinzuarbeiten, „Handlungträger/in seines/ihres Lebens" und „Urheber/in seiner/ihrer Geschichte" zu sein – mit anderen Worten, das Modell der *Bildungserzählung* und das dazugehörige Ideal der *Selbstverwirklichung* zu erfüllen. In der Gesellschaftskonfiguration der Spätmoderne und unter den sozialen und wirtschaftlichen Bedingungen, unter denen die Individuen leben, werden diese Selbstverwirklichung und der ihr entsprechende Lebensverlauf allerdings immer schwieriger und problematischer. In Verbindung mit einer wie nie zuvor zunehmenden Komplexität der Sozialwelten und der Schwächung der großen integrierenden Institutionen erleben wir eine Vervielfachung biografischer Modelle sowie die von Martin Kohli (1986) benannte „Deinstituionalisierung des Lebenslaufs". Die komplexe, in vielzählige Bereiche zerteilte Gesellschaft der Spätmoderne verfügt über ein Angebot an Biografien, das unendlich offener und diversifizierter, aber auch weniger in Hierarchien geordnet, weniger kohärent ist, als das Angebot stabilerer und zentraler organisierter Gesellschaftsformen. Da Individuen an zunehmend diversifizierten Sozialwelten teilhaben, sind sie mit einer Vielzahl von Lebensläufen, etablierten Laufbahnen oder biografischen Standards konfrontiert. Hinzu kommen ebenso viele mögliche, individuell entworfene Lebenswege. Und weil die sozialen Räume immer weniger zentral organisiert sind und keine geordnete, hierarchisch strukturierte Gesamtheit mehr bilden, treten die biografischen Bezugsmodelle miteinander in Konkurrenz. Ein klar erkennbares, beherrschendes biografisches Schema gibt es unter diesen Umständen nicht mehr. In den stark wirtschaftlich und sozial strukturierten Industriegesellschaften konnte sich das *Biografieren* für die große Mehrheit der Individuen auf die Aufnahme und Umsetzung biografischer *Muster* aus gesellschaftlich-beruflichen Milieus und Zugehörigkeitskategorien beschränken. Dagegen ist das Individuum in der Gesellschaft der Spätmoderne dazu gezwungen, selbst die Verknüpfungen und Koordinationsmodelle zwischen den zahlreichen und vielgestaltigen „möglichen Biografien" aufzubauen und der *biografische Handlungsträger* des eigenen Lebens zu werden.

Was lässt sich von diesem doch recht kurzen Streifzug durch die Geschichte unserer Geschichten festhalten? Es gibt kein menschliches Leben ohne Erzählung. Der Mensch erlebt sein Leben, indem er es – sich selbst und seinen Mitmenschen – erzählt. Es gibt kein menschliches Leben ohne Erzählung, weil *Menschheit* allein in der menschlichen Gesellschaft – und somit in der Geschichte – existieren kann. Menschen können keine Geschichten über sich erzählen, die nicht auch gleichzeitig Geschichten über Kultur und Gesellschaft sind, Geschichten also, die sie mit anderen teilen, Geschichten, die ihre Zugehörigkeit zu einer gemeinsamen Geschichte zum Ausdruck bringen, aus denen sie die Formen und Bedeutungen ihres Daseins schöpfen. Vielleicht äußert sich in der Krise unserer biografischen Bilder die Krise dieser gemeinsamen Geschichte und die damit einhergehende *Entleerung des Subjekts*.[15] Seit langem haben der Roman, der Film, die Psychoanalyse, die Geisteswissenschaften im Allgemeinen sowie neuerdings die Biologie und die Biogenetik die Vorstellung eines einheitlichen Subjekts und einer biografischen Identität, die sich im Laufe des Lebens schrittweise aufbauen ließe, dekonstruiert. Zwischen Globalem und Lokalem, Virtuellem und Realem, Öffentlichem und Privatem erleben wir selbst eine Moderne, die in ein *Kaleidoskop* von Räumen und Zeitlichkeiten zersplittert ist, zwischen denen wir nur schwer unsere Leitlinien finden. Sie zerfasern und verstreuen die Vorstellungen, die wir von der Welt und uns selbst in der Welt haben, sie legen sich wie ein Rauschen darüber. Gleichwohl scheinen die Erkenntnisse der vorgenannten Künste und Wissenschaften und unser tägliches Erleben der Außenwelt dem Kontinuitäts- und Einheitsempfinden unserer selbst und dem Fortdauern eines aus früheren Zeiten ererbten *Lebensbildes* zu widersprechen. Es gehört zu unseren nicht zu unterschätzenden Widersprüchen – und ist vielleicht Ausdruck unserer grundlegenden Aufspaltung zwischen Erbe und Moderne –, dass wir ein

---

15 Ich entlehne diesen Begriff von Danilo Martuccelli: „Die Moderne ist die Stätte einer kontinuierlichen Entleerung der sozialen Subjektrepräsentationen. Eine der spezifischen Eigenschaften unserer modernen Erfahrung besteht darin, dass sie kein einmaliges Gesicht mehr besitzt. Wie bei zahlreichen Figuren des zeitgenössischen Romans gibt es keine beständige Beschreibung moderner Subjektbilder mehr" (Martuccelli, 2002, S. 475).

prägnantes biografisches Bild in uns tragen, das jedoch von unseren Formen der soziohistorischen Einschreibung und der Zersplitterung unserer Welterfahrungen anscheinend unablässig dementiert wird.

Aus dem Französischen von Katja Roloff

Literatur

Bergson, H. (1992). *Die beiden Quellen der Moral und der Religion.* Frankfurt/M.: Fischer-Taschenbuch-Verlag.
Binswanger, L. (1947). Lebensfunktion und innere Lebensgeschichte. In Ders., *Ausgewählte Vorträge und Aufsätze.* Bd.: 1. *Zur phänomenologischen Anthropologie* (S. 50–73). Bern: Francke.
Bruner, J. (1996). *L'Education, entrée dans la culture. Les problèmes de l'école à la lumière de la psychologie culturelle.* Paris: Retz.
Bruner, J. (2002). *Pourquoi nous racontons-nous des histoires? Le récit au fondement de la culture et de l'identité individuelle.* Paris: Retz.
Delory-Momberger, C. (2004). *Les Histoires de vie. De l'invention de soi au projet de formation.* Paris: Anthropos.
Delory-Momberger, C. (2009). Fin ou métamorphoses des „grands récits". In Dies., *La condition biographique. Essais sur le récit de soi dans la modernité avancée* (S. 93–114). Paris: Téraèdre.
Dennett, D. C. (1993). *La Conscience expliquée.* Paris: Odile Jacob.
Dilthey, W. (1942). *Wilhelm Diltheys gesammelte Schriften.* Bd.: 7. *Der Aufbau der geschichtlichen Welt in den Geisteswissenschaften.* Leipzig: Teubner.
Gauchet, M. (2003). *La Condition historique. Entretiens avec François Azouvi et Sylvain Piron.* Paris: Stock.
Gazzaniga, M. S. (2008). *Human. The Science behind what makes us unique.* Harper Collins.
Gazzaniga, M. S. (1994). *Nature's Mind.* Harmondsworth: Penguin Books.
Giddens, A. (1987). *Social Theory and Modern Sociology.* Stanford: Stanford University Press.
Janet, P. (1935). *Les Débuts de l'intelligence.* Paris: Flammarion.
Janet, P. (1936). *L'Intelligence avant le langage.* Paris: Flammarion.
Kohli, M. (1986). Gesellschaftszeit und Lebenszeit. Der Lebenslauf im Strukturwandel der Moderne. In J. Berger (Hrsg.), *Die Moderne. Kontinuitäten und Zäsuren* (S. 183–208). Göttingen: Schwartz.
Martuccelli, D. (2002). *Grammaires de l'individu.* Paris: Gallimard „Folio Essais".
Ricœur, P. (1988). *Zeit und Erzählung.* Bd.: 1. *Zeit und historische Erzählung.* München: Fink.
Schapp, W. (1988). *In Geschichten verstrickt. Zum Sein von Mensch und Ding.* Wiesbaden: B. Heymann.
Sennett, R. (1998). *Der flexible Mensch: die Kultur des neuen Kapitalismus.* Darmstadt: Berlin Verlag.
Victorri, B. (2002). Homo narrans. Le rôle de la narration dans l'émergence du langage. *Langages, 146,* 112–125.

Autorinnen und Autoren

Katrin Brunner
Dipl. Päd., Pädagogische Mitarbeiterin im ambulant betreuten Wohnen für Jugendliche mit dem Schwerpunkt unbegleiteter minderjähriger Flüchtlinge. Arbeits- und Forschungsschwerpunkte: Hilfen zur Erziehung, Arbeit mit Gruppen, Beratung, Internationale Vergleiche.
KatrinBrunner@aol.com

Bianca Burk
Lehrerin an einer Grund- und Werkrealschule in Baden-Württemberg. Arbeits- und Forschungsschwerpunkt: Interkulturelle Momente in der Biografie und im deutsch-französischen Kontext.
bianca.burk@gmail.com

Christine Delory-Momberger
Prof. Dr., Professorin für Erziehungswissenschaften an der Université Paris 13/Nord und stellvertretende Leiterin des Centre Interuniversitaire EXPERICE. Forschungsschwerpunkte: Biografieforschung, Selbstkonstruktion, Bedeutung biografischer Aspekte in Lern- und Bildungsprozessen, Lebensbericht (récit de soi).

Marco Dobel
Dipl. Päd., Bezirksjugendreferent der evangelischen Kirche Baden.
Forschungsschwerpunkt: interkulturelle Pädagogik, Theorie der Momente.
Marco.Dobel@gmail.com

Birte Egloff
Dr., Dipl. Päd., Akademische Rätin am Fachbereich Erziehungswissenschaften der Goethe-Universität Frankfurt am Main. Forschungsschwerpunkte: Alphabetisierung/Grundbildung, Biografieforschung, Erwachsenenbildung, Hochschulforschung.
b.egloff@em.uni-frankfurt.de

Barbara Friebertshäuser
Prof. Dr., Professorin für Allgemeine Erziehungswissenschaft
Forschungsschwerpunkte: Empirische Geschlechterforschung, Ethnografische Feldforschung, Schul- und Bildungsforschung, Hochschulforschung.
b.friebertshaeuser@em.uni-frankfurt.de

Martin Herzhoff
Dipl.-Ing. Wasser- und Abfallwirtschaft in Köln, Arbeits- und Forschungsschwerpunkt: Intergenerationelle Verknüpfungen der Familiengeschichte, Praxis des Journals, Interkulturelle Projekte und Forschung in deutsch-französischen Begegnungen
m.herzhoff@netcologne.de

Odile Hess
Koordinierende Krankenschwester (in Rente). Aktuelle Tätigkeit: Krankenschwester im Gerontologischen Netzwerk im Krankenhaus Martigues (als Aushilfe). Forschungen gemeinsam mit der Historikerin Yvonne Knibiehler zum Thema Mutterschaft/Mütterlichkeit in der Association de Demeter-Coré.
Odile.hess@free.fr

Remi Hess
Prof. Dr., Professor für Erziehungswissenschaften an der Université Paris 8. Arbeits- und Forschungsschwerpunkte: Institutionelle Analyse, pädagogische Selbstbestimmung, Geschichte des Tanzes, interkulturelle Anthropologie, häusliches Schreiben. Autor des „Tagebuch der Momente", aus dem bislang etwa vierzig Buch-Titel publiziert wurden.
remihess@noos.fr

Rachel Holbach
M.A., aktuelle Tätigkeit: Vorbereitungsdienst für das Lehramt an Grund- und Haupt-/Werkrealschulen in Baden-Württemberg. Arbeits- und Forschungsschwerpunkte: Interkulturelle Bildung, Migration und Mehrsprachigkeit.
holbachrachel@yahoo.de

Augustin Mutuale
Dr. der Philosophie und der Erziehungswissenschaften. Lehrbeauftragter an der Université Paris 8 und am Institut Supérieur de Pédagogie in Paris. Forschungsschwerpunkte: Die pädagogische Beziehung, Philosophie der Erziehung und Bildung, Ethik, „les écritures impliquées" (involvierte Schreibformen).
Mutualeaugustin@yahoo.fr

Anna Royon-Weigelt
M.A., Trainerin, Coach, Mediatorin; Tätigkeitsschwerpunkte: Coaching, Training & Organisationsberatung im transkulturellen Kontext. Forschungsschwerpunkte: Biografiearbeit und Berufsorientierung.
arw@respea.de

Valentin Schaepelynck
Doktorand der Erziehungswissenschaften am Laboratoire Experice-Paris 8/Paris 13. Gegenstand der Dissertation ist die Institutionelle Analyse. Mitglied des Kollektivs „Zones d'attraction" und der Redaktion der Zeitschrift „Chimères".
valentin.skaplink@gmail.com

Gérald Schlemminger
Prof. Dr. habil., Pädagogische Hochschule Karlsruhe. Arbeits- und Forschungsschwerpunkte: Zweitsprachenerwerb, bilinguales Lehren und Lernen, interkulturelle Biografieforschung, Reformpädagogik.
gerald.schlemminger@wanadoo.fr

Simone Schmitt
Dipl. Päd., Dozentin beim Bundesamt für Familie und zivilgesellschaftliche Aufgaben im Bereich Bundesfreiwilligendienst, Arbeits- und Forschungsschwerpunkte: außerschulische Jugendbildung, Politische Bildung, Seminare zur Weiterentwicklung persönlicher, sozialer und interkultureller Kompetenzen.
simone.schmitt7@gmail.com

Raphaela Starringer
M.A., Studium des Lehramts an Gymnasien. Aktueller Arbeitsschwerpunkt: „Das verkannte Potential und die heilsame Tiefenwirkung der Empathie".
rstarringer@yahoo.de

Elina Stock
M.A., bis Februar 2013 wissenschaftliche Mitarbeiterin im Dekanat des Fachbereichs Gesellschaftswissenschaften an der Goethe-Universität Frankfurt. Seit März 2013 Referentin im Hauptvorstand der Gewerkschaft für Erziehung und Wissenschaft. Forschungsschwerpunkte: Geschlechter-, Hochschul- und Migrationsforschung, Erwachsenenbildung und erziehungswissenschaftliche Professions- und Biografieforschung, Arbeits-, Organisations- und Wissenssoziologie, qualitative Forschungsmethoden.
elina_stock@yahoo.com

Gabriele Weigand
Dr. phil. habil., Professorin für Allgemeine Erziehungswissenschaft und Prorektorin für Forschung und Nachwuchsförderung an der Pädagogischen Hochschule Karlsruhe; Arbeits- und Forschungsschwerpunkte: Anthropologie und Theorien der Person, Geschichte und Theorien der Schule, Begabungsforschung, Biografieforschung und Interkulturelle Pädagogik; seit vielen Jahren Mitarbeit in Forschungsprojekten des DFJW.
weigand@ph-karlsruhe.de

Liste der Qualifikationsarbeiten

Dissertationen (in Arbeit)

Marco Dobel
Die Theorie der Momente als strukturierender Faktor am Beispiel von narrativen Interviews im deutsch-französischen Kontext

Elina Stock
Zum Umgang mit Heterogenität in der Internationalen Jugendarbeit – (berufs-)biografische Ressourcen und Reflexionen von Teamer/inne/n im Kontext des deutsch-französischen Jugendaustauschs

Anna Royon-Weigelt
Se construire ailleurs – le moment du passage. Biographies féminines, orientation et mobilité professionnelle dans les pays du triangle de Weimar

Examensarbeiten (abgeschlossen)

Caroline Aichele
Interkulturelle Bildung im Rahmen von deutsch-französischen Austauschprogrammen

Katrin Brunner
Frankreich im Blut und Deutschland im Herz – Spuren des Internationalen in Biografien von Teamerinnen

Bianca Burk
Interkulturelle Bildung am Beispiel von drei Ausbildern des Deutsch-Französischen Jugendwerks

Rachel Holbach
Interkulturelle Bildung in der Biografie und der Kontext des DFJW am Beispiel einer deutsch-französischen Dolmetscherin

Veronica Rauner
Récits de vie de trois participants d'un organisme de coopération franco-allemande, vus sous l'angle de la culture

Simone Schmitt
Ein Blick auf interkulturelle Begegnungen: Von der interkulturellen Kompetenz zu biographieanalytischen Perspektiven. Eine kritische Analyse und interkulturelle Spurensuche

Raphaela Starringer
Auswirkungen deutsch-französischer Beziehungen auf Individualbiografien

Masterarbeit

Rachel Köhnen
Ambivalenzen in deutsch-französische Biographien

Christine Delory-Momberger,
Gunter Gebauer, Marianne Krüger-Potratz,
Christiane Montadon, Christoph Wulf (Hrsg.)

Europäische Bürgerschaft in Bewegung

Dialoge – Dialogues, Band 1
2011, 304 Seiten, br., 27,90 €
ISBN 978-3-8309-2570-5

Dieses Buch ist im Rahmen des vom Deutsch-Französischen Jugendwerk geförderten Forschungsprojekts ‚Europäische Bürgerschaft durch Erfahrung lernen: mit der Vielfalt der Sprachen und Kulturen' entstanden. Unter der Leitung der Herausgeberinnen und Herausgeber haben junge Sozial- und Geisteswissenschaftler/innen aus Frankreich und Deutschland gemeinsam zum Thema ‚Europäische Bürgerschaft' geforscht.
Die Aufsätze verbindet die Frage nach den Schlüsselkompetenzen für ein ‚Europa der Bürger' und nach den Möglichkeiten, ein demokratisches, europäisches Bewusstsein im Sinne einer europäischen Bürgerschaft zu schaffen. Über die fachlichen Grenzen hinweg zeigte sich, dass zur Beantwortung der Frage die Analyse der Dichotomien ‚Zentrum – Peripherie', ‚Inklusion – Exklusion' sowie des Verhältnisses ‚national – europäisch – international' von zentraler Bedeutung ist.

Remi Hess,
Gabriele Weigand (Hrsg.)

Die Praxis des Tagebuchs

Beobachtung – Dokumentation – Reflexion

Herausgegeben, übersetzt und eingeleitet
von Gabriele Weigand
2009, 152 Seiten, br., 16,90 €
ISBN 978-3-8309-1998-8

Remi Hess zeigt in seinem Buch historische Hintergründe und erste theoretische Entwürfe sowie verschiedene Formen und Methoden des Tagebuchs auf. Als Sammlung von Gegebenheiten dienen sie dem Autor zur Dokumentation des Alltags, als Möglichkeit, Erlebnisse und Handlungen, Begegnungen und Beobachtungen, Gedanken und Reflexionen festzuhalten oder auch als Material für das Verfassen von Büchern, als Quelle von Forschungen und Theorien. Dabei handelt es sich um extime, vielfach ethnographisch ausgerichtete Tagebücher. Nicht zuletzt gehören sie zu jenen Formen biographischen Schreibens, die den eigenen Bildungsprozess unterstützen.